全国税务系统干部教育培训系列教材·业务能力（试用1.1版）

国家税务总局教材编审委员会

征管评估

（中级）

国家税务总局教材编写组　编

中国税务出版社

图书在版编目（CIP）数据

征管评估：中级／国家税务总局教材编写组编. --
北京：中国税务出版社，2016.1（2016.7重印）
全国税务系统干部教育培训系列教材
ISBN 978-7-5678-0279-7

Ⅰ. ①征… Ⅱ. ①国… Ⅲ. ①税收管理-评估-中国
-干部培训-教材 Ⅳ. ①F812.423

中国版本图书馆 CIP 数据核字（2015）第 148400 号

书　　名：征管评估（中级）
作　　者：国家税务总局教材编写组　编
责任编辑：庞　博
责任校对：于　玲
技术设计：刘冬珂
出版发行：中国税务出版社
　　　　　北京市丰台区广安路 9 号国投财富广场 1 号楼 11 层
　　　　　邮政编码：100055
　　　　　http：//www. taxation. cn
　　　　　E-mail：swcb@ taxation. cn
　　　　　发行中心电话：（010）83362083/86/89
　　　　　传真：（010）83362046/47/48/49
印　　刷：虎彩印艺股份有限公司
规　　格：787 毫米×1092 毫米　1/16
印　　张：28. 75
字　　数：488000 字
版　　次：2016 年 1 月第 1 版　2016 年 7 月第 9 次印刷
书　　号：ISBN 978-7-5678-0279-7
定　　价：50. 00 元

本书仅限税务系统内部试用

编 审 说 明

为深入贯彻落实党的十八大以来中央关于加强干部队伍建设的一系列部署和要求，实现对税务干部岗位能力提升的科学量化管理，根据中共中央颁布的《干部教育培训工作条例》有关精神，国家税务总局适应税收现代化干部教育培训需求，以税务干部职业发展为主线，按照初任夯实根基、领导胜任力提升、业务能力升级的不同要求，确立了由初任培训、领导能力和业务能力三大系列组成的全国税务系统干部教育培训系列教材。这三大系列教材适应税收自身特点和工作需要，定位准确，分类科学，层级清晰，内容权威，是税务干部进行日常工作、业务学习、能力提升必备的工具书和教科书。

业务能力系列教材是按照统一管理、分级负责、分类实施、分层递进的要求，针对行政管理、纳税服务、征管评估、税务稽查、信息技术五大类岗位应具备的专业知识、工作程序、操作技能和创新研究等组织编写的，旨在为助学促学提供良好的教育培训资源。本系列教材按照专业分类及能力达标需求，对五大类岗位分别设置初、中、高不同层级的学习内容，从而进一步倡导税务干部自学为主、助学为辅，在工作实践中不断提升业务能力，促使人人向上、终身向上。《征管评估（中级)》属于业务能力系列教材，内容立足征收管理工作实践，理论知识充实，逻辑条理清晰，政策依据明确。

本教材经国家税务总局教材编审委员会审定，仅供税务系统试点单位学习使用。教材中不妥之处，敬请读者批评指正，如有修改意见或建议，请填写书后的《调查问卷》，或发送至 jyzxjcc@163.com，以便修订时更正。

国家税务总局教材编审委员会

2015 年 12 月

《征管评估（中级)》策划编审人员

策　　划	陈小杭	丁　毅	蒋轶彪	周柏柯
	李　鹏	徐　进		
执行策划	毕晓红			
主　　编	胡道新	张爱球		
执　　笔	王宏伟	王向南	蔡嵩波	金孟君
	韩紫书	陆静洁	徐桂鸣	姜国平
主　　审	肖丹生			
审　　稿	谢金荣	赵国庆	王文清	刘拥军
	王晓玲	申山宏		
审　　定	金维生	孙　崝	李肖寒	赵婷婷
	王　睿	丁慧颖	武　嘉	龚　军
	李　梅	许云程	滕　岩	李发原
	白　雪	亓同贺	王永红	袁达海
	张喜峰	刘湘杰	周　涛	吕　行
	赵　亮	尤笑宇	徐　瑶	翁经纬
	谢　滨	刘　娟	倪锐民	温　蓓
	赵建军	王　晋	朱咏梅	陈盈盈
	朱广俊			

前　　言

　　为满足税务系统各专业岗位实际工作需要，帮助税务干部更好地提升业务能力，我们编写了业务能力教材，《征管评估（中级）》为其中一本。

　　作为全国税务系统干部教育培训系列教材中的业务能力教材，本教材以纳税评估一线工作为主线，系统介绍了纳税评估的基础理论、操作方法和相关规范。本教材具有以下两个突出特点：一是注重知识的系统性，对纳税评估的整个实施流程和基础分析作了全面介绍。二是坚持问题导向原则，对纳税评估实施过程中遇到的关键性问题作了细化、完善和规范，如案头环节、审议制度、法律适用、文书使用等，使教材更具指导意义。

　　本教材在国家税务总局教育中心的策划组织和指导下完成，由江苏省国家税务局王宏伟编写第一章，王向南编写第二章，蔡嵩波、王向南、金孟君、韩紫书、陆静洁编写第三章，徐桂鸣编写第四章，姜国平、陆静洁、韩紫书编写第五章。江苏省国家税务局王宏伟、郝志平统稿。税务总局税务干部进修学院肖丹生、谢金荣、赵国庆、王文清、刘拥军、王晓玲、申山宏对本教材进行了评审。税务总局征管和科技发展司金维生、孙靖、李肖寒，政策法规司赵婷婷、王睿、丁慧颖、武嘉，货物和劳务税司龚军、李梅、许云程、滕岩、李弢原、白雪、亢同贺、王永红、袁达海、张喜峰、刘湘杰、周涛，所得税司吕行、赵亮、尤笑宇，财产和行为税司徐瑶、翁经纬，督察内审司谢滨、刘娟、倪锐民、温蓓、赵建军、王晋、朱咏梅、陈盈盈，税收科学研究所朱广俊对本教材进行了审定。

　　由于水平所限，教材中疏漏之处在所难免，恳请读者批评指正。

编　者

2015 年 12 月

目　　录

第一章　纳税评估概论

【本章提要】纳税评估是税务机关对纳税人自我申报的税法义务履行情况进行检查、审核、确认或调整的执法活动。我国纳税评估制度经过不断演进，并借鉴国外纳税评估做法，已逐步制度化、规范化。纳税评估在税收管理中具有重要的作用：纳税评估是税务机关对纳税人自主申报真实性、准确性的确认；纳税评估是税务机关税收执法的主要方式；纳税评估有利于提高纳税人的税法遵从度；纳税评估体现税务机关税收综合治理能力；纳税评估有利于提高社会税收法治意识。将纳税评估放在整个税收征管体系中进行考察发现：纳税评估是税收征管程序的核心环节和必经环节；纳税评估是税收风险应对的一种策略，并且是最主要的税收风险应对策略。正确处理好纳税评估与专业管理、分类管理、税务审计和反避税、税务稽查、纳税服务之间的关系，对我们日常税收工作意义重大。纳税评估的主要特点有：纳税评估不以证明纳税人恶意的税收违法行为为目的；税务机关可以多次开展评估；纳税评估中征纳双方均承担证明责任；纳税评估方法灵活多样；纳税评估在法律上有时效限制。在依法治国背景之下，纳税评估的开展应当有充足的法律依据，税务机关在纳税评估工作中，可能对纳税人的权利义务关系产生不同程度影响的各种执法活动，必须获得法律的全方位支持。

【学习目标】了解纳税评估的概念、意义，了解纳税评估在我国税收征管体系中的定位，掌握纳税评估与税务稽查、纳税服务之间的关系，掌握纳税评估的特点，了解纳税评估的法律支撑范围。

第一节　纳税评估的概念和意义

一、纳税评估的概念

(一) 纳税评估的定义

纳税评估（Tax Assessment & Tax Audit），有的国家称为税务审计、税收审计或评估、评定、评税，作为当前国际上通行的一种税收执法活动，在很多国家和地区得到了广泛应用。但在我国，《中华人民共和国税收征收管理法》（以下简称《税收征管法》）对这一概念没有明确的界定，导致出现了很多不同的观点。

有观点认为纳税评估是一种纳税服务行为，这种观点的主要内容是：纳税评估是纳税服务的一项重要举措，纳税评估的开展使税务机关的税收征管更具人性化、更有人情味；纳税评估作为一种特殊的、深层次的服务手段，通过约谈的方式详细地、有针对性地向纳税人、扣缴义务人宣传、讲解税收法律、法规，通过评估分析及时发现纳税人、扣缴义务人在税收申报缴纳过程中存在的异常，是纳税服务的重要组成部分。

国家税务总局《纳税评估管理办法（试行）》将纳税评估定义为一种税收管理行为："纳税评估是指税务机关运用数据信息对比分析的方法，对纳税人和扣缴义务人纳税申报情况的真实性和准确性作出定性和定量的判断，并采取进一步征管措施的管理行为。"

但随着时间的推移，特别是在简政放权、税收管理改革不断深化的背景下，上述定义已无法适应纳税评估工作的实际发展需要。纳税评估本质上是属于行政执法行为的范畴，其定义不仅要明确纳税评估的性质，更要界定征纳双方之间的法律关系，做到权责明确。纳税评估是税务机关对纳税人自我申报的税法义务履行情况进行检查、审核、确认或调整的执法活动。具体包括对纳税人自我申报的计税依据和应纳税额的检查、审核、确认或调整，应纳税额包括应减、应免、应抵、应退税额（以下统称为应纳税额）。通俗地说，纳税评估就是税务机关对纳税人的纳税申报情况进行核实。

（二）我国纳税评估的演进

我国纳税评估制度自20世纪90年代开始，经历了建立、发展到逐步完善规范的过程。最初从涉外税收的审核评税，到增值税的纳税评估，再到对所有纳税人各税种的全面评估。具体来看，我国税务系统的纳税评估工作主要经历了探索起步、初步发展和完善规范三个发展阶段：

1. 探索起步阶段

20世纪90年代末期，我国部分省市的税务机关借鉴国外纳税评估和税务审计的理念，开始了我国纳税评估制度的实践和探索。1998年国家税务总局下发的《外商投资企业、外国企业和外籍个人纳税申报审核评税办法》明确提出"审核评税是指主管税务机关根据纳税人报送的纳税申报资料以及日常掌握的各种税收征管资料，运用一定的技术手段和方法，对纳税人一个纳税期内纳税情况的真实性、准确性及合法性进行综合评定。通过对纳税资料的审核、分析，及时发现并处理纳税申报中的错误和异常纳税申报现象"。1999年，青岛市国家税务局开展纳税评估改革试点工作。这标志着我国纳税评估开始进入起步阶段。

2. 初步发展阶段

2001年6月，国家税务总局《关于开展增值税、个人所得税专项检查等问题的通知》（国税发〔2001〕61号）提出："对检查范围所列企业进行增值税纳税评估（案头稽核），筛选具有虚开增值税专用发票和偷税行为嫌疑的稽查对象。"这是国家税务总局第一次在正式文件中提到"纳税评估"。2001年12月，国家税务总局印发《关于加速税收征管信息化建设推进征管改革的试点工作方案》中首次对纳税评估进行定义：纳税评估是指利用信息化手段对纳税人纳税申报资料的全面性和真实性进行的审核，进而对纳税人依法纳税的程度和信誉等级进行评价、提出处理意见的综合型管理工作。虽然这个概念尚不完善、有失偏颇，但是它阐明了纳税评估的最基本特征：对纳税人的纳税申报资料进行审核。

2002年，国家税务总局发布了《成品油零售加油站增值税征收管理办法》（以下简称《办法》）。该《办法》第十一条第二款规定："主管税务机关应将财务核算不健全的加油站全部纳入增值税纳税评估范围，结合通过金税工程网络所掌握的企业购油信息以及本地区同行业的税负水平等相关信息，按照《国家税务总局关于商贸企业增值税纳税评估工作的通知》的有关规定进行增值税纳税评估。对纳税评估有异常的，应立即移送稽查部门进行税务稽查。"

2002 年，北京市地方税务局在本系统推行纳税评估，在实践中逐步建立了一系列制度。包括：①查前评估制度：实行税务稽查准入，未经评估不得稽查，全面规范税务稽查行为；②税务部门与纳税人税务约谈制度：通过与纳税人的沟通，帮助纳税人准确理解和遵守税法，对纳税人做诚信推断；③评估结果评价制度：开展纳税信誉等级评定，对不同信誉等级的纳税人，实施严格分级管理，促使纳税人自觉遵守税法、规范纳税行为，营造诚信纳税氛围。

2003 年，江苏省地方税务局全面推行纳税评估，按不低于税务分局所有人员 20%的比例配备纳税评估人员。相继印发了《纳税评估管理暂行办法》和《纳税评估操作规程》，规范了全省的纳税评估工作，统一了纳税评估文书。并于 2004 年开发了全省统一的纳税评估系统，将纳税评估的程序控制和指标分析等均纳入计算机管理，逐步建立起了纳税评估的组织体系、制度体系和计算机管理体系。

2005 年，为进一步强化税源管理、降低税收风险、减少税款流失，不断提高税收征管质量、推动纳税评估在全国范围内开展，国家税务总局在总结各地工作经验基础上，制定出台了《纳税评估管理办法（试行）》，标志着我国纳税评估工作开始步入制度化、规范化管理轨道。2006 年，国家税务总局《关于进一步加强税源管理工作的意见》又进一步提出"要扎实推进纳税评估工作"的要求，要求各地税务机关积极探索建立纳税评估管理平台，建立税收分析、纳税评估、税源管理和税务稽查之间的互动机制。

2009 年，随着国际金融危机对我国经济影响的加深，为充分发挥税收的职能作用，确保税收持续增长，国家税务总局于 2009 年 5 月发布了《关于加强税收征管、促进堵漏增收的若干意见》，细化各税种征管措施，提高了征管质量和效率，确保了当年税收增长预期目标的实现。其中纳税评估被多次提及，已经纳入日常税收征管工作中。如"加强农产品抵扣增值税管理，对于以农产品为主要原料的加工企业要定期进行纳税评估"；"要开展免税石脑油的消费税专项纳税评估，堵漏增收"；要加强企业所得税汇算清缴工作，"认真开展纳税评估。连续三年以上亏损、长期微利亏损、跳跃式盈亏、减免税期满后由盈转亏或应纳税所得额异常变动等情况的企业，要作为评估的重点"；要"促进纳税评估和税源监控，加强税收收入预测、政策执行评估，提升财产行为税管理水平"。

3. 完善规范阶段

2014 年，结合国情和纳税评估工作现状，国家税务总局制定《关于加强税收风险管理工作的意见》（以下简称《意见》），明确了纳税评估在风险管理中的地位。《意见》将纳税评估作为风险应对的一种手段，是税务机关运用风险管理理论和方法，在全面分析纳税人税法遵从状况的基础上，针对纳税人不同类型不同等级的税收风险，合理配置税收管理资源，防控税收风险的一种应对策略，有利于提高纳税人的税法遵从度，提升税务机关管理水平。

江苏省国家税务局从 2014 年开始着手以建设法治国税、实现税收管理现代化为目标的税收管理改革。在全系统实行以省、市、县局三级共担的税收遵从管理新体制，建立以"前台办理、后台支撑、风险指引、分类应对、过程控制"为特征的现代税收管理新格局。税收管理实现从分人盯户向风险管理转变、从以票控税向信息管税转变、从综合管理向分类管理转变、从单人应对向团队应对转变、从属地管理向规模管理转变、从一级管理向多级管理转变、从全能管理向专业管理转变、从手工管理向机控管理转变。在新的税收管理体制和管理格局下，省局在全系统的税收风险分析中发挥主导作用，对全省纳税人进行风险识别，按照风险等级进行排序，推送风险应对任务。省、市、县三级税收风险应对机构根据纳税人的风险等级不同，分别采取纳税提醒、纳税评估、反避税调查、税务稽查四种不同的、递进式的风险应对策略。从实际运行情况看，纳税评估已经成为该省国税系统最主要的税收执法形式，也是最重要的税收风险应对策略。2015 年，该省国家税务局制定出台了《税收风险应对模板》和《税收风险应对法律指引》，进一步廓清了对纳税评估法律依据和法律地位的模糊认识，明确了以纳税评估为主要应对策略的税收风险应对工作流程。标志着纳税评估工作在我国的税收管理实践中进入规范发展阶段。

（三）国外纳税评估做法

随着经济发展方式日益多样化、复杂化和计算机网络技术的迅速发展，一些发达国家开始致力于税收征管模式的改革，借助现代管理理念和现代科学技术不断提高管理效能，以新加坡、英国、美国、日本等国采取"案头审计"或"办公室审计""评税""计算机核查"等不同形式实施的纳税评估管理尤为典型。纳税评估现在已经成为一项国际通行的税收管理制度，在税收管理过程中发挥着越来越重要的作用。

1. 美国

美国于 1963 年设立了"纳税人遵从度工作项目"（Taxpayer Compliance Measurement Program，TCMP），由专门的税收评估机构定期执行，其主要目的就是要评估纳税人纳税的自觉性、纳税申报材料的真实性、是否存在偷逃税和其他税收违法、违章行为等。美国的纳税评估在具体运行上，首先由位于西弗吉尼亚州的计算中心采用特定方法自动对纳税人的纳税申报材料进行分类，然后通过筛选过程核实纳税人是否正确估算了其应纳税款。

美国税务机关的纳税评估标准和参数经常调整，评价指标不固定，对于纳税人来讲，具有"随机性"的特点，纳税人很难弄虚作假或有针对性地刻意回避，有效保证了纳税评估对象选择的公正性和权威性。

2. 日本

日本的税务审计由专职税务人员负责，主要分为办公室审计和实地审计两大类。当公司报送纳税申报表之后，税务审计人员首先进行办公室审计，具体方法是按公司及行业的类别，检查纳税申报表中所列各项内容是否正确，与同行业、同规模的公司进行对比，并结合其过去的记载和其他已掌握的资料等，进行分析；实地审计，是办公室审计结果表明纳税人纳税申报税额不太确定时，需要进一步采取的审计程序，具体内容就是对公司账簿、会计记录、商品库存的实际状况进行详细检查。

3. 德国

纳税评估在德国被称为"税务审计"，是税务局关于纳税人纳税申报的结果是否符合事实的一项税收监督工作。德国税务审计范围较广，根据德国税务审计法的规定，其范围包括：能够通过会计账簿、财务报表和其他凭证调整税法义务的各类公司、企业；虽无会计账簿但有营业额、利润不超过法定数额的企业；有一定收入来源并提供税务申报的自然人等。除此之外，主管税务机关也可以对扣缴义务人进行审计，并且当纳税人存在需要澄清的重要税收事实、税务局内部又无法查清时，如果税务官员认为必要，就可以进行税务审计。

德国的税务审计分为室内审计和实地审计、一般审计和特殊审计、有准备的审计和直接审计等多种形式。在税务审计的具体操作程序上，德国首先由审计人员对每个行业的税收负担率、盈利率进行调查测算，并将纳税人的纳税情况等信息资料输入计算机，通过比较后生成被审计对象清单，然后根据纳税申报表、资产负债表、征税通知书等相关资料进行分析，最终确定实地审计户数，并分配给审计人员，同时明确审计的内容和要求。审计结束后，审计人员要将审计出来的问题逐一向企业说明，企业对审计情况如有异议可以申辩，直到双方意见达成一致。如果双方意见分歧较大，则进行面谈。在双方意见基本一致的情况下，审计人员撰写审计报告，税务机关核发征税通知书，一般对补税金额处以 20%～30%的罚款。

4. 英国

英国的税收征管程序一般都需要经过纳税申报、纳税评估、税款缴纳和税务检查等程序，纳税评估是其中的重要环节。在英国，不同税种的纳税评估方式也有所不同，其中增值税和资本利得税实行自行评估，其他税种均由税务当局根据纳税人提交的纳税申报表等资料进行评估。在自行评估过程中，纳税人有责任及时登记、递交纳税申报表并缴纳税款。如果税务当局认为纳税人一定时期的纳税申报有错误或遗漏，可以对其签发纳税评估通知单。

5. 澳大利亚

澳大利亚实行纳税人自行申报、自行审核。税务机关会首先对纳税人的信息进行收集、整理，并将税务信息来源分为内、外两部分。然后将这些信息全部录入计算机网络数据库。评估人员对信息进行分析。由评估人员将采集的内、外部信息输入由专家设定的标准模型中，自动生成评估报告，然后根据个人分析和经验修正，得出合理的结论，并以此对纳税人存在的税收风险作出判断，将纳税人按风险大小进行分级管理。对遵从度高的纳税人主要采用自我管理、自行评估策略，税务机关只是简单的监督和观察；而对抵触税法、遵从度较低的纳税人实行强制性管理，通常采用纳税审计和移交法办的程序，并将结果和纳税评估资料录入数据库。

6. 法国

法国的税收审计工作分为两大类：内部审计和外部审计。内部审计，即税务机关内部对纳税人进行的检查，以挑选出那些纳税情况不清楚、有疑点的纳税户，有重点地进行税收检查和管理；外部审计主要是对纳税人账册的实地审计。内部审计，大致相当于案头审计、室内审计，而外部审计则更接近于实地审计。

二、纳税评估的意义

纳税评估作为税务机关对纳税人自我申报的税法义务履行情况进行检查、

审核、确认或调整的执法活动，具有其他税收风险管理手段无法替代的优点，这也使它成为当前我国税收执法的主要方式。纳税评估的开展，对纳税人而言有利于提高纳税人的税法遵从度；对税务机关而言，纳税评估最能体现税务机关的税收综合管理能力；对整个社会而言，纳税评估有利于提高社会税收法律意识。

（一） 纳税评估是对自主申报真实性、准确性的确认

随着税收管理方式的转型，传统的纳税申报制度逐步被纳税人自主申报制度取代。在纳税人自主申报制度下，纳税申报的真实性、准确性的说明和举证责任主要由纳税人承担，税务机关只负责审核确认。因此，纳税评估的目的是对纳税人自主申报及其说明、证明等情况的真实性、准确性进行的进一步核实、确认。具体来说，税务机关对纳税人某一所属期的某一税种税法义务提出质疑时，纳税人应当向税务机关作出解释说明，必要时应提供能够佐证其自主申报情况真实、完整的证据资料。纳税评估的目的并不是为了揭示纳税人的偷逃骗抗等违法、违章行为，税务机关也无须举证证明纳税人纳税申报资料是否真实准确，这一点与税务稽查存在本质区别。认识了这一点，也就厘清了纳税人与税务机关之间的权责关系，为税务机关开展纳税评估奠定了理论基础。

（二） 纳税评估是税收执法的主要方式

《意见》中，将税收风险管理定义为："税收风险管理是税务机关运用风险管理理论和方法，在全面分析纳税人税法遵从状况的基础上，针对纳税人不同类型不同等级的税收风险，合理配置税收管理资源，通过风险提醒、纳税评估、税务审计、反避税调查、税务稽查等风险应对手段，防控税收风险，提高纳税人的税法遵从度，提升税务机关管理水平的税收管理活动。"由此可见，纳税评估是当前税收风险管理实践中的风险应对策略之一，也是税务机关在税收管理实践中行使税收执法权的最主要形式。

（三） 纳税评估有利于提高纳税人税法遵从度

税务机关开展纳税评估的过程是促使纳税人税法遵从度提高的过程。在纳税人自主申报制度下，纳税人主动纳税申报，税务机关审核确认，对于合法纳税申报行为确认通过，对于违法纳税申报行为进行审核纠正，并告知其

原因。纳税评估作为一种行政执法行为，其过程也是普及税法、宣传税法的过程。

现实生活中，很多纳税人只顾眼前利益，为了少缴税款进行虚假纳税申报或不申报；还有一部分纳税人误解税法，作出错误的纳税申报行为。通过开展纳税评估，可以借此加强税法宣传，解答纳税人疑难问题，及时纠正纳税人存在的错误认识和对税法的片面理解，纠正涉税违法行为，帮助纳税人提高依法纳税自觉性。比如通过评估约谈，纳税人向税务机关如实告知实际情况，税务机关向纳税人讲解现行税收法律、法规与税收政策，以便纳税人在合法范围内作出相应的纳税选择。税法宣传的目的并不是让纳税人多缴税款，而是为了让纳税人了解当前税法的规定，促进纳税人税法遵从度的提高。纳税评估作为税收风险管理的最主要手段和税务机关执法的最主要方式，可以在最大程度上起到宣传税法的作用。而纳税人往往在亲身经历了纳税评估之后，对税法的理解才更真切，进一步提高对税法的遵从意识。

（四）纳税评估体现税务机关税收综合管理能力

税收征收管理是税务机关的核心业务之一，纳税评估是税收管理程序中的核心环节，能够集中体现税务机关的税收综合管理能力。税务机关通过纳税评估，采取人机结合方式，在广泛采集纳税人数据与信息的基础上，结合第三方信息与数据，与纳税人的纳税申报数据及相关生产经营数据进行对比分析，能够相对准确地发现纳税人在申报纳税方面存在的问题，从而有助于及时发现、纠正和处理异常申报行为。税务机关能够有效地开展纳税评估，靠的是有足够的数据信息情报的支撑、靠的是强大的数据信息情报处理能力、靠的是税务人员娴熟的税收业务技能、靠的是管理人员敏锐的税收管理触觉、靠的是评估人员丰富的税收风险应对经验、靠的是税务机关对税收法律的精准把握。

（五）纳税评估有利于提高社会税收法律意识

纳税评估的过程本身就是税法宣传过程。通过纳税评估，可以向被查对象宣传税收法律、政策，使其更全面、深刻理解税收法律制度，做到知法、懂法、守法、用法；同时，其他纳税人也可以通过个案引以为戒，纠正自身的错误行为，形成良好的纳税氛围，提高整个社会的税收法律意识。

第二节　纳税评估的定位

纳税评估作为税收风险管理的主要应对策略，是当前税务机关税收执法的主要方式。纳税评估对内能及时发现税收征管中的薄弱环节和存在的问题，有效地提高税源监控能力，有利于提高纳税质量和税收管理水平；对外能帮助纳税人准确理解和掌握税法，减少并纠正纳税人、扣缴义务人因对税法理解偏差产生的涉税问题，引导其主动纠错，降低纳税人因税收违法而被追究责任的风险，给没有故意偷逃税的纳税人纠错改正的机会，让其感觉税收的公平与公正，最终提高纳税人的税法遵从度。

纳税评估是税务机关对纳税人自我申报的税法义务履行情况进行核实，在整个税收征管程序中处于核心地位；在整个税收风险管理流程中，纳税评估是最常见的风险应对策略，要妥善处理好纳税评估与纳税服务、税务稽查以及其他税收工作的关系。

一、纳税评估在税收征管程序中的地位

（一）纳税评估是税收征管程序的必经环节

税收征收管理程序包括纳税人纳税申报、税收机关纳税评估、税款征收及欠税追征、违法调查、税收争议处理等。但这些并不都是税收征管程序的必经环节。欠税追征、违法调查、税收争议处理是税收征管程序的或然环节，即只有特定情况发生时才会启动这些程序：在纳税人欠缴税款、经税务机关催缴后仍不缴纳税款时才会启动欠税追征程序；只有当税务机关检查发现并确认纳税人存在违法、违章行为风险的情况下，才会启动违法调查程序，如果税务机关认为纳税人纳税申报情况真实准确，便不会启动这一程序；当纳税人对税务机关的评估处理意见存在异议时，才会有税收争议处理程序，如果纳税人对评估处理意见无异议，通常也就不会启动税收争议处理程序。相对而言，纳税人纳税申报、税务机关纳税评估、税款征收则是税收征管程序的必经环节，是税收征管必不可少的程序。其中纳税人自主申报是税收征管程序的启动环节，是各个征管程序的发起环节；税务机关在纳税人纳税申报

时对纳税人纳税申报表的审核即视为第一次评估；纳税评估是核心环节，只有经过税务机关的纳税评估，才能确认一项纳税申报行为是否合法；税款征收是保障环节，税款及时、足额入库是税收征管的最终目的。税款如果无法及时、足额入库，则税务机关所做的努力都将无效，纳税评估也就失去了存在的价值。

（二）纳税评估是税收征管程序的核心环节

在纳税人自主申报制度下，税收征收管理程序包括纳税人纳税申报、税收机关纳税评估、税款征收及欠税追征、违法调查、税收争议处理等。纳税评估在税收征管程序中居于核心地位。纳税申报是纳税人按照税法规定的期限和内容，向税务机关提交有关纳税事项书面报告的法律行为，是纳税人履行纳税义务、承担法律责任的主要依据，是税务机关税收管理信息的主要来源和税务管理的一项重要制度；税款征收是税务机关依据国家税收法律、行政法规确定的标准和范围，通过法定程序将纳税人应纳税款组织征收入库的一系列活动。如果没有纳税评估，纳税人纳税申报便具有不确定性，申报纳税完全成为纳税人的自主行为，这会造成国家税款流失的风险，无法保证税款足额征收入库。只有经过税务机关的评估确认，纳税人的纳税申报行为才能被最终认可，才能发生法律效力。

二、纳税评估在税收风险管理中的定位

（一）纳税评估是税收风险管理的一个应对策略

税收风险管理的流程包括制定目标规划、收集涉税信息、开展风险识别、确定等级排序、组织风险应对、实施过程监控和评价反馈。在风险应对过程中，根据税收风险等级大小，可采取风险提醒、纳税评估、税务审计和反避税调查、税务稽查等差异化应对手段。因此，纳税评估在税收风险管理体系中，是税务机关应对税收风险的策略之一。

（二）纳税评估是最主要的风险应对策略

税收风险应对的五种策略中，风险提醒是一种税务行政指导行为，不具有强制力，且只针对具体行业、具体税收风险点，税务机关平时运用较少；

税务审计和反避税调查往往只针对个别复杂案件，基层税务机关平时较少接触这种案件，且其在应对方式上和纳税评估比较相近，可视为一种特殊的纳税评估方式；税务稽查作为风险管理的手段之一，是税收执法手段的最后一道屏障，是最严厉的税收执法手段。但税务稽查专司偷税、逃避追缴欠税、骗税、抗税案件的查处，其环节较多，程序要求也比较严格，案件本身也较为复杂，这决定了稽查打击范围的局限性，税务稽查工作具有"少而精"的特点。相反，纳税评估作为日常税收征管工作中的一项重要管理手段，具有"多而广"的特点，通过大量全面的纳税评估工作，有效地解决评估对象的涉税违法问题。

三、纳税评估与相关工作的关系

（一）纳税评估与专业管理的关系

专业管理其本质就是对纳税人纳税申报中的一个或几个具体事项进行确认或调整的管理活动，而纳税评估是对纳税人纳税申报的全面情况进行确认或调整，因此，专业管理应当归入纳税评估的范围。但专业管理在整个纳税评估中有其专业优势，发挥专业特长，研究专业领域的税收风险发生规律，建立基于专业领域的风险指标和风险模型，在专业领域内发现风险环节、风险事项和风险纳税人，可以对纳税评估工作的开展提供专业支持。

（二）纳税评估与分类管理的关系

分类管理是现代税收管理的科学方法，一般是指基于对纳税人进行的分类管理。具体体现在机构设置上，按照不同纳税人的类型，进行分类管理，体现在纳税评估环节，特别是对大企业，设置专门的大企业管理机构，开展对大企业税务审计。

（三）纳税评估与税务审计及反避税的关系

纳税评估与税务审计、反避税都是对风险纳税人的应对策略选项。税务审计和反避税是纳税评估中的特殊形态或者是特殊方式。税务审计一般是针对大企业开展纳税评估的方法，反避税则是在国际税收领域对涉外税收企业开展纳税评估的方法。两者在方法和程序上各有侧重。

（四）　纳税评估与税务稽查的关系

纳税评估作为国际通行的税收管理方法，是构建税收管理程序的基础和核心内容之一。但是，纳税评估毕竟是现代税收征管机制中的一个新生事物，它作为税务稽查的前置环节，与税务稽查有着紧密又复杂的联系，如何认识和处理它们之间的关系将会对税收工作产生一定的影响。

纳税评估与税务稽查都是税收风险的应对策略，并且是递进的应对策略，即：第一，二者相互递进。根据风险等级排序，风险等级相对较低的纳税人，税务机关会优先选择纳税评估，反之则会选择税务稽查。第二，在纳税评估过程中，如果发现纳税人存在较高涉税违法风险的，也要按规定移送税务稽查。但如果事先选择了税务稽查这一风险应对策略，在稽查过程中不能改变应对策略而选择纳税评估。第三，二者都是促进纳税遵从的有效手段。税务稽查通过对案件的查处和对各种涉税违法行为的打击，可以净化纳税环境，为纳税人提供公平竞争的平台；通过对重点行业、重点领域和重点税源企业的税务稽查，可以警示和震慑纳税人，促使纳税人依法纳税并建立自我纠错机制。纳税评估通过对纳税人一定时期纳税状况的分析评估，对纳税申报、税款缴纳有疑点，纳税与生产经营状况不匹配的纳税人进行评估处理，引导和促进纳税人遵从税法。纳税评估可以缓解税务稽查力量不足、难以实施大规模稽查的缺憾；而税务稽查可以通过打击和震慑税收违法行为，为纳税评估提供保障，使纳税人意识到纳税评估并不是税收执法的最后一道防线，从而配合税务机关进行评估处理。

但二者作为不同的税收风险应对策略，又存在很大的区别。税务稽查根据掌握的案源线索和检查发现的疑点，依法开展调查取证，对发现的税收违法问题依法进行处理，法律对其程序要求、取证标准、处理依据等规定都十分严格；纳税评估则是利用各种信息对纳税人在一定时间的纳税状况进行分析评估，引导、促使纳税人自我纠错，法律没有规定特定的程序，相对稽查而言较为灵活。二者的区别重点表现在以下七个方面。

1. 目的不同

纳税评估的目的是对纳税人纳税申报内容进行检查、审核、确认或调整，对纳税人纳税申报内容的真实性、准确性进行确认。如果税务机关认为纳税人纳税申报的内容真实准确完整，并不存在偷逃税款的可能性，则确认其纳税申报合法；如果税务机关认为纳税人纳税申报的内容不完整，或存在虚假纳税申报情况，可以要求其补充证据，根据最终的证据进行税务处理。税务稽查的目的是打击涉税违法行为。通过对个案的查处，打击和震慑涉税违法行为，净化依法纳税环境，营造公平纳税氛围。

2. 程序不同

纳税评估是整个征管程序中的必经环节，只有经过税务机关的纳税评估，才能确认一项纳税申报行为是否合法。在纳税人自主申报制度下，如果没有纳税评估，自主申报必然存在不确定性，税款入库无法得到保证。税务稽查则是违法后的或然环节，可以根据举报、分析发现或者评估中移交而发起税务稽查。换句话说，并非所有涉税违法行为都要启动税务稽查程序，但纳税评估却是必经程序。

3. 举证责任不同

纳税评估是征纳双方相互举证，纳税人承担主要举证责任。纳税人需举证证明其纳税申报内容的真实性、合法性，如税务机关认为其提供的内容不完整，可以要求纳税人补充证明。当纳税人举证完成后，如税务机关再提出质疑，则由税务机关就质疑的内容承担举证责任；税务稽查则由税务机关举证，纳税人不负有举证责任。因为在税务稽查阶段，税务机关与纳税人处于相对不平等的位置，税务机关掌握大量的行政资源，具有多种检查手段，处于主导地位，而纳税人处于弱势地位；同时，这也符合税收合作信赖主义原则和"谁主张，谁举证"的证据规则，对于经诚信推定的纳税人，如果税务机关主张该纳税人具有涉税违法行为，必须提供相关证据。

4. 对象不同

纳税评估对象范围广泛，所有负有纳税申报义务的人都是纳税评估的对象。稽查局专司偷税、逃避追缴欠税、骗税、抗税案件的查处，对象范围较窄，只有风险等级排序最高、存在较为严重的涉税违法嫌疑的纳税人才会被稽查局立案查处。税务稽查工作具有"少而精"的特点，即通过严厉打击少数情节严重的、有影响的案件来震慑其他具有涉税违法行为倾向的纳税人；而纳税评估作为风险管理和税收征管的必经程序，具有"多而广"的特点，即通过全面大量的纳税评估，对纳税人的纳税申报情况进行审核、确认、调整，从而保证税款足额入库。

5. 结果不同

纳税评估与税务稽查的处理结果与二者的目的紧密相连；纳税评估的目的是对纳税人纳税申报内容进行检查、审核、确认或调整，对纳税人纳税申报内容的真实性、准确性进行确认。因此，纳税评估的结果是确认或调整应纳税额，对合法的纳税申报行为进行确认，对违法的纳税申报行为进行调整；税务稽查的目的是打击涉税违法行为，因此，其结果是依法处理偷税、逃避追缴欠税、骗税、抗税行为。对以上行为进行税务行政处理处罚，对达到移送标准的案件依法移送公安机关，从而打击、震慑纳税人的税收违法行为。

6. 价值取向不同

纳税评估通过对纳税人纳税申报内容进行检查、审核、确认或调整，最终的价值取向是促进税法遵从，使纳税人依法纳税；税务稽查通过对案件的查处，发挥稽查威慑力，最终在社会上起到警示教育作用。

7. 时效不同

纳税评估有时效限制。由于纳税评估对象数量巨大，且纳税评估的目的是对纳税人的申报行为进行检查、审核、确认或调整，因此，纳税评估应在短时间内完成，否则容易造成纳税人的申报行为处于不确定状态，影响其正常的生产经营。而税务稽查时效较长，理论上对于一些重大复杂的案件没有时效限制。税务稽查的目的是打击涉税违法行为，且对程序、证据要求严格，因此税法规定了较长的时限。

（五）纳税评估与纳税服务的关系

纳税服务是税务机关为促进纳税人依法纳税和扣缴义务人依法扣缴，根据税收法律、法规的规定，在纳税人、扣缴义务人依法履行税法义务和行使税收权利的过程中，提供的满足纳税人、扣缴义务人合法、合理需求与期望的各项行政行为。纳税服务的本质是管理服务，维护征纳双方的社会公信力。纳税评估是税务机关对纳税人自我申报的税法义务履行情况进行检查、审核、确认或调整的执法活动。前者是服务行为，后者是执法活动，两者有着严格的区别。

但两者又存在一定的联系。纳税服务工作深入彻底，如在服务过程中就涉税问题进行系统辅导，并从整体上对纳税人提出建议、指出不足，积极为纳税人提供个性化优质服务，减少纳税人因疏忽大意或税收知识匮乏导致税收违法行为的发生，那么纳税评估的开展就会变得顺利。同时，纳税评估过程也是税法宣传的过程，通过评估分析发现涉税问题，再对纳税人进行税法宣传，使其了解税收法律、法规与当前政策，使其知法、懂法、守法，更好地配合服务部门工作，创建良性的征纳关系。从这一点来看，纳税评估与纳税服务最终目的是一致的，即提高纳税人的税收遵从度。

第三节　纳税评估的特点

一、不以证明纳税人恶意违法为目的

纳税评估是税务机关对纳税人自我申报的税法义务履行情况进行检查、审核、确认或调整的执法活动。其目的不是为了证明纳税人恶意违法，而是对纳税人的纳税义务履行情况进行审核确认，促进纳税人税法遵从。纳税评估是税务机关对纳税人自主申报行为进行处理，对真实、完整、全面的纳税申报行为进行确认，通过对虚假、片面、不完整的纳税申报行为进行调整，最终保证税款及时、足额入库。这也是税收合作信赖原则在税收管理中的具体体现，也是纳税评估与税务稽查的区别之一，没有充足的证据支撑，税务机关不能对纳税人是否依法纳税提出怀疑。

二、可以进行多次纳税评估

税务机关根据实际需要可以多次对纳税人进行纳税评估。受掌握的信息情报、具备的技术条件等因素影响，税务机关的初次纳税评估可能不够充分，税务机关保留进一步纳税评估的权力，可以根据新出现的情况，对同一纳税人后出现的计税依据进行再次纳税评估。

纳税评估的目的是对纳税人是否正确履行税法义务进行审核确认，如果纳税人举证证明其已经按规定履行了税法义务，或者经纳税评估将涉税风险疑点排除，则纳税评估应当终止。本次纳税评估结束之后，如税务机关通过风险识别发现纳税人还有新的涉税风险的，税务机关可以开展下一次纳税评估。因不同的选案标准会产生不同的纳税评估任务，税务机关应当对纳税评估任务进行整合，避免重复评估。

三、征纳双方均有证明责任

纳税评估是税务机关对纳税人自我申报的税法义务履行情况进行检查、

审核、确认或调整，在纳税人自主申报制度下，纳税申报的真实性、准确性的说明和举证责任主要由纳税人承担。纳税评估的过程，是征纳双方围绕纳税人税法义务履行中的争议问题有根据地提出质疑，纳税人针对评估人员的质疑进行说明并提供证明材料，评估人员对纳税人提交的证明材料进行核实的过程。如果纳税人履行了说明义务，税务机关仍然怀疑其纳税申报的真实性、准确性，则税务机关应承担举证责任。

四、纳税评估中检查方法灵活多样

纳税评估的实施主要包括案头检查与实地检查两种方式，在具体的实施过程中，纳税评估实施中的检查方法有电话、约谈、信函、资料检查、调账检查、第三方调查和现场调查等。需要说明的是，这些检查方法之间没有从属关系、没有先后关系、没有递进关系。在具体的纳税评估个案中，纳税评估人员采用什么样的检查方法，由纳税评估人员根据纳税评估工作的需要选择使用。在具体的纳税评估检查中，可以采用其中一种方法，也可以多种方法并用，直到排除或查清涉税疑点问题为止。

五、评估在法律上有时效限制

对具体的纳税评估案例，是有期限限制的。纳税评估与税务稽查相比，优点就在于纳税评估效率高、结案快。如果对具体案例的评估久拖不决，不仅会影响到税务机关的工作效率、浪费税收行政执法资源，也会影响到纳税人的正常生产经营活动，使其生产经营活动处于不确定过程中，不符合行政效能原则的要求。

第四节　纳税评估法律支撑

一、纳税评估的法律依据

纳税评估本质是税务机关的执法活动，税务机关可采用案头检查或实地检查等手段进行纳税评估。在评估过程中，可以使用的法律文书有《税务事项通知书》《税务检查通知书》《责令限期改正通知书》《税务行政处罚决定书》《税务处理决定书》等；评估过程可以采用查账、核定等税额确定方式。因此，纳税评估从本质、手段、法律文书、评估过程等方面进行综合分析可以得出以下结论：纳税评估是于法有据的执法活动，现行法律为评估的合法性提供了充分的法律依据，有足够的法律支撑。

（一）法律依据的质疑

对纳税评估一直存在这样的质疑，税务机关开展纳税评估工作没有法律依据，这种观点的核心要点是：现行《税收征管法》及相关税收法律、法规中并未对纳税评估进行明确表述。在形式上，法律没有明确赋予税务机关纳税评估权，按照法无授权不可为的原则，税务机关开展纳税评估工作就缺乏法律依据。

针对这一质疑从以下三个方面进行回答：

首先，从纳税评估的本质上看，纳税评估是税务机关对纳税人自我申报的税法义务履行情况，进行检查、审核、确认、调整的管理活动。具体包括对计税依据和应纳税额的检查、审核、确认、调整。通俗地讲，纳税评估工作就是税务机关对纳税人的纳税申报情况进行核实。现行《税收征管法》赋予税务机关税收征收管理权：《税收征管法》第三十五条、第三十六条、第三十七条规定了税额核定权；《税收征管法》第五十四条规定了税收检查权；《税收征管法》第六十一条、第六十二条、第六十四条、第七十条等规定了责令限期改正权以及行政处罚权等。这些权力能够支撑税务机关对纳税人的纳税申报情况进行核实。

其次，从纳税评估的手段上来看，税务机关采取的每一项活动都是在《税收征管法》及其实施细则以及相关的税收法律、法规的范围内开展的，都有其法律依据。如税收纳税评估过程中对纳税人的账簿、生产经营场所等开展检查，询问纳税人与纳税相关的事项等工作在征管法及其实施细则中都有相关规定。

最后，从纳税评估中使用的文书来看，《中华人民共和国税收征收管理法实施细则》（以下简称《税收征管法实施细则》）第一百零七条列明了9种税务文书，《国家税务总局关于印发全国统一税收执法文书式样的通知》（国税发〔2005〕179号）列明了67种表证单书，评估活动中使用的法律文书都在这 9 种税务文书和 67 种表证单书的范围之内。

综合以上三个方面的分析，纳税评估活动是税务机关依法行使权力，并且能够对纳税人的权利义务产生实际影响的行政行为，具有从属法律性的特征。纳税评估的"从属法律性"，体现在：纳税评估的权力来源于法律，纳税评估的活动依法做出，纳税评估的过程全面接受法律监控，不凌驾于法律之上，不游离于法律之外。这既是税收法治的特点，也是税收法治的要求。从纳税评估的过程来分析，纳税评估始终坚持"以事实为依据，以法律为准绳"的基本原则。从事实的角度看，纳税评估的过程是征纳双方围绕纳税人税法义务履行中的争议问题质疑、取证、核实的过程，是以证据为支撑还原事实的过程，是变涉税事实为法律事实的过程。所谓"法律事实"，是由法律所规定的，能够引起法律关系的产生、变更和消灭的现象。从法律的角度来看，纳税评估的过程是税务机关对纳税人的税法义务履行情况，依据税收实体法作出判断的过程，依据税收程序法作出决定的过程。无论从事实的角度还是法律的角度，纳税评估的过程都是一个严谨的法律问题，而不是简单的"评评估估"。此外，在纳税评估过程中，如果税务人员发现纳税人存在税收违法、违章行为，存在需要采取税收保全、税收强制等情况的，税务机关应当作出相应处理，这些内容虽然不属于纳税评估的范畴，但这是现代税收管理格局下，税务机关进行税收遵从管理所必须做的，这也是税务机关"法定职责必须为"的要求。

（二）法律支持的结论

纳税评估是税务机关于法有据的税收执法活动，现行税收法律、法规为税务机关开展纳税评估活动的合法性提供了足够的法律支撑，有充足的法律依据，不需要税法的另外授权。

（三）需要注意的问题

有法律依据也不能任性。对于"纳税评估"这样的表述，在正式税收法律文件中应当谨慎使用，特别是在对纳税人出具的法律文书，应当与具体的执法行为相契合。比如在纳税评估中，要求纳税人提供资料，使用的文书是《税务事项通知书》；将纳税评估结论告知纳税人，也是使用《税务事项告知书》；对评估结果进行处理，使用《税务处理决定书》。

二、纳税评估的法律支撑范围

从工作性质上划分，纳税评估可分为税务机关内部管理活动和外部执法活动两个部分。这种划分的意义在于明确税收管理程序的重心，明确纳税评估的法律支撑范围。

纳税评估的内部管理活动包括：纳税评估机构设置、资源配置包括人力资源的调配、为纳税评估工作开展所进行的数据加工分析、工作计划安排以及绩效考评等。内部管理活动对纳税人的权利义务不产生直接影响，主要由税务机关内部的管理制度来规范和调整，不需要由税收法律制度支撑。

税务机关的外部执法行为涉及纳税人权利义务的调整，必须强调程序的合法性、正当性、有效性；必须强调对纳税人知情权、参与权、监督权的保护。这是税收管理程序的核心所在。外部执法行为具有较强的约束力，既要保证纳税人能够主动参与到纳税评估活动中来，又要防止程序失当，权力滥用，损害纳税人的合法权益，所以纳税评估中的外部执法活动必须得到法律的全方位支持。

【本章小结】

在以纳税人自主申报制度为基础的税收管理制度下，纳税评估是税务机关对纳税人自我申报的税法义务履行情况进行检查、审核、确认或调整的执法活动。纳税评估在我国税收征管程序中处于核心地位，税务机关开展纳税评估，应当在法律规定的范围内进行。

第二章　纳税评估准备

【本章提要】本章主要介绍评估准备阶段的工作，共分为检查告知、数据准备、深度分析、预案编制、知识及手续准备等五个环节。做好该阶段的工作可以为整个纳税评估工作打下扎实的基础。本章的重点和难点是深度分析环节如何利用内外部数据情报对纳税人开展系统、全面、深度的风险分析，全面排查纳税人涉税风险。

【学习目标】通过本章学习，掌握评估准备阶段各环节工作的目的、内容和要求，能够根据程序要求开展评估准备阶段的各项工作，参照深度分析模板开展深度分析工作并制作各类表单文书和分析报告。

纳税评估的准备阶段，是纳税评估活动的重要组成部分，也是税务机关行使法律赋予的税收征收管理权的直接体现之一。纳税评估准备阶段的主要工作，共分为检查告知、数据准备、深度分析、预案编制、知识及手续准备等五个环节。通过纳税评估准备阶段的工作，可以为做好整个纳税评估打下扎实基础。评估准备阶段的主要任务是各级税务机关的纳税评估部门在接受任务后，依法向纳税人履行告知程序；开展深度分析前的数据准备工作；数据准备完成后，从纳税人基本情况、身份及生产经营特征、风险识别结果指向等方面进行深度分析，分析其可能存在的涉税风险疑点；将分析的结果进行汇总、归并，制作《单户综合分析报告》；根据综合分析报告，从检查内容、检查方式、人员安排等方面编制评估检查预案；将编制好的预案连同分析报告一起提交评审；评审通过后，完成知识、手续、文书等准备工作，为下一步的评估检查做好准备。

第一节　检　查　告　知

一、检查告知目的

检查告知是指纳税评估人员接收评估任务后，按照规定的程序，向被评估纳税人送达《税务检查通知书》或《税务事项通知书（检查告知）》，告知检查事项。

在检查实施之前告知纳税人，既是对纳税人税收管理行政参与权和知情权的保护，也是税收管理程序公开和程序正当的要求，有助于税务机关规范行使税收管理行政权，提高行政效率。开展税收检查会对纳税人的正当权益带来一定影响，给其正常的生活、生产及经营带来一定的限制和不便，因此，税收检查有严格的程序要求。在检查实施之前通知纳税人，可以让纳税人有一定的时间准备，合理地安排好生产、经营活动，尽可能减少检查带来的影响和损失，同时也可以赢得纳税人对检查工作的理解和协助，有助于形成征纳双方的良性互动，提高检查工作效率、促成检查预期目的的实现。

二、检查告知文书及内容

检查告知阶段能够确定评估检查人员的，使用《税务检查通知书》（见表2-1）；不能确定评估检查人员的，使用《税务事项通知书（检查告知）》（见表2-2）。

通知书内容主要包括：检查机关、检查事由、拟检查内容、时间范围、法律依据、检查人员、检查时间、纳税人享有的权利和应履行的义务等。

两种告知文书具体样式如下：

表2-1　　　　　　　　　　　税务检查通知书

_____税务局
_____税务检查通知书
_____税检通一〔　〕号

_____:

根据《中华人民共和国税收征收管理法》第五十四条规定,决定派_____等人,自_____年_____月_____日起对你(单位)_____年_____月_____日至_____年_____月_____日期间(检查发现此期间以外明显的税收违法嫌疑或线索不受此限)涉税情况进行检查。届时请依法接受检查,如实反映情况,提供有关资料。

年　月　日

告知:税务机关派出的人员进行税务检查时,应当出示税务检查证和税务检查通知书,并有责任为被检查人保守秘密;未出示税务检查证和税务检查通知书的,被检查人有权拒绝检查。

法律提示:

1. 我局将派出两名以上有执法资格的税务人员进行检查。

2. 您应当依法配合我局的检查,如实反映情况,提供有关资料,提供必要的协助。

3. 如果您逃避、拒绝或者以其他方式阻挠我局检查,按照《中华人民共和国税收征收管理法》等有关法律、法规规定,您将可能承受行政处罚等不利法律后果。

4. 请妥善保存本通知。如需协助,请致电_____与我局联系。

表2-2　　　　　　　　　税务事项通知书 (检查告知)

_____税务局
税务事项通知书
_____税通〔　〕号

_____:(纳税人识别号:_____)

事由:税务检查告知

依据:《中华人民共和国税收征收管理法》第五十四条规定

通知内容:决定自_____年_____月_____日起对你(单位)_____年_____月_____日至_____年_____月_____日期间(检查发现此期间以外明显的税收违法嫌疑或线索不受此限)涉税情况进行检查。届时请依法接受检查,如实反映情况,提供有关资料。

年　月　日

法律提示:

1. 我局将派出两名以上有执法资格的税务人员进行检查。

2. 您应当依法配合我局的检查,如实反映情况,提供有关资料,提供必要的协助。

3. 如果您逃避、拒绝或者以其他方式阻挠我局检查,按照《中华人民共和国税收征收管理法》等有关法律、法规规定,您将可能承受行政处罚等不利法律后果。

4. 请妥善保存本通知。如需协助,请致电_____与我局联系。

三、工作要求

1.《税务检查通知书》应该直接送交受送达人，对直接送达存在困难的应依照《税收征管法实施细则》文书送达相关规定选择邮寄送达、公告送达等方式进行送达，同时对无法直接送达的原因予以记录并固定相关证据。

2. 检查告知过程中，应约定好双方联系人员、联系方式，建立顺畅的沟通规则。

3. 对于提前告知有可能影响评估检查的情形，可以直接开展数据准备环节的工作，暂不进行检查告知。

4. 告知文书应与《税务文书送达回证》（见表 2-3）一并使用。

表 2-3   税务文书送达回证

送达文书名称	
受送达人	
送达地点	
受送达人签名或盖章	年　月　日　时　分
代收人代收理由、签名或盖章	年　月　日　时　分
受送达人拒收理由	年　月　日　时　分
见证人签名或盖章	年　月　日　时　分
送达人签名或盖章	年　月　日　时　分
填发税务机关	（签章）　年　月　日　时　分

第二节　数　据　准　备

一、数据准备目的

数据准备的目的是在整理征管信息系统现有的税务登记数据、纳税申报数据、征管数据、已有外部情报等数据的基础上，进一步补充纳税人依法应报送而未报送的涉税资料、纳税评估所需的与纳税人生产经营直接相关的情报以及第三方资料等。通过全面获取纳税评估所需的各种数据情报，为后续工作环节的开展做好准备。

二、数据准备内容

数据准备的内容包括为开展纳税评估所需的各种数据，主要包括以下四个方面的内容：

（一）征管信息系统现有数据

开展深度分析之前，首先要对被评估纳税人分散在各个征管信息系统中的现有数据进行归集整理，其主要内容包括：税务登记信息、资格认定信息、纳税申报信息、税款征收信息、发票信息、非常规情报信息、历史评估稽查信息等。

（二）纳税人依法应报送未报送的涉税资料

《税收征管法实施细则》规定纳税人应报送的涉税资料主要包括：存款账户、财务会计制度等基本登记资料；纳税申报表、财务会计报表、与纳税有关的合同、协议及凭证、税控装置的电子报税资料等纳税申报信息；出现合并、分立、解散、撤销、破产等情形时的报告资料；以及《中华人民共和国企业所得税法》《中华人民共和国增值税暂行条例》等规定的其他应报送的资料。纳税人如未及时报送上述资料，应依法要求其及时补报。

（三）与纳税人生产经营直接相关的情报

仅依靠纳税人的纳税申报资料难以深入开展分析的，可以要求纳税人报送与纳税申报相关的其他涉税资料，例如，主要生产设备及设计生产能力、主要产品名称、主要产品生产流程、主要原辅材料、主要能源耗费、生产经营房屋的使用情况等。

（四）第三方资料

第三方资料主要包括《税收征管法实施细则》规定的工商部门、金融机构等单位依法应提供的数据；也包括通过社会公共平台、互联网等媒介获取的公开资料以及除该纳税人以外的其他相关单位或个人依法应提供的相关资料。对于从第三方单位或个人获得的数据，税务机关应当确保数据为该第三方提供，数据本身的真实性和准确性由提供数据的该第三方负责。对于通过公开资料采集的数据资料，如上市公司披露的报告与报表、行业协会公开的资料、期货市场公开的资料、互联网上发布的新闻等，税务机关应当确保该数据来源合法，引用准确。税务机关使用相关数据时，应当向纳税人进行核实，对国家机关、银行等金融机构提供的数据，评估中可以直接使用。部分第三方资料及来源见表2-4。

表2-4　　　　　　　　　　　第三方资料及来源

第三方资料类型	资料来源
工商登记信息、工商变更登记信息、工商吊销营业执照信息、工商董事会信息（变更）、工商年检结果信息、工商企业股权结构变更信息、工商所属集团公司信息（变更）、工商行政处罚信息、公司自然人股东（发起人）信息（变更）、企业增资信息等	工商局
财政补贴信息、行政事业单位基建拨款、政府集中招标采购项目信息、专项资金拨付信息、政策性奖励信息等	财政局
对外支付信息、非贸易收支信息、支付地国家信息、支付或个人服务贸易对外付汇、外债登记信息、境外投资企业款汇出情况等	外汇管理局
房产租赁信息、商品房预售许可证信息、商品房销售信息、增量房销售信息、企业初始产权登记信息、房地产企业成本构成信息、预售备案信息、销售备案信息、土地使用权出（转）让信息等	房管局
建设项目环评审批信息、污染物排放信息等	环保局
船舶制造信息、车辆运营证发放信息、航道工程招标信息、驾驶培训信息、客货车辆船舶运营许可登记信息等	交通局
海关代征进口增值税专用缴款书、海关注销信息、海关进出口信息等	海关
高新技术产品认定信息、奖励拨款信息、（国家级、省级、市级）孵化器企业信息、技术开发项目立项备案信息、扶持资金信息、技术转让信息、研发费拨付信息等	科技局
零售药店医保划卡结算信息、社保费企业缴纳信息	人力资源和社会保障局
借贷款业务、服务贸易对外支付信息、企业非贸易售付汇信息	中国人民银行
银行账号信息、转账交易信息、大额现金提取信息	商业银行

三、工作要求

1. 评估分析人员在对被评估纳税人进行深度分析之前，可以通过计算机扫描等方式，判断纳税人依法应报的涉税资料是否已全部报送，如未全部报送，则制作《责令限期改正通知书》（见表2-5）和《纳税人依法应报送未报送涉税资料清单》（见表2-6），送达纳税人，责令其补充报送。

表2-5　　　　　　　　责令限期改正通知书

＿＿＿＿＿＿＿税务局 **责令限期改正通知书** ＿＿＿＿＿＿＿税限改〔　　〕号 ＿＿＿＿＿＿＿＿＿:(纳税人识别号:＿＿＿＿＿＿＿＿＿) 　　你(单位)＿＿＿＿＿＿＿＿＿。根据＿＿＿＿＿＿＿＿＿,限你(单位)于＿＿年＿＿月＿＿日前＿＿＿＿＿＿＿＿＿。 　　如对本通知不服,可自收到本通知之日起六十日内依法向＿＿＿＿＿＿＿＿＿申请行政复议;或者自收到本通知之日起三个月内依法向＿＿＿＿＿＿＿＿＿人民法院起诉。 　　　　　　　　　　　　　　　　　　税务机关(签章) 　　　　　　　　　　　　　　　　　　　年　月　日

表2-6　　　　　　纳税人依法应报送未报送涉税资料清单

纳税人名称			纳税人识别号		
制作单位		制作人员		制作时间	
接收单位		接收人员		接收时间	
依法应报送未报送涉税资料明细					
序号	资料名称		所属期	备　　注	
1					
2					
3					
4					
5					
6					

2. 要求纳税人提供与生产经营相关的情报时，应当出具《税务事项通知书（提供资料）》（见表2-7）及《生产经营数据采集表》（见表2-8）并送达纳税人，要求其报送相关资料。

表2-7 税务事项通知书（提供资料）

_____税务局

税务事项通知书

_____税通〔 〕号

_____:(纳税人识别号:_____)

事由:提供资料

依据:《中华人民共和国税收征收管理法》第五十四条第（三）项

通知内容:请你（单位）提供附件列明资料,并于_____年_____月_____日前送交至_____税务局_____办公室。

联系人:

联系电话:

税务机关地址:

附件:提供资料清单

税务机关(签章)

年 月 日

法律提示:

1. 您需要填写附件中的提供资料清单和本通知书尾部的联系资讯栏,连同准备好的资料加盖公章一起送交或寄给我局,您也可以提交我局要求提供的资料以外的、而您认为有必要提供的资料。

2. 如果您没有按照我局要求在_____年_____月_____日前提供全部资料,或者虽然提供但提供的是虚假资料,按照《中华人民共和国税收征收管理法》等有关法律、法规规定,您将可能承受行政处罚等不利法律后果。

3. 请妥善保存本通知。如需协助,请与我局联系。

⋯⋯⋯⋯⋯⋯⋯⋯⋯⋯⋯⋯⋯⋯⋯⋯⋯⋯⋯⋯⋯⋯⋯⋯⋯⋯⋯⋯⋯⋯⋯⋯⋯

（请沿虚线剪下）

联系资讯:

财务负责人及联系电话		办税人员及联系电话	

如果您的地址、联系人、电话等联系方式有变更,请到我局申请变更。

表2-8 生产经营数据采集表

纳税人名称			纳税人识别号			
所属行业			所属期			
填报人员			联系方式			
项目名称			项目内容			
从业人员	从业人员构成			管理人员	销售人员	生产人员
	企业接受外部劳务派遣用工人数					
	与企业建立劳动关系的职工人数					
	合计					
工资薪金	工资薪金组成			管理人员	销售人员	生产人员
	直接支付给被劳务派遣员工个人的工资					
	支付给与企业建立劳动关系的职工工资					
	合计					

经营场所	名称	出租情况			承租情况		
		出租期限	租金收入	水电费结算	承租期限	支付费用	水电费结算

主要生产设备	名称	数量	原值	出租情况		承租情况	
				出租期限	租金收入	承租期限	支付费用

主要耗用材料	名称	期初结存		本期购进		期末结存	
		数量	金额	数量	金额	数量	金额

名称	期初结存		本期完工		期末结存	
生产 主要产品	数量	金额	数量	金额	数量	金额

名称	内销情况		外销情况	
销售 主要产品	数量	营业收入	数量	营业收入

其他涉税 信息披露	
生产工艺 流程简述	
说明	1. 其他涉税信息披露包括本表未列明但需采集项目以及纳税人认为需要报送税务机关的涉税信息； 2. 生产工艺流程是指将从原材料、半成品通过一定的设备方式、制作顺序，加工为成品的过程。

3. 接收纳税人报送的资料后，对照《提供资料清单》清点无误，双方在清单上签字，并注明收到时间，加盖税务机关印章。

4. 分析人员认为评估工作需要一定的外部数据对纳税人提供的信息加以验证和核实的，按程序审批同意后，可依法要求除该纳税人以外的相关部门、单位或者个人等第三方提供必要资料。如果第三方是辖区内的纳税人，可以按照内部规定权限报批，向其出具《税务事项通知书（提供资料）》及其附件《提供资料清单》，要求其提供与相关纳税人有关的涉税信息资料，第三方拒不履行协助配合义务，税务机关认为必要的，可以按照内部规定权限报批，请求通过启动税收检查程序获取相关纳税人的信息。

5. 如纳税人未及时报送资料或报送了虚假涉税资料，导致难以开展深度分析的，应当出具《责令限期改正通知书》，责令纳税人在规定的期限内报送真实、准确的涉税资料，并追究其相应的法律责任。

6. 纳税人提交的各项涉税资料，应当保留原件。保留原件确有困难的，可以保留书面资料原件的复制件、影印件或者抄录件，但应注明出处。其中，纳税人提供 ERP 系统等电子数据的，税务机关有权要求纳税人提供系统查询的一切必要条件，必要时可要求纳税人就电子数据进一步提供附有有关资料的原始载体，并注明制作方法、制作时间、制作人和证明对象等；纳税人提供外文资料的，税务机关可以要求纳税人就外文资料进一步提供由具有翻译资质的机构翻译的或者其他翻译准确的中文译本，由翻译机构盖章或者翻译人员签名，并由纳税人确认。

7. 数据准备完成后，分析人员应将纳税人报送的《生产经营数据采集表》或第三方提供的资料，通过录入已有的信息平台或其他方式实现数据共享。

第三节　深度分析

一、深度分析的定位

深度分析是指在纳税评估过程中，针对风险纳税人以户为主要对象进行风险点排查，开展系统的、全面的、深度的风险分析，从而形成基于现代税收管理的纳税评估的基本方法论。深度分析主要基于以下四个方面的定位：

（一）确定纳税评估开展的方向

深度分析解决的是纳税评估目标内容的问题，针对特定风险纳税人，确定需要分析的项目，全面揭示纳税人的重大风险点和风险指向。现阶段纳税评估对象主要是通过行业模型扫描，或者风险项目扫描确定的，评估对象确定后一方面需要对行业模型扫描结果或者风险项目扫描结果进行细化分析，另一方面更需要对评估对象进行全面深入的风险识别，力求发现其所有风险点，为后续评估工作的开展指明方向。

征管评估（中级）

（二）纳税评估准备阶段的重点内容

从评估准备及其五个明细环节来看，深度分析是其中的重要一环，无论从对整个纳税评估质量的影响来看，还是从工作本身的难度来看，都不容忽视。深度分析确定了后续评估检查工作的主要内容，深度分析是否完整准确将直接影响到整个纳税评估工作的质量。深度分析需要对纳税人的基本情况、身份及生产经营特征、风险识别结果指向等内容进行全面深入的分析，需要对税收政策、特定行业生产经营特征等有全面的了解，这对分析人员本身有较高的要求。

（三）编制纳税评估预案的基础

纳税评估预案是纳税评估进行实质性检查的方案，涉及检查内容、检查方法等各个方面，这些内容都必须根据深度分析的结果来确定，深度分析的结果是否全面、准确将影响到评估预案的编制以及后续检查工作的开展。

（四）从规范程序走向规范实体内容的重要举措

规范化的纳税评估流程，不仅仅规范了程序，同时还规范了程序实施中的实体内容，深度分析则是实体规范的重要体现。深度分析将纳税人基本情况分析、身份及生产经营特征分析、风险识别结果指向分析、综合分析等作为必选动作，从实体上对分析内容作出规范要求。

二、深度分析的特点

（一）以各类数据信息情报为基础

深度分析对数据的依赖性非常强，需要对内外部、各层级和税收管理各环节的数据进行综合运用。各类数据情报管理系统的数据归集以及前一环节数据准备的成效决定了深度分析的质量。目前广泛应用于深度分析的数据信息主要包括：纳税人报送信息、税收管理信息、外部采集数据以及情报交换获取信息等。

（二）以纳税人个性特征为出发点

深度分析主要是从纳税人本身的一些属性出发，综合考虑其税收遵从程度和税收风险点。主要考虑的个性因素包括：所属行业、主营业务、主打产品、经营规模、销售方式、景气程度、进出口情况、投资关系、分支机构、关联企业、经济性质、缴纳税种、涉税资格、扣缴义务、税收优惠、违法违章、历史评估情况等。

（三）以验证纳税申报信息为主攻方向

纳税评估的主要目的就是确认、调整纳税人的纳税申报。作为评估重要环节的深度分析，就是围绕纳税人纳税申报的真实性、准确性开展各项验证工作，为后期的评估检查做好准备。验证的主要内容包括：纳税人各项报送资料是否按要求齐备，是否属实；纳税人的纳税申报表与财务报表之间的主要逻辑关系是否一致；对纳税人遵守财务制度和税收管理要求情况作出判断；对纳税人的内控制度是否严密作出基本判断等。

（四）以全面、系统、深度分析为实现路径

相对于传统的纳税评估，规范化的评估流程提出了更高、更符合实际的要求。传统的纳税评估主要是围绕风险分析识别提示的风险信息开展相关的风险应对，而深度分析的要求是要对纳税人开展全面、系统的深度分析，不再局限于风险识别信息，这将大大提高纳税评估的质量。

三、深度分析的内容

深度分析包括纳税人基本情况分析、身份及生产经营特征分析、风险识别结果指向分析、综合分析等。其中，纳税人基本情况分析是指对纳税人基础信息，当前和历史税收表现等方面所开展的分析，同时提出身份及生产经营特征分析的方向。身份及生产经营特征分析是指对基本情况分析时了解到的纳税人特定身份、交易行为、所处行业、特定税收政策等方面所展开的分析。风险识别结果指向分析是指对上级单位发布的纳税评估任务中纳税人存在的异常指标或涉税疑点，按照"分析、排除、细化"的步骤，剖析异常指

标成因，细化无法排除的涉税疑点，找出隐藏在异常指标或涉税疑点背后的具体风险事项。综合分析是指对纳税人基本情况分析、身份及生产经营特征分析、风险识别结果指向分析中的异常指标和涉税疑点进行汇总、合并、排除；对列示的风险点，需明确风险指向，提出综合分析评估建议，最终形成《单户综合分析报告》。

对涉税风险全部排除的纳税人，应描述全部涉税风险排除理由，形成《风险排除纳税人报告》。

（一）纳税人基本情况分析

评估分析人员通过对纳税人基本情况分析，找出其中需要重点关注的事项，识别可能存在的涉税疑点，提出评估建议，形成《纳税人基本情况分析报告》（见表2-9），该报告主要包括以下三个方面的内容：

表2-9　　　　　　　　　　　　纳税人基本情况分析报告

纳税人名称		纳税人识别号		
分析人员		所属时期		
序　号	指标（疑点）名称	分析结果（包括重点关注事项、涉税疑点内容、理由及评估建议、排除理由）		
1				
2				
3				
4				
纳税人基本情况分析结论				

1. 基础信息分析

对税务登记、国地税管理、涉及税收政策等方面开展分析，了解纳税人的基本现状，找出需要重点关注的事项和表现异常的涉税疑点，同时提出身份及生产经营特征分析方向。部分基础信息分析明细见表2-10。

表 2-10 基础信息分析模板

分析模板名称	明细	关注点	重点关注事项或涉税风险点
税务登记分析	法定代表人（负责人）信息	法定代表人（负责人）身份证件名称及身份证件号码、投资人、关联企业	①办理登记或变更登记的法定代表人（负责人）年龄大于 70 岁或小于 18 岁，有违经营常规，需要重点关注； ②投资人均为自然人，但法定代表人（负责人）不在投资人范围内，有违常规经营，需要重点关注； ③同一法定代表人（负责人）企业或所投资企业为非正常户的，存在走逃风险
	投资情况信息	投资人、来源地、投资比例	①来源于境外的投资，需重点关注发生股权转让信息； ②投资方为法人，且投资比例达到控制标准，关注关联交易
	注册地址信息	地址	同一地址登记多个纳税人（一址多照），重点关注是否存在关联关系和关联交易
	税种认定信息	经营范围、主行业、税种认定	①经营范围中存在混业经营或兼营项目，需重点关注其与税种认定是否匹配，可能存有混淆税种、从低适用税率申报纳税的风险； ②企业所得税纳税人征收方式为核定征收的，重点关注主行业与实际经营项目是否一致，应税所得率是否异常（不符合规定标准）
	财务制度信息	适用会计制度	纳税人适用的会计制度与企业划型是否一致，需重点关注
	变更记录信息	股东变更、法定代表人（负责人）变更、经营范围变更、地址变更	①股东变更，关注股权变动情况； ②法定代表人（负责人）变更，关注是否存在年龄异常（大于 70 岁或小于 18 岁）、关联企业异常（同一法定代表人或负责人企业或所投资企业为非正常户）等情况； ③经营范围变更，关注行业是否发生变动，税种认定是否发生变化； ④地址变更，关注是否存在同一地址登记多个纳税人（一址多照）等情况

分析模板名称	明细	关注点	重点关注事项或涉税风险点
国、地税管理情况分析		国、地税税收管理情况及相关的税收管理记录情况，国、地税税种管辖权	①是否存在国税未按规定实施企业所得税的税收管理（总机构国税征管，但分支机构非国税征管）；②属于"营改增"范围，但国税未按规定实施增值税的税收管理；③如企业所得税属于国税征管，应进行"两税"联评
涉及税收政策分析		了解纳税人所适用的特定税收政策及调整变化情况，特定税收政策主要是指税收优惠政策、税制改革等	①通过"高新技术企业"的企业所得税税收优惠备案信息，了解纳税人是否属于享受高新技术企业税收优惠的范围；②通过"安置残疾人单位"的流转税税收优惠认定信息，了解纳税人是否属于享受即征即退税收优惠的范围；③"营改增"税制改革的变动情况，了解纳税人是否属于"营改增"改革范围

2. 税收表现分析

通过对纳税人纳税申报、发票使用、纳税评估记录、税务稽查记录等方面开展分析，了解纳税人当前和历史的税法遵从情况，找出表现异常的涉税疑点。部分税收表现分析明细见表2-11。

表2-11 税收表现分析模板

分析模板名称	明细	关注点	重点关注事项或涉税风险点
纳税申报分析	申报纳税行为信息	纳税申报表（逾期申报、未申报），税款缴纳（逾期缴纳、欠税），财务报表（会计制度、按期报送、内容完整性）	①纳税人未按规定履行纳税申报行为特点（逾期申报、未申报），关注逾期申报、未申报的次数，分析其对税法的主动遵从情况；②纳税人未按规定履行缴纳税款行为特点（逾期缴税、欠税），关注逾期缴纳税款、欠税的次数、税款金额（包括税务机关对其欠缴税款的处理），分析其对税法的主动遵从情况；③纳税人的财务报表种类与财务会计制度是否匹配，是否存在未按规定报送财务报表或报送的财务报表数据不全，分析其对税法的主动遵从情况

分析模板名称	明细	关注点	重点关注事项或涉税风险点
纳税申报分析	申报纳税内容信息	纳税申报数据的纵向分析，纳税申报数据与财务数据分析，跨税种申报数据分析（含与地税申报数据分析）	①增值税月度间申报数据、企业所得税季度预缴和年度申报数据大幅波动，重点关注是否存在人为调节、滞后确认收入； ②财务报表数据异常，重点关注长期不发生变化的财务数据（如存货、累计折旧、预付账款），前后无法衔接的数据（如上年度12月数据与本年度1月数据不符），是否如实申报财务报表数据； ③纳税申报数据与财务报表数据钩稽关系异常，重点关注纳税申报收入（增值税、企业所得税）与利润表主营业务收入差异过大，纳税申报表的增值税还原税负与利润表的毛利率明显不匹配，是否存在未按规定确认收入或异常抵扣情况； ④流转税与所得税钩稽关系异常，重点关注增值税销售收入与企业所得税收入差异过大（应考虑地税营业税因素），是否存在未按规定确认收入
发票使用分析	发票领用信息	发票领用种类、发票领用数量	纳税人领用的发票种类，发票领用量短期内发生大幅增减变动，关注与实际经营是否匹配
	发票填开信息	增值税专用发票、普通发票的填开情况，开票收入的申报情况	①各类发票的总开票金额，与申报收入进行比对，发现开票与申报不一致的风险点； ②红字发票开具数量较多，金额较大，关注是否存在虚假退货、少计收入、多转成本； ③作废发票份数较多，频率较高，关注是否存在隐瞒销售收入风险（下游不需要发票）； ④交易行为上下游关联分析，发票开具异常，关注是否存在虚开发票（从交易对象行业判断）
	发票结存信息	发票结存情况	①长期未缴销发票，关注是否存在开具发票未申报纳税，或者丢失发票； ②增值税专用发票已缴销但未报税，是否存在骗购发票
	发票违章信息	发票违章行为	发票违章行为发生较多的，分析发票违章的行为特点（违章类型、违章次数），关注发票违章的原因

分析模板名称	明细	关注点	重点关注事项或涉税风险点
以往纳税评估和税务稽查情况分析	纳税评估	以往纳税评估记录	①纳税人以往风险发生的特点（涉及风险项目、涉税指标、发生次数）； ②以往纳税评估的处理情况（具体风险事项、处理情况）； ③以往纳税评估确认的涉税风险，是否再次发生（具体风险事项、涉税指标）
	税务稽查	以往税务稽查记录	①纳税人以往税收违法的特点（涉及风险项目、涉税指标、发生次数）； ②以往税务稽查的处理及执行情况（具体风险事项、处理情况、执行情况）； ③以往税务稽查确认的涉税风险，是否再次发生（具体风险事项、涉税指标）

3. 其他分析

对数据准备阶段采集的生产经营数据和纳税人的非常规情报信息，进行补充分析。

【案例 2-1】某科技有限公司，纳税人识别号 3209××××××5050，登记注册类型为私营有限责任公司，生产经营地址是某市海洋生物医药产业园，开业（设立）日期为 2010 年 8 月 5 日，从业人数 230 人，主行业医药制造业，许可经营项目：亚胺培南、格列齐特、磺胺二甲氧嘧啶制造。一般经营项目：医药化工及原料药的研发；自营和代理各类商品和技术的进出口业务（国家限定企业经营或禁止进出口的商品和技术除外）。法定代表人：陈某，财务负责人李某，注册资本为 8 750 万元，陈某出资 6 125 万元，占注册资本的 70%；张某出资 1 312.5 万元，占注册资本的 15%，王某出资 1 312.5 万元，占注册资本的 15%，企业所得税由国税机关征收，征收方式为查账征收，2013 年 10 月开始试生产。

2013 年申报增值税收入 15 989 999.77 元，销项税额 2 718 300.23 元，进项税额 1 4318 335.49 元，进项税额转出 67 248.01 元，期初留抵 5 944 609.67 元，期末留抵 17 477 396.92 元，无增值税应纳税额。2013 年申报营业收入 15 982 905.75 元，营业成本 15 982 905.75 元，营业税金及附加 0 元，销售费用 0 元，管理费用 2 012 399.52 元，财务费用 3 342.58 元，营业外收入 2 546.96 元，营业外支出 0 元，利润总额-2 013 195.14 元，纳税调整增加额 281 378.03 元，纳税调整减少额 299 816.62元，纳税调整后所得-2 031 633.73 元。

对该纳税人的基本情况分析见表 2-12、表 2-13、表 2-14。

表 2-12　　　　　　　　　　　　　**基础信息分析**

分析名称	明　细	重点关注事项或涉税风险点
税务登记分析	法定代表人	法定代表人陈某，证件号码：332601×××××××××3716，身份信息正常
	投资情况	投资人均为自然人
	注册地址	某市海洋生物医药产业园，无异常
	税种认定	两税鉴定，为查账征收
	财务制度	企业会计制度
	变更记录	2013 年 1 月企业名称由某科技公司变更为现名称，无异常
国、地税管理情况		"两税"均为国税部门征管，实行"两税"联评
涉及税收政策		无税收优惠政策，"营改增"项目无收入

表 2-13　　　　　　　　　　　　　**税收表现分析**

分析名称	明　细	重点关注事项或涉税风险点
纳税申报分析	纳税申报行为	按期限纳税申报、缴纳税款，信息正常
	纳税申报内容	①固定资产抵扣异常：企业 2011 年 1 月至 2013 年 12 月增值税进项税额申报计 20 278 332.34 元，其中：固定资产抵扣 10 419 636.40 元（2011 年 30 166 元，2012 年 5 809 139.72 元，2013 年 4 580 330.68 元），企业购进的固定资产是否允许抵扣，可能存在混淆情况，将不允许抵扣的进项而作抵扣。从"固定资产"科目的明细，对照《固定资产分类及代码》进行判断。②主营业务成本申报异常：2013 年企业所得税年报中主营业务收入计 15 982 905.75 元，主营业务成本计 15 982 905.75 元，可能存在多计成本的情况，对照相关科目核实其成本结转准确性。③年度纳税调减申报异常：企业 2013 年企业所得税年报中《成本费用明细表》中货物、财产、劳务视同销售成本 299 816.62 元，《纳税调整明细表》视同销售成本纳税调减 299 816.62 元，而《收入明细表》中视同销售收入无数据，可能存在多作纳税调减事项，核实相关科目，判断纳税调减的合理、合法性。④其他应付款申报异常：2012 年资产负债表其他应付款余额为 7 679 759.88元，2013 年资产负债表其他应付款余额为 180 074 697.2 元，企业可能存在少计收入的情况，核实其他应付款明细进行判断。⑤其他应收款申报异常：2013 年资产负债表其他应收款余额为 4 374 894.2元，短期借款 22 500 000 元，长期借款 42 000 000 元，企业可能存在拆借资金未计利息收入，核实其他应收款科目明细逐笔核对是否存在未计收入的情况

分析名称	明　细	重点关注事项或涉税风险点
发票使用分析	发票领用	2013 年 10 月 22 日开始领购增值税专用发票中文电脑版（三联），2013 年度计 120 份
	发票填开	2013 年 10 月 23 日开始开具，2013 年正常开具 104 份
	发票结存	结存 16 份，信息正常
	发票违章	无相关发票违章记录
以往风险应对情况分析	纳税评估	无纳税评估记录
	税务稽查	无税务稽查记录

表 2-14　　　　　　　　　纳税人基本情况分析报告

纳税人名称	某科技有限公司	纳税人识别号	3209××××××5050
分析人员	张某、李某	所属时期	2011—2013 年

序号	指标（疑点）名称	分析结果（包括重点关注事项、涉税疑点内容、理由及应对建议、排除理由）
1	固定资产抵扣异常	企业 2011 年 1 月至 2013 年 12 月增值税进项税额申报计 20 278 332.34元，其中：固定资产抵扣 10 419 636.40 元（2011 年 30 166 元、2012 年 5 809 139.72 元、2013 年 4 580 330.68元），企业购进的固定资产是否允许抵扣，可能存在混淆情况，将不允许抵扣的进项而作进项抵扣。从"固定资产"科目的明细，对照《固定资产分类及代码》进行判断。 应对建议：案头检查
2	主营业务成本申报异常	2013 年企业所得税年报中主营业务收入计 15 982 905.75 元，主营业务成本计 15 982 905.75 元，可能存在多计成本情况，对照相关科目核实成本结转准确性。 应对建议：案头检查

序号	指标（疑点）名称	分析结果（包括重点关注事项、涉税疑点内容、理由及应对建议、排除理由）
3	年度纳税调减申报异常	企业 2013 年企业所得税年报中《成本费用明细表》中货物、财产、劳务视同销售成本 299 816.62 元，《纳税调整明细表》视同销售成本纳税调减 299 816.62 元，而《收入明细表》中视同销售收入无数据，可能存在多作纳税调减事项，核实相关科目，判断纳税调减的合理、合法性。 应对建议：案头检查
4	其他应付款申报异常	2012 年资产负债表其他应付款余额为 7 679 759.88 元，2013 年资产负债表其他应付款余额为 180 074 697.2 元，企业可能存在少计收入的情况，核实其他应付款科目明细进行判断。 应对建议：案头检查
5	其他应收款申报异常	2013 年资产负债表其他应收款余额为 4 374 894.2 元、短期借款 22 500 000 元、长期借款 42 000 000 元，企业可能存在拆借资金未计利息收入，核实其他应收款科目明细逐笔核对是否存在未计收入的情况。 应对建议：案头检查
纳税人基本情况分析结论		对涉税风险事项进行案头检查

（二）身份及生产经营特征分析

评估分析人员通过对纳税人身份及生产经营特征的分析，识别其中可能存在的涉税疑点，提出评估建议，形成《身份及生产经营特征分析报告》（格式同表 2-9），为综合分析提供依据，该报告主要包括以下四个方面的内容：

1. 身份特征分析

就纳税人的投资结构、总分机构、是否上市等身份特征，参照同类型纳税人存在的风险特征进行分析，找出表现异常的涉税疑点。部分身份特征分析明细见表 2-15。

表 2-15 身份特征分析模板

分析模板名称	关注点	涉税风险点
公司投资结构	投资方/上市公司	①投资者为境外投资者,关注应付股息红利是否扣缴预提企业所得税; ②与投资者之间存有关联交易,关注是否存在资金拆借、转移利润; ③上市公司,关注是否存在并购重组、虚构收入利润、持有解禁"大小非"的居民企业所得税
总分机构	分支机构认定/企业所得税缴纳/总分支机构货物移送	①企业所得税季度预缴和年终汇缴计算,关注是否存在预缴和汇缴比例计算错误的情况; ②资产损失专项或清单申报,关注是否存在未按规定进行申报税前列支的情况; ③分支机构级别认定,关注是否存在分支的性质和级别认定错误的情况(把三级认定为二级,挂靠企业未按独立纳税人申报纳税); ④总分机构之间调拨移送货物,关注跨县市调拨情况下是否增值税未确认收入的情况

2. 交易特征分析

就纳税人存在的跨国跨区、进出口、电子商务等交易行为,参照同类型交易行为存在的风险特征进行分析,找出表现异常的涉税疑点。部分身份特征分析明细见表 2-16。

表 2-16 交易特征分析模板

分析模板名称	关注点	涉税风险点
跨国、跨区交易	对外支付/股权转让/成本分摊/关联交易/关联资金拆借	①存在对外支付,关注是否存在未扣缴税款的情况(如特许权使用费、研发费用、担保费); ②有大额对外支付情况,关注是否存在侵蚀所得税税基的情况（如支付佣金）; ③存在投资方股权转让情况,关注间接转让是否申报转让所得,以及股权转让定价是否合理; ④存在成本摊销情况,关注分摊的成本和收益是否配比; ⑤存在关联交易,关注关联交易价格是否公允; ⑥存在关联资金拆借,关注是否存在资本弱化的情况

分析模板名称	关注点	涉税风险点
进出口交易情况	生产型企业/外贸企业	①异地报关及敏感口岸报关，出口销售额异常增长，存在出口骗税风险（生产型企业、外贸企业）； ②出口未按规定进行单证备案，是否存在未按免税申报情况（生产型企业）； ③出口货物逾期未申报，是否存在未按免税申报情况（生产型企业）； ④生产企业进料加工复出口货物退税率适用错误，存在计算免抵退税额错误风险（生产型企业）； ⑤外贸企业同时有内销业务，是否存在"一票两用"的情况； ⑥外贸企业存在佣金支付，是否存在不合规情况（超比例、凭证形式、支付方式等）
电子商务交易	电子商务交易情报	①关注电子商务的运作模式，对企业而言，主要有以下两种：B2B（企业与企业之间的电子商务），B2C（企业与消费者之间的电子商务）； ②关注电子商务的交易平台，主要有两类，一类是通过第三方平台实现交易，如阿里巴巴（B2B）、慧聪（B2B）、天猫（B2C）；一类是通过自建平台实现交易，如苏宁易购（B2C）、麦德龙网上商城（B2C）； ③关注电子商务的交易规模，是否纳税申报以及是否足额申报； ④如通过自建平台交易，是否存在向第三方收取的收入（服务费、广告费）

3. 行业特征分析

就纳税人所处行业的基本情况、产品及原料、工艺流程、盈利模式等行业特点，参照同行业纳税人存在的风险特征进行分析，找出表现异常的涉税疑点。部分行业特征分析明细见表2-17。

4. 特定税收政策分析

就纳税人所适用特定税收政策的执行情况，结合同类政策在执行过程中发现的风险特征进行分析，找出表现异常的涉税疑点。部分特定税收政策分析明细见表2-18。

表 2-17　　　　　　　　　　　　行业特征分析模板

分析模板名称	关注点	涉税风险点
行业生产经营特点	生产工艺流程、主要产品、产品成本构成、原辅材料、盈利模式、理论税负、投入产出比	参照行业模型评估指南及相关资料,结合评估分析前的数据情报准备,对纳税人所处行业的生产经营特点及盈利模式开展分析,测算出主要经营项目、主要产品的理论税负及投入产出比,与纳税人的具体数据进行比较,识别可能存在的涉税风险。①分析纳税人主要经营项目、主要产品的投入产出比;②分析纳税人主要经营项目、主要产品的盈利模式、增值率、毛利率;③分析纳税人主要经营项目、主要产品的增值税、所得税的理论税负

表 2-18　　　　　　　　　　　　特定税收政策分析模板

分析模板名称	关注点	涉税风险点
高新技术企业新技术应用	成果转化/高新技术产品销售比例/利润水平	①成果转化方面(未形成无形资产);②高新技术产品销售额,是否占销售总额60%以上;③主营业务利润率变动情况,是否存在利润水平下降的情况
税收优惠资格及政策落实情况	资格时限/适用条件变化/滥用税收优惠	①适用期限,关注是否存在优惠资格时限已超过期限情况;②适用条件,例如关注高新技术企业适用优惠的条件是否发生变化、创投企业所投资企业的主体资格是否符合法律规定等;③滥用税收优惠,例如通过关联交易将高税负利润或增值额向低税负企业转移、福利企业虚构残疾人员人数等
新税制落实情况	"营改增"	①销售额超过一般纳税人认定标准,是否存在应认定未认定情况;②存在混业经营,是否存在混淆计税依据和适用税率的情况;③滥开发票侵蚀企业所得税税基;④主辅分离后,涉及"营改增"业务增值税税负畸高

【案例 2-2】接【案例 2-1】,对该纳税人的身份及生产经营特征分析见表 2-19、表 2-20、表 2-21、表 2-22、表 2-23。

表 2-19 身份特征分析

分析名称	涉税风险点
公司投资结构	均为自然人投资，信息正常
总分机构	企业无分支机构

表 2-20 交易特征分析

分析名称	涉税风险点
跨国、跨区交易	关联交易异常：企业 2013 年 10—12 月共计使用增值税专用发票 104 份（金额为 2013 年申报的主营业务收入 15 982 905.75 元）开具给税号为 3310×××××××6703 的纳税人与企业三位投资人为同一地区，可能系关联企业交易，对应年报中主营业务收入与主营业务成本一致，企业可能存在关联交易不符合独立交易原则，核实相关明细科目进行判断
进出口交易情况	所属期内无进出口交易情况
电子商务交易	所属期内无电子商务交易情况

表 2-21 行业特征分析

分析名称	涉税风险点
行业生产经营特点	行业各项指标异常：2013 年增值税名义税负 ＿＿＿＿ 还原免抵、固抵 = 0.00%；低于行业预警值 3.41%，以 2013 年 10—12 月数据计算名义税负为 0.18%，应查明税负低的原因；纳税调整后应税所得率 = -12.71%；行业预警值 = 1.82%；投入产出比率（17%）= -10.16%；行业预警值 = 86.71%；固定资产综合折旧率 = 21571.93%；行业预警值 = 20%；主营业务期间费用率 = -672.33%；行业预警值 = 23.46%；运费与增值税销售比率 = 0.02%；预警值 = 0.63%

表 2-22 特定税收政策分析

分析模板名称	涉税风险点
高新技术企业新技术应用	无高新技术企业新技术应用
税收优惠资格及政策情况	无税收优惠资格
新税制落实情况	无"营改增"项目收入

表 2-23 身份及生产经营特征分析报告

纳税人名称	某科技有限公司	纳税人识别号	3209×××××××5050
分析人员	张某、李某	所属时期	2011—2013 年
序号	指标（疑点）名称	分析结果（包括重点关注事项、涉税疑点内容、理由及应对建议、排除理由）	
1	关联交易异常	企业 2013 年 10—12 月共计使用增值税专用发票 104 份（金额为 2013 年申报的主营业务收入 15 982 905.75 元）开具给税号为 3310×××××××6703 的纳税人与企业三位投资人为同一地区，应系关联企业交易，对应年报中主营业务收入与主营业务成本一致，企业可能存在关联交易不符合独立交易原则，核实相关明细科目进行判断。 应对建议：约谈	
2	行业各项指标异常	行业各项指标异常：①增值税名义税负＿＿＿＿＿＿还原免抵、固抵＝0.00%，低于行业预警值 3.41%，以 2013 年 10—12 月数据计算名义税负为 0.18%，应查明税负低的原因；②纳税调整后应税所得率＝－12.71%，行业预警值＝1.82%；③投入产出比率（17%）＝－10.16%，行业预警值＝86.71%。 应对建议：案头检查	
身份及生产经营特征分析结论	对涉税风险事项进行案头检查		

（三）风险识别结果指向分析

评估分析人员对上级下发的纳税评估任务中纳税人存在的异常指标或涉税疑点，按照"分析、排除、细化"的工作步骤，剖析异常指标成因，细化无法排除的涉税疑点，找出隐藏在异常指标或涉税疑点背后的具体风险事项，并提出评估建议，制作《风险识别结果指向分析报告》（格式同表 2-9），为综合分析提供依据。

1. 风险分析

对上级风险识别结果中纳税人的异常指标或涉税疑点，参照各地风险指标等，运用内外部数据情报，分析异常指标或涉税疑点的产生原因。

2. 风险排除

对取数差错产生的异常指标或涉税疑点，经重新计算后在指标正常区间的，或者同一个涉税疑点在以前纳税评估中已得到处理的，可以排除风险，并简要描述理由。

3. 风险细化

对无法排除风险的异常指标或涉税疑点进行细化分析，找出隐藏在异常指标或涉税疑点背后可能存在的具体风险事项，提出相应的评估建议。

【案例2-3】接【案例2-2】，对上级下发的该户纳税人的11个涉税疑点逐个进行分析、排除、细化，形成风险识别结果指向分析报告，疑点及分析结果见表2-24。

表2-24 风险识别结果指向分析报告

纳税人名称	某科技有限公司	纳税人识别号	3209××××××5050
分析人员	张某、李某	所属时期	2011—2013年
序号	指标（疑点）名称	分析结果（包括重点关注事项、涉税疑点内容、理由及应对建议、排除理由）	
1	增值税税负低于行业税负预警	风险排除：企业从2013年10月才开始有产品销售收入，行业平均税负暂无可比性，低税负原因将在对其他相关疑点的分析中予以识别	
2	行业模型——化学药品原料药制造指标异常	①增值税名义税负_还原免抵、固抵，风险得分=30.00。企业2013年增值税名义税负_还原免抵、固抵=0.00%；行业预警值为3.41%；②纳税调整后应税所得率，风险得分=20.00。企业纳税调整后应税所得率=-12.71%；行业预警值为1.82%；③投入产出比率（17%），风险得分=15.00。企业投入产出比率（0.17）=-10.16%；行业预警值为86.71%。 风险排除：企业从2013年10月才开始有产品销售收入，应税所得率、投入产出率与同行业暂无可比性。 应对建议：建议对增值税还原税负偏低的情况开展案头检查	
3	固定资产进项抵扣异常	时间属期2012年，全年进项税金合计5 897 617.44元，全年一般固定资产抵扣税额5 809 139.72元，全年一般固定资产抵扣与海关进口固定资产抵扣税额合计5 809 139.72元，全年一般固定资产抵扣与海关进口固定资产抵扣税额合计占全部进项税金比例0.985，全年海关进口固定资产抵扣税额0。 应对建议：案头检查 时间属期2013年，申报抵扣固定资产进项税额合计4 580 330.68元，进项税额合计14 318 335.49元，申报抵扣固定资产进项税额合计除以进项税额合计0.32。 应对建议：案头检查	

序号	指标（疑点）名称	分析结果（包括重点关注事项、涉税疑点内容、理由及应对建议、排除理由）
4	增值税零申报企业年用电金额大于 3 万元	时间属期 2013 年，供电局抄报信息中的购电金额 4 008 165.16 元，金额偏大。 应对建议：案头检查
5	存货与留抵税金不配比	2012 年申报抵扣固定资产进项税额合计 5 809 139.72 元，2013 年申报抵扣固定资产进项税额合计（年）4 580 330.68 元，2011 年申报抵扣固定资产进项税额合计（年）30166.2 元，2013 年期末留抵税额（年）——一般货物及劳务和应税服务 17 477 396.92 元，2013 年期末留抵税额（年）——即征即退货物及劳务和应税服务 15 387.18 元，2013 年存货——期末数 12 022 763.4元，2013 年期末存货乘以适用税率小于期末留抵（剔除 3 年固定资产抵扣）-5 029 277.72 元。 应对建议：案头检查
6	企业所得税贡献率异常	时间属期 2013 年，行业所得税贡献率 0.01，该企业所得税贡献率 0，本期所得税贡献率/本期行业所得税贡献率-1。 风险排除：企业从 2013 年 10 月才开始有生产的产品销售收入，所得税贡献率与同行业暂无可比性
7	其他应收款申报异常	分析属期 2013 年资产负债表其他应收款余额为 4 374 894.2 元、短期借款 22 500 000 元、长期借款 42 000 000 元，企业可能存在拆借资金未计利息收入，核实其他应收款科目明细逐笔核对是否存在未计收入的情况。 应对建议：案头检查
8	单位工资实现收入异常	2013 年企业所得税年度申报表（附表三）——工资薪金 7 926 351 元，企业所得税年度申报表——营业收入 15 982 906 元，企业所得税年度申报表——营业收入/企业所得税年度申报表（附表三）——工资薪金=2，以行业明细划分的企业单位工资实现收入均值 14，远低于行业均值。 应对建议：案头检查
9	其他应付款期末数异常	资产负债表流动负债合计期末数 247 047 174 元，资产负债表其他应付款期末数 180 074 697 元，其他应付款期末数/流动负债合计期末数 0.73，其他应付款余额偏高。 应对建议：案头检查

序号	指标（疑点）名称	分析结果（包括重点关注事项、涉税疑点内容、理由及应对建议、排除理由）
10	接受商业零售企业开具增值税发票进项抵扣异常	2013 年度企业共从省内商贸企业购进（购进金额 28 万元以上）：某化工贸易有限公司 1 252 785.26 元，某实业有限公司物资分公司 4 585 342.74 元，某技术工程有限公司 1 153 553.87元，某钢管贸易有限公司 395 597.68元，某贸易有限公司 661 452.99元，某标准件贸易有限公司 520 671.42元，某化工有限公司 525 462.22元，嘉禾贸易有限公司 488 552.13元，杰贸易有限公司 288 704.02元，存在接受虚开发票或超范围抵扣风险。 应对建议：案头检查
11	期间费用总额大于销售收入的 30%	分析属期 2013 年 10 月，期间费用总额 827 389.27 元，销售收入 1 707 264.89 元，期间销售费用总额与销售收入比为 0.485，比例偏高，费用列支可能不规范。 应对建议：案头检查
风险识别结果指向分析结论		对未排除的疑点进行评估检查

（四）综合分析

评估分析人员对纳税人基本情况分析、身份及生产经营特征分析、风险识别结果指向分析过程中发现的异常指标和涉税疑点进行汇总、合并、排除；对综合分析后的风险点，明确风险指向，提出综合分析评估建议，形成《单户综合分析报告》。

1. 对纳税人基本情况分析、身份及生产经营特征分析、风险识别结果指向分析过程中确认的所有异常指标和涉税疑点，进行综合分析；对重复列示但属于同一指向的涉税疑点应进行合并；对综合分析后需要排除的风险点，应描述其排除理由。对综合分析后的风险点，明确风险指向，提出综合分析评估建议，形成《单户综合分析报告》（格式同表 2-9）。

2. 通过纳税人风险情况综合分析，应当对纳税人遵守财务制度和税收管理要求情况作出初步判断。

3. 对涉税风险全部排除的纳税人，应描述全部涉税风险排除理由，形成

《风险排除纳税人报告》（见表 2-25）。

4. 将形成的《单户综合分析报告》提交至预案编制岗；将形成的《风险排除纳税人报告》提交评估检查预案评审。

【案例 2-4】接【案例 2-3】，对该户纳税人的基本情况分析、身份及生产经营特征分析、风险识别结果指向分析过程中发现的异常指标和涉税疑点进行汇总、合并、排除后，对可以排除的风险点，进行整理形成《风险排除纳税人报告》（见表 2-25）；需要进一步评估检查的风险点，明确风险指向，提出综合分析评估建议，形成《单户综合分析报告》（见表 2-26）。

表 2-25　　　　　　　　　　　风险排除纳税人报告

纳税人识别号	3209××××××5050	纳税人名称	某科技有限公司
主管税务机关	某市国税局	评估所属期	2011-2013 年
预案制作人员		制作时间	
风险排除具体内容			
序号	指标名称（疑点名称）	排除理由	
1	增值税税负低于行业税负预警	风险排除：企业从 2013 年 10 月才开始有产品销售收入，行业平均税负暂无可比性，低税负原因将在对其他相关疑点的分析中予以识别	
2	行业模型——化学药品原料药制造指标异常	风险排除：企业从 2013 年 10 月才开始有产品销售收入，应税所得率、投入产出率与同行业暂无可比性	
3	企业所得税贡献率异常	风险排除：企业从 2013 年 10 月才开始有生产的产品销售收入，所得税贡献率与同行业暂无可比性	
处理建议			
上述指标与其他异常项目存在交叉，在评估过程中，适当注意。结合其行业及经营特征，可以排除。			
审议意见：同意 　　　　　　　　　　年　　　　月　　　　日			

表 2-26　　　　　　　　　　　　　单户综合分析报告

纳税人名称	某科技有限公司	纳税人识别号	3209×××××××5050
分析人员	张某、李某	所属时期	2011—2013 年

序号	指标（疑点）名称	分析结果（包括重点关注事项、涉税疑点内容、理由及应对建议、排除理由）
1	主营业务成本申报异常	2013 年企业所得税年报中主营业务收入计 15 982 905.75 元，主营业务成本计 15 982 905.75 元，可能存在多计成本的情况，对照相关成本科目核实在此之前性和准确性。 应对建议：案头检查
2	年度纳税调减申报异常	企业 2013 年企业所得税年报中《成本费用明细表》中货物、财产、劳务视同销售成本 299 816.62 元，《纳税调整明细表》视同销售成本纳税调减 299 816.62 元，而《收入明细表》中视同销售收入无数据，可能存在多作纳税调减事项，核实相关科目，判断纳税调减的合理、合法性。 应对建议：案头检查
3	增值税还原税负偏低	时间属期 2013 年，增值税名义税负_____还原免抵、固定资产抵扣＝0.00%，低于预警值 3.41%，以 2013 年 10—12 月数据计算名义税负为 0.18%，应查明税负低的原因。 应对建议：案头检查
4	固定资产进项抵扣异常	数据属期 2012 年，全年进项税金合计 5 897 617.44 元，全年一般固定资产抵扣额 5 809 139.72 元，全年一般固定资产抵扣与海关进口固定资产抵扣税额合计 5 809 139.72 元，全年一般固定资产抵扣与海关进口固定资产抵扣税额合计占全部进项税金比例为 0.985，全年海关进口固定资产抵扣税额为 0。 应对建议：案头检查 时间属期 2013 年，申报抵扣固定资产进项税额合计 4 580 330.68 元，进项税额合计 14 318 335.49 元，申报抵扣固定资产进项税额合计除以进项税额合计 0.32。 应对建议：案头检查
5	增值税零申报企业年用电金额大于 3 万元	时间属期 2013 年，供电局抄报信息中的购电金额 4 008 165.16 元，金额偏大。 应对建议：案头检查
6	存货与留抵税金不配比	2012 年申报抵扣固定资产进项税额合计（年）5 809 139.72 元，2013 年申报抵扣固定资产进项税额合计（年）4 580 330.68 元，2011 年申报抵扣固定资产进项税额合计（年）30 166.2 元，2013 年期末留抵税额（年）——一般货物及劳务和应税服务 17 477 396.92 元，2013 年期末留抵税额（年）——即征即退货物及劳务和应税服务 15 387.18 元，2013 年存货——期末数 12 022 763.4 元，2013 年期末存货乘以适用税率小于期末留抵（剔除 3 年固定资产抵扣）-5 029 277.72 元。 应对建议：案头检查

序号	指标（疑点）名称	分析结果（包括重点关注事项、涉税疑点内容、理由及应对建议、排除理由）
7	其他应收款申报异常	分析属期2013年资产负债表其他应收款余额为4 374 894.2元，短期借款22 500 000元，长期借款42 000 000元，企业可能存在拆借资金未计利息收入，核实其他应收款科目明细逐笔核对是否存在未计收入的情况。 应对建议：案头检查
8	单位工资实现收入异常	2013年企业所得税年度申报表（附表三）——工资薪金7 926 351元，企业所得税年度申报表——营业收入15 982 906元，企业所得税年度申报表——营业收入/企业所得税年度申报表（附表三）——工资薪金=2，以行业明细划分的企业单位工资实现收入均值14，远低于行业均值。 应对建议：案头检查
9	其他应付款期末数异常	资产负债表——年报——流动负债合计期末数247 047 174元，资产负债表其他应付款期末数180 074 697元，其他应付款期末数/流动负债合计期末数0.73，其他应付款余额偏高。 应对建议：案头检查
10	接受商业零售企业开具增值税发票进项抵扣异常	2013年度企业共从省内商贸企业购进（购进金额28万元以上）：某化工贸易有限公司1 252 785.26元，某实业有限公司物资分公司4 585 342.74元，某技术工程有限公司1 153 553.87元，某钢管贸易有限公司395 597.68元，某贸易有限公司661 452.99元，某标准件贸易有限公司520 671.42元，某化工有限公司525 462.22元，嘉禾贸易有限公司488 552.13元，杰杰贸易有限公司288 704.02元，存在接受虚开发票或超范围抵扣风险。 应对建议：案头检查
11	期间费用总额大于销售收入的30%	分析属期2013年10月，期间费用总额827 389.27元，销售收入1 707 264.89元，期间销售费用总额与销售收入比为0.485，费用列支可能不规范。 应对建议：案头检查
12	关联交易异常	企业2013年10—12月共计使用增值税专用发票104份（金额为2013年申报的主营业务收入15 982 905.75元）开具给税号为331×××××××6703的纳税人与企业三位投资人为同一地区，应系关联企业交易，对应年报中主营业务收入与主营业务成本一致，企业可能存在关联交易不符合独立交易原则，核实相关明细科目进行判断。 应对建议：约谈
风险识别结果指向分析结论		对未排除的疑点进行评估检查

第四节　预案编制

一、评估检查预案编制

（一）预案编制目的

预案编制的主要目的是依据《单户综合分析报告》的内容制作《评估检查预案》（见表 2-28），并推送集体评审；经评审通过后，将《评估检查预案》推送至相应的评估检查岗或评估检查团队，由其按照预案内容开展评估检查。

（二）预案编制内容

评估检查预案的内容主要包括以下八个方面：

1. 评估检查对象。

2. 评估所属期。

评估所属期是指拟检查纳税人的会计区间，评估所属期确定后，评估检查工作一般不超过预案设定的所属期间。

3. 评估检查任务完成时限。

评估检查工作需设定时限，提高工作效率，减少对纳税人的干扰。

4. 纳税评估事项目录。

纳税评估事项目录是指《单户综合分析报告》所确定的风险点。

5. 纳税评估事项的检查内容。

纳税评估事项的检查内容是针对事项目录所列风险点进行细化表述，对风险进行进一步确认或排除时检查的具体财务数据、生产经营信息等。

6. 纳税评估事项的检查方式。

纳税评估事项的检查方式主要包括通过电话、信函、约谈、调取资料账簿等案头检查方式，以及必要时到纳税人生产经营场所进行实地检查的方式。

7. 评估检查人员。

对规模较大的纳税人或较为复杂的评估任务，可组建评估检查团队，拟定团队负责人及成员组成。

8. 审议意见。

(三) 工作要求

1. 接收深度分析环节传来的《单户综合分析报告》。

2. 依据分析报告中列示的涉税疑点和评估建议，明确不同评估检查事项对应的检查内容、检查方式、人员安排建议等。

3. 编制预案时，如需要税收政策、行业顾问、数据支持、保障支持等帮助的，应制作《业务咨询与数据支持申请》（见表2-27），向相关部门提出申请。

表 2-27 　　　　　　　　　　业务咨询与数据支持申请

申请人员		申请环节	
申请事项		申请时间	
申请接收部门		申请接收人员	
接收时间		回复时间	
申请事项具体内容			
本部门审核意见：			
支持部门回复内容			

4. 在编制预案过程中，评估人员应制定拟检查内容涉及的税收实体法律法规等规范性文件的适用预案，确保评估检查阶段各类涉税疑点的确认与排除适用法律准确；应制定纳税评估执行程序性法律、法规等规范性文件的适用预案，确保评估过程程序合法；应制定纳税评估证据获取、固定等工作预案，确保评估处理依据完整、准确。

【案例 2-5】 接【案例 2-4】，对该户纳税人根据《单户综合分析报告》（见表 2-26）制作《评估检查预案》，见表 2-28。

表 2-28　　　　　　　　　　　　评估检查预案

纳税人名称	某科技有限公司	纳税人识别号	3209××××××5050
评估所属期	2011-2013 年	评估完成时限	2014-8-20
预案制作人员	刘某	制作时间	2014-8-15
评估实施人员	主查人员：宋某　　辅查人员：马某		
评估实施团队及成员组成	团队负责人：杨某　　团队组成：宋某、马某		
检查准备内容	了解企业工艺流程，熟悉企业行业特性，掌握企业涉税政策，具体是关联交易及相关税收政策，固定资产抵扣政策、企业所得税税前扣除政策等。		

纳税评估事项目录及检查方式

序号	纳税评估事项	拟检查内容	拟检查方式	拟检查人员
	主营业务成本申报异常	核实主营业务成本核算明细，是否准确	约谈	宋某、马某
	年度纳税调减申报异常	核实企业纳税调减内容是否属实准确	约谈	宋某、马某
	其他应收款申报异常	核对其他应收款科目余额明细，是否存在拆借资金未计利息收入	约谈	宋某、马某
	关联交易异常	核对 2013 年企业交易内容，交易是否为关联交易且交易是否符合独立交易原则	约谈	宋某、马某
	期间费用总额大于销售收入的 30%	核对 2013 年 10 月期间费用明细，是否存在应作纳税调整未调整事项	约谈	宋某、马某
	固定资产进项抵扣异常（2011—2013 年）	核对企业 2011—2013 年固定资产抵扣明细，对照《固定资产分类及代码》是否存在多抵扣进项税额	约谈	宋某、马某
	增值税零申报企业年用电金额大于 3 万元	核对 2013 年企业用电情况，是否全部用于增值税应税生产经营	约谈	宋某、马某
	存货与留抵税金不配比	核对企业存货明细及增值税进项税额抵扣明细，查明不配比原因	约谈	宋某、马某
	增值税还原税负偏低	核对企业增值税申报明细，增值税申报是否准确，进销项是否正常	约谈	宋某、马某

序号	纳税评估事项	拟检查内容	拟检查方式	拟检查人员
	单位工资实现收入异常	核对企业工资核算明细，是否存在工资核算不准确（应计在建工程等）	约谈	宋某、马某
	其他应付款期末数异常	核对企业 2013 年其他应付款科目余额，是否存在应作收入未作收入	约谈	宋某、马某
	接受商业零售企业开具增值税发票进项抵扣异常	从企业商贸企业购进材料业务的资金流、物流、票流方面，核对是否按规定取得增值税专用发票抵扣进项税额	约谈	宋某、马某

审议意见：以上疑点通过深度分析未能排除，建议推送案头检查应对。

二、评估检查预案评审

（一）评审目的

评估检查预案评审的目的是对已编制的《评估检查预案》和深度分析环节提交的《风险排除纳税人报告》及《单户综合分析报告》进行评审，将评审通过的《评估检查预案》及《单户综合分析报告》等资料推送至相应的评估检查人员或评估检查团队。对评审通过的《风险排除纳税人报告》，其评估任务不再实施评估。

（二）评审内容

预案评审需要对《评估检查预案》《风险排除纳税人报告》及《单户综合分析报告》等资料进行评审。审议内容主要包括：

1. 深度分析是否完整

主要审议深度分析是否包括纳税人基本情况分析、身份及生产经营特征分析、风险识别结果指向分析、单户综合分析四个部分的内容，每个部分的关注点是否进行了充分的分析识别。

2. 预案内容是否齐全

主要审议预案的内容是否按照预案编制的相关要求进行了完整填列。

3. 评估事项是否明确

主要审议拟评估的风险点指向是否明确，检查内容是否具体。

4. 检查方式是否恰当

主要审议所选择的检查方式是否能够保证风险点得以完全确认或排除，在保证检查质量的前提下所选择的检查方式应尽量减少对纳税人的干扰。

5. 时间安排是否合理

主要审议评估检查的时间安排能否保证评估检查工作得以高效率的完成。

（三）工作要求

1. 预案评审应以集体会议形式开展，评审情况及结论应制作审议记录，形成《审议记录（评估检查预案）》（见表2-29）。

2. 将评审通过的《评估检查预案》及《单户综合分析报告》等资料，有序推送至相应的评估检查岗或评估检查团队，由其开展知识及手续准备。

3. 将评审通过的《风险排除纳税人报告》，从评估纳税人清册中剔除，结束此次纳税评估检查。

【案例2-6】接【案例2-5】，对该户纳税人根据《评估检查预案》（见表2-28）开展预案的审议工作，并制作《审议记录（评估检查预案）》，见表2-29。

表2-29　　　　　　　　　审议记录（评估检查预案）

参加单位（部门）	某市税务局某分局		
参加人员	分局相关人员		
审议地点	某市税务局某分局	审议时间	2014-8-16
审议事项： 　　关于某科技有限公司《评估检查预案》的审议。			

续表

审议内容及结论：
某科技有限公司《评估检查预案》风险事项分析全面,拟检查内容针对性强,检查方式合理,同意按照该预案开展检查工作。
审议人员签字：相关人员

第五节　知识及手续准备

一、准备目的

知识及手续准备环节的主要目的是接收审议通过的《评估检查预案》，学习研究预案内容及相关资料，加深对纳税人以及纳税评估事项的了解，同时做好评估检查过程中所涉及的知识和手续准备等各项工作。

二、准备内容

（一）知识准备

1. 研读随同纳税评估任务一并推送的《评估检查预案》及深度分析资料，掌握纳税人的基本情况、身份及生产经营特征、风险识别结果等具体内容，明晰具体的纳税评估事项。

2. 学习行业评估指南、典型案例等资料，了解纳税人的行业经营特点。如产品工艺流程、产品应用范围（对象）、主要原辅材料、主要生产设备、主要能源耗用等内容。

3. 研读相关法律法规，主要包括：①评估内容可能涉及的税收法律、法规，确保在评估过程中能够正确把握和应用；②了解纳税人生产经营过程中可能涉及的其他法律、法规（如《环境保护法》），以便对其举证的材料具备一定的识别判断能力。

（二）手续准备

对已确定的检查事项，根据选择的检查方式，履行相应的审批手续后，制作好依法需出示的相关文书等准备工作。

1. 拟采取电话、信函、约谈、资料检查、账簿检查、实地检查和第三方调查等七种检查方式的，依据各地实际情况，提请审批。

2. 拟采取账簿检查的，需按照法律规定审批权限，提请审批。

3. 拟采取第三方调查的，根据调查对象的不同，提请相关部门审批。

三、工作要求

1. 该环节工作需要由评估检查岗人员实施，为即将开展的评估检查工作做好准备。

2. 应当根据《评估检查预案》，进一步梳理归集纳税评估中可能适用的各类税收实体法律、法规、规章及相关规范性文件。

3. 应当根据《评估检查预案》，进一步梳理归集纳税评估中必须遵循的行政执法程序性法律、法规、规章等，如对于纳税评估中可能采取的检查或行政强制手段，在主体适当、权限合法、程序准确等方面应当遵守的法律依据。

4. 应当根据《评估检查预案》，明确纳税评估中必须遵循的评估证据管理规则，如对于纳税评估中证据的采集，在证据形式要件和证明力等方面应当遵守的法律依据；对于纳税评估中法律文书的使用，应当遵守的法律依据等。

5. 应当对评估检查人员开展税务人员法律责任提醒，要求评估检查人员在工作过程中必须秉公执法，忠于职守，清正廉洁，礼貌待人，尊重和保护纳税人合法权益，依法接受监督。

【本章小结】

本章主要介绍了评估准备阶段五个环节的工作，本阶段的工作重点是深度分析环节对纳税人的基本情况、身份及生产经营特征、风险识别结果指向等方面参照分析模板开展分析，确定其可能存在的涉税风险疑点，并通过对分析结果的汇总、归并，制作《单户综合分析报告》，为后续的评估预案编制提供依据以及下一阶段的评估检查工作指明方向。

第三章　纳税评估检查

【本章提要】本章根据评审通过的《评估检查预案》及相关资料，在做好评估准备的基础上，原则上按照"先案头检查，后实地检查"的方式实施评估检查。评估检查完成后制作《评估报告》，附相关资料提交集体审议。对评估过程中新发现的涉税风险，经审批通过后实施检查。在进行评估检查的同时，还应做好税收违法违章处理、基础信息核实、情报采集和证据归集等工作。如果发现特定纳税人的税款存在无法征收的税收风险，为防止税款流失，应当及时要求纳税人提供纳税担保以及采取税收保全措施。

【学习目标】掌握评估案头检查和实地检查的方法和技巧、税额确定的程序及方法、评估报告的制作；熟悉新发现涉税风险处理、税收违法违章处理、基础信息核实、情报采集和证据归集等工作流程；了解纳税担保、税收保全的法律规定。

第一节　案 头 检 查

一、案头检查的种类及适用范围

案头检查是指评估人员在其办公场所，针对纳税人的风险点，选择运用相应的检查方法，分析推测纳税人的具体涉税疑点，对需要核实的疑点明确有关核实内容和方式的过程。

根据评估检查预案内容，履行审批手续后，评估人员可选择采用电话、信函、约谈、资料检查、账簿检查、第三方调查等方式，确认或排除《评估检查预案》中明确的涉税疑点。案头检查的种类及适用见表3-1。

表 3-1   案头检查的种类及适用

检查种类	适用情况
电话	一般用于向纳税人了解生产经营情况、财务会计制度、财务会计处理办法和会计核算软件等信息
信函	告知纳税人存在的涉税疑点，要求其在规定时间内核实，并提供相关举证材料
约谈	要求纳税人在约定的时间到税务机关办公场所就涉税疑点进行说明解释并提供举证
资料检查	责成纳税人提供与纳税有关的文件、证明材料和相关资料，用以确认或排除涉税疑点
账簿检查	将纳税人的账簿、记账凭证、报表和其他有关资料调回税务机关进行检查，用以确认或排除涉税疑点
第三方调查	需要对被查纳税人提供的涉税资料加以佐证的，向有关单位调查与其纳税相关的各种信息

在案头检查过程中，对于无法核实涉税风险点和纳税人举证资料，需要进一步实地检查的，可提请实地检查；对纳税人未提供举证说明或者提供的举证说明无法排除涉税疑点的，且存在《税收征管法》第三十五条所列情形之一的，可核定其应纳税额；对符合中止情形的，可提出任务中止申请；对符合终结情形的，可提出任务终结申请；对符合移送税务稽查情形的，可提出移送税务稽查申请；对存在税务违法、违章行为的，根据相关法律规定进行违法、违章处理。在评估过程中，发现存在《税收征管法》规定的应提供纳税担保、税收保全情形的，按照法定程序进行处理。

二、电话

（一）业务流程

电话检查是指通过电话向纳税人询问与纳税有关的问题和情况的检查方式。其业务流程如图 3-1 所示。

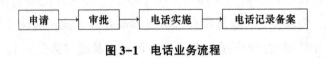

图 3-1 电话业务流程

（二）工作要求

1. 税务人员选择以电话方式询问纳税人，应当按照规定权限报批。

2. 接通电话后，应表明身份，核实被询问人的身份，告知纳税人正在被录音并告知纳税人拒绝接受询问或者提供虚假陈述可能导致的法律后果。通常情况下，税务机关应当询问被检查单位的法定代表人或者业主、财务负责人。

3. 对涉税问题进行提问，应明确、清晰。

4. 询问结束后，录音资料应当注明制作方法、制作时间、制作人和证明对象等，并附有该声音内容的文字记录。

5. 电话询问的录音或者文字记录不能作为直接实施行政处罚或核定应纳税额的依据。如果发现线索，还应当采取其他方式进一步核实情况。

（三）法律依据

1.《税收征管法》第五十四条第（四）项规定，税务机关有权询问纳税人、扣缴义务人与纳税或者代扣代缴、代收代缴税款有关的问题和情况。

2.《税收征管法》第五十六条规定，纳税人、扣缴义务人必须接受税务机关依法进行的税务检查，如实反映情况，提供有关资料，不得拒绝、隐瞒。

（四）相关文书

1.《电话记录》（见表3-2）。

2.《案头检查工作底稿》（见表3-12）。

【案例3-1】2015年5月20日，某县税务局评估人员根据《评估检查预案》的要求采取电话方式对××企业进行检查，检查的事项是核实该企业从业人数情况：企业登记信息中从业人数是15人，但企业所得税申报表基础信息表填报的从业人数是120人。评估人员电话询问了该企业财务负责人。其电话记录见表3-2。

表 3-2   电 话 记 录

纳税人名称	××企业		纳税人识别号	xxxxxxxxxxxxxxxxxx	
被询问人姓名	王××	被询问人职务	财务负责人	联系电话	88888888
询问人	李××	询问时间	2015-5-20	询问电话	66666666
电话内容					

    检查人员：您好，这里是×××税务局。请问您是王××（被询问人姓名或名称）吗？

    企业人员：是的。

    检查人员：我们现正在对您单位近年来履行税法义务的相关情况进行检查、核实。为了减少对您单位的打扰，依照《中华人民共和国税收征收管理法》第五十四条之规定，今天我们采用电话询问的方式，现就您单位有关税收问题向您做进一步调查了解，希望得到您的配合，请如实告知您所了解的信息，回答我们的问题。

    企业人员：好的。

    检查人员：本次通话将会被录音，您的回答内容可能成为税务机关审核您单位纳税申报情况的重要参考。如果您拒绝回答我们提出的相关问题或者故意作虚假陈述，我们将可能采取进一步的检查措施。请问您听明白了吗？

    企业人员：明白了。

    检查人员：我这次向您询问的问题是：您单位在税务机关登记的从业人数是 15 人，但企业所得税申报表基础信息表填报的从业人数却是 120 人，请问这是什么原因？

    企业人员：我们单位开业时确实是 15 人，但现在规模扩大了，从业人数增加到 120 人。

    检查人员：请您明天上午将您单位社保缴纳记录送到×××税务局××房间，交给李××。

    企业人员：好的。再见！

询问人签字：李××

三、信函

（一）业务流程

    信函检查是指通过信函的方式向纳税人询问与纳税有关的问题和情况的检查方式。其业务流程如图 3-2 所示。

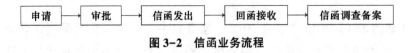

图 3-2　信函业务流程

（二）工作要求

    1. 按照评估检查预案确定的风险事项，经单位负责人审批同意后，通过信件或电子邮件方式向纳税人寄发《询问通知书（信函）》并附送达回证，告知其存在的涉税疑点，要求其在规定时间内核实，提供相关举证材料并加盖公章。

2. 纳税人可以通过上门回复、邮寄回复、网络回复等方式向税务机关进行反馈，评估检查人员将信函调查相关资料进行备案归档。如采用实体信函方式调查的，必须保留发函副本及回函原件；如采用电子邮件方式调查的，应打印电子邮件内容，如作为排除或确认涉税疑点举证材料的，必须经纳税人盖章确认。

3. 对回复情况进行分析，制作《案头检查工作底稿》，并进行备案归档。

4. 纳税人未能在规定期限内回复信函、回复内容不完整或者与税务机关的询问内容不相关的，视为拒绝、逃避税务机关的询问。纳税人逃避、拒绝税务机关询问的，税务机关应当根据《税收征管法》第七十条、《税收征管法实施细则》第九十六条第（一）项的规定，责令限期改正，可以根据情节轻重处以罚款。

5. 税务机关发现纳税人提供虚假资料的，应当根据《税收征管法》第七十条、《税收征管法实施细则》第九十六条第（一）项的规定，责令限期改正，可以根据情节轻重处以罚款。纳税人涉及编造虚假计税依据的，税务机关应当按照《税收征管法》第六十四条第一款的规定，责令限期改正，可以根据情节轻重处以罚款。

6. 纳税人拒绝、逃避税务机关询问，或提供虚假资料，拒不接受税务机关处理的，税务机关可以根据《税收征管法》第七十二条的规定，收缴其发票或者停止向其发售发票。

（三）法律依据

1.《税收征管法》第五十四条第（三）（四）项规定，税务机关有权进行下列税务检查：责成纳税人、扣缴义务人提供与纳税或者代扣代缴、代收代缴税款有关的文件、证明材料和有关资料；询问纳税人、扣缴义务人与纳税或者代扣代缴、代收代缴税款有关的问题和情况。

2.《税收征管法》第五十六条规定，纳税人、扣缴义务人必须接受税务机关依法进行的税务检查，如实反映情况，提供有关资料，不得拒绝、隐瞒。

（四）相关文书

1.《询问通知书（信函）》及送达回证（见表3-3、表2-3）。

表3-3   询问通知书

_____税务局

询问通知书

_____税询〔   〕号

_____：

　　根据《中华人民共和国税收征收管理法》第五十四条第（四）项规定，请你（单位）就下列涉税事宜接受我局的询问，并于____年____月____日前将书面说明材料送至我局。

　　涉税事宜：

　　1.

　　2.

　　3.

　　…

　　联系人员：

　　联系电话：

　　税务机关地址：

税务机关（签章）

年　月　日

　　法律提示：

　　1. 请填写本通知书尾部的联系资讯栏，连同您准备好的书面说明材料加盖公章一起送交或寄给我局；如果您认为有必要，也可以到我局或者委托代理人到我局进行说明，代理人必须出具合法的书面授权文件。

　　2. 如果您没有按照我局要求在____年____月____日前提供书面说明材料，您也未到我局进行说明，按照《中华人民共和国税收征收管理法》等有关法律、法规规定，您将可能承受行政处罚等不利法律后果。

　　3. 请妥善保存本通知。如需协助，请与我局联系。

....

（请沿虚线剪下）

联系资讯：

财务负责人及联系电话		办税人员及联系电话	

如果您的地址、联系人、电话等联系方式有变更，请到我局申请变更。

2.《案头检查工作底稿》（见表3-12）。

四、约谈

（一）业务流程

约谈是指要求评估对象的相关人员在约定的时间，到税务机关办公场所就涉税疑点进行说明解释并提供举证材料的检查方式。其业务流程如图3-3所示。

图3-3　约谈业务流程

（二）工作要求

1. 启动约谈前，应根据纳税人存在的涉税疑点，整理编写约谈提纲，确定约谈的时间、地点、对象和内容，经单位负责人审批同意后制作《询问通知书（约谈）》，在约谈日期前的合理期间内送达纳税人。

2. 约谈时，应告知被询问人的权利和义务，就相关涉税问题进行询问，纳税人就相关问题进行举证说明，如果纳税人提交书面说明或者相关材料的，应当保存原件，保存原件确有困难的，应当及时复印、影印，并要求纳税人签字盖章。

3. 约谈人员不得少于两名，约谈过程中应制作《询问笔录》。《询问笔录》正文部分应采用问答形式，在笔录的起始部分，询问人员应表明身份，并明确告诉被询问当事人法定义务与法定权利。记录询问的内容要真实、准确、详细、具体，不能随意取舍。询问结束，应将笔录交由被询问人核对，对没有阅读能力的，应向其宣读。如被询问人认为笔录有遗漏或差错，应允许其补充或改正。询问聋、哑的被询问人，应当有通晓聋、哑手势的人参加，并将此种情况在笔录中记明。被询问人为两人或者两人以上时，询问笔录应分别记载，单独制作笔录。笔录有修改的，应当由被询问人在改动处押印。被询问人认为笔录无误后，除在笔录结束处签名并押印外，还应当骑缝押印；被询问人拒绝的，应当注明。询问人、记录人要签署日期并签名，询问人与记录人签名不得相互代签。

4. 约谈结束后，应将整个约谈情况进行分析整理，制作《案头检查工作底稿》，并进行备案归档。

5. 纳税人或者其代理人未在指定日期到税务机关办公场所接受询问的，视为拒绝约谈，纳税人在限期内以合理理由提出延期申请并经税务机关同意，或因不可抗力无法接受询问的除外。纳税人拒绝约谈的，税务机关应当按照《税收征管法》第七十条规定责令其限期改正，可以根据情节轻重处以罚款。

6. 税务机关发现纳税人在接受询问时作虚假陈述的，应当根据《税收征管法实施细则》第九十六条第（一）项规定，按照《税收征管法》第七十条责令其限期改正，可以根据情节轻重处以罚款。如果纳税人涉及编造虚假计税依据的，税务机关应当按照《税收征管法》第六十四条第一款规定责令其限期改正，可以根据情节轻重处以罚款。

7. 从事生产、经营的纳税人拒绝税务机关询问或作虚假陈述，拒不接受税务机关处理的，税务机关可以根据《税收征管法》第七十二条规定收缴其发票或者停止向其发售发票。

(三) 法律依据

1.《税收征管法》第五十四条第（三）、（四）项规定，税务机关有权进行下列税务检查：责成纳税人、扣缴义务人提供与纳税或者代扣代缴、代收代缴税款有关的文件、证明材料和有关资料；询问纳税人、扣缴义务人与纳税或者代扣代缴、代收代缴税款有关的问题和情况。

2.《税收征管法》第五十六条规定，纳税人、扣缴义务人必须接受税务机关依法进行的税务检查，如实反映情况，提供有关资料，不得拒绝、隐瞒。

(四) 相关文书

1.《询问通知书（约谈）》及送达回证（见表3-4）；

2.《询问（调查）笔录》（见表3-9）；

3.《案头检查工作底稿》（见表3-12）。

表 3-4　　　　　　　　　　　　　询问通知书

_____ 税务局

询问通知书

_____ 税询 〔　〕号

_____ ：

根据《中华人民共和国税收征收管理法》第五十四条第（四）项规定，请于 _____ 年 _____ 月 _____ 日 _____ 时到 _____ 税务局 _____ 办公室就下列涉税事宜接受询问。

涉税事宜：

1.

2.

3.

…

联系人员：

联系电话：

税务机关地址：

税务机关（签章）

年　月　日

法律提示：

1. 接受询问时您需要提供加盖公章的合法书面授权文件及您的身份证复印件。

2. 如果您的解释说明需附佐证资料的，请一并准备好您认为有必要的所有佐证资料并加盖公章。

3. 如果您未在指定日期到我局办公场所接受询问，按照《中华人民共和国税收征收管理法》等有关法律法规规定，您将可能承受行政处罚等不利法律后果。

4. 请妥善保存本通知。如需协助，请与我局联系。

（五）约谈技巧

纳税评估人员在约谈前要掌握企业的财务状况和生产经营情况，对发现的疑点问题拟好约谈提纲，按照 "Why—为什么要约谈（目的）；How—怎样约谈（过程）；What—什么事，约谈什么（内容）" 的 "WHW" 的思路，制定纳税评估约谈工作预案。

进行评估约谈时要按照问题重要性层层推进，掌握好节奏和技巧。在进行约谈询问时，按照拟定好的问话提纲，讲究谈话技巧和方法。在问话顺序上，应先一般人员、后管理人员、再到领导层人员，且对疑点涉及的相关人员应一次性进行询问，使他们措手不及，不能相互通气；同时对每个人员的约谈、询问情况应进行相互分析、相互验证，去伪取真。

具体的纳税评估约谈技巧主要有：

1. 开门见山、突破矛盾

直接向对方询问需要了解和核实的问题，要求对方直接给予说明，抓住被调查对象所提供的资料、证言、证据之间的矛盾之处，出其不意地用其矛攻其盾，在对方难以自圆其说的情况下，很可能会问出真情。此方法适合于账、证、物之间有不相符且有不真实之嫌的情况。

【案例3-2】在对某企业进行纳税评估时，发现其"分期收款发出商品"账户借方余额连续几个月均为23.40万元。评估人员直接问其是否有"分期收款发出商品"、是否有《分期收款发出商品购销合同》、商品是否已全部发出等问题。被约谈人无法举证，只得承认了没有与购货方订立有关合同而货物已全部发出未计销售的事实。

【案例3-3】2015年1月，纳税评估人员通过征管软件提取了某汽车配件有限公司2014年度财务报表，通过审核，发现问题之一是：该公司2014年资产负债表的"其他应付款"科目年初数为850万元，年末数为1250万元，期末数比年初数增长了47.06%。如此大的增幅不符合常理。企业解释："其他应付款"余额长期存在，并呈增长之势，是因为公司流动资金紧张，原材料价格不断上涨，产品滞销，货款不能及时收回，为了保证营运，企业不得不借款，导致"其他应付款"余额过大。评估人员调阅了"其他应付款"的账目，明细账上确实反映的是向市区××公司的借款，但借款不止一笔，且有增无减，有借无还，几乎每月都在增加，公司也无法提供借款合同。为防止公司提供假账，评估人员有意识地约谈了门卫，并调取了出门记录，发现对市区××公司的产品出门记录，但公司的销售账上却没有反映。再次约谈，在证据面前，法人代表李某不得不道出实情。

2. 漫谈散聊，捕捉信息

对一些难以直接求证或线索不清晰的疑点问题，在约谈开始时可不做笔录，先与被约谈人拉拉家常，闲聊生产经营情况和经营的难处，拉近与被约谈人的距离，进行情感式交流，让其放松戒备。尽量多从被约谈人的叙述中捕捉一些有价值的信息，当捕捉到有价值的信息后再开始做笔录，使被约谈人无法抵赖。

【案例3-4】某汽车销售公司财务负责人李某和办税会计王某是精通财务管理的专业人士，约谈方案一改过去以宣传税法、进行纳税辅导为目的的方式。约谈人员和财务负责人李某、办税会计王某从公司的运作模式谈起，从公司的人事管理、考核机制说到公司的绩效评价，尽可能多地展开话题，尽量多地掌握第一手有用信息，貌似漫不经心、毫无重点，实是精心策划、有的放矢的交锋，掌握了该公司的层级关系、运作模式、核算体系，最终发现公司通过销售不入账，直接按管理、销售、售后服务、美容装潢等部门分别发放奖金，全年少确认收入200余万元，少缴增值税、企业所得税和个人所得税。

3. 换位思考，堵其退路

对于疑点问题，先换位思考，评估人员要站在纳税人的角度把所有的可能性答案考虑全面，先找出对方是否存在可以解释的合理原因，在得到否定的答案后，再将疑点正面抛出，使对方无法自圆其说。

【案例3-5】某制刷厂主要从事收购猪毛、木材，生产毛刷业务。经资料分析，其存货余额达90万元，应付账款余额达80万元，可能存在虚增存货的行为。在约谈时，评估人员先问其收购时是否是采用现金收购？截至评估日还外欠多少收购材料款？还有没有其他性质的外欠款项？被评估人回答说："我们收购时全都是一手交钱一手交货，别的方面也从不欠别人一分钱，倒是别人欠了我们不少的货款钱。"此时，再问其为什么应付账款余额这么大？由于事先堵住了其退路，最后被约谈人只得承认了虚开收购发票虚增存货、多抵扣进项税款的事实。

4. 攻其薄弱，先易后难

评估人员应找准突破口，优先约谈对税务知识了解少的人员，后约谈对税务知识熟悉的人员；因势利导，以情动人，优先约谈与自己熟悉和比较诚实的知情人；利用矛盾，各个击破，优先约谈与被评估人有矛盾的知情人，后约谈与被评估人关系亲密的人；分析心理，利用心态，优先约谈无责或轻责人，后约谈有责或重责人。

【案例3-6】 某房地产开发有限公司进行高档别墅的开发与销售，销售主要集中在2012—2013年，2014年以后只有零星收入，但根据项目管理信息，发现仍有五栋别墅未形成销售，与当地的房地产销售状况不符，评估人员选择的第一个约谈对象为房屋销售员，通过约谈，销售员表示有四五栋别墅对外出租，但企业财务报表中没有租赁收入。评估人员选择的第二个约谈对象为财务人员，带着疑问与企业财务人员进行约谈，直奔主题。财务人员无奈之下，承认五栋别墅产权实际已发生转移，作为利润分配给了投资方之一的某投资公司。

5. 把握时机，各个击破

约谈时可将企业的法人代表和会计及相关人员同时约到税务机关，先询问约谈直接操作人员，后约谈记账人员、决策人员，询问时让其他人在另外的房间等候，不让他们有单独接触的机会，防止串供。可利用他们惧怕对方禁不住询问，先承认违法事实的心理，各个击破。

【案例3-7】 某摩托车经销单位因税负较低被纳入评估对象，评估人员事先通过缜密分析，认为目前购摩托车者在上牌照前均要根据购车发票金额缴纳车辆购置税，可能存在购车发票上的金额低于实际成交金额的情况。于是将该企业的法人代表和会计同时约到税务机关，先和法定代表人约谈，让会计在另一房间等候，由于法人代表不知会计是否会承认，会计也不知法人代表是否已承认，最终两人均承认有未如实开具发票漏记销售收入的行为。

6. 宣传引导，政策攻心

对于疑点解释不清又百般抵赖、无理辩解的被约谈人，要对被约谈人讲清违反税收政策的后果，强调税法的严肃性，明确告知其违反税收政策的危害性，坦诚纳税评估的合理性，适当列举一些被公开查处的税收违法行为，充分发挥税收政策的威慑力，抓住被约谈人趋利避害的心理，教育和引导被约谈人主动终止税收违章、违法行为，从而放弃隐瞒税收违法、违章真相，坦白问题所在，自觉进行纳税调整，依法履行纳税义务，从而减轻因税收违法、违章带来的损失。

【案例3-8】税务机关对某个体饮食店经理约谈，开始经理说经营如何不好且亏损，百般抵赖。约谈人明确告知其违反政策的危害性，抓住被约谈人趋利避害的心理，教育和引导被约谈人主动终止税收违法、违章行为，自觉依法履行税法义务，争取宽大处理，从而减轻因税收违法、违章带来的损失。约谈后该个体饮食店当月补缴了全年少缴的营业税及滞纳金。

7. 虚实结合，游刃有余

对于一些疑点多、线索不清且纳税资料又不规范的疑点对象，约谈时要虚实结合，可先就某一个问题进行多次约谈，被约谈人应该会全力以赴来应对，那么对其他的问题多是无暇顾及。评估人员可再就另外一个问题进行约谈，如此反复，使得被约谈人不清楚哪里出了问题，更不清楚哪个问题该重点应付，从而不断地调整力量进行所谓的应对，其精力也将分散，这样被约谈人可能会处处被动，更容易暴露出其他问题。

【案例3-9】某企业因长期零、负申报且期末留抵税额较大，被列入评估对象。评估人员专门就售价问题先和企业会计进行约谈，会计当时无法说清原因。回去后立即向负责人汇报，他们认为评估人员提出的售价问题非常重要，于是专门组织了财务人员研究对策，评估人员再次约谈时，会计对售价这块解释得比较合理。评估人员又针对单位能耗与产成品的配比关系进行约谈，企业又全力以赴应对。评估人员又针对工资的发放等问题找企业约谈，这样企业疲于应对各种约谈。最后，评估人员专门就收购发票的开具问题找企业约谈，这时企业已无法再集中人力、精力来自圆其说，交代了有不规范开具收购发票的行为，主动作进项税额转出。

五、资料检查

（一）业务流程

资料检查是指纳税评估中需要纳税人进行举证的，责成纳税人提供与纳税有关的文件、证明材料和相关资料的检查方式。其业务流程如图3-4所示。

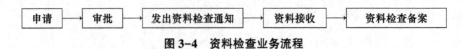

图 3-4 资料检查业务流程

（二）工作要求

1. 按照评估检查预案确定的风险事项，需要纳税人提供资料进行举证的，经单位负责人审批同意，出具《税务事项通知书（提供资料）》及其附件《提供资料清单》，送达纳税人。对要求提供的资料不作列举，由纳税人提供其认为能够作为证明资料的一切有必要的资料。对纳税人提供的资料对照《提供资料清单》清点无误后，双方在清单上签字，并注明收到时间，加盖税务机关印章。

2. 对纳税人提供的资料进行审核、分析，制作《案头检查工作底稿》，并将相关资料进行备案归档。

（三）法律依据

《税收征管法》第五十四条第（三）项规定，税务机关有权进行下列税务检查：责成纳税人提供与纳税有关的文件、证明材料和有关资料。

（四）相关文书

1.《税务事项通知书（提供资料）》及送达回证；
2.《案头检查工作底稿》（见表 3-12）。

六、账簿检查

（一）业务流程

账簿检查是指通过将纳税人的账簿、记账凭证、报表和其他有关资料调回税务机关并进行检查，用以确认或排除涉税疑点的方式。其业务流程如图 3-5 所示。

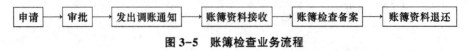

图 3-5 账簿检查业务流程

（二）工作要求

1. 税务机关认为需要调取以前会计年度的账簿、记账凭证、报表和其他有关资料的，报经县以上税务局（分局）局长批准；需要调取当年的账簿、记账凭证、报表和其他有关资料的，报经设区的市以上税务局局长批准。

2. 调取纳税人以前或当年度的账簿、记账凭证、报表和其他有关资料的，应出具《调取账簿资料通知书》和《调取账簿资料清单》，送达纳税人。对纳税人提供的账簿资料清点无误后，双方在清单上签字，并注明收到时间，加盖税务机关印章。

3. 对调回的纳税人账簿、记账凭证、报表和其他有关资料实施检查，制作《案头检查工作底稿》，并将相关资料进行备案归档。检查结束后，需在《税收征管法》规定的期限内将账簿资料完整退还纳税人。

4. 退还账簿资料时，由被查对象清点无误后，双方在清单上签字，并注明退还时间，加盖被查对象印章。调取以前年度账簿的，应当在 3 个月内完整退还；调取当年账簿的，应当在 30 日之内完整退还。

5. 对纳税人提供的账簿、记账凭证、报表和其他有关资料等，税务机关认为需要作为证据保存的，应当及时复印、影印，注明与原件核对一致，并要求纳税人签字盖章。

（三）法律依据

《税收征管法》第五十四条第（一）项规定，税务机关有权进行下列税务检查：检查纳税人的账簿、记账凭证、报表和有关资料，检查扣缴义务人代扣代缴、代收代缴税款账簿、记账凭证和有关资料。

《税收征管法实施细则》第八十六条规定，税务机关行使税收征管法第五十四条第（一）项职权时，可以在纳税人、扣缴义务人的业务场所进行；必要时，经县以上税务局（分局）局长批准，可以将纳税人、扣缴义务人以前会计年度的账簿、记账凭证、报表和其他有关资料调回税务机关检查。

（四）相关文书

1. 《调取账簿资料通知书》及送达回证（见表 3-5）；

2. 《调取账簿资料清单》（见表 3-6）；

3. 《案头检查工作底稿》（见表 3-12）。

表3-5   调取账簿资料通知书

_____税务局

调取账簿资料通知书

_____税调〔 〕号

_____：

　　根据《中华人民共和国税收征收管理法实施细则》第八十六条规定，经_____税务局（分局）局长批准，决定调取你（单位）____月___日至___年___月___日的账簿、记账凭证、报表和其他有关资料到税务机关进行检查，请于___年___月___日前送到_____税务局_____办公室。

联系人员：

联系电话：

税务机关地址：

税务机关（签章）

年　月　日

法律提示：

　　1. 本通知书与调取账簿资料清单一起使用，请填写调取账簿资料清单和本通知书尾部的联系资讯栏，连同您准备好的账簿资料一起送交或寄给我局。

　　2. 如果您没有按照我局要求在____年___月___日前提供全部账簿资料，或者虽然提供但提供的是虚假账簿资料，或者伪造、变造、隐匿、擅自销毁账簿资料，按照《中华人民共和国税收征收管理法》等有关法律、法规规定，您将可能承受行政处罚等不利法律后果。

　　3. 请妥善保存本通知。如需协助，请与我局联系。

....

（请沿虚线剪下）

联系资讯：

财务负责人及联系电话		办税人员及联系电话	

如果您的地址、联系人、电话等联系方式有变更，请到我局申请变更。

表 3-6   调取账簿资料清单

被查对象名称：   共 页第 页

序号	账簿资料名称	资料所属时期	单位	数量	页（号）数	备注
税务检查人员签字： 企业经办人签字：			税务检查人员签字： 企业经办人签字：			
税务机关（签章） 调取时间： 年 月 日			纳税人（签章） 退还时间： 年 月 日			

（五）账簿检查的方法及技巧

本部分内容参见本书第三章第二节"五、账簿资料的检查"部分。

七、第三方调查

（一）业务流程

第三方调查是指纳税评估中需要对被查纳税人提供的涉税资料加以佐证的，可向有关单位调查与其纳税相关的各种信息的检查方式。其业务流程如图3-6所示。

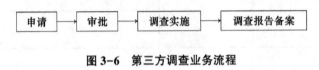

图3-6　第三方调查业务流程

（二）工作要求

1. 案头检查中需要对纳税人提供的涉税资料加以佐证的，经审批同意后，可向有关单位或部门，调查其与该纳税人相关的各种信息，制作相应的检查记录，并进行备案归档。

2. 如果外部数据提供方是辖区内的纳税人，可以按照内部规定权限报批，向其出具《税务事项通知书（提供资料）》和《提供资料清单》，要求其提供与相关纳税人有关的涉税信息资料。第三方拒不履行协助配合义务的，可将不配合的情况反馈给相关部门，提请对第三方启动税收检查任务，从而获取有关纳税人的情报。

3. 对需要查询纳税人或扣缴义务人在银行或者其他金融机构存款账户的，经县以上税务局（分局）局长批准后，出具《检查存款账户许可证明》，到对应银行实施检查。

4. 对需要检查纳税人托运、邮寄应纳税商品、货物或者其他财产的有关单据、凭证和有关资料的，应当按照规定权限报批，出具《税务检查通知书》，由两名以上具有执法资格的税务人员送交车站、码头、机场、邮政企业及其分支机构，并出示执法身份证件，实施检查。

5. 获取由第三方出具的证明、说明、证件等，应当保留原件。保留原件确有困难的，可以保留书面资料原件的复制件、影印件或者抄录件的，应当注明出处，经该部门核对无异后加盖其印章；第三方机构提供专业技术资料、图纸、科技文献等书面资料的，应当附有说明材料；通过公开资料采集的数据资料，应当照相保存。

6. 对第三方提供的各种信息进行分析，制作《案头检查工作底稿》，并将相关资料进行备案归档。

（三）法律依据

1. 《税收征管法》第六条规定，国家有计划地用现代信息技术装备各级税务机关，加强税收征收管理信息系统的现代化建设，建立健全税务机关与政府其他管理机关的信息共享制度。纳税人、扣缴义务人和其他有关单位应当按照国家有关规定如实向税务机关提供与纳税和代扣代缴、代收代缴税款有关的信息。

2. 《税收征管法实施细则》第四条第（二）款规定，地方各级人民政府应当积极支持税务系统信息化建设，并组织有关部门实现相关信息的共享。

3. 《税收征管法》第十七条第（三）款规定，税务机关依法查询从事生产、经营的纳税人开立账户的情况时，有关银行和其他金融机构应当予以协助。

4. 《税收征管法》第五十四条第（六）项规定，税务机关有权进行下列税务检查：经县以上税务局（分局）局长批准，凭全国统一格式的检查存款账户许可证明，查询从事生产、经营的纳税人、扣缴义务人在银行或者其他金融机构的存款账户。税务机关在调查税收违法案件时，经设区的市、自治州以上税务局（分局）局长批准，可以查询案件涉嫌人员的储蓄存款。税务机关查询所获得的资料，不得用于税收以外的用途。

5. 《税收征管法》第五十四条第（五）项规定，税务机关有权进行下列税务检查：到车站、码头、机场、邮政企业及其分支机构检查纳税人托运、邮寄应纳税商品、货物或者其他财产的有关单据、凭证和有关资料。

（四）相关文书

1. 《税务事项通知书（提供资料）》及送达回证；

2. 《检查存款账户许可证明》（见表3-7）；

3. 《税务检查通知书》及送达回证；

4. 《案头检查工作底稿》（见表3-12）。

表3-7　　　　　　　　　　**检查存款账户许可证明**

> ＿＿＿＿＿税务局
> 检查存款账户许可证明
> ＿＿＿＿＿税许〔　〕号
> ＿＿＿＿＿＿＿：
> 　　根据《中华人民共和国税收征收管理法》第五十四条第（六）项规定，经＿＿＿＿＿税务局（分局）局长批准，我局税务人员＿＿＿＿＿等人（税务检查证号码分别为：＿＿＿＿＿）前去你处查询＿＿＿＿＿的情况，请予支持协助。
>
> 　　　　　　　　　　　　　　　　　　　　　税务机关（签章）
> 　　　　　　　　　　　　　　　　　　　　　　年　月　日
>
> 法律提示：
> 　　1. 我局将派出两名以上有执法资格的税务人员前往你处检查存款账户，检查时税务人员应当向您出示税务检查证和检查存款账户许可证明，并有责任为被检查人保守秘密；未出示税务检查证和检查存款账户许可证明的，您有权拒绝我局检查存款账户。
> 　　2. 您应当依法配合我局的检查，指定相关工作人员到场，提供必要的协助。
> 　　3. 如果您拒绝接受我局依法进行的检查，按照《中华人民共和国税收征收管理法》等有关法律法规规定，您将可能承受行政处罚等不利法律后果。
> 　　4. 请妥善保存本通知。如需协助，请致电与我局联系。

八、提请实地检查

（一）业务流程

提请实地检查是指在纳税评估过程中，税务机关认为通过案头检查未能排除的涉税风险点，根据实际情况，制作《实地检查申请报告》《实地检查工作预案》，提出实地检查申请。其业务流程如图3-7所示。

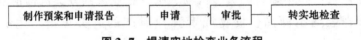

图3-7　提请实地检查业务流程

（二）工作要求

在案头检查过程中，对于无法核实涉税风险点和纳税人举证资料的，提出实地检查申请。制作《实地检查申请报告》《实地检查工作预案》，并提出实地检查申请，经审核后，实施实地检查。

报告内容包括：案头检查情况、需实地检查的项目或资料、实地检查理由、被查对象存在的涉税疑点，并按照实地检查的需要确定检查通知书类型等。

预案内容包括：纳税评估事项、拟检查内容、检查方法和检查人员等。

（三）相关文书

1. 《实地检查申请报告》（见表3-10）；
2. 《实地检查工作预案》（见表3-11）。

【案例3-10】A公司成立于2006年8月，注册地址为××市××区，法定代表人为景××，企业的注册资本为20万元，投资方仅为法定代表人，投资比例为100%，经营范围为危险品2类项、危险品3类运输。上一环节推送的《评估检查预案》见表3-8。

表3-8 评估检查预案

纳税人名称	A企业	纳税人识别号	×××××××××××××
评估所属期	2013年	评估完成时限	2014-6-30
制作人员	王××	制作时间	2014-6-20
评估检查人员（或团队）	李×× 吴×× 孙×× 金××		
具体内容			
序号	纳税评估事项	拟检查内容	拟检查方法	拟检查人员
1	其他应付款异常，是否少计收入	其他应付款具体内容	约谈、提供资料	李×× 金××
2	毛利率异常	固定资产增加200多万元，销售收入只增加100万元。是否隐瞒收入或多转成本	电话、提供资料	李×× 金××
3	进项税款抵扣项目异常	上游交易中存在与企业关联度不高的三户企业，是否存在增值税不应抵扣项目	约谈、提供资料	李×× 金××
4	从业人数异常	所得税申报中从业人数与税务登记人数不符，是否存在多列支工资的风险	电话、提供资料	吴×× 孙××

序号	纳税评估事项	拟检查内容	拟检查方法	拟检查人员
5	行业认定异常	行业认定为货物运输代理，是否行业认定错误	电话	吴×× 孙××

审议意见：
1. 预案内容齐全
2. 专项分析完整
3. 评估事项明确
4. 检查方式恰当
5. 工作安排可行
同意评估预案意见。

评估人员根据以上《评估检查预案》开展案头检查。

1. 电话询问

评估人员就企业的具体生产经营情况、财务会计制度、有关风险疑点情况电话询问了企业财务负责人。经过了解，该企业前身为某国企的下属公司，后改制为私营企业，目前企业拥有 28 辆卡车、总吨位为 308 吨，主要从事油品运输，并非货运代理。企业的交易对象比较单一，基本都是石油公司等。企业没有享受税收优惠政策。目前企业共有职工 62 人。通过电话询问，确认纳税人行业认定不正确，企业职工人数有误，需要对基础数据进行维护，行业认定异常和从业人数异常的疑点可以消除。但是其他应付款、毛利率、抵扣项目异常的风险不能排除。评估人员询问结束后，形成《电话询问记录》，并将询问记录进行备案归档。

2. 提供资料。根据电话询问情况，评估人员发出《税务事项通知书（提供资料）》及其附件《提供资料清单》，要求企业提供其他应付款明细复印件、与 B 钢铁有限公司及 C 彩色钢板有限公司以及 D 物流装备有限公司公司交易的发票复印件、当年购进轮胎发票复印件及领用凭证复印件。要求纳税人在 7 个工作日内就相关疑点提供相应的佐证资料。

企业按时提交了相关资料，评估人员对纳税人提供的资料对照《提供资料清单》清点无误后，双方在清单上签字，并注明收到时间，加盖税务机关印章。

通过对纳税人提供的资料进行审核、分析，其他应付款、毛利率、抵扣项目异常的风险不能排除，准备进一步约谈纳税人。

3. 约谈

评估人员决定就其他应付款异常、毛利率异常、抵扣项目异常三个疑点约谈企业的主要负责人。评估人员对该企业送达了《询问通知书（约谈）》，约谈该公司的法定代表人，并明确约谈的时间、地点、对象和内容，告知纳税人权利和义务及应承担的法律后果。

约谈过程中制作了询问笔录，如表3-9所示。

表3-9　　　　　　　　　　　询问（调查）笔录

> ×××税务局
> 询问（调查）笔录
> （第　次）
> 共3页第1页
>
> 时间：2014年6月25日　　地点：××
> 询问人：李××　记录人：金××
> 被询问人姓名：景××　性别：男　年龄：45
> 证件种类：身份证　　证件号码：略
> 工作单位：A企业　职务：董事长　联系电话：略
> 住址：略
> 　问：我们是××税务局的工作人员李××、金××，这是我们的税务检查证，证件号码：××××××
> ×。根据《税收征管法》第五十四条第（四）项的规定，现就其他应付款异常、毛利率异常、抵扣
> 项目异常等问题对你进行询问。你的谈话内容将被记录，作为书面证明材料。你是否听清楚了？
> 　答：听清楚了。
> 　问：有关你的法定权利和法定义务，现在对你进行告知。根据《税收征管法》第十二条、《税
> 收征管法实施细则》第八条的规定，你认为询问人员与涉税事项有利害关系的，有申请回避的权
> 利；根据《税收征管法》第五十六条的规定，你有接受税务机关依法进行的税务检查，如实反映情
> 况，不得拒绝、隐瞒的义务。否则按照《税收征管法》等有关法律、法规规定，你（单位）将可
> 能承受行政处罚等不利法律后果。以上内容，你是否听清楚了？
> 　答：听清楚了。
> 　问：对于回避事项，你是否听清楚了？是否申请询问人员回避？
> 　答：听清楚了。不申请回避。
> 　问：你单位其他应付款余额500万元，请解释其具体内容？
> 　答：我们是国企车队，2006年改制拍卖后成立，成立后还是延续之前的业务，主要负责中国L
> 销售有限公司L1分公司及K发展有限公司的油品运输，业务较为单一，自2006年成立后，车辆使
> 用时间已到报废期，但由于自有资金不足以购置大批车辆，所以当时就采取了民间融资的方式来购
> 买车辆，其他应付款里有345万元左右的融资款。
> 　问：除此之外与期末余额500万元之间还有差额，这个差额部分到底是什么？
> 　答：主要是内部职工往来、计提的个人所得税及地方税基金。
> 询问人签字：李××　记录人签字：金××
> 被询问人签字并押印：景××　　　　　　　　　　　　　　　2014年6月25日

询问（调查）笔录续页

共 3 页第 2 页

问：根据你们提供的其他应付款的明细账目、民间融资的详细名单及金额、内部职工往来、计提的个人所得税及地方税基金，有一笔挂在企业法定代表人景××名下的应付账款，且该笔明细科目都有发生额。

答：这个其他应付款余额是为了减少运输空载现象的发生，有时会在运输回程中帮别的单位进行油品运输，基本每月都会有这类收入产生，故该明细科目每月都有发生额，2013 年大概有 40 多万元空载收入，2014 年也有类似现象发生，大概有 20 多万元。

问：你单位企业毛利率降低，但固定资产却增加 200 多万元，销售收入只增加 100 万元。

答：企业毛利率变动是很正常的情况，油费的升降、员工的工资的增长、运输行业竞争激烈各种因素都可以影响企业毛利率。2013 年搭建了一排简易棚，因成本核算的失误，将自建简易棚所购进的金额为 9 万多元彩钢板、钢槽、角钢，直接计入了主营业务成本，另外，2013 年年末购进了一批轮胎，该批轮胎未被领用，金额为 5 万多元，但财务人员也将这笔金额直接计入了主营业务成本，故造成毛利率变化较大。在 2013 年期间，收入业务方面都有具体合同，且公司业务较为单一，收入都是真实可信的，每笔成本费用都有相关凭证来支撑，公司的业务的成本主要由汽油、过路过桥费、汽车轮胎配件及正常的修理构成，公司有相关的规章制度，成本核算严谨，公司规定危险品运输车辆的轮胎行驶了固定的里程数后，要强制进行更换，绝对不允许油灌车带病工作，另外油灌车的轮胎数量多、购进单价高，故轮胎购进金额正常、合理。

问：B 钢铁有限公司及 C 彩色钢板有限公司是否与你单位有业务往来？

答：有的，我们从 2012 年 10 月"营改增"后，取得的进项发票都是有业务发生取得的，每笔进项税金都有真实的经济活动发生，都是从正规企业获得的增值税专用发票。至于从 B 钢铁有限公司及 C 彩色钢板有限公司取得的专用发票也是真实发生的业务。

问：购进的是什么货物？

答：购进的彩钢板、钢槽、角钢、集装箱。

问：作什么用途的？

答：自建简易棚。

问：购进货物用于不动产在建工程不能抵扣进项税额。购进的集装箱是何用途？

答：用于货物运输。

询问（调查）人签字：李××　　记录人签字：金××

被询问（调查）人签字并押印：景××

2014 年 6 月 25 日

询问（调查）笔录续页

共 3 页第 3 页

问：你还有什么需要补充的吗？

答：没有。

问：就上述询问事项，你（单位）是否还有其他证据材料需要提供？

答：没有。

以上询问笔录我已详细阅读或听清楚税务人员宣读的内容，询问笔录的内容与我所述相符。如有不实，我愿承担一切法律责任。同时，对于税务人员的告知内容我已了解清楚。

询问人签字：李××　记录人签字：金××

被询问人签字并押印：景××

2014 年 6 月 25 日

通过约谈，企业在其他应付款异常和毛利率异常的问题基本已经解释清楚，风险疑点得到证实。但是，根据运输行业的特点，集装箱一般都为租用，运输企业直接购买的较少，该集装箱购进项目的实际用途存在疑问？对于企业为何要购进集装箱的问题，企业的解释不足以消除疑点，评估人员决定对该企业实施实地检查，现场查看集装箱的用途。

评估人员根据深度分析报告、评估检查预案、案头检查情况，形成实地检查预案（见表3-11），填写《实地检查申请报告》（见表3-10），通过审批后，转入实地检查环节。

表 3-10   实地检查申请报告

纳税人名称	A 企业	纳税人识别号	××××××××××××××
评估所属期	2013 年	评估检查人员	李×× 金××
序号	\multicolumn{3}{c}{指标（疑点）名称}		
1	\multicolumn{3}{c}{进项税款抵扣项目异常}		

案头检查情况及处理建议
企业购入集装箱抵扣了进项税额，约谈中该企业法定代表人解释说：企业从某物流公司购进的集装箱是用于货物运输，可以抵扣进项税额。但是，根据运输行业的特点，集装箱一般都为租用，运输企业直接购买的较少，该集装箱购进项目的实际用途存在疑问。
提请实地检查理由
企业购进的集装箱在案头检查中无法确认其真实用途，提请实地检查。

表 3-11   实地检查工作预案

纳税人名称	A 企业	纳税人识别号	××××××××××××××
法定代表人	景××	联系电话	×××
财务负责人	黄××	联系电话	×××

预案内容
检查企业简易棚的建设情况； 检查企业集装箱的用途和来源。
制作人：李×× 2014 年 6 月 26 日

评估人员根据案头检查情况制作《案头检查工作底稿》（见表3-12）。

表 3-12　　　　　　　　　　案头检查工作底稿

纳税人名称	A 企业	纳税人识别号	××××××××××××××
评估所属期	2013 年	检查人员	李×× 吴×× 孙×× 金××

案头检查情况

序号	检查日期	检查事项	检查方法	检查人员
1	2014 年 6 月 25 日	其他应付款异常，是否少计收入	约谈、提供资料	李×× 金××
2	2014 年 6 月 25 日	毛利率变动异常	电话、提供资料	李×× 金××
3	2014 年 6 月 25 日	进项税款抵扣项目异常	约谈、提供资料	李×× 金××
4	2014 年 6 月 23 日	从业人数异常	电话、提供资料	吴×× 孙××
5	2014 年 6 月 23 日	行业认定异常	电话	吴×× 孙××

案头检查内容

1. 评估人员就企业的具体生产经营情况、财务会计制度，以及改制情况电话询问了企业法定代表人。

经过了解，该企业前身为某国企的下属公司，后改制为私营企业，目前企业拥有 28 辆卡车、总吨位为 308 吨，主要从事油品运输。企业的交易对象比较单一，基本都是石油公司等。企业没有享受税收优惠政策。相关人员询问结束后，形成《电话询问记录》。

通过电话询问，确认纳税人行业认定不正确，企业职工人数有误，需要对基础数据进行维护，行业认定异常和从业人数异常的疑点可以消除。但是其他应付款、毛利率、抵扣项目异常的风险不能排除。

2. 评估人员发出《税务事项通知书（提供资料）》及其附件《提供资料清单》，要求企业提供其他应付款明细复印件、与 B 钢铁有限公司及 C 彩色钢板有限公司以及 D 物流装备有限公司公司交易的发票复印件、当年购进轮胎发票复印件及领用凭证复印件。要求纳税人在 7 个工作日内就相关疑点提供相应的佐证资料。

企业按时提交了相关资料，评估人员对纳税人提供的资料进行审核、分析，但是其他应付款、毛利率、抵扣项目异常的风险仍不能排除，准备进一步约谈纳税人。

3. 针对企业存在的疑点，评估人员对该企业送达了《询问通知书（约谈）》，约谈该公司的法定代表人，并明确约谈的时间、地点、对象和内容，告知纳税人权利和义务及应承担的法律后果，并制作《询问笔录》。

对于其他应付款异常的主要原因，企业法定代表人解释，该企业是某国企车队 2006 年改制拍卖后成立，成立后还是延续之前的业务，主要负责中国 L 销售有限公司 L1 分公司及 K 发展有限公司的油品运输，业务较为单一，且该企业自 2006 年成立后，车辆使用时间已到报废期，但由于企业自身资金不足以购置大批车辆，所以当时就采取了民间融资的方式来购买车辆，其他应付款里有 345 万元左右的融资款。

评估人员继续询问除此之外与期末余额 500 万元之间上有差额，这个差额部分到底是什么？企业法定代表人回答差额主要是内部职工往来、计提的个人所得税及地方税基金。

评估人员进一步询问，根据企业提供的其他应付款的明细账目、民间融资的详细名单及金额、内部职工往来、计提的个人所得税及地方税基金，有一笔挂在企业法定代表人景×名下的应付账款，且该笔明细科目每月都有发生额，要求企业法定代表人进行解释。

案头检查内容

法定代表人承认该其他应付款余额实为企业为减少运输空载现象的发生，有时会在运输回程中帮别的单位进行油品运输，基本每月都会有这类收入产生，故该明细科目每月都有发生额，2013 年大概有 40 多万元空载收入，2014 年也有类似现象发生，大概有 20 多万元。

对于毛利率异常的主要原因，企业法定代表人解释，企业毛利率变动是很正常的情况，油费的升降、员工的工资的增长、运输行业竞争激烈各种因素都可以影响企业毛利率。

在 2013 年期间，收入业务方面都有具体合同，且公司业务较为单一，收入都是真实可信的，每笔成本费用都有相关凭证来支撑，公司的业务的成本主要由汽油、过路过桥费、汽车轮胎配件及正常的修理构成，公司有相关的规章制度，成本核算严谨，公司规定危险品运输车辆的轮胎行驶了固定的里程数后，要强制进行更换，绝对不允许油灌车带病工作，另外油灌车的轮胎数量多、购进单价高，故轮胎购进金额正常、合理。

企业法定代表人同时承认，2013 年企业在自己的经营地点内搭建了一排简易棚，因成本核算的失误，公司将自建简易棚所购进的金额为 9 万多元彩钢板、钢槽、角钢，直接进入了主营业务成本。另外，2013 年年末购进了一批轮胎，该批轮胎未被领用，金额为 5 万多元，但公司财务人员也将这笔金额直接进入了主营业务成本，故造成毛利率变化较大。

对于进项税款抵扣项目异常的主要原因，企业法定代表人解释，企业从 2012 年 10 月"营改增"后，取得的进项票都是合理的业务发生取得的，每笔进项税都有真实的经济活动发生，都是从正规企业获得的增值税专票。至于从 B 钢铁有限公司及 C 彩色钢板有限公司取得的专票也是真实发生的业务。

评估人员向企业法定代表人宣传了增值税进项税抵扣方面的相关知识。

企业法定代表人继续解释，企业为"营改增"企业，2012 年 10 月之前企业内部的会计人员都未接触过增值税业务，认为只要是真实、合理的业务取得专用发票都可以进行进项税抵扣，缺乏对增值税这方面的知识，所以导致将自建简易棚购进的彩钢板、钢槽、角钢进行了抵扣，同时在自建简易棚时还购入了集装箱，该张专用发票也进行了抵扣。

企业从某物流公司购进的集装箱是何用途？企业法定代表人解释，是用于货物运输。但是，根据运输行业的特点，集装箱一般都为租用，运输企业直接购买的较少，该集装箱购进项目的实际用途存在疑问。

通过约谈，企业在其他应付款异常和毛利率异常的问题基本已经解释清楚，风险疑点消除。但是，对于企业为何要购进集装箱的问题，企业的解释不足以消除疑点，评估人员决定申请实地检查，现场查看集装箱的用途。

案头检查处理意见

1. 其他应付款中存在空载收入，2013 年度收入 391 891.89 元，2014 年度收入 213 963.96 元，根据《中华人民共和国企业所得税法》第六条规定，应调增相应的 2013 所得税收入 391 891.89 元，补缴企业所得税 97 972.97 元，滞纳金 6 858.11 元。

根据《中华人民共和国增值税暂行条例》第二条和第六条及《财政部　国家税务总局关于将铁路运输和邮政业纳入营业税改征增值税试点的通知》（财税〔2013〕106 号），补缴 2013 年度增值税额 43 108.11 元、滞纳金 5 172.97 元，补缴 2014 年度增值税额 23 536.04 元、滞纳金 2 824.32元。

2. 部分自建房购进材料 92 615.39 元不能直接计入主营业务成本，应予调增。根据《中华人民共和国企业所得税法》第八条、《中华人民共和国企业所得税法实施条例》第二十八条有关规定，应调增 2013 年度应纳税所得额 92 615.39 元，应补缴企业所得税 23 153.85 元、滞纳金 2 083.84 元。

3. 自建房购进材料增值税抵扣税款 23 590.76 元，根据《中华人民共和国增值税暂行条例》第十条有关规定，该笔税款应作进项税额转出，补缴增值税 23 590.76 元、滞纳金 3 666.43 元。

4. 列入固定资产的集装箱需转入实地检查。

第二节 实地检查

在案头检查过程中，由于对纳税人生产经营的信息掌握有限，评估人员根据《实地检查工作预案》，对于无法核实涉税风险点和纳税人举证资料，需要进一步实地检查的，可提请实地检查；经审批通过后，采用现场检查方式，到纳税人生产经营场所或相关方所在场地实施实地检查，排除或确认《实地检查工作预案》中明确需实地检查或者案头检查未能消除的涉税疑点。

一、实施实地检查的基本要求

税务机关应转变管理方式，突破实施税收管理就必须实地检查的传统思维，积极引导采用内部数据分析、第三方数据比对、信函调查、电话询问等案头检查方式处理税收检查工作任务，审慎实施实地检查，不断提高税收执法的质量和效率。

（一）实地检查的适用与审批

税收检查部门在执行税收检查任务过程中，应先行采用案头检查方式，确需实地检查的，国税机关或检查人员应书面陈述实施实地检查的理由并制作《实地检查申请报告》，按规定程序履行审批手续。

实施实地检查前，评估人员应当查阅被评估对象纳税档案，了解被查对象的生产经营情况、所属行业特点、财务会计制度、财务会计处理办法和会计核算软件，熟悉相关税收政策，明确检查的工作目标、检查人员工作分工、工作任务清单及相应的检查方法，并据此制作《实地检查工作预案》。

实地检查审批的业务流程，如图3-8所示。

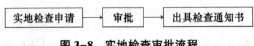

图3-8 实地检查审批流程

【案例3-11】2014年10月，评估人员张军、李坚强按照规定程序对XH纺织股份有限公司2013年度纳税情况进行纳税评估。

　　XH 纺织股份有限公司于 2008 年 6 月注册成立，主要经营范围：棉纱加工；棉花收购。国标行业：纺织业，行业明细：棉纺纱加工，公司于 2008 年 7 月申请认定为增值税一般纳税人。近两年没有税务登记变更信息。企业所得税由国税机关管理。

　　评估人员通过纳税人基本情况分析、身份及生产经营特征分析和风险识别结果指向分析分析出该公司存在的涉税疑点，制作《纳税评估检查预案》并经审批后，采用案头检查的方式对该公司存在的涉税疑点进行纳税评估。

　　案头检查通过信函调查、约谈、提供资料等检查方式对疑点进行排查。评估人员根据纳税人提供的举证材料，结合约谈情况，通过数据比对、数据核实等方式，对《纳税评估检查预案》中所列明的涉税疑点进行逐项排查，经审核分析排除以下涉税疑点：

　　（1）登记表中的"从业人数"与所得税申报表中的"从业人数"，不一致，存在多列支工资费用风险；

　　（2）两税收入不一致，存在少申报增值税收入风险；

　　（3）适用于非应税项目存在未按规定转出进项税金风险。

　　其余疑点解释不够清楚，缺乏举证材料建议转入实地检查。制作《实地检查申请报告》（见表 3-13）和《实地检查工作预案》（见表 3-14），通过审议向市局申请进入企业实地检查。

表 3-13　　　　　　　　　　　　　实地检查申请报告

纳税人名称	XH 纺织股份有限公司	纳税人识别号	32098255432××××
评估所属期	2013.01.01—2013.12.31	检查人员	张军、李坚强
序号	纳税评估事项	拟检查内容	拟检查方法	拟检查人员
1	增值税还原税负偏低	检查应税收入、成本费用及其他应付款（包括部分原始凭证）	实地检查	张军、李坚强
2	2013 年期间费用总额大于销售收入的 30%	检查应税收入、成本费用及其他应付款（包括部分原始凭证）	实地检查	张军、李坚强
3	其他应付款期末数异常	检查应税收入、成本费用及其他应付款（包括部分原始凭证）	实地检查	张军、李坚强

续表

序号	纳税评估事项	拟检查内容	拟检查方法	拟检查人员
4	其他应收款申报异常	核对其他应收款科目余额明细，是否存在拆借资金未计利息收入	实地检查	张军、李坚强

这是本年度内对该纳税人的第一次实地检查。
审批意见：同意
审批税务机关：××市税务局　　审批人：杨鸿飞　2014 年 10 月 15 日

表 3-14　　　　　　　　　　　**实地检查工作预案**

纳税人名称	XH 纺织股份有限公司	纳税人识别号	32098255432××××
评估所属期	2013.01.01—2013.12.31	评估完成时限	2014.10.30
预案制作人员	张军、李坚强	制作时间	2014.10.12
评估检查人员	主查人员：张军　辅查人员：李坚强		
评估检查团队及成员组成	团队负责人：钱宏伟　团队组成：张军、李坚强		
检查准备内容	学习相关流转税政策、企业所得税税前扣除政策。掌握检查其他应付款及其他应收款、期间费用等注意点		

纳税评估事项目录及检查方式

序号	纳税评估事项	拟检查内容	拟检查方法	拟检查人员
1	增值税还原税负偏低	检查应税收入、成本费用及其他应付款（包括部分原始凭证）	实地检查	张军、李坚强
2	2013 年期间费用总额大于销售收入的30%	检查应税收入、成本费用及其他应付款（包括部分原始凭证）	实地检查	张军、李坚强
3	其他应付款期末数异常	检查应税收入、成本费用及其他应付款（包括部分原始凭证）	实地检查	张军、李坚强
4	其他应收款申报异常	核对其他应收款科目余额明细，是否存在拆借资金未计利息收入	实地检查	张军、李坚强

审议意见：同意实地检查

（二）实施实地检查的基本要求

1. 在办公场所通过综合数据分析、第三方数据比对、信函调查、电话询问等方式确实无法履行纳税评估等法定职责。

2. 有明确的目的、周密的计划、具体的检查工作事项清单。

3. 委派的检查人员中应当明确主查人员。主查人员必须具有胜任检查任务的基本素质和能力，主查人员对整个实地检查工作负责，协助检查人员对协助检查的具体内容负责。

4. 属于下列情形的工作任务，一般采用信函调查或电话询问等方式，不进行实地检查：

（1）核实或采集相关数据、信息的；

（2）对特定政策或特定纳税人群体进行调研、效应分析的。

二、现场检查的工作目标和业务流程

（一）现场检查的工作目标

纳税评估人员到纳税人生产、经营场所和货物存放地，查看其生产经营活动，检查纳税人应纳税的商品、货物或者其他财产，对纳税人以纸质、电子或其他介质为载体的记录和文件进行现场检查，或对其实物资产进行现场核查，并记录检查情况等，并以此为参数，与相关数据进行比对，以查证纳税人纳税申报中存在的问题。

（二）现场检查的业务流程

现场检查的业务流程，如图 3-9 所示。

图 3-9　现场检查的业务流程

三、现场检查的工作要求

评估人员要始终以调查问题的方式开展现场检查工作，针对案头检查无法核实的涉税风险点，调查了解纳税人的生产经营特点、经营规模、存货变动、原料动力消耗等，要求纳税人提供证明资料，落实涉税风险点的原因。

（一）现场检查的内容

评估人员经单位负责人审批同意后，按照规定到纳税人生产、经营场所和货物存放地，查看其生产经营活动，检查纳税人应纳税的商品、货物或者其他财产，对纳税人以纸质、电子或其他介质为载体的记录和文件进行现场检查，或对其实物资产进行现场核查，并记录检查情况。

1. 数据资料的审查

对纳税人在生产经营过程中为控制其经济活动而产生的表单、记录、数据等进行检查，获取有助于确认或排除涉税疑点的关键信息。

2. 实物资产的审查

对纳税人的存货、固定资产等有形资产进行检查，以确认账载数据与实物资产是否相符，获取有助于确认或排除涉税疑点的关键信息。

（二）现场检查应由两名以上有执法资格的检查人员实施

现场检查应当由两名以上有执法资格的评估人员共同实施，检查时应当向纳税人出示税务检查证和《税务检查通知书》，告知纳税人权利、义务及法律后果。如果检查告知环节已制作送达《税务检查通知书》的，不再出具文书；未制作送达的，需出具《税务检查通知书》及文书送达回证。

（三）制作《实地检查工作底稿》，并进行备案归档

对核查情况应制作《实地检查工作底稿》，记录核查的内容、过程及问题等。《实地检查工作底稿》经纳税人审核确认并签字盖章。现场检查完成后，评估人员应整理归纳有关核查情况，并进行备案归档。

四、实物资产的审查

实物资产是纳税人组织生产经营活动的载体，是纳税人生产经营活动的必要组成，直接影响纳税人的生产能力、成本、质量和效益。但是，纳税人的实物资产一般具有量大、分布零散、资产转移频繁等特点，使得核实纳税人的资产的真实性、准确性就成了难点问题。

（一）实物资产审查的盘点方法

1. 控制分析法

控制分析法是指依靠科学测定的数据，来验证纳税人账面记录与申报数据是否正确的一种方法。一般用于对企业的投入产出、耗用和补偿的控制分析，即以定额耗料测定实际耗料，以耗料推算产量，以产量核实销量等。

2. 观察法

观察法就是通过深入纳税人生产经营场所、车间、仓库、工地等现场查看和了解，以便从中发现问题。如通过对加工企业生产流程的观察和调查，可以了解企业实际的生产能力、生产工艺、能源消耗、仓储面积等掌握库存商品、副产品、半成品的基本情况，以确定财务报表、纳税申报表数据的真实性。

3. 实地盘存法

（1）做好盘点前准备

根据评估检查需要，对评估对象进行实物盘点前要制定盘点计划，明确盘点的时间、重点、要求、组织、人员配备以及盘点的方式等。

①确定需要盘点的实物。如果评估对象的实物种类繁多，不能进行全面盘点，可以根据分析确定的重点，结合审查项目的具体情况，在盘点过程中作相应的调整。

②确定参加盘点的人员。在盘点成员中，至少要有两名评估人员、一名财务负责人和一名实物保管人，不宜让评估对象安排过多人员介入。如果盘点的实物资产众多、需要盘点的实物保管地又较多的企业，可以组成多个盘点小组，同时在不同的实物保管地进行盘点。

③编制账面存货明细表，通过核对账簿、报表等，确定盘点日的账面存货结存数，保证盘点基准数基本正确。

④准备连续编号的实物盘点标签和盘点记录表格、检查的度量衡具。用于盘点的度量衡具，一定要经过严格的检查，防止盘点结果失真。

⑤选择适当的盘点时间。盘点时间的选择，一般选择在每天业务终了以后，或是业务开始以前。如果企业的生产经营是连续进行的，没有明显的开始或结束标志，可以选择在一次领料之后、下次领料之前进行盘点。

（2）实地盘点的方式和要求

在实地盘点时，根据评估的需要可以采用直盘法和监盘法。直盘法，就是直接由评估人员对存在疑点的重点货物进行盘点。监盘法就是主要由企业人员进行盘点，但盘点的组织和盘点的重点由评估人员负责，同时盘点时由评估人员监督进行。

采用直盘形式的，检查对象的有关人员可以适当参与协作，如负责被盘点实物资产的整理、盘点数量的二次复核、盘点的报盘记录等。在采用监盘方法时，评估人员应清楚盘点的程序，监督企业严格按照既定的盘点程序执行。

采用监盘形式的，评估人员要加强盘点现场和盘点过程的监督与管理。评估人员在现场要了解工作人员是否办理了应该办理的手续，观察盘点的过程和有关物品的质量。对于特别重要的财物，评估人员除了监督、观察外，还要进行复点、复验，如现金的盘点、其他有价证券的盘点、贵重物品的盘点等。盘点人员要将实际盘点的情况（品名、规格、性状、数量、重量、权属、质量等）一一在盘点表上做详细的记录，对实际结存的实物与实物卡片上不一致的，要作必要的说明。

在现实中，被评估企业虚构存货的方法通常有：

①装存货的容器或箱子是空的，或堆放时中间是空的；

②装存货的容器或箱子外表贴的是误导性的标识，里头装的是下脚料、呆滞品或低价品；

③把他人寄销、他人存放、租赁的存货以及已经销售出去但没有提货的商品计入盘点表中；

④移动存放在不同处所的存货，重复盘点；

⑤更改计量单位或在存货计量工具和方法上弄虚作假；

⑥溢计在制品的完工程度；

⑦虚构在途存货。

（3）确定盘点结果

盘点结束后，要对盘点明细表、汇总表进行复核，对尚未入账但已入库、发出的实物数量等进行调整，并与账面记录进行核对。对存在差异的，向有关人员了解差异产生的原因，并进一步核实。

①盘点结果确定后，应由所有在场人员（包括实物保管员、企业财务负责人、评估人员）在盘点表上签字，以明确责任。

②采用监盘形式的，盘点工作结束后，评估人员应根据盘点情况，撰写盘点备忘录。备忘录的内容包括：企业执行盘点计划的有关情况，抽查盘点

的范围和发现的重要差异事项，有关盘点真实性和存货一般状态以及其他重大问题。

③任何性质的白条都不能用来冲抵库存实物。

（4）分析盘点差异

①根据盘点结果，推算出资产负债表日的存货数量，与账面记录进行核对，分析账实是否相符。对存在差异及差异较大的存货，详细分析形成差异的主要原因，针对评估对象提供的差异说明，结合盘点过程中发现的疑点进行检查和验证。

②在对实物资产进行盘点的过程中，评估人员要注意分析取证，发现异常的，要弄清事由，鉴别真伪。对实物资产的查证不仅要检查其数量、价值，还要确定其权属、质量和流动方向。对实物资产的权属要充分考虑其实物流、发票流、资金流、运输流和仓储流是否一致。

（5）正确调整盘点结果

无论采用何种盘存方法，盘点结果只能反映盘点日当天的实物存在状态，而盘点日与评估所属日期大多数情况下是不一致的，因而，在被查账簿记录所属日期与盘点日不一致时，还应采用一定的方法进行调整，计算出被评估账簿记录当日实际应有的实物数量，再与被评估账簿记录进行核对，分析账实是否相符。调整时一般采用如下公式：

评估日账面应存数＝盘点日账面应存数＋评估日至盘点日发出数－评估日至盘点日收入数

评估日实存数＝盘点日实存数＋评估日至盘点日发出数－评估日至盘点日收入数

注意：第一个公式中的"盘点日账面应存数"，是在盘点准备阶段确定的，一般为无核算错误的账面结存数，而不是被评估企业提供的盘点日账面余额。两个公式中的两个调整项，数据相同，但无论是期间的发出数，还是收入数，如果要用来调整，都必须经过评估人员的审核，正确无误时，才能用来调整。

【案例3-12】2015年1月20日，评估人员张强、张林按照法定程序对A贸易公司2014年度纳税情况进行纳税评估。

1. 案头分析

A贸易公司为增值税一般纳税人，主要从事其他食品批零兼营，评估人员发现该公司2014年增值税税负率偏低，分析该公司可能存在未开票就未做收入申报的可能。再从资产负债表中的存货变化来分析，发现该企业在淡季的存货存在偏大的嫌疑，评估人员准备从核实存货入手，查看是否存在少缴税款的问题。按照规定程序经审批后，评估人员张强、张林对该公司进行实地检查。

2. 约谈

根据要进行实地检查的需要，评估人员首先对该公司分管内部管理的负责人进行约谈，从约谈中，了解企业的基本情况和经营状况，从侧面了解库存商品的最低时刻和最低的库存量，以及销售是否开票等与纳税有关的情况；然后对仓库保管员进行约谈，从约谈中了解商品购进与销售的登记情况，日常库存商品总量的大致情况，从侧面了解企业库存情况；最后，对财务人员进行约谈，了解会计记账的基本程序，对会记记账的真实性有一定程度地了解。

3. 实地盘点

评估人员到该公司实地查看后了解，该公司没有设置库商品明细账，仓库保管员只有进库商品的登记，没有出库的记录。要想知道账面库与实际库商品是否一致，只有盘库存。由于12月初是纳税人备货迎春节的时间，库存商品的量大，商品的发出与购进比较频繁，库存商品堆置比较凌乱，每一件商品的价值是100多元，面对两三万件的商品，堆起就像一座座小山，真是无从着手。评估人员对仓库进行了盘库，将库存商品，按名称、规格、单位、品牌、数量点清并做好记录。

商品数量盘点后，评估人员从购进货物的清单中查找商品的价格，对照商品价格，计算库存商品的金额。在计算出来库存商品的金额前，该公司就提出了在超市还放了一些商品，由于合同约定，存放在超市的商存商品所有权属该公司，还要承担货架费，在结算前还没有取得收款的权利，因此，这一部分库存商品，还应当作该公司的库存商品。该公司这样的搪塞，库存商品盘点的成果，就有可能化为零。评估人员为了落实好真实的商品库存，一方面要求该公司，提供存放在超市的库存商品，并要求存放的超市签章确认；另一方面要求该公司提供购进货物的送货清单。再将送货单与购进货物的增值税专用发票上的销货清单进行核对，同时与"金税工程"中认证的增值税发票核对，排除票到未认证未计库存商品部分和货到票未到的库存商品。通过两天的价格查找与核对，终于算出了库存商品的金额；核对了票到未认证未计库存商品部分和货到票未到的库存商品，确认了存放到超市的商存商品数额，将该公司提出的各种对库存商品的影响因素剔除，最终，实际库存商品金额为 390 万元，比纳税人 2014 年 11 月账面库商品金额 440 万元，少记 50 万元，从而确认企业存在销售未记账，未结转库存商品成本的问题，根据账面库存商品减少的金额，按 10% 的毛利计算，少计销售收入 55 万元。

（二）主要实物资产的审核

1. 存货资产的审核

（1）分析评价企业存货内部控制制度

①企业是否建立存货管理相关制度，明确存货取得及验收、发出及日常管理等的控制要求。

②企业有无严格的存货管理授权批准制度，明确授权批准的方式、权限、程序、责任和相关控制措施。

③仓储部门是否对库存物料和产品进行每日巡查和定期抽检，详细记录库存情况。

④是否结合实际情况确定盘点周期、盘点流程、盘点方法等相关内容，定期盘点和不定期抽查相结合；对盘点清查中发现的问题，是否及时查明原因，按照规定权限报经批准后处理。

（2）存货资产审核的要点

①对外购存货的检查应重点关注合同、订单、发票等原始单据与存货的数量、质量、规格等核对一致。对其他方式取得存货的检查，应当重点关注存货来源、质量状况、实际价值是否符合有关合同或协议的约定。

②对存货发出的检查应关注存货出库是否经审批，是否根据出库指令（销售通知单等）的用途发出；查看是否及时生成经收发货双方确认的出库单据，是否及时登记存货实物台账，重点检查实物台账与明细账的记录是否一致。

③对存货结存的检查应重点关注存货盘点后是否对盘点发现的盈亏及时查明原因，报经批准后及时处理；重点分析检查存货明细账的记录与盘点表的盘点结果是否一致。

（3）存货账面出现红字的审核

存货的领用或发出也应按实际成本核算，采用先进先出法、加权平均法、移动平均法、个别计价法等。但有些企业在实际工作中不能正确核算，导致存货明细账常常出现红字，存货检查中要特别关注红字的出现，分析其原因，找出可能存在的涉税问题。

①存货账面出现红字的种类及原因

● 数量为零或正数，金额红字。原因是存货发出计价不规范或中途变更计价方法，发出价高于账面成本价，多转成本，减少利润，少缴企业所得税。

● 数量为红字，金额为正数。原因是未入库就发出，且发出计价长期低于账面成本价，少转成本，虚增利润。

● 数量和金额都为红字。原因有两点：一是在单价正常的情况下，存货发票未到，存货已入库未做估价入账，就领用发出；二是在单价不正常的情况下，也有可能是存货发出计价不规范，高于账面成本价。

②存货账面出现红字的税务处理

● 存货明细账户账面结存数量为蓝字，金额为红字时，可按下列公式求得多转耗料成本金额：

多转耗料成本=账存数量或实存数量×结存材料单价+账存红字金额

【案例3-13】某厂某月末，A种材料明细账账面结存4吨，经盘点实存6吨，结存单价为400元/吨，结存红字金额为1000元。经检查计算，该种材料结存单价应为500元/吨。

多转材料成本=6×500+1000=4000（元）

● 存货明细账户账面结存蓝字数量，结存金额为零时，可按下列公式求得多转耗料成本金额：

多转存货成本=账存材料数量×结存材料单价

● 存货明细账户账面结存红字数量和红字金额的，在排除货到单未到、借入材料未入账以及材料串户等不属多转成本的几种情况，材料账面结存的红字金额即属多转存货成本。其多转存货数量与金额的计算公式：

多转存货数量=实际盘点数量+账面结存红字数量

多转存货成本=实际盘点数量×正确的材料单价+账面结存红字金额

【案例3-14】某厂某月末，B种材料账面结存红字数量400千克，红字金额1000元。经过实地盘点，该种材料实际库存数量为200千克。经检查，该种材料月末结存单价为4元/千克。

多转材料数量=400+200=600（千克）

多转材料成本＝200×4＋1000＝1800（元）

除了上述三种情况外，若存货账户账面结存栏内只有金额，没有数量，一般情况下为平时少转存货成本造成的，也应查证落实，据情处理。

【**案例3-15**】2014年8月，某市税务局对本市某纺织实业有限公司2013年涉税情况进行了纳税评估。该企业经营地址位于该市新区，系有限责任公司（自然人控股），经营范围主要为针纺织品及服装的生产、销售。企业所得税征收方式为查账征收。

评估人员按照规定程序对该公司进行实地检查时，由于该公司主营业务收入45 750 608.57元，主营业务成本47 548 460.81元，成本比收入多1797852.24元，为此评估人员把检查重点放在对该公司成本的核查上。检查中重点审核"库存商品"科目时发现：该企业"库存商品"科目2013年年初借方余额2 123 111.28元，当年借方发生额53 470 265.20元，贷方发生额46 932 901.48元，年末借方余额8 660 475元。初看并无异常。但是继续审核"库存商品"二级科目，就出现了问题：该企业在"库存商品"科目中设置了若干个子目，其中"库存商品——品牌部"年初数0，本年借方发生额16 226 930.05元，贷方发生额32 194 265.44元，年末贷方余额15 967 335.39元。库存商品期末出现了负数，存在多结转成本的可能性。

如何确定公司多结转成本的金额，成为评估的关键所在。为此评估人员通过了解公司的生产过程及产品结构来确认下一步的方案。同时要求企业提供被查年度年末的产成品盘点表及有关仓库的收发原始记录。但因企业财务人员频繁更换且无交接手续，因此无法提供有关资料。为此，评估人员先后经过了多次方案论证。同时评估人员对该企业当年度主营业务相关的进项与销项按月逐项分类进行了统计，以此确认该企业进销的真实情况。

方案一：最初评估人员考虑将其多结转的产成品全部归零，以此为依据来调整应纳税所得额。经过讨论，2013年年末库存商品明细品牌部余额为负数，毫无疑问企业的财务处理存在问题。但整个库存商品余额为正数，如果简单对负数作调整加以补税，有可能产生异议。某些因素都有可能导致上述结果的产生，比如：

1. 由于会计核算差错，串户导致某个明细科目多转成本，某个明细科目少转成本，真实的情况有可能没有多转成本或者多转的成本不是这个数字。

2. 暂估入库原因，如果公司年底库存商品未进行暂估入账，但销售发出已经结转，产成品余额有可能产生负数。

　　方案二：要求企业以某一时点对产成品进行实地盘点，并以此为依据倒推出检查所属期年末库存的数据，并按该当年的进项成本来确认库存商品的余额，作为调整纳税的依据。但是该方法由于时间跨度较长，工作量大，加上企业产品品种和结构的变化，也会造成较大的误差，因此按照实盘数和账面数的差异进行纳税调整的方法也很难实行。

　　方案三：是否从确认产成品的期初余额来重新计算该企业应结转的主营业务成本？

　　考虑到企业的实际情况，并且为了慎重起见，考虑引入会计师事务所对该企业的有关情况进行审核，以第三方出具的专项核查报告作为纳税评估结论的参考依据。有关事务所对该企业相关数据进行了采集梳理，并按照财务会计制度进行了重新计算，做了以下工作：①对2013全年购进和销售发票进行检查，按发票统计2013年度全年的购销情况；②经过对2013年度账面记录的存货购进发票、产品销售发票和出库单的检查，按照按出库单统计的销量及发票所载金额，对串户品种存货重新分类汇总、对企业2013年12月补入库的成本结转单进行调整，重新记录了"存货——产成品"进销存明细账。

　　评估人员根据会计师事务所的专项核查报告，最终得出了以下结论：企业2013年度T恤衫销售未通过"T恤衫"子目结转产品销售成本，而是于2013年12月在"库存商品——品牌部"科目一次结转产品成本，而"T恤衫"子目一直未结转产品成本，故导致"品牌部"子目出现负数。经审核，调整前存货期末余额15 420 463.37元，调整后存货期末余额20 973 559.81元，调增5 553 096.44元。调整后的主营业务成本合计41 995 364.37元，账面原成本47 548 460.81元，多结转成本5 553 096.44元。

　　该公司对上述涉税问题表示确认并将进行自查。

2. 固定资产的审核

（1）分析评价企业固定资产内部控制制度

①检查固定资产增减手续是否符合内控要求；

②对新增加的固定资产要分别其不同的来源，检查固定资产计价的真实性、完整性和准确性；

③固定资产购置的各项手续是否齐全完备，有无审批手续；

④检查本期减少的固定资产是否经授权批准，是否正确及时入账；

⑤检查计提固定资产减值准备的依据是否充分及会计及税务处理是否

正确;

⑥在建工程增加，检查文件齐全、授权、会计处理如借款费用资本化是否正确;在建工程减少，表明企业在建工程结转固定资产，则检查凭证如决算报告、交接单是否齐全。

（2）固定资产检查的要点

①结合固定资产登记簿，对固定资产增加的，重点审核固定资产增加的项目组成、合同决算书、入账发票、评估或审计报告、资金结算情况等相关原始资料，必要时到设计、施工建造、监理部门进行调查，相互印证，确认入账金额的真实性。

②对年度中间增加或减少的固定资产，对照相关合同发票，结合固定资产入账的时间和"折旧计算表"，核对当月增加的固定资产有无列入计提折旧的基数，当月减少的固定资产有无从当月计提折旧基数中扣除的情况。

③索取或编制固定资产和累计折旧分类汇总表，检查固定资产的分类是否正确并与总账数和明细账合计数核对相符，结合累计折旧、减值准备科目与报表数核对相符。

④将累计折旧贷方的本期计提折旧额与成本费用账户中的折旧费用明细账的借方相比较，以查明所计提折旧金额是否已全部摊入本期产品成本或期间费用账户，一旦发现差异，应查明原因，并考虑是否应做出适当调整。

⑤查核固定资产清理的发生是否有正当理由，固定资产清理的发生和转销是否经批准，结合有关转让、变卖固定资产收入的转让合同、协议等，与转让固定资产账面原值比较，审查是否按规定申报缴纳了增值税、企业所得税等。

⑥通过各项工程批准的有关文件、营建的预决算资料和施工现场考察，测算工程的用料情况，与账务核算资料核对，检查有无工程实际用料超过账面用料记录的情况，是否将工程用料直接进入相关成本而不通过"在建工程"账户核算。

3. 无形资产的审核

①核对有关无形资产的证明文件和受让合同、契约，逐一查对分析，以确定其无形资产是否真实，核实无形资产的计价是否准确，有无将其他费用计入专利权价值，虚增无形资产价值。

②对企业自行开发的无形资产，要严格审核该开发项目有关部门的批文、可行性报告，技术、财务等各种资源的计量标准，落实是否达到确认无形资产的条件，结合"研发支出"明细账和相关原始凭证，核实支出的归集是否

符合规定。对属于无形资产计税价值范围内的支出未予以资本化的，应进行合理的调整。

③结合"累计摊销"和"管理费用""其他业务成本"账户中的无形资产具体项目进行核对，检查摊销范围，对自行开发的支出已在计算应纳税所得额时扣除的无形资产、自创商誉、与经营活动无关的无形资产等，是否计入无形资产摊销范围。

④通过检查研发项目立项书、计划书等，审核研发项目是否符合"新产品、新技术、新工艺"的规定，是否符合加计扣除无形资产的范围；检查"无形资产""研发支出""管理费用——研发费"等账户，有无对已计入"管理费用——研发费"的支出重复计入无形资产并加计扣除；检查形成无形资成本项目的原始凭证，审核企业是否将与形成无形资产无关的支出计入加计扣除的无形资产成本。

五、账簿资料的检查

（一）收入的确认与审核

会计上将收入的概念一般分为日常活动取得的收入和利得，包括销售货物收入、提供劳务收入、让渡资产使用权收入等；税法上没有对收入作出原则性、概括性的规定，只表明只要符合税法列举的条件，即可确认为应税收入。正因为会计收入与应税收入是两个不同概念，导致两者在收入确认、计量上存在很大的差异。

1. 销售货物收入的确认与审核

（1）会计、税法销售货物收入确认（见表 3-15）

（2）会计、税法销售货物收入的主要差异

①收入确认原则的差异

《企业会计准则》遵循"实质重于形式"和"谨慎性"的原则，侧重于收入实质性的实现，而不是按其法律形式确认收入的实现。税法虽然也强调"实质重于形式"，但更侧重于税法的刚性和公平性。税法不将与销售商品、提供劳务等所形成的经济利益流入能否实现作为确认应税收入的依据。在确定应税收入时奉行实现原则，即与应税收入相关的经济活动必须完成，并可最终确定所实现的收入或利得。

表 3-15 会计、税法销售货物收入确认

《企业会计准则第 14 号——收入》	税 法	
	增值税	企业所得税
销售商品收入同时满足下列条件的，才能予以确认： （一）企业已将商品所有权上的主要风险和报酬转移给购货方； （二）企业既没有保留通常与所有权相联系的继续管理权，也没有对已售出的商品实施有效控制； （三）收入的金额能够可靠地计量； （四）相关的经济利益很可能流入企业； （五）相关的已发生或将发生的成本能够可靠地计量。	《中华人民共和国增值税暂行条例》第十九条 增值税纳税义务发生时间： （一）销售货物或者应税劳务，为收讫销售款项或者取得索取销售款项凭据的当天；先开具发票的，为开具发票的当天。 （二）进口货物，为报关进口的当天。 《中华人民共和国增值税暂行条例实施细则》第三十八条 收讫销售款项或者取得索取销售款项凭据的当天，按销售结算方式的不同，具体为： （一）采取直接收款方式销售货物，不论货物是否发出，均为收到销售款或者取得索取销售款凭据的当天； （二）采取托收承付和委托银行收款方式销售货物，为发出货物并办妥托收手续的当天； （三）采取赊销和分期收款方式销售货物，为书面合同约定的收款日期的当天，无书面合同的或者书面合同没有约定收款日期的，为货物发出的当天； （四）采取预收货款方式销售货物，为货物发出的当天，但生产销售生产工期超过 12 个月的大型机械设备、船舶、飞机等货物，为收到预收款或者书面合同约定的收款日期的当天； （五）委托其他纳税人代销货物，为收到代销单位的代销清单或者收到全部或者部分货款的当天。未收到代销清单及货款的，为发出代销货物满 180 天的当天； （六）销售应税劳务，为提供劳务同时收讫销售款或者取得索取销售款的凭据的当天； （七）纳税人发生本细则第四条第（三）项至第（八）项所列视同销售货物行为，为货物移送的当天。	《国家税务总局关于确认企业所得税收入若干问题的通知》（国税函〔2008〕875 号） 一、除企业所得税法及实施条例另有规定外，企业销售收入的确认，必须遵循权责发生制原则和实质重于形式原则。 （一）企业销售商品同时满足下列条件的，应确认收入的实现： 1. 商品销售合同已经签订，企业已将商品所有权相关的主要风险和报酬转移给购货方； 2. 企业对已售出的商品既没有保留通常与所有权相联系的继续管理权，也没有实施有效控制； 3. 收入的金额能够可靠地计量； 4. 已发生或将发生的销售方的成本能够可靠地核算。

②收入确认时间的差异

《企业会计准则》规定只要同时符合确认收入的五个条件，当期就要确认收入；假如不符合其中一个条件，当期就不能确认收入。税法对应税收入的时间区分不同的税种作出不同的规定，增值税、营业税、消费税和企业所得税都分别规定了应税收入的确认时间。同时，在同一税种下，应税收入的确

认时间还要区分不同的交易性质。如在采用托收承付和委托银行收款方式下销售商品，税法规定发出货物并办妥托收手续的当天，就发生了增值税和消费税的纳税义务，就要申报纳税。

③收入计量的差异

• 企业销售商品的收入，会计上通过主营业务收入和其他业务收入科目核算与反映。税法对销售商品收入的确认，不仅包括会计上的主营业务收入和其他业务收入，还包括会计不作收入的价外费用和视同销售。

• 企业的销售行为在会计上不满足收入确认的条件而不确认收入时，可能只是按成本结转"发出商品"等，而税法需要确定为应税收入。

• 会计对商业折扣按实际收取的价款确认销售商品收入，税法为了保证进项税额抵扣的准确性明确规定，假如销售额和折扣额在同一张发票上分别注明的，可按折扣后的余额作为销售额计算增值税；假如将折扣额另开发票的，不论其在财务上如何处理，均不得从销售额中减除折扣额。同时，税法还规定，折扣销售（税法将商业折扣定义为折扣销售）仅限于货物价格的折扣，假如纳税人将自产、委托加工和购买的货物用于实物折扣的，则该实物款额不能从货物销售额中减除，且该实物应按《增值税暂行条例》"视同销售货物"中的"赠与他人"计算征收增值税。

（3）会计、税法收入主要差异的调整方法

①具有融资性质的分期收款销售商品（见表3-16）

表3-16 分期收款销售商品差异

《企业会计准则第14号——收入》	税 法
第五条 企业应当按照从购货方已收或应收的合同或协议价款确定销售商品收入金额，但已收或应收的合同或协议价款不公允的除外。 合同或协议价款的收取采用递延方式，实质上具有融资性质的，应当按照应收的合同或协议价款的公允价值确定销售商品收入金额。 应收的合同或协议价款与其公允价值之间的差额，应当在合同或协议期间内采用实际利率法进行摊销，计入当期损益。	按照从购货方已收或应收的合同或协议价款确定销售货物收入的金额。 《企业所得税法实施条例》第十三条规定，企业以非货币形式取得的收入，应当按照公允价值确定收入额。
差异分析：会计上对分期收款销售应当公允价值确定收入金额，税法不进行折现处理，需要按照公允价值进行纳税调整。	

【案例3-16】2015年1月1日，甲公司采用分期收款方式向乙公司销售一套大型设备，合同约定的不含税销售价格为100万元，分5次于每年12月31日等额收取。该大型设备成本为60万元。在现销方式下，该大型设备的销售价格为80万元，增值税税率为17%，增值税专用发票在发出商品时开具。

本例中甲公司应当确认的销售商品收入金额为80万元；计算得出现值为80万元、年金为20万元、期数为5年的折现率为7.93%。

甲公司2015年账务及税务处理如下：

（1）2015年1月1日销售实现时：

借：长期应收款　　　　　　　　　　　　　　　　　　1 000 000
　　贷：主营业务收入　　　　　　　　　　　　　　　　800 000
　　　　未实现融资收益　　　　　　　　　　　　　　　200 000
　　　　应交税费——应交增值税（销项税额）　　　　　170 000
借：主营业务成本　　　　　　　　　　　　　　　　　　600 000
　　贷：库存商品　　　　　　　　　　　　　　　　　　600 000

（2）2015年12月31日收取货款时：

借：银行存款　　　　　　　　　　　　　　　　　　　　200 000
　　贷：长期应收款　　　　　　　　　　　　　　　　　200 000
借：未实现融资收益　　　　　　　　　　　　　　　　　　63 440
　　贷：财务费用　　　　　　　　　　　　　　　　　　　63 440

2015年的纳税调整分期收款方式销售货物的，按照合同约定的收款日期确认收入的实现。

2015年只确认计税收入20万元，结转成本12万元，所以调减应纳税所得额18.344万元。

②售后回购业务（见表3-17）

表3-17　　　　　　　　　　　　售后回购业务差异

《企业会计准则第14号——收入》	税　　法
售后回购交易大多数情况下属于融资交易，企业不应确认销售商品收入；有确凿证据表明售后回购交易满足销售商品收入确认条件的，按售价确认收入。	《国家税务总局关于确认企业所得税收入若干问题的通知》（国税函〔2008〕875号）规定，采用售后回购方式销售商品的，销售的商品按售价确认收入，回购的商品作为购进商品处理。有证据表明不符合销售收入确认条件的，做以销售商品方式进行融资处理

《企业会计准则第 14 号——收入》	税 法
差异分析：税法上对于售后回购一般作为两个环节处理：销售和购回；会计上一般属于融资交易，企业不应确认销售商品收入；所以，会计与税法产生差异，需要进行纳税调整	

【案例 3-17】2014 年 8 月 1 日，甲公司向乙公司销售一批商品，开出增值税专用发票上注明的销售价款为 100 万元，增值税税额为 17 万元。该批商品成本为 80 万元；商品已经发出，款项已经收到。协议约定，甲公司应于 2015 年 1 月 1 日将所售商品购回，回购价为 110 万元（不含税）。

（1）8 月 1 日发出商品时：

借：银行存款　　　　　　　　　　　　　　1 170 000

　　贷：其他应付款　　　　　　　　　　　　1 000 000

　　　　应交税费——应交增值税（销项税额）　170 000

借：发出商品　　　　　　　　　　　　　　800 000

　　贷：库存商品　　　　　　　　　　　　　800 000

（2）回购价大于原售价的差额，应在回购期按月计提利息费用：

借：财务费用　　　　　　　20 000（100 000/5）

　　贷：其他应付款　　　　　　　　　　　　20 000

（3）2015 年 1 月 1 日回购商品时，收到的增值税专用发票上注明的商品价格为 110 万元，增值税税额为 18.7 万元，假设商品已验收入库，款项已经支付。

借：库存商品　　　　　　　　　　　　　　800 000

　　贷：发出商品　　　　　　　　　　　　　800 000

借：其他应付款　　　　　　　　　　　　　1 100 000

　　应交税费——应交增值税（进项税额）　187 000

　　贷：银行存款　　　　　　　　　　　　　1 287 000

2014 年的纳税调整：

①视同销售收入 100 万元、视同销售成本 80 万元。

②2014 年 8—12 月确认的利息费用不得在税前扣除，应调增应纳税所得 10 万元。

2015 年的企业所得税处理：

购回商品的账面价值为 80 万元，而该批资产的计税基础应按实际买价 110 万元确定。会计基础与计税基础之间的差额 30 万元，在以后年度处置该批存货时，作纳税调减处理。

③附有销售退回条件的商品销售（见表 3-18）

表 3-18　　　　　　　　　附有销售退回条件的商品销售差异

《企业会计准则第 14 号——收入》	税　　法
企业根据以往经验能够合理估计退货可能性并确认与退货相关的负债的，通常应在发出商品时全额确认收入；企业不能合理估计退货可能性的，通常应在售出商品退货期满时确认收入。	《国家税务总局关于确认企业所得税收入若干问题的通知》（国税函〔2008〕875 号）规定，企业已经确认销售收入的售出商品发生销售折让和销售退回，应当在发生当期冲减当期销售商品收入。
差异分析：会计上的暂估退货金额税法不予确认，如果跨年度需调增应纳税所得额，同时考虑确认递延所得税。	

④售后租回业务（见表 3-19）

表 3-19　　　　　　　　　　售后租回业务差异

《企业会计准则第 14 号——收入》	税　　法
收到的款项应确认为负债；售价与资产账面价值之间的差额，应当采用合理的方法进行分摊，作为折旧费用或租金费用的调整。	《国家税务总局关于从事房地产开发的外商投资企业售后回租业务所得税处理问题的批复》（国税函〔2007〕603 号）规定，企业无论采取何种租赁方式，均应将售后回租业务分解为销售和租赁两项业务分别进行税务处理。
差异分析：税务上在转让房产时应确认资产转让所得，即递延收益的金额应在本期作纳税调增处理；各期转回的递延收益（即调整租金费用的金额）应作纳税调减处理。如果不作纳税调减处理，会导致重复征税。	

2. 销售货物收入的审核

（1）已列销售账户错报销售额的审查

评估人员审查时，应着重抓住以下几个方面进行查核：

①短报、漏报销售额

短报、漏报销售额的情况主要有：漏报业务收入项目；汇总计算销售额时申位，将应税销售额计入免税销售额；厂部下属销售网点、门市部及自用产品（商品）不申报纳税等。

②按销售差额申报增值税

企业按销售差额申报纳税的问题是：从销售额中扣除价外费用、推销奖、手续费、佣金、单独开发票的折扣额、还本支出、旧货物作价款项、随同产品（商品）销售的包装物成本、外购配套件价款等后申报纳税等。

③计算处理错误，少计或不计销项税额

该类的审查方法是以年度、季度或月度纳税申报表中的申报收入额及损益表中的有关数据与"主营业务收入"明细账贷方发生额结合会计凭证进行核对，看是否相符。必要时，可抽查销售日报表、发货票存根联、银行解款单等。查明申报销售收入与账面数额是否相符、征免划分是否符合规定。如账、表应税收入额大于申报数，应查明原因。

（2）应列未列销售账户，漏记销售额的审查

应列未列销售账户，漏记销售额是指将已实现的销售收入不通过"主营业务收入"等科目核算，其手法是比较隐蔽的，问题不易发现。

①产销对转

产销对转就是将已收取的产品（商品）价款直接冲减库存商品，其错账表现形式为：

借：银行存款或应收账款

　贷：库存商品

凡是产销对转的，其对应账户反映为货币资金类或结算类账户的数额，其合计数就是报告期内漏列的销售收入额。审查方法：主要审查"库存商品"明细账贷方发生额，结合会计凭证进行核实。

②以物易物

审查时，应以"库存商品"明细账贷方发生额为中心，若其对应账户是"原材料"或"工程物资"账户，一般就是应税产品（商品）换取原材料物资。评估人员应调阅原始凭证，查明漏记的销售额和税金。

③销售收入直接冲减生产成本

这类问题的错漏，一般是发生在将一些已完工未入库的产品，代制修理等业务收入直接冲减生产成本。其错账表现形式为：

借：银行存款或应收账款

　贷：生产成本

对这类问题的审查，首先应将"生产成本"明细账贷方数与车间或半成品仓库"在产品"保管账同期减少数相核对，如果前者贷方数额大于后者，则应进一步查清在产品的去向，看有无"生产成本"账户贷方或借方红字发生额与货币资金或结算类账户相对应的情况。若有，则属不正常现象，就需要结合原始凭证予以查证。

④以货抵债，直接对转

在实际工作中，有的企业由于资金紧张，无力偿还购货欠款，在这种情况下，通过协调，采取以货（主要是产品）抵债的方式进行清偿债务。

检查"库存商品"等账户的贷方发生额，调阅凭证检查其对应科目是否正常，注意查看摘要栏的内容，有无抵偿债务的记录。如果发现其对应科目为"应付账款""应付票据"等负债类科目，则说明企业进行了以货抵债，未作销售处理。

⑤收入挂往来结算账户

企业故意将已经收到的货款不入销售账，而将其挂在"应付账款"或"其他应付款"账户上。这种错漏问题，企业在发出产品（商品）或提供劳务收到货款时，错误的记账为：

借：银行存款

　　贷：应付账款或其他应付款

对这类问题的审查，应以贷方余额较大的"应付账款"或久挂"其他应付款"往来账户为中心进行审查，追溯业务发生月份，查核账户的核算内容是否符合规定，调阅结算凭证予以查证落实。

【案例3-18】某电力设备有限公司是2000年5月开办的工业企业，为增值税一般纳税人，企业税所得税由地方税务机关征管，经济性质为私营有限责任公司，注册资本88万元人民币，主要生产电力设备容器、非标金属结构件等。该公司生产规模不断扩大，年销售收入由2012年1 339万元增加到2014年的3 927万元，销售收入持续增长但利润总额一直处于微利水平，且主营业务利润率逐年下降，增值税税收负担率低于行业水平。评估人员依照规定程序对某电力设备有限公司2012—2014年增值税纳税情况进行纳税评估。

评估人员通过案头分析，了解企业基本情况，初步认定：该公司企业增值税纳税申报资料齐全、主附表数据一致、内容基本完整。涉税疑点并未得到合理的解释，经审批评估人员对该公司进行实地检查。

征管评估（中级）

评估人员在实地检查过程中，采用趋势分析法、比率分析法等，对该公司 2012—2014 年度有关税务指标与财务指标进行了进一步的配比分析检查。

评估检查人员对该公司 2012—2014 年财务指标对比分析，见表 3-20。

表 3-20 　　　　　　　　　　　2012—2014 年企业财务指标对比

项　　目	2012 年企业财务指标	2013 年企业财务指标	2014 年企业财务指标
销售毛利率	16.2%	13.17%	12.35%
销售净利润率	4.33%	0.16%	0.09%
存货周转天数	87 天	39 天	4.86 天
固定资产周转天数	87 天	87 天	87 天
主营业务收入	1 339 万元	2 475 万元	3 927 万元
净利润	58.18 万元	3.84 万元	3.55 万元
其他应付款期末余额	0	103.56 万元	270.06 万元
期末存货	324.12 万元	268.08 万元	52.49 万元

通过以上财务指标分析，评估人员发现：该公司 2012—2014 年主营收入由 1 339 万元增长到 3 927 万元，增长 193.27%，但销售毛利率由 16.2% 下降到 12.35%，下降幅度为 23.76%；年净利润由 58.18 万元降到 3.55 万元；存货周转天数由 2012 年的 87 天下降到 2014 年的 4.86 天，存货周转率的提高意味着销售同样多的产品，平均库存占用资金下降，而设备制造行业存货转天数仅有 4.86 天，很难保证企业正常的生产经营。由此可以判断：该企业 2014 年资金利用率提高，与财务状况恶化、利润率下降明显矛盾，该公司可能存在多转成本的情况。

此外，该公司其他应付款 2014 年期末余额 270.06 万元，2013 年期末余额 103.56 万元，2012 年期末余额为零。其他应付款是非生产经营活动的债务，金额不应该很大，该企业的其他应付款与期初相比增幅较大，分析可能存在账外经营资金。

通过以上审核分析，评估人员判断该企业可能存在瞒报销售、虚进存货、多转成本的问题。

为了排除审核分析中的疑点，评估人员向企业下发了《询问通知书（约谈）》，通知企业财务负责人对上述疑点问题进行约谈，并做出说明解释。

企业财务负责人提供了相关说明资料，说明如下：

1. 近年来由于市场竞争激烈，原材料价格上涨，产品销售价格有所下降，导致税收负担率降低。

2. 公司承接浙江某公司生产业务，合同总价 97.65 万元，产品陆续交付使用，但对方拖欠部分货款，因此未开票申报纳税。公司已结转成本 53.25 万元，收到货款 85 万元计入其他应付款。

3. 2013—2014 年公司原材料、产成品出库的计价未按规定核算，通过仓库与实物核对，数量相符，但多结转销售成本 273.25 万元。

以上合计应调增增值税应税收入 83.46（万元），调增应税所得额 250.21 万元，企业同意自查补税。

针对企业提供的说明材料，评估人员经过认真审核，确认企业提供的资料真实有效。但是，在约谈过程中，企业未能就 2013 年度、2014 年度物耗率极高做出明确解释，企业的举证资料不能完全消除疑点，进一步对企业的纳税情况进行了实地审查核实。

在实地核查过程中，评估人员以企业是否真实"购进"货物为切入点，重点从资金流、实物流、发票流三个方面核实企业购销业务的真实性。

1. 资金流核查主要从企业资金支取的方式和支取的时间入手，核对企业收付款单据和银行（现金）明细账等；同时将收入账与货币资金、应收账款进行总额调节比对。通过对"现金"账户分析，评估人员发现该企业一年中有 1600 余万元的发生额，与企业现金的收支渠道明显异常。

2. 在对实物流的审核中，评估人员从货物进出（原材料购进和产成品销售）的途径、方式、方法等入手，核对购销业务的详细经过。评估人员采取以下几种方法，对企业提供的账证资料进行了核实：

（1）审核企业存货领用及发出业务是否正确；

（2）将销售成本明细账的数量与收入明细账核对；

（3）分析了企业各月销售成本与收入比例及趋势是否合理。

通过以上核实，评估人员进一步发现：该公司部分月份主要原材料钢材购进量异常大，各期购进数量极不均衡，并于购进当期立即领用，经投入产出对比分析，原材料耗用量与其产成品材料的定额构成不配比，存在多转成本或虚转成本的嫌疑。

3. 对发票流审核主要从进项发票取得方式和途径入手，核对进货发票与入库、出入凭证、货物名称、数量等是否一致。通过审核，评估人员再次发现疑点：该企业原材料为型钢、槽钢等普通钢材，但企业舍弃本地这一全国最大的金属材料市场，部分月份从山东购进钢材，且价格偏高，付款方式为现金。企业普通钢材购货舍近求远的行为，极为异常。

以上疑点内容，再结合案头分析中的疑问，评估人员对该公司原材料购入的真实性产生了更大的疑问。随即评估人员与企业法人代表及财务负责人进行了深入的约谈，并适时地进行了税法宣传，讲明了法律义务和法律责任，要求企业对各项疑点内容尤其是从山东购进钢材的来龙去脉做出合理解释。

针对评估人员审核评析和实地核实中提出的疑点问题，企业做了进一步的自查，并在约定期限内报送了自查情况说明，就有关事项说明如下：

面对无法自圆的疑点，该企业法人代表承认了在 2013 年、2014 年，随着企业规模的不断扩大，企业为了达到少缴税款的目的，通过中间人以支付 6% 手续费的形式，取得虚开增值税专用发票 84 份，抵扣进项税金 94.90 万元，虚列成本 558.24 万元。虚进材料业务均以现金形式支付，然后假入库、领用、结转成本，最终达到少缴税款的目的。

经过分析，该企业的疑点已基本排除，由于案件涉及企业接受虚开发票现象，评估人员提出提请稽查建议书建议，制作《移送稽查建议书》及《资料移送目录》，连同其他应对相关资料一起提交任务管理部门审议，该评估案件移送稽查部门进一步查处。

3. 提供劳务收入的确认与审核

（1）会计、税法提供劳务收入确认（见表 3-21）

（2）提供劳务收入的审核

①审核提供劳务收入确认的时点是否正确

如果提供的劳务当年开工并完工，在完工时一次确认收入按照规定申报各税。如果提供的劳务当年开工次年完工且持续时间超过 12 个月，应在年度终了完工百分比法确认提供劳务收入，并按规定申报纳税。

②审核提供劳务收入确认的金额是否正确

结合劳务合同、劳务结算凭据等，检查"主营业务收入""其他业务收入""主营业务成本""其他业务成本"等账户，重点审查应收未收的合同或协议价款是否全额结转了当期收入总额。

③审核跨年度劳务完工百分比法的计算是否正确

对跨年度劳务可按会计准则规定的方法计算完工程度（专业技术测量法、

劳务量比例法和工程合同成本比例法），审核时主要审核完工程度的计算是否正确。

表 3-21　　　　　　　　　会计、税法提供劳务收入确认

《企业会计准则第 14 号——收入》	税　法	
	增值税	企业所得税
企业在资产负债表日提供劳务交易的结果能够可靠估计的，应当采用完工百分比法确认提供劳务收入。企业在资产负债表日提供劳务交易结果不能够可靠估计的，应当分别下列情况处理：(一)已经发生的劳务成本预计能够得到补偿的，按照已经发生的劳务成本金额确认提供劳务收入，并按相同金额结转劳务成本。(二)已经发生的劳务成本预计不能够得到补偿的，应当将已经发生的劳务成本计入当期损益，不确认提供劳务收入。	《财政部　国家税务总局关于将铁路运输和邮政业纳入营业税改征增值税试点的通知》(财税〔2013〕106 号)规定，增值税纳税义务发生时间为：(一)纳税人提供应税服务并收讫销售款项或者取得索取销售款项凭据的当天；先开具发票的，为开具发票的当天。收讫销售款项，是指纳税人提供应税服务过程中或者完成后收到款项。取得索取销售款项凭据的当天，是指书面合同确定的付款日期；未签订书面合同或者书面合同未确定付款日期的，为应税服务完成的当天。(二)纳税人发生本办法第十一条视同提供应税服务的，其纳税义务发生时间为应税服务完成的当天。	《企业所得税法实施条例》规定，从事建筑、安装、装配工程业务或者提供其他劳务等，持续时间超过 12 个月的，按照纳税年度内完工进度或者完成的工作量确认收入的实现。《国家税务总局关于确认企业所得税收入若干问题的通知》(国税函〔2008〕875 号)规定，企业在各个纳税期末，提供劳务交易的结果能够可靠估计的，应采用完工百分比法确认提供劳务收入。

【案例 3-19】2014 年 4 月 9 日，评估人员按照规定的程序对××康健器材有限公司科技分公司（以下简称科技分公司）进行纳税评估。

1. 企业基本情况

科技分公司属于非法人分公司，成立于 2013 年 10 月 10 日，同时办理税务登记及一般纳税人认定，登记注册类型为私营有限责任公司分公司，所属行业：研究和试验发展。经营范围主要为轮椅车、制氧机等的设计、研发和信息技术服务。从业人数 4 人，固定资产合计 0.25 万元。增值税适用税率 6%，企业所得税由其归属的总公司汇总缴纳。2013 年 10 月至 2014 年 3 月，科技分公司实现增值税应税收入 3 889.37 万元，销售内容主要为产品研发收

入，销售对象全部为总公司，增值税销项税额 233.36 万元，进项税额 0.36 万元，应纳税额减征额（税控装置）0.18 万元，应纳税额 232.82 万元，增值税税收负担率 5.99%。

2. 案头分析

科技分公司在册人数仅为 4 人，经审核其财务报表，固定资产几乎为零，短短半年利润总额达 3 844 万元，主营业务成本为零，利润率为 98.93%，人均半年创利达到 961 万元。结合科技分公司所属医疗器械行业的盈利情况，这些指标明显与行业不符，也有悖于经济常识。考虑到科技分公司唯一销售对象为其归属的总公司，评估人员怀疑存在总公司向科技分公司转移利润转移税金的情况。为此，就科技分公司与其所归属的总公司的相关情况进行了对比分析。

数据显示，科技分公司所归属的××康健器材有限公司（以下简称总公司），成立于 2002 年 10 月 25 日，登记注册类型为私营有限责任公司，所属行业：医疗仪器设备及器械制造业。经营范围主要为轮椅车、购物车、制氧机、病床的设计、研发和信息技术服务等。

2013 年 1 月至 2014 年 3 月，总公司销售额为 13 548.33 万元，其中内销销售额 42.67 万元，外销销售额 13 505.66 万元；增值税销项税额 7.25 万元，进项税额 1 751.93 万元，进项转出 270.79 万元，免、抵、退应退税额 1 447.02 万元，还原增值税税收负担率 4.03%；财务报表显示，同期总公司主营业务收入 13 548.33 万元，主营业务成本为 11 364.72 万元，期间费用 3 930.68 万元，营业税金及附加 76.34 万元，营业外收支净额 -71.88 万元，其他业务利润 12.46 万元，利润总额 -1 882.83 万元，利润率 -13.90%。

而同期其所属科技分公司主营业务收入 3 889.37 万元，主营业务成本为零，管理费用 22.07 万元，财务费用 0.02 万元，营业税金及附加 23.28 万元，利润总额 3 844 万元，利润率 98.83%。

将科技分公司和总公司合并后，2013 年 1 月至 2014 年 3 月总销售额仍为 13 548.33 万元，利润总额为 2 001.17 万元，利润率 14.77%。

将科技分公司和总公司的数据进行对比及合并后分析，评估人员认为，虽然总分公司合并后的财务数据符合企业及行业的实际情况，该企业属于一个盈利能力较强的医疗器械产品出口企业。但是总、分公司之间在利润的分配上极不合理，明显违反常规，可能存在涉税风险，需要对以下疑点进一步核实：

（1）总、分公司之间的产品研发业务是否真实。

（2）科技分公司产品研发服务的定价是否合理。

（3）科技分公司生产要素与销售规模不匹配、成本费用占比极低、利润率畸高、增值税税负接近法定税率。

根据案头分析出的上述疑点，评估人员经审批向科技分公司送达《税务事项通知书（提供资料）》，告知其《税收征管法》及相关政策法规的规定，明确相关法律责任，要求企业进行举证和说明。

3. 企业自查及举证说明

科技分公司收到《税务事项通知书（提供资料）》后，在规定的时限内向税务机关回复，并对相应疑点提供了以下举证资料及情况说明：

（1）业务真实性的举证与说明

科技分公司陈述，总公司轮椅产品主要销往欧美，客户也均为医疗器械行业世界知名公司，如 INVACARE、DRIVE、美联等，目前本省境内只有总公司一家企业为上述世界知名公司供应轮椅产品。总公司需按客户需求不断提供新产品，但客户只提供产品市场需求，不提供具体款式及相关技术参数，需要总公司下属的科技分公司自行研发。前期科技分公司已取得了 9 项实用新型专利技术，有国家知识产权局颁发的实用新型专利证书，科技分公司作为总公司专司研发的部门的确具备研发新款轮椅的能力。科技分公司 2013 年至今研发活动是真实发生的，证明材料如下：

①与总公司签订的 20 款轮椅研发协议，其中 2013 年 1 月 2 款、3 月 2 款、6 月 4 款、11 月 4 款，2014 年 1 月 8 款。

②已为总公司研发成功的 W21、W22 等 15 款轮椅的产品设计和开发任务书、经费预算单、确认报告、评审报告、验证报告、设计图纸等系列资料，以及正在研发中的 5 款轮椅的相关证明材料。

（2）定价合理性的举证和说明

科技分公司收到《税务事项通知书（提供资料）》后，向同一地区的××医疗设备股份有限公司（国内 A 股上市公司）取得了该公司拟销售给非关联企业的 2 款轮椅研发项目的有关数据，并与自己的 1 款轮椅研发项目数据进行了比较分析，分析情况如下：

××医疗设备股份有限公司 2 款研发项目拟对外售价平均为 84 万元。以每个研发项目 84 万元的价格确定，该公司已完成研发的 15 个项目销售额为 15×84＝1 260（万元），按完工进度确认的 5 个项目销售额 5×84×50%＝210（万元），全部研发项目销售额合计 1 470 万元。

科技分公司通过自我评定，认为之前的研发服务定价确实偏高，参照同类企业同类研发服务的价格重新确认研发服务销售额为 1 456 万元。

（3）生产要素与销售规模不配比、成本费用占比低、利润率畸高及增值税税负偏高的举证和说明

①销售规模大主要是当时提供的研发服务未参照市场价格定价，价格确实偏高，经过调整销售额将由原来的 3 889.37 万元大幅调整为 1 456 万元。

②生产要素归集确实不完整。其在主辅分离时，没有对人、财、物进行准确归集和核算。A. 人员方面，当时仅列入技术部门中的轮椅设计人员 4 人，另有属于其他部门的辅助研发人员 8 名未及时列入；B. 资产方面，当时仅列入 4 台电脑及办公用品，其他与研发活动相关资产未列入。

③成本费用未按规定进行归集核算。A. 该公司认为其为非法人分支机构，其企业所得税由总公司汇总缴纳，成本费用在总公司或分公司列支，对最终应纳税所得额的确认没有影响，因此应在分公司列支的成本费用未按财务会计相关规定进行归集；B. 5 款未完工研发服务产品按完工进度，已纳税申报 50% 的收入，其相应的成本暂未确认。

④应取得的进项发票未按规定及时取得。A. 水电费总公司未进行分割开票；B. 研发耗用的材料、办公用品、受托加工业务总公司未开具增值税专用发票给分公司；C. 已申报确认收入的 5 款正在研发的车型，暂未取得进项发票。

4. 企业调整及补报情况

（1）经自查，科技分公司开具红字发票，冲减销售收入 2 433.37 万元，调整改征增值税税额 146 万元。

（2）总公司进行了补充纳税申报，补缴增值税 146 万元（进项税额转出）。

（3）总公司补开具增值税专用发票给分公司，品目包括：样品制作 117.8 万元、水电费 0.1 万元、办公用品等 0.16 万元。

（4）按照独立核算要求，总公司将已列支的成本费用 307.81 万元，进行账务调整，由科技分公司入账。

根据科技分公司提供的相关资料，评估人员发现，该公司调整后的营业收入 1 456 万元中，包含其 2013 年 10 月成立以前提供的研发服务。评估人员认为该部分研发服务业务属于《财政部　国家税务总局关于将铁路运输和邮政业纳入营业税改征增值税试点的通知》（财税〔2013〕106 号）附件一《营

业税改征增值税试点实施办法》第九条中"单位或者个体工商户聘用的员工
为本单位或者雇主提供应税服务",为非营业活动,不属于增值税征收范围,
该部分营业收入 489 万元也应进行纳税调整。科技分公司根据评估人员要求,
进一步冲减了该部分营业收入,调整改征增值税 29.34 万元,同时总公司作
增值税进项税额转出补征增值税 29.34 万元。

至此,该公司针对案头分析筛查出的各项疑点提供了相应的解释和证明
材料,并对存在的问题进行了自查调整。

评估人员以其提供的相关资料为依据,制作《案头检查工作报告》,同时
对该公司重新确认的 967 万元研发服务销售额,保留进一步检查的权力。

4. 让渡资产使用权收入的确认与审核

让渡资产使用权收入主要包括:利息收入(是指企业将资金提供他人使
用但不构成权益性投资,或者因他人占用本企业资金取得的收入,包括存款
利息、贷款利息、债券利息、欠款利息等收入)、使用费收入(是指企业提供
专利权、非专利技术、商标权、著作权以及其他特许权的使用权取得的收
入)、租金收入(是指企业提供固定资产、包装物或者其他有形资产的使用权
取得的收入)等。

(1)会计、税法让渡资产使用权收入确认(见表 3-22)

表 3-22　　　　　　　　　　会计、税法让渡资产使用权收入确认

	《企业会计准则第 14 号——收入》	税　法	
		增值税	企业所得税
利息收入	利息收入金额,按照他人使用本企业货币资金的时间和实际利率计算确定。		《企业所得税法实施条例》第十八条规定,利息收入,按照合同约定的债务人应付利息的日期确认收入的实现。
使用费收入	使用费收入金额,按照有关合同或协议约定的收费时间和方法计算确定。	《财政部　国家税务总局关于将铁路运输和邮政业纳入营业税改征增值税试点的通知》(财税〔2013〕106 号)规定,纳税人提供应税服务并收讫销售款项或者取得索取销售款项凭据的当天;先开具发票的,为开具发票的当天。	《企业所得税法实施条例》第二十条规定,特许权使用费收入,按照合同约定的特许权使用人应付特许权使用费的日期确认收入的实现。

《企业会计准则第 14 号——收入》	税　法	
	增值税	企业所得税
租金收入	对于经营租赁的租金，出租人应当在租赁期内各个期间按照直线法确认为当期损益。对于出租人提供免租期的，出租人应当将租金总额在不扣除免租期的整个租赁期内，按直线法或其他合理的方法进行分配，免租期内出租人应当确认租金收入。	《财政部　国家税务总局关于将铁路运输和邮政业纳入营业税改征增值税试点的通知》（财税〔2013〕106 号）规定，纳税人提供有形动产租赁服务采取预收款方式的，其纳税义务发生时间为收到预收款的当天。	《企业所得税法实施条例》第十九条规定，租金收入，按照合同约定的承租人应付租金的日期确认收入的实现。《国家税务总局关于贯彻落实企业所得税法若干税收问题的通知》（国税函〔2010〕79 号）规定，租赁合同或协议中规定租赁期限跨年度，且租金提前一次性支付的，在租赁期内，出租人可对确认的收入根据收入与费用配比原则，分期均匀计入相关年度收入。

（2）让渡资产使用权收入的审核

①利息收入的审核

• 审查合同协议、借款单据等有关资料，了解合同约定的偿还期限，付息方式等事项。审阅企业利息收入明细账，与拆放资金协议或合同、有关收息凭证所记载的收入情况是否相符。审查有无其他单位和个人欠款而形成的利息收入未及时计入收入总额，特别注意集团成员单位的借款。

• 结合"持有至到期投资""可供出售金融资产"等账面记录，与国债购买备查簿核对，审查购买国债、金融债券、其他债券的资金占用和认购债券文件、债券入库单等购买的原始凭证，根据兑付期，确定免税国债利息收入，与纳税申报情况核对。

【案例 3-20】某市税务局第二分局依照规定程序对某市××银行 2012—2014 年企业所得税纳税情况进行纳税评估。该银行是××总行的直属分行，主营：办理人民币存贷款业务与结算、票据业务等。该银行现辖营业部一家，38 家支行，登记注册类型为股份有限公司。

评估人员经审批对该银行进行实地检查。在对该银行利息收入的检查过程中，发现年末"递延贴现利息收入"有贷方余额，这与税法的规定是相违背的, 税法规定在贴现业务发生时, 应直接全额计贴现利息收入, 应在当月全额计提营业税金及附加, 并将收益并入当期应纳税所得额。而该行是按贴现日至票据到期日的剩余月份或天数逐月或逐日摊入"贴现利息收入"科目, 该行采用这种方法就会产生企业所得税申报缴纳时间滞后, 出现递延性差异, 同时发现出口押汇也存在上述情况, 滞后结转收入。

经检查, 最终确认截至 2014 年 12 月 31 日该银行的票据贴现业务 4 987 260. 83 元未按规定及时申报收入。截至 2014 年 12 月 31 日该银行的出口押汇业务 2 099 800. 13 元未按规定及时申报收入。

②使用费收入的审核

审查特许权许可合同、协定的内容, 关注有关收入的计量方法与收取方法, 确认使用费收入是固定计价还是浮动计价, 是一次收取还是分次收取。根据合同内容检查使用费收入增值税、企业所得税的纳税申报是否正确。

③租金收入的审核

• 对照企业的房产、土地、机器设备等所有权属证明, 通过实地查看, 核查企业各种财产的实际使用情况, 核实财产是否存在出租、出借现象。

• 结合各租赁合同、协议, "其他业务收入"明细账, 审查是否存在交易合同或协议中规定租赁期限跨年度, 且租金提前一次性支付的, 未按收入与费用配比原则, 在租赁期内分期均匀计入相关年度收入。

• 对出租包装物的检查, 要结合销售合同和账面记载出租包装物的流向, 通过实地盘存法, 核对出租包装物进销存情况, 确认出租包装物核算是否正确。

【案例3-21】接【案例3-20】评估人员在检查中从固定资产入手, 采用内查外调的方法, 核实该银行确认租金时是否存在少计、不计租金收入的涉税问题。

检查中评估人员发现该银行名下固定资产管理的数量很多, 为了解部分固定资产的使用情况, 要求银行提供截至 2014 年 12 月 31 日, 在其名下所有的房屋、建筑物的清单, 并在清单上说明是自用的还是出租的, 出租的需提供租赁合同。根据银行提供的资料, 评估人员对该行的房产——××金融大厦的使用情况进行了逐一核实, 特别是对其租赁情况进行了比对分析, 发现同一座大楼相同层次的租金有高有低, 特别是租给××大酒楼的租金明显偏低,带着疑问，评估人员询问了相关人员，了解到 2012 年 1 月 1 日之前该行授权 ××公司（该行下属公司）与××大酒楼签订租赁合同及物业管理合同，租金由该行收取并开具相应的租金发票，物业管理费由××公司收取并开具相应的物业管理费发票。评估人员前往××大酒楼了解情况，经过了解发现××大酒店支付××公司的物业管理费是每平方米 25 元/月，而实际上××公司并没有为其提供全面的物业管理服务，所有酒店的保安和管理都是有酒店自己雇用的，而 2012 年后由××公司提供类似的物业管理服务每平方米仅收取 4 元/月。

最终确认该银行将 2 年的××大酒楼的租金 180 万元转移到关联企业××公司，达到少缴营业税、企业所得税等相关税费的目的。

5. 建造合同收入的确认与审核

建造合同，是指为建造一项或者数项在设计、技术、功能、最终用途等方面密切相关的资产而订立的合同。建造合同涉及货物劳务税和企业所得税问题。其中生产飞机、船舶、大型机械设备的企业需缴纳增值税，而建造的房屋、道路、桥梁、水坝等工程，属于营业税的征税范围，应当按照"建筑业"税目缴纳营业税。

（1）会计、税法建造合同收入确认（见表 3-23）

表 3-23　　　　　　　　会计、税法建造合同收入确认

《企业会计准则第 14 号——收入》	税　　法		
	增值税	营业税	企业所得税
如果建造合同的结果能够可靠地估计，应根据完工百分比法在资产负债表日确认合同收入。 如果建造合同的结果不能可靠地估计，应区别两种情况进行确认收入：①合同成本能够收回的，合同收入根据能够收回的实际合同成本加以确认。 ②合同成本不能收回的，不确认收入。	《增值税暂行条例实施细则》第三十八条规定，采取预收货款方式销售货物，为货物发出的当天，但生产销售生产工期超过 12 个月的大型机械设备、船舶、飞机等货物，为收到预收款或者书面合同约定的收款日期的当天。	《营业税暂行条例》第二十五条规定，纳税人转让土地使用权或者销售不动产，采取预收款方式的，其纳税义务发生时间为收到预收款的当天。 纳税人提供建筑业或者租赁业劳务，采取预收款方式的，其纳税义务发生时间为收到预收款的当天。	企业受托加工制造大型机械设备、船舶、飞机，以及从事建筑、安装、装配工程业务或者提供其他劳务等，持续时间超过 12 个月的，按照纳税年度内完工进度或者完成的工作量确认收入的实现。

（2）建造合同收入的审核

①建造合同收入的增值税审查要点

货物尚在建造之中，增值税计税销售额不得按完工进度或工作量计算，有预收款按实际收到预收款、没有预收款按书面合同约定的时间、金额申报增值税。注意因合同变更、索赔、奖励等形式的收入，也应作为销售额的一部分，计征增值税。

②建造合同收入的营业税审查要点

营业税对建造合同没有专门规定。纳税义务时间为已收款日（含预收款）和应收款日。不特别强调劳务是否已提供，也不是按完工进度。

③建造合同收入的企业所得税审查要点

● 企业根据完工百分比法在资产负债表日确认合同收入时，主要审核完工进度的确认依据是否合理；审查企业是否按规定将全部工程价款及价外费用确认收入、有无以"自建自用建筑物"及"以物偿债"等名义隐匿收入。

● 审查当合同成本不可能收回时，会计不确认合同收入，直接将实际发生的金额确认为合同费用。在申报所得税时，该项财产损失向税务机关提供足够的证据并向税务机关申报后，方可在税前扣除。

● 如果建造合同的预计总成本超过合同总收入，会计上提取损失准备，纳税申报是否作纳税调增处理；合同完工时，转回的减值准备是否作反方向的纳税调整。

6. 其他业务收入的确认与审核

其他业务收入是指企业根据收入准则确认的除主营业务以外的其他经营活动实现的收入，包括销售材料等实现的收入。

①查阅工商营业执照和税务登记证件，了解企业的经营范围，检查纳税人的生产经营场所，了解有无混合销售业务：

● 结合"营业税金及附加"账户，核实混合销售行为中非应税项目是否一并申报缴纳增值税，有无将一项混合销售业务分割成增值税项目和营业税项目分别核算的情况；

● 审查有关成本、费用账户，核实是否存在将收取的混合销售收入直接冲减成本、费用；

● 对纳税人销售自产货物、提供增值税劳务并同时提供建筑业劳务的，应重点审核其建设行政部门批准的建筑业施工（安装）资质证书和签订建设工程施工总包或分包合同，查阅总包或分包合同中是否单独注明建筑业劳务价款，如果不符合税法规定，其取得的混合销售收入应全额征收增值税。

②查阅工商登记情况，采取询问、实地观察等方法，了解企业的实际经营范围，核实其是否有兼营非应税劳务的情况；检查"其他业务收入""营业外收入""其他业务支出""营业外支出"以及费用类账户，审核兼营非应税业务是否分别核算，不分别核算或者不能准确核算的，是否一并缴纳了增值税。

③抽查其他业务的收款凭证，核实其他业务收入数额，并与"其他业务收入"账户贷方发生额进行核对，查明其他业务收入是否全部入账。

④检查"其他应付款"等负债账户，如发现有长期挂账且摘要记录不清的应付款时，要进一步检查记账凭证和原始凭证，判定是否属于隐匿其他业务收入的情况。

（二）成本核算与审核

对企业来说，产品成本的核算是确定企业应纳税所得额的关键。由于企业的生产过程涉及大量的对内、对外业务，并且有一定的专业技术包括其中，因此往往成为企业所得税审核的难点，也是评估人员最感头痛之处。审查的过程中，首先应该了解企业有关生产成本控制的内部管理体系是否合理。另外还应了解企业成本核算的流程，确定企业成本核算的可信赖度，然后根据可信赖度的不同，组成不同的成本风险项目进行审查。

1. 成本核算对象及成本的构成内容

企业应当根据产品生产过程的特点、生产经营组织的类型、产品种类的繁简和成本管理的要求，确定产品成本核算的对象、项目、范围，及时对有关费用进行归集、分配和结转。

成本对象是指为归集和分配产品生产、开发、建造过程中的各项耗费而确定的费用承担项目，只有确定了成本对象才能进行下一步归集与分配成本的程序。成本对象的合理确定对于正确划分成本费用的归属、准确核算成本费用、应纳税所得额，区分不同时期、不同产品成本等方面有着重要意义。

（1）成本核算对象

企业应当根据生产经营特点和管理要求，确定成本核算对象，归集成本费用，计算产品的生产成本。

①制造企业一般按照产品品种、批次订单或生产步骤等确定产品成本核算对象。

● 大量大批单步骤生产产品或管理上不要求提供有关生产步骤成本信息的，一般按照产品品种确定成本核算对象。

● 小批单件生产产品的，一般按照每批或每件产品确定成本核算对象。

● 多步骤连续加工产品且管理上要求提供有关生产步骤成本信息的，一般按照每种（批）产品及各生产步骤确定成本核算对象。

产品规格繁多的，可以将产品结构、耗用原材料和工艺过程基本相同的产品，适当合并作为成本核算对象。

②批发零售企业一般按照商品的品种、批次、订单、类别等确定成本核算对象。

③建筑企业一般按照订立的单项合同确定成本核算对象。

单项合同包括建造多项资产的，企业应当按照《企业会计准则》规定的合同分立原则，确定建造合同的成本核算对象。为建造一项或数项资产而签订一组合同的，按合同合并的原则，确定建造合同的成本核算对象。

④房地产企业一般按照开发项目、综合开发期数并兼顾产品类型等确定成本核算对象。

⑤交通运输企业以运输工具从事货物、旅客运输的，一般按照航线、航次、单船（机）、基层站段等确定成本核算对象。

从事货物等装卸业务的，可以按照货物、成本责任部门、作业场所等确定成本核算对象；从事仓储、堆存、港务管理业务的，一般按照码头、仓库、堆场、油罐、筒仓、货棚或主要货物的种类、成本责任部门等确定成本核算对象。

（2）成本核算项目

企业应当根据生产经营特点和管理要求，按照成本的经济用途和生产要素内容相结合的原则或者成本形态等设置成本项目。

成本核算项目明确了成本的构成内容和范围，对评估人员而言是判断企业发生的费用是期间费用还是产品成本有重要作用。

①制造企业一般设置直接材料、燃料和动力、直接人工和制造费用等成本项目。

直接材料，是指构成产品实体的原材料以及有助于产品形成的主要材料和辅助材料。

燃料和动力，是指直接用于产品生产的燃料和动力。

直接人工，是指直接从事产品生产的工人的职工薪酬。

制造费用，是指企业为生产产品和提供劳务而发生的各项间接费用，包括企业生产部门（生产车间）发生的水电费、固定资产折旧、无形资产摊销、管理人员的职工薪酬、劳动保护费、国家规定的有关环保费用、季节性和修理期间的停工损失等。

②批发零售企业一般设置进货成本、相关税费、采购费等成本项目。

进货成本，是指商品的采购价款。

相关税费，是指购买商品发生的进口关税、资源税和不能抵扣的增值税等。

采购费，是指运杂费、装卸费、保险费、仓储费、整理费、合理损耗以及其他可归属于商品采购成本的费用。采购费金额较小的，可以在发生时直接计入当期销售费用。

③建筑企业一般设置直接人工、直接材料、机械使用费、其他直接费用和间接费用等成本项目。建筑企业将部分工程分包的，还可以设置分包成本项目。

直接人工，是指按照国家规定支付给施工过程中直接从事建筑安装工程施工的工人以及在施工现场直接为工程制作构件和运料、配料等工人的职工薪酬。

直接材料，是指在施工过程中所耗用的、构成工程实体的材料、结构件、机械配件和有助于工程形成的其他材料以及周转材料的租赁费和摊销等。

机械使用费，是指施工过程中使用自有施工机械所发生的机械使用费，使用外单位施工机械的租赁费，以及按照规定支付的施工机械进出场费等。

其他直接费用，是指施工过程中发生的材料搬运费、材料装卸保管费、燃料动力费、临时设施摊销、生产工具用具使用费、检验试验费、工程定位复测费、工程点交费、场地清理费，以及能够单独区分和可靠计量的为订立建造承包合同而发生的差旅费、投标费等费用。

间接费用，是指企业各施工单位为组织和管理工程施工所发生的费用。

分包成本，是指按照国家规定开展分包，支付给分包单位的工程价款。

④房地产企业一般设置土地征用及拆迁补偿费、前期工程费、建筑安装工程费、基础设施建设费、公共配套设施费、开发间接费、借款费用等成本项目。

⑤交通运输企业一般设置营运费用、运输工具固定费用与非营运期间的费用等成本项目。

营运费用，是指企业在货物或旅客运输、装卸、堆存过程中发生的营运费用，包括货物费、港口费、起降及停机费、中转费、过桥过路费、燃料和动力、航次租船费、安全救生费、护航费、装卸整理费、堆存费等。铁路运输企业的营运费用还包括线路等相关设施的维护费等。

运输工具固定费用，是指运输工具的固定费用和共同费用等，包括检验检疫费、车船税、劳动保护费、固定资产折旧、租赁费、备件配件、保险费、驾驶及相关操作人员薪酬及其伙食费等。

非营运期间费用，是指受不可抗力制约或行业惯例等原因暂停营运期间发生的有关费用等。

2. 销售货物成本的核算与审核

（1）制造业成本的核算与审核

①制造业成本的核算

制造企业发生的直接材料和直接人工，能够直接计入成本核算对象的，应当直接计入成本核算对象的生产成本，否则应当按照合理的分配标准分配计入。发出的材料成本，可以采用先进先出法、加权平均法、个别计价法等方法计算。

制造企业外购燃料和动力的，应当根据实际耗用数量或者合理的分配标准对燃料和动力费用进行归集分配。辅助生产部门为生产部门提供劳务和产品而发生的费用，应当参照生产成本项目归集，并按照合理的分配标准分配计入各成本核算对象的生产成本。发生的制造费用，应当按照合理的分配标准按月分配计入各成本核算对象的生产成本，可以采取的分配标准包括机器工时、人工工时、计划分配率等。

制造企业可以选择原材料消耗量、约当产量法、定额比例法、原材料扣除法、完工百分比法等方法，恰当地确定完工产品和在产品的实际成本，并将完工入库产品的产品成本结转至库存产品科目；在产品数量、金额不重要或在产品期初期末数量变动不大的，可以不计算在产品成本。

②制造业成本的审核

评估人员在了解企业生产工艺流程和成本结转流程的基础上，根据成本的结转流程，对各环节发生的各项成本费用进行确认，再审核确认各环节之间成本结转的准确性，就可以有效地对"主营业务成本"中税前扣除金额的准确性进行审核。

● 直接材料项目的审核。

虚购原材料成本，虚增主营业务成本的审核：

第一，取得企业原材料"收发存"的台账记录、入库单、验收合格单、生产车间领料单、原材料盘点表等原材料购入和领用的原始凭证，检查它们的记录是否一致，再审核账簿记录是否与以上原始凭证相一致。如果不一致，应查明原因。

第二，检查购入原材料时相对应的负债，对于长期未付的应付款项，应查明未付的原因。可以审核购货合同等原始证据，必要时与供应方联系，以确认该项负债是否真实存在。

虚增原材料领用数量，虚增主营业务成本的审核：

第一，获取企业原材料"收发存"的台账记录、生产车间领料单、原材料盘点表、生产记录等原材料领用的原始凭证，检查它们的记录是否一致，再审查账簿记录是否与以上原始凭证相一致。

第二，根据同行业类似工艺企业的原材料、产成品的投入产出比进行分析，如果该企业的原材料、产成品的投入产出比与同行业的差别很大，即需分析其原因。

第三，审核原材料费用分配汇总表，审查间接原材料费用在各个成本计算对象之间的分配标准（定额耗用量比例法、定额费用比例法、产品产量比例法和产品重量比例法）是否合适，分配结果计算是否正确，有无通过调整间接原材料费用分配标准调节不同时期、同一时期各个成本计算对象成本的行为。

• **虚增直接人工项目，虚增主营业务成本的审核。**

虚增生产工人人数，虚增主营业务成本的审核：

第一，主要检查签订劳动合同人数、考勤表及工资发放单，三者人数是否一致。审查的重点在于检查企业的实发工资是否合理，另外还应检查企业是否虚列、虚报人员名额而造成虚列工资、扩大成本费用，这一问题的审查可以采取人员抽查与审核职工花名册的方法进行。

第二，检查企业有无将劳务派遣人员的支出作为工资费用，重复计入产品成本。

重复列支人工费用，虚增主营业务成本的审核：

在分配工资时将"应付职工薪酬——工资"等计入生产成本，实发工资时又再次在生产、费用中重复列支工资，以达到扩大主营业务成本的目的。

• **虚增制造费用，虚增主营业务成本的审核。**

虚增辅助生产成本，虚增主营业务成本的审核：

对辅助生产成本的审查，关键在于费用分配。评估人员要确定费用分配的数量、方法、标准是否真实、完整，主要检查企业有无将自建工程所需的修理费、燃料动力费、机械加工费等费用金额计入产成品生产成本。审查重点的检查账户在于"在建工程"账户以及辅助生产费用分配表。

混淆制造费用在各个成本对象之间的分配，虚增主营业务成本的审核。

会计核算中分配制造费用的方法通常有生产工时比例法、生产工人工资比例法、机器工时比例法、原料及主要材料成本比例法、直接成本比例法、产品标准产量比例法和年度计划分配率分配法等。评估人员主要审查企业对制造费用的分配标准是否适当，有无利用变换分配标准，人为地调整各产品间应承担的制造费用的；分配的标准与实际发生的统计数有无不相符的；同一种产品承担两种以上的制造费用，标准有无不一致的。

● 少计在产品成本或少计完工产品数量，虚增主营业务成本的审核。

有的企业故意少计完工产品数量，一方面可以使完工产品单位成本增加，可以多结转产品销售成本；另一方面可以减少库存商品账面数量，可以不开发票销售而不入账的。

少计在产品成本，虚增主营业务成本的审核：

第一，采用"原材料成本法"计算在产品成本的审查。对原材料费用占绝大比重、在产品成本只计算原材料费用、工资及其他费用都由完工产品负担的在产品成本进行检查时，应着重核实月初和月末在产品的原材料盘存数和计价是否正确。

第二，采用"约当量法"计算在产品成本的企业审查。首先审查约当系数计算是否正确。其次根据"产品成本计算单"及"在产品盘存表"核实在产品是否包括了全部材料成本。要注意是否按成本项目分别按不同的约当数计算在产品成本。如果原材料一般是一次性投入，各阶段的每一产品都含有相等的原材料成本，所以，不能把原材料与工资及其他费用按同一比例折合，否则就会少计在产品的原材料成本。

第三，采用"定额成本法"计算在产品成本的审查。除了根据各工序"在产品盘存表"，核实在产品数量，以及是否按定额成本资料计算外，还要注意企业各月之间在产品数量的变化差异，如变化很大，就不宜采用该法计算，因为月末在产品是按定额成本计算的，其实际成本脱离定额成本的差异，不应由完工产品负担。

第四，采用"定额比例法"计算在产品成本的审查，以核实的期末在产品应分配的费用与"生产成本"账户和"成本计算单"对照，看其是否相符，如大于账面值表示少转完工产品成本。

少计完工产品数量，虚增主营业务成本的审核：

第一，比较分析同行业同种产品的单位成本，该企业的产品单位成本是否偏高。采用这种缩量入库方式少记收入或多计销售成本的企业，由于账簿记录入库的数量小于实际生产产品数量，不确认收入的那部分产品的成本转嫁到确认收入的那部分产品成本身上，单位产品生产成本必然高于实际成本。

第二，采用投入产出法进行分析，判断完工产品的数量，与账面完工入库的产品数量比较，如果前者大于后者，应进一步查明原因。分析时评估人员可以结合企业的生产工艺、流程，查找相关的产品料、工、费耗用定额指标。例如，原材料耗用数量，煤、电、水、气的耗用数量，包装物的耗用数量，都与产品产量有密切的关联性。将企业上述物资的实际单位耗用量与同行业其他企业同期的单位耗用量进行对比，可以判断其是否存在异常情况。

• 多转销售产品数量或提高单位成本，虚增主营业务成本的审核。

第一，分析各年及各月销售成本与销售收入比例及趋势是否合理，如有不正常波动，应查明原因。也从销售成本与生产成本、库存商品的钩稽关系验算销售成本的总体准确性。钩稽关系公式：在产品年初余额+生产成本本期借方发生额−在产品年末余额+库存商品年初余额−库存商品年末余额=本期销售成本。

第二，审查销售成本计算方法是否符合税法规定的先进先出、移动平均、加权平均和个别计价法中的一种，是否前后期保持一致；有无改动计价方法，多转销售成本的行为。

第三，抽样检查销售成本明细账，复核计入销售成本的产品品种、规格、数量和销售收入的口径是否一致，是否符合配比原则，若不一致，可能存在少计收入或多列成本的问题。

第四，检查享受优惠政策的纳税人是否将销售成本转入已进入纳税期关联企业的销售成本；有无将享受减免税优惠政策的项目的成本计入应税项目的成本。

【案例3-22】某科技有限公司为合资经营企业（港资），成立于2009年10月，注册资本为2 500万美元，公司注册地址为某市高新技术产业开发区，主要从事光源器件陶瓷插芯及相关产品的加工、研发、生产及销售。该公司于 2009 年年底正式投产，2010 年 6 月认定为增值税一般纳税人。该公司 2013 年实现销售收入 2 631 万元，入库增值税 15.84 万元，增值税税负率为 0.64%（全市行业平均税负率为 4.23%），所得税零入库。2014 年 10 月 12 日该市税务局第二分局对其 2013 年增值税、企业所得税纳税情况进行纳税评估。

1. 案头分析情况

评估人员通过对该公司 2013 年度的纳税申报资料、财务报表数据，第三方涉税信息等进行合理性、配比性分析比对，发现该公司存在以下疑点问题：

（1）存货、其他应付款金额、变动率均较大

2013 年存货期末余额 1 714 万元，期初余额 2465 万元，减少 30.46%；2013 年其他应付款期末余额 24 311 万元，期初余额 17 885 万元，增加 35.93%，怀疑其有发出产品没有及时或全部确认收入的可能。

（2）主营业务收入变动率与主营业务成本变动率、主营业务利润变动率配比分析，指标异常

2013 年主营业务收入增长 69.81%，主营业务成本增长 116.91%、主营业务利润减少 249.79%，主营业务收入变动率与主营业务成本变动率、主营业务利润变动率配比分析，指标异常，可能存在多列成本、扩大税前扣除范围等问题。

（3）毛利率低均为负数

2013 年多个月份的销售毛利率均为负数，不符合生产经营常规，尤其是 12 月达到 -594.53%，全年平均销售毛利率为 -73.02%，情况异常。该公司极有可能存在少计收入、多转成本的问题。

（4）设计生产能力与纳税申报情况推算的生产能力相差甚远

该公司固定资产系一次投入，投资额非常大，评估人员可以对其设计生产能力与纳税申报情况推算的生产能力进行对比分析，推断出实际与纳税申报的产销量差异。评估人员通过第三方信息获得生产设备的产出率，并取得了设备的产品说明书。选择了该公司某车间生产流程的第一道工序所使用的注射成型机进行测算，该设备为每天 24 小时不间断生产，除去法定节假日，全年按 300 天计算，测算产量为 25133760（粒）与账面产量 13389964（粒）相比，产量差异为 11743796（粒），极有可能存在隐瞒销售收入的问题。

根据案头分析分析出的上述疑点，评估人员经审批向华达精密科技有限公司送达《询问通知书（约谈）》，指出涉税异常问题，要求其对评估发现

的疑点做出合理解释；送达《税务事项通知书（提供资料通知）》及其附件《提供资料清单》，要求其提供有关的证明材料和相关资料。

2. 案头分析情况

(1) 存货、其他应付款金额、变动率均较大

公司解释主要是建设厂房的工程预付款和应付款，还有以前的借款。共有七八个厂房，厂房建设采用包工包料的方式，均有建筑合同，每个厂房的造价有 1 000 多万元。这些厂房除一个自用外，其余的全部租出。评估人员认为解释有一定合理性，又查看了企业提供的账簿及建筑合同，该疑点基本消除。

(2) 主营业务收入变动率与主营业务成本变动率、主营业务利润变动率配比异常

公司解释为生产设备全部为从瑞士及日本进口的高精设备，投资成本很大，固定资产采用直线法计提折旧，由于折旧的摊销，导致生产成本过大。评估人员认为虽然折旧数额大，但该公司采用直线法计提折旧，每年的折旧额应该变化不大，产品也不可能以低于成本价销售，该疑点无法消除。

(3) 毛利率低均为负数

公司解释由于生产设备价值高，折旧年限按 10 年计算，每月计提折旧有近 100 万元，间接生产成本过大，而销售不稳定，导致毛利率过低。评估人员认为公司采用直线法计提折旧，每年的折旧额应该变化不大，即使销售不稳定，也不可能以低于成本价销售，该疑点无法消除。

(4) 测算的产量远大于账载产量

公司解释主要是管理上比较混乱，财务核算不健全；另外，在大类产品里面还细分为很多品种，可能是品种之间没有划分清楚。评估人员不能从企业的解释中得知产量存在差异的具体原因，该疑点无法消除。

通过约谈，虽然排除了一部分疑点，但是与案头分析的结果仍存在较大差距，疑点不足以完全消除。评估人员结合约谈举证、疑点排除情况，对实地检查事项进行了整合，制作《实地检查申请报告》，提交实地检查申请经审批后对该公司进行实地检查。

3. 实地检查情况

(1) 评估人员了解企业生产工艺及流程。该公司生产车间分为素材（毛坯）生产车间和插芯生产车间，先由素材车间生产出毛坯后，再在插芯车间进行精加工成最终产品。该公司生产流程如图 3-10 所示。

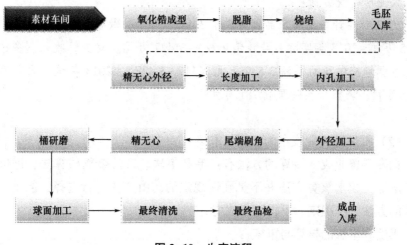

图 3-10 生产流程

（2）检查仓库记录与账簿记录比对。评估人员来到该公司的仓库，从仓库主管的电脑中发现了材料及产品出入库明细账。通过仔细查看，发现其中原材料二氧化锆的生产领用数量为 1.02 吨，与其账载产量推算所需二氧化锆数量相差甚远。据此，评估人员认定了账面记载的数据不可信，必须通过其他途径取得真实产量的数据。评估人员比对产品出入库明细账，经核对，财务库存商品账与仓库账完全一致。

（3）评估人员又审查 2013 年成品入库时的成本结转情况，发现记账凭证后所附的入库单上的入库数量远大于当月账面入库数量，找到了该公司少计产量的证据。通过对全年实际入库数量进行统计，最终确定评估期内该公司累计生产陶瓷插芯 2530 万粒，而账载数量只有 1339 万粒，少入账 1191 万粒。

（4）评估人员复核了该公司 2013 年成本计算表，经计算，该公司已销产品已结转销售成本 3 286 万元；另外，发现企业 2013 年 12 月多结转了一笔销售成本 1 266 万元（在产品），全年共计结转销售成本 4 552 万元；但企业产品的实际制造成本仅为 1 070 万元，多结转销售成本 3 482 万元。

4. 纳税评估结论

面对评估人员手中的证据材料，该公司承认了其不符合税收政策的纳税行为，提出进行自查，结果如下：

增值税方面：

已收款的为 59.7 万粒，应计销售收入 112 万元，应补缴增值税 1123020×17% = 190913.40（元）

企业所得税方面：

2013年共计多结转产品销售成本3 482万元−补做收入部分可结转销售成本55万元=2013年实际多结转销售成本3 427万元。对少计收入、多结转销售成本调增应纳税所得额3 539万元（112+3 427），2013年该公司账面亏损2 758万元，调整后实际盈利781万元。

（2）批发零售业成本的核算与审核

批发零售业成本核算的方法有：毛利率法、售价金额核算法、进价金额核算法等，成本核算方法并不是硬性规定的，由企业自行选择，但是，成本核算的方法一经确定，不得随意改变。

①毛利率法的核算与审核

毛利率法，是指根据本期销售净额乘以上期实际（或本期计划）毛利率匡算本期销售毛利，并据以计算本期售出商品和期末库存商品成本的一种方法。这一方法是商业批发企业常用的计算本期商品销售成本和期末库存商品成本的方法。商品流通企业由于经营商品的品种繁多，如果分品种计算商品成本，工作量将大大增加，而且，一般来讲，商品流通企业同类商品的毛利率大致相同，采用这种存货计价方法既能减轻工作量，也能满足对存货管理的需要。

毛利率法核算的要点：采购时按进价核算，进货费用作为"销售费用"；入库时按进价核算；销售时按售价确认销售收入；月末时计算毛利率，并据以计算本期已售商品的销售成本和期末库存商品成本。

计算公式如下：

本期销售净额=本期商品销售收入−本期销售退回与折让；

毛利率=销售毛利÷销售净额×100%；

本期销售毛利=本期销售净额×毛利率（上期实际或本期计划）；

本期销售成本=本期销售净额−本期销售毛利；

期末库存商品成本=期初库存商品成本+本期购货成本−本期销售成本。

【案例3-23】某商场2015年4月1日针织品存货1 800万元，本月购进3 000万元，本月销售收入3 400万元，上季度该类商品毛利率为25%。本月已销商品和月末库存商品的成本计算如下：

本月销售收入=3 400（万元）；

销售毛利＝3 400×25％＝850（万元）；

本月销售成本＝3 400－850＝2 550（万元）；

库存商品成本＝1 800+3 000－2 550＝2 250（万元）。

对采用毛利率法计算成本的商业批发企业审核要点：

● 检查销售数量。将"主营业务成本"明细账销售数量明细数，与"库存商品"明细账结转销售成本的数量核对，并与仓库保管账收、发、存数量相核对，查看出库单，审查是否虚计销售数量，多转主营业务成本。

● 检查销售成本金额。将"主营业务成本"明细账借方发生额与"库存商品"明细账贷方结转的销售成本核对，核实有无计价不正确或有意改变计价方法，造成多转销售成本的问题。

● 注重对毛利率法计算的复核检查，特别注意采用计划毛利率计算销售成本的，期末有无按照本期实际毛利率调整销售商品成本。

● 将期末企业库存商品盘点表反映的数量、成本，与库存商品明细账的期末余额进行比对，前者大于后者的差额，很可能是企业多转的商品销售成本。

②售价金额核算法的核算与审核

售价金额核算法是指平时商品的购入、加工收回、销售均按售价记账、售价与进价的差额通过"商品进销差价"科目核算，期末计算进销差价率和本期已销商品应分摊的进销差价，并据以调整本期销售成本的一种方法。计算公式如下：

商品进销差价率＝（期初库存商品进销差价+本期购入商品进销差价）/（期初库存商品售价+本期购入商品售价）×100％

本期销售商品应分摊的商品进销差价＝本期商品销售收入×商品进销差价率

本期销售商品的成本＝本期商品销售收入－本期销售商品应分摊的商品进销差价

期末结存商品的成本＝期初库存商品的进价成本+本期购进商品的进价成本－本期销售商品的成本

企业的商品进销差价率各期之间是比较均衡的，因此，也可以采用上期商品进销差价率计算分摊本期的商品进销差价。年度终了，应对商品进销差价进行核实调整。

对于从事商业零售业务的企业（百货公司、超市等），由于经营商品种类、品种、规格等繁多，而且要求按商品零售价格标价，因此广泛采用这一方法。

【案例3-24】某商场2015年7月期初库存商品的进价成本为100万元，售价总额为110万元，本月购进该商品的进价成本为75万元，售价总额为90万元，本月销售收入为120万元。有关计算如下：

商品进销差价率＝（10+15）／（110+90）×100%＝12.5%；

已销商品应分摊的商品进销差价＝120×12.5%＝15（万元）；

本期销售商品的成本＝120-15＝105（万元）。

对采用售价金额核算法计算成本的商业批发企业审核要点：

• 审查"库存商品"和"商品进销差价"账户，核实差异率的计算是否正确，是否按规定结转"商品进销差价"差异额。

• 对本期内各月的"商品进销差价"率进行分析性复核，审查是否存在异常波动，计算方法是否前后期一致，注意是否存在调节成本的现象。

• 统计"商品进销差价"明细表，复核加计是否正确，并与企业总账数、明细账合计数核对是否相符。

3. 提供劳务成本的核算与审核

（1）提供劳务成本的核算

劳务成本是指企业对外提供劳务而发生的各项成本。企业在资产负债表日提供劳务的交易结果不能可靠地估计，如果已经发生的劳务成本预计能够得到补偿的，应按已经发生的劳务成本金额确认提供劳务收入，同时，按相同的金额结转劳务成本。如果已经发生的劳务成本预计全部不能得到补偿的，不应确认提供劳务收入，但应将已经发生的劳务成本计入当期损益。

（2）提供劳务成本的审核

①审核劳务经济合同、劳务结算凭据，核实劳务的内容、形式、时间、金额，结合"主营业务收入成本""其他业务成本"等账户贷方借方发生额，核实是否存在多计劳务成本的问题。

②结合"工程施工"通过劳务收入与劳务成本配比性的检查，对长期挂往来科目预收性质的劳务收入逐项核实，并通过审阅劳务合同或协议，按照结算方式审查劳务收入，是否存在应确认未确认的劳务收入和劳务成本。

③是否混淆成本归属期，提前结转或多结转劳务成本。审查企业是否按照提供劳务估计总成本乘以完工进度扣除以前纳税期间累计已确认劳务成本后的金额，结转为当期劳务成本。

【案例3-25】某建筑工程有限公司于2005年7月15日成立并领取工商营业执照，公司注册资本2 500万元，公司类型为外商独资企业，法人代表：单××，公司主营业务为承接各类房屋建筑的施工业务，企业所得税归国家税务局管辖。2014年某市国家税务局依照规定程序对该建筑工程有限公司2013年纳税情况进行纳税评估。

评估人员查阅该建筑工程有限公司的财务资料和纳税申报资料，并同时调阅了本市其他建筑公司的财务资料与纳税申报资料，进行了行业比较，发现该公司与同期同行业其他企业相比，利润率低，并且近几年连续亏损；经查，该建筑公司与某房地产公司为关联企业同一法人，并发现建筑公司单方造价偏高。故评估人员确定评估检查重点关联业务特别是该建筑工程有限公司的成本方面。

评估人员经审批后对该公司实施实地检查：

1. 人为调节建筑收入，虚高工程造价，为其建造的关联房地产公司虚高建安成本。

评估人员通过到有关建筑咨询有限公司咨询和到工程造价管理处了解和对建安成本调查核实。经查，该建筑公司与为其建造房屋的房产开发公司存在关联关系，两公司为同一法人。该建筑公司与其关联的房地产公司于2013年3月20日商定同意，项目一期标段施工总承包工程通过增加施工面积、提高单方造价、总价由2.51亿元调高至3.31亿元（2013年3月20日），第二次通过材料价差、工程变更、指定分包合同价变更、指定分包结算价变更、人工费调整，总价又调整为3.99亿元。施工工程金额通过二次调增如增加施工面积、提高单方造价、材料价差、工程变更、指定分包合同价变更、指定分包结算价变更、人工费调整，预算金额和决算金额相差1.48亿元。表明该公司存在人为调增建筑安装成本，通过增加房地产开发公司建安成本的操作方法以达到少缴企业所得税的目的。

2. 工程造价虚高。按常理，企业应该有一定的利润产生，但企业近几年连续亏损，分析企业在成本核算上很可能存在问题。

通过对该企业材料及人工成本费用的检查发现：

（1）企业 2013 年无材料进货发票空做材料库存，虚列材料成本 5 616.24 万元。

（2）评估人员通过信函到上海、安徽等地进行外调，发现企业 2013 年收受假的材料发票，涉及发票金额 1 141.10 万元。

（3）重复列支材料成本，2013 年利用民事调解书以赔款的形式重复列支混凝土材料成本 200 万元。

（4）接受虚开发票，劳务费开材料发票入账。为减少施工方相关费用，企业接受虚开的材料发票代替劳务费来入账，而将正常的应开具劳务发票的 1 388.3 万元人工费、赶工费、赶工奖励费、配合费等计入材料代理合同中，通过接受虚开材料发票入账。

经过实地检查，评估人员确认了涉税疑点，该企业涉嫌偷税，据此，评估人员提出提请稽查建议书建议，制作《移送稽查建议书》及《资料移送目录》，连同其他相关资料一起提交任务管理部门审议。

4. 让渡资产使用权成本的核算与审核

（1）让渡资产使用权成本的核算

让渡资产使用权成本是指从事无形资产和固定资产出租业务的企业，因让渡无形资产使用权（商标权、专利权、专有技术使用权、版权、专营权等）而发生的成本，以及出租固定资产而发生的成本。

（2）让渡资产使用权成本的审核

①特许权使用费的审核

企业在日常经营过程中可能取得某种特许权，比如被允许在某一地区经营或销售某种特定商品，或是接受其他企业使用其商标、商号、技术秘密等权利。受让人则需要按营业收入的一定比例或其他计算方法支付转让人特许权费。

• 对支付境内特许权使用费的审核。

审阅《商标许可协议》《技术协助和许可证协议》等书面合同、协议的规定，掌握特许权使用费的计算基数与方法、判断有无虚列、多列的许权使用费的问题。审查企业内营业机构之间支付的租金和特许权使用费有无税前扣除。

• 对支付境外非居民企业特许权使用费的审核。

目前许多企业为提升产品性性能、扩大出口，大量引进国外专利或专有技术开发本企业产品，这些对外支付的特许权使用费往往按照固定费率或销售收入的一定比例提取，支付金额较大，通常在企业"营业费用""管理费用""其他业务支出"或"无形资产"科目中开支。

查阅与境外非居民企业签订的特许权使用合同、协议的相关条款，掌握到技术使用费、商标使用费等计算基数与方法，分析涉及营业税、企业所得税有关情况，有无不代扣代缴税款的行为。

审查特许权使用费与劳务费的区分是否正确。凡税收协定特许权使用费定义中明确包括使用工业、商业、科学设备收取的款项（即我国税法有关租金所得）的，有关所得应适用税收协定特许权使用费条款的规定：单纯货物贸易项下作为售后服务的报酬；产品保证期内卖方为买方提供服务所取得的报酬；专门从事工程、管理、咨询等专业服务的机构或个人提供的相关服务所取得的款项等不应是特许权使用费，应为劳务活动所得。

审查企业与其关联方之间的特许权使用费的收费标准是否符合独立交易原则，如不符合独立交易原则而减少企业或者其关联方应纳税收入或者所得额的，税务机关有权按照合理方法调整。

审查企业直接利用国外先进技术、专利生产产品而支付的特许权使用费有无享受加计扣除的税收优惠。

②租赁费用扣除的审核

• 查阅与租赁合同、协议相关条款的约定，分析租赁业务是经营性租赁业务还是融资租赁业务，判断企业租金支出的税前扣除是否正确。对融资租赁发生的租赁费不得直接扣除，按照规定构成融资租入固定资产价值的部分应当提取折旧费用，分期扣除。

• 审查一次支付的经营性租赁租金支出是否按照权责发生制的要求，在租赁期限内均匀扣除，是否存在提前扣除租金支出的涉税问题。

• 租赁场地经营所发生的与取得收入直接相关的水电费支出，凭能够证明该支出确已发生的真实、合规凭据（租赁合同、出租方的业户电费、水费分配表、电业局、自来水公司开具出租方名头当期发票复印件、出租方开具给承租企业的缴纳电费、水费收款收据等），允许当期在税前扣除。

5. 其他业务成本的核算与审核

（1）其他业务成本的核算

其他业务成本是企业确认的除主营业务活动以外的其他经营活动所发生的支出。其他业务成本包括销售材料的成本、出租固定资产的折旧额、出租无形资产的摊销额、出租包装物的成本或摊销额等。企业应通过"其他业务成本"科目，核算其他业务成本的确认和结转情况。

（2）其他业务成本的审核

①审核材料销售成本、代购代销费用，包装物出租成本、相关税金及附加等其他业务支出的核算内容是否正确，并与有关会计账表核对。审核其他业务支出的会计处理与税务处理的差异有无做出相应处理纳税调整。

②审查其他业务支出是否符合配比原则，有无虚列、多列。检查时应注重是否有随意扩大其他业务支出范围的情况，通过对比，若发现支出大于收入，则很可能存在乱列其他业务支出的情况，此时应调阅相关记账凭证、原始凭证加以核实，也可直接以"其他业务支出"明细账为依据，审查原始凭证。

（三）费用的核算与审核

1. 销售费用的核算与审核

（1）销售费用核算的内容

销售费用是指企业销售商品和材料、提供劳务的过程中发生的各种费用，包括保险费、包装费、展览费和广告费、商品维修费、预计产品质量保证损失、运输费、装卸费等以及为销售本企业商品而专设的销售机构（含销售网点、售后服务网点等）的职工薪酬、业务费、折旧费等经营费用。企业发生的与销售商品和材料、提供劳务以及专设销售机构相关的不满足固定资产准则规定的固定资产确认条件的日常修理费用和大修理费用等固定资产后续支出，也是销售费用的构成内容。

（2）销售费用的审核

对销售费用的审查，主要在于检查其开支的范围是否正确，有无将不属于销售费用的支出列入销售费用；开支是否属实，有无巧立名目、伪造凭证等现象的出现。可以计算并分析企业近几年来产品销售收入与销售费用的比例，根据产品销售收入增长情况，判定当期销售费用支出是否合理，如发现有重大波动和异常，则选择各月份中销售费用数额较大或短期内发生频繁的项目，进行账册、凭证的对照审查。

①广告费和业务宣传费的审核

审查企业发生的广告费和业务宣传费的原始凭证，确认支出的真实性和有效性，将不允许税前列支的费用（赞助费），借用广告费和业务宣传费的名义税前扣除。审查广告合同载明的金额与期限，掌握企业广告费用的计量情况，检查企业是否将预支的以后年度广告费和业务宣传费支出提前申报扣除。

②佣金、手续费的审核

属于支付给个人的佣金、手续费支出，可以追查有关费用领用手续，是否由本企业的销售人员签字代领；要求企业提供领取佣金的个人相关资料，审查其是否属于依法从事中介代理业务的个体工商户。对支付单位的佣金，审查银行转账凭证，核实是否确实将款项支付给有关单位，是否存在虚列单位，多在税前扣除佣金的问题。查核是否有与取得收入无关的手续费及佣金支出和超过税法限额部分的手续费及佣金支出是否作纳税调增。

③运输费、装卸费等销售费用的审核

对运输费、装卸费等费用可以核实发票的真实性、运价的合理性、运输方式的正当性，必要时与销售合同的内容与凭证的内容是否一致，核实是否存在利用虚假业务增加费用的行为。审查销售费用的运输费、装卸费等明细账，确认是否剔除应计入材料采购成本的外地运杂费、向购货方收回的代垫费用等。

④会议费的审核

对销售费用明细账中的会议费进行检查，审阅有关原始凭证，如会议通知，参会人员花名册等，确认是否确实属于会议费，对原始凭证是旅游旺季、旅游热点地区的餐饮、住宿费用，进行详细审查，必要时进行外调，确认会议费用的真实性。

⑤销售机构费用的审核

审查"销售费用——专设销售机构经费"明细账及其有关记账凭证和原始凭证，有无虚列销售人员工资费用的；有无不按规定多计提折旧费和低值易耗品摊销费用；有无虚报冒领加大差旅费、办公费和修理费开支，多计销售费用的问题。

⑥其他销售费用的审核

审查销售费用明细账中其他费用的列支内容，核实有无存在虚报、虚列销售费用的情况。审查销售费用中列支的运费补贴等奖励性支出、各种形式的实物返回。发生这些费用支出，必须取得购货方开具的发票作为入账依据，否则计入销售费用，应按平销行为处理。

2. 管理费用的核算与审核

（1）管理费用核算的内容

管理费用是指企业为组织和管理企业生产经营所发生的费用，包括企业在筹建期间内发生的开办费、董事会和行政管理部门在企业的经营管理中发生的或者应由企业统一负担的公司经费（包括行政管理部门职工工资及福利费、物料消耗、低值易耗品摊销、办公费和差旅费等）、工会经费、董事会费（包括董事会成员津贴、会议费和差旅费等）、聘请中介机构费、咨询费（含顾问费）、诉讼费、业务招待费、房产税、车船税、城镇土地使用税、印花税、技术转让费、矿产资源补偿费、研究费用、排污费等。企业生产车间（部门）和行政管理部门等发生的固定资产修理费用等后续支出，也在管理费用列支。

商品流通企业管理费用不多的，可不设置"管理费用"科目，其核算内容可并入"销售费用"科目核算。

注意：小企业会计准则与企业会计准则管理费用的不同，主要包括以下几点：

①应收及预付款项发生坏账损失的处理不同。小企业会计准则规定应收及预付款项的坏账损失应当于实际发生时计入营业外支出，同时冲减应收及预付款项。借记"营业外支出"，贷记"应收账款"。企业会计准则规定企业计提坏账准备有直接转销法和备抵法两种方法。其中直接转销法下，借记"资产减值损失"，贷记"应收账款"。

②为生产服务的固定资产在使用过程中发生的日常修理费计入科目不同。小企业会计准则下，通过"制造费用"核算。企业会计准则下，通过"管理费用"核算。

③存货盘盈，小企业会计准则下，应当计入营业外收入；企业会计准则下，冲减"管理费用"。

④固定资产盘亏处理不同。小企业会计准则下，非常损失计入"营业外支出"科目，其他损失计入"管理费用"科目；企业会计准则下，不需要区分原因，全部计入"营业外支出"科目。

⑤相关税金及附加的处理不同。小企业会计准则规定应缴纳的城镇土地使用税、房产税、印花税、车船税、矿产资源补偿费、排污费，计入"营业税金及附加"科目；企业会计准则规定企业应缴的城镇土地使用税、房产税、印花税、车船税、矿产资源补偿费，计入"管理费用"科目。

（2）管理费用的审核

管理费用的审核，主要在于判定企业费用开支范围是否正常，列支标准是否符合规定，列支的项目是否真实、有无虚假行为。由于管理费用项目多，金额较大，又涉及企业内部管理制度的设置，因此在审查中会遇到很大的困难。在审查过程中，仍然应采取明细账、总账的核对以及分析近几年来管理费用是否有重大波动和异常情况的方法进行审查。

①业务招待费的审核

现在，一些企业认为业务招待费的处理只要多玩点花样，就可以在业务招待费上大做虚假文章。一是偷梁换柱，即企业会计账簿上的招待费列支数额，在税法核定的标准范围内，而对超标部分，采用虚假使用发票的手段，以"材料""办公用品"等项目入账，或把招待活动、购买礼品等固定安排在某一饭店、商场，等费用累计到一定程度，以"会议费""住宿费"等项目开票列支。二是坐收坐支，如有的企业出租房屋、设备、场地收取的租金不入账，直接冲抵吃喝等费用。三是迂回变通，如有的企业每年向内部招待所、饭店、食堂拨一定数额的经费，列入"其他应收款"科目，用以平时的吃喝送礼，但账簿上列支的业务招待费却很少，甚至不列。

根据"主营业务收入"账户核实全年的销售净额，并根据规定的比例计算业务招待费限额，然后与"管理费用——业务招待费"相比较，看实际支付数是否在限额之内。如果超出限额，则超出部分金额在计算应纳税所得额时予以剔除。审核业务招待费的要点包括：

● 审查招待费用的支出是否真实合理。审核"管理费用——业务招待费"累计发生额，对于少数发生额为整数的，应注意抽查原始凭证，看企业有无"边支边提"双重列支业务招待费的问题；纳税调整时，是否将散记在其他账户中的业务招待费合并计算。

● 审核"销售费用""管理费用——其他费用""办公费""差旅费"等明细科目摘要，调阅原始凭证，看有无乱挤招待费的现象，如有应将其金额合并作为企业当期实际列支金额；

● 核实招待费用能否提供能证明真实性的足够的有效凭证或资料。对支出的大额会议费、差旅费，核查相应原始凭证，对开票为酒店、餐馆、旅行社等单位的应作为审核重点，可到开票单位比对收入日报表、POS消费记录及现金日记账等资料，核实企业是否存在以其他支出名义列支招待费用的问题。

● 审查招待费用总额有无超出税法规定的限额，超出的是否进行纳税调整。

②研发费用的审核

按照现行税法规定，企业发生的研究开发费用，对"费用化支出"（计入"管理费用"科目）在100%据实扣除的基础上，加计扣除50%；对"资本化支出"（计入"无形资产"科目）按150%摊销。

• 审查技术开发项目开发计划（立项书）和开发费预算，是否存在开发新产品、新工艺行为。能够享受加计扣除的研发费用必须是企业从事《国家重点支持的高新技术领域目录（2011版）》和国家发展改革委员会等部门公布的《当前优先发展的高技术产业化重点领域指南（2011年度）》规定项目的研究开发活动支出。审查企业是否选择符合要求的领域进行研发项目立项，有无通过企业研究开发项目鉴定。对企业申报的研究开发费用不真实或者资料不齐全的，不得享受研究开发费用加计扣除，主管税务机关有权对企业纳税申报的结果进行合理调整。

• 审核研发费用是否按项目归集。《企业研究开发费用税前扣除管理办法（试行）》（国税发〔2008〕116号）第十条规定，企业在一个纳税年度内进行多个研究开发活动的，应按照不同开发项目分别归集可加计扣除的研究开发费用额。研发费用加计扣除的范围强调直接相关性、专门性、准确性，企业只有按项目对研发费用进行归集，才能保证研发项目与研发费用之间的关联性。

• 审核研发费用是否进行专账管理。国税发〔2008〕116号文件规定，企业必须对研发费用实行专账管理，对未设立专门的研发机构或企业研发机构同时承担生产经营任务的，应对研发费用和生产经营费用分开进行核算，准确、合理的计算各项研究开发费用支出，对划分不清的，不得实行加计扣除。对研究开发费各项目的实际发生额归集不准确、汇总额计算不准确的，主管税务机关有权调整其税前扣除额或加计扣除额。

• 审核不得纳入研发费用加计扣除范围的费用项目是否加计扣除。不得纳入研发费用加计扣除范围的费用项目包括：

第一，外聘研发人员的劳务费用。外聘研发人员的工资、薪金、奖金、津贴、补贴、五险一金等费用，不得计入加计扣除范围，但全年累计工作满183天的外聘人员的上述费用支出，允许计入"研发费用"科目，纳入高新技术企业认定研发费用归集范围。

第二，企业为在职直接从事研发活动人员缴纳的补充养老保险、补充医疗保险费。根据《财政部　国家税务总局关于研究开发费用税前加计扣除有关政策问题的通知》（财税〔2013〕70号）的规定，允许纳入加计扣除范围的五险一金不包括补充养老保险和补充医疗保险费用。

第三，研发活动所用房屋的租赁费和折旧费。除专门用于研发活动的仪器、设备外，其他用于研发活动的固定资产的租赁费和折旧费均不允许纳入加计扣除范围。

第四，为进行研发活动发生的会议费、差旅费、办公费、外事费、研发人员培训费、培养费、专家咨询费、通讯费、专利申请维护费、高新科技研发保险费用等。

第五，从政府或母公司取得的研究开发费用专项拨款。

第六，非专用于研发活动的仪器、设备的折旧费或租赁费、运行维护、调整、检验、维修费用，软件、专利权、非专利技术等无形资产的摊销费用，中间试验和产品试制的模具、工艺装备开发及制造费。加计扣除的研发费用强调与企业研发活动直接相关，注重专用性。若企业的上述仪器、设备、软件、专利权、非专利技术、模具、工艺装备等除用于新产品、新工艺、新技术研发外，还用于企业的生产经营活动，上述费用就不能纳入加计扣除范围。

应该注意不可加计扣除的情形只是不能加计扣除，但对于符合条件的可以税前扣除。

③上缴管理费的审核

上缴管理费是指因总机构为其下属分支机构提供了某些服务，分支机构支付的管理费用。应重点检查以下内容：

● 上缴的管理费是否与本企业生产、经营有关；

● 有无总机构出具的管理费汇集范围、定额分配依据和方法等证明文件；

● 提取的比例是否正确。对不符合规定条件的管理费应作调增所得额处理。

④差旅费的审核

审查差旅费主要是针对发生额较大的或整数异常金额，查阅原始凭证的真实性、合法性，并注意有无下列问题：

● 将业务招待费列入差旅费开支。

● 因公出差事项的真实性。如发现公园门票、各种参观券等旅游票据则不得作为差旅费开支的范围。

● 以承包形式包干差旅费，主要是检查列支报销的凭据是否合法，有无自制"白条"报销差旅费的问题。

● 出差补助是否合理，出差的期限是否真实，补助标准是否符合财务制度。

对于上述问题，均应作纳税调增处理。

⑤固定资产租赁费的审核

评估人员首先了解固定资产是否为管理部门使用；其次，查看租赁协议，确定租赁的性质。如属于融资租赁，则不得将租赁费直接扣除，企业将其作为固定资产管理，并按规定计提折旧；属于经营租赁性质的，还需审查是否按照合同规定的使用期限进行摊销。

⑥企业之间支付管理费、企业内营业机构之间支付的租金和特许权使用费业务的审核

审查管理费用等明细账，询问业务人员，落实是否存在企业之间支付的管理费、企业内营业机构之间支付租金和特许权使用费的业务，核实是否进行纳税调整。对在境内设立机构场所的非居民企业还应该审查是否存在擅自扩大计提比例，有无人为调整营业机构之间利润的问题。

⑦其他费用的审核

主要包括，有无将资本性支出挤入管理费用；有无将属于营业外支出的内容误计入"管理费用"等等。对于核算错误不影响所得额的项目，评估人员应指导企业正确使用会计科目，如属于税收滞纳金等项目，则仍需调增当期应纳税所得额。

3. 财务费用的核算与审核

（1）财务费用核算的内容

财务费用指企业在生产经营过程中为筹集资金而发生的各项费用。企业发生的财务费用在"财务费用"科目中核算，并按费用项目设置明细账进行明细核算。财务费用的内容包括：

①利息支出，指企业短期借款利息、长期借款利息、应付票据利息、票据贴现利息、应付债券利息以及长期应付引进国外设备款利息等利息支出（除资本化的利息外）减去银行存款等的利息收入后的净额。

②汇兑损益，即企业因向银行结售或购入外汇而产生的银行买入、卖出价与记账所采用的汇率之间的差额，以及月度（季度、年度）终了，各种外币账户的外币期末余额按照期末规定汇率折合的记账人民币金额与原账面人民币金额之间的差额等。

③相关的手续费，指发行债券所需支付的手续费（需资本化的手续费除外）、开出汇票的银行手续费、调剂外汇手续费等，但不包括发行股票所支付

的手续费等。

④现金折扣，是企业为了尽快回笼资金、减少坏账损失、缩短收款时间而发生的理财费用，现金折扣在实际发生当期直接计入财务费用，其中，销售方应给予的现金折扣在财务费用借方核算，购买方实际获得的现金折扣冲减财务费用。

⑤其他财务费用，如融资租入固定资产发生的融资租赁费用等。

注意：小企业会计准则与企业会计准则财务费用的不同

小企业会计准则下，包括利息支出（减利息收入）、银行相关手续费等。企业会计准则下，包括利息支出（减利息收入）、汇兑损益以及相关手续费、企业发生及收到的现金折扣。小企业会计准则对汇兑收益应计入营业外收入，企业会计准则规定冲减计入财务费用。小企业会计准则对汇兑损失和企业发生及收到的现金折扣没有明确规范，应该采取与企业会计准则一致的核算方法。

（2）财务费用的审核

①利息费用的审核

• 查阅借款合同或有关协议书，审查"财务费用——利息支出"账户借方发生额，看其费用发生的时间，对照借款协议和有关记账凭证和原始凭证，核实利息项目列支的正确性，核实有无转给其他单位使用并为其负担利息的情况、有无非银行企业内营业机构之间支付利息的情况。

• 审查"财务费用"明细账记录与有关凭证，并与企业所得税纳税申报资料核对，核实有将高于金融机构同类、同期利率以上的利息支出计入财务费用的，对超过规定列支的利息支出，是否在企业所得税纳税申报表中做了调整。审查向个人借款人支付了利息，企业有无履行代扣代缴个人所得税义务。

• 核实所有的付息项目核实债务的性质、产生的原因、用途，确认税务处理的恰当性，应关注的内容包括：

第一，列支的利息支出是否与企业的生产经营活动相关。

第二，属于筹办期的利息支出，除购置固定资产、对外投资而发生的长期借款利息支出是否计入开办费。

第三，属于固定资产借款，其利息支出是否在交付使用或办理竣工结算前计入固定资产原值。

第四，自行开发的无形资产达到资本化条件后到无形资产确认前发生的利息支出，是否计入无形资产。

• 融资租赁承租人涉及融资利息的审核

企业会计准则规定在租赁开始日，融资租赁的应当将租赁开始日的租赁资产公允价值与最低租赁付款额现值两者中较低者作为租入资产的入账价值，将最低租赁付款额作为长期应付款的入账价值，其差额作为未确认融资费用。承租人应采用实际利率法计算租赁期内各项应分摊的融资费用。融资租赁承租人涉及融资利息的审核，就是审查会计上分期转入财务费用的融资利息，纳税申报时是否按全额调增应纳税所得额。

• 结合实收资本项目的审查，审查对外借款所发生的利息支出，其相当于投资者实缴与规定期限内应缴资本的差额对应的利息支出，是否按规定作纳税调增。

• 关联方企业间利息支出的审核

第一，审查企业成立章程等，核实企业资金来源、购销渠道，确定企业间是否在资金、经营、购销等方面存在直接或者间接的控制关系；是否直接或者间接地同为第三者控制；是否在利益上具有相关联的其他关系，以此确认借贷双方企业是否构成关联关系。

第二，审查企业从其关联方接受的债权性投资与权益性投资的比例是否超过规定标准，不超过标准的借款利率是否超过金融机构同类、同期利率。

第三，审查企业按有关规定提供相关资料，能否证明相关交易活动符合独立交易原则的或者该企业的实际税负不高于境内关联方。

第四，房地产开发企业统借统还业务不作为关联方借款处理，对于集团公司从子公司收取的利息中用于归还金融机构的利息税法规定不征收营业税，但需审查集团公司多收取的贷款利息是否申报缴纳营业税。

②汇兑损益的审核

审查"财务费用"明细账，核实企业核算汇兑损益的方法前后期是否一致，汇率使用是否正确，是否按照月度、季度或年度最后一日的人民币汇率中间价，折合成人民币计算应纳税所得额，结合对资产税务处理的检查，核查汇兑损益是否计入资本性资产价值。

③现金折扣的审查

会计准则规定销售商品涉及现金折扣的，应当按照扣除现金折扣前的金额确定销售商品收入金额。现金折扣在实际发生时计入当期损益。国税函〔2008〕875号文件规定，销售商品涉及现金折扣的，应当按扣除现金折扣前的金额确定销售商品收入金额，现金折扣在实际发生时作为财务费用扣除。现金折扣的审查要点如下：

- 审查发生销售时，有无按照扣除折扣后的金额确认销售收入的情形。因为会计准则有两种处理方法：一是总价法，二是净价法。总价法是指在销售业务发生时，应收账款和销售收入以未扣减现金折扣前的实际售价作为入账价值，与税法的规定一致。净价法是指扣除现金折扣后的金额作为应收账款和销售收入的入账价值。这种方法认为一般客户都会提前付款，把因客户超过折扣期限付款而多收的款项，视为提供信贷获得的收入，于收到账款时入账，直接冲减财务费用。

- 审查现金折扣计算和会计、税务处理是否正确，有无冲减销售收入或销项税额的情形。

- 审查货款支付的银行结算记录与日记账的记录，核实购货方实际支付货款的时间是否在折扣期限内，判断购货方是否隐匿利息收入或销售方虚列、多计现金折扣的问题。

（四）长期资产的摊销与审核

长期资产都是通过逐年摊销计入企业生产成本和费用的，因此企业能否正确计提长期资产的折旧和摊销额，不仅直接影响企业当期的生产经营成果，也影响着企业所得税税款的缴纳。

1. 固定资产的折旧与审核

根据企业设置的"固定资产登记簿"和"固定资产卡片"了解和掌握企业固定资产状况。分析企业采用的固定资产折旧的计提方法是否正确，有无缩短折旧年限，变相提高年折旧率的事实存在。

（1）固定资产计税基础的审核

①固定资产计税基础的规定

《企业所得税法实施条例》第五十八条规定，固定资产按照以下方法确定计税基础：

外购的固定资产，以购买价款和支付的相关税费以及直接归属于使该资产达到预定用途发生的其他支出为计税基础；

自行建造的固定资产，以竣工结算前发生的支出为计税基础；

融资租入的固定资产，以租赁合同约定的付款总额和承租人在签订租赁合同过程中发生的相关费用为计税基础，租赁合同未约定付款总额的，以该资产的公允价值和承租人在签订租赁合同过程中发生的相关费用为计税基础；

盘盈的固定资产，以同类固定资产的重置完全价值为计税基础；

通过捐赠、投资、非货币性资产交换、债务重组等方式取得的固定资产，以该资产的公允价值和支付的相关税费为计税基础；

改建的固定资产，一般以改建过程中发生的改建支出增加计税基础。

②固定资产计税基础的审核

• 外购固定资产计税基础的审核

第一，查阅有关的合同、产权证明、财产税税票、保险单等书面文件，确认外购固定资产的真实性，判断有无虚增固定资产折旧费用的情形。

第二，审查固定资产的入账金额，确立是否有运杂费、包装费，安装费等费用；如果固定资产入账价值没有上述费用，应追查"生产成本""管理费用"等成本费用类账户，有无将固定资产的购建支出计入当期的成本费用。

• 自建固定资产计税基础的审核

第一，查阅建设项目的批准文件、建设项目预算、决算资料，对比固定资产入账价值，分析固定资产成本构成的内容是否真实、入账金额是否正确。

第二，对已经在用但尚未办理竣工决算的固定资产，审核暂估入账的金额是否有合理依据，办理竣工决算后是否及时调增固定资产的计税基础。

第三，结合建造合同、工程决算、工程监理报告和工程审计报告书等有关资料，检查"原材料""应付职工薪酬""在建工程""营业外支出"和"固定资产"等账户，核实企业有无将建造过程中直接发生的材料、人工费等计入成本费用，有无将在建工程发生报废或损毁的净损失，直接计入"营业外支出"等。

• 融资租入固定资产计税基础的审核

第一，审阅租赁合同、协议，根据合同的相关条款判断是否属于融资租赁固定资产。

第二，审阅固定资产——融资租入固定资产明细账，确认融资租入固定资产入账价值与计税基础的差异（融资租入资产计税基础既包括会计上融资租入资产的入账价值，也包括承租人应支付的融资利息，而在会计上融资利息则单独计算，并分期摊入财务费用或在建工程），并与企业所得税纳税申报表比对，差异金额是否正确进行纳税调整。

• 投资者投入、债务重组取得、非货币性交易换入固定资产计税基础的审核第一，审查固定资产交接手续是否齐全，有无虚假出资，多计折旧扣除。

第二，如果取得是已使用的固定资产，审阅资产评估报告，实际成交价格是否以评估价值为基础确定；企业是否按照取得发票的价格（实际成交价格）确定计税基础。

第三，审查固定资产入账价值，是否把运输、安装等费用直接计入当期的成本费用，在税前提前扣除。

- 盘盈固定资产计税基础的审核

第一，审核固定资产盘点表、审批表等原始资料，确认盘盈固定资产的真实性。

第二，分析确定盘盈固定资产入账价值的依据，结合市场行情，判断入账价值是否合理，与计税基础是否存在差异，有无做纳税调整。

（2）固定资产折旧年限的审核

①固定资产折旧年限的规定

《企业所得税法实施条例》第六十条规定，除国务院财政、税务主管部门另有规定外，固定资产计算折旧的最低年限如下：

房屋、建筑物，为20年；

飞机、火车、轮船、机器、机械和其他生产设备，为10年；

与生产经营活动有关的器具、工具、家具等，为5年；

飞机、火车、轮船以外的运输工具，为4年；

电子设备，为3年。

《国家税务总局关于固定资产加速折旧税收政策有关问题的公告》（国家税务总局公告2014年第64号）规定：对生物药品制造业，专用设备制造业，铁路、船舶、航空航天和其他运输设备制造业，计算机、通信和其他电子设备制造业，仪器仪表制造业，信息传输、软件和信息技术服务业等行业企业，2014年1月1日后购进的固定资产（包括自行建造），允许按不低于企业所得税法规定折旧年限的60%缩短折旧年限，或选择采取双倍余额递减法或年数总和法进行加速折旧。

企业在2014年1月1日后购进并专门用于研发活动的仪器、设备，单位价值不超过100万元的，可以一次性在计算应纳税所得额时扣除；单位价值超过100万元的，允许按不低于企业所得税法规定折旧年限的60%缩短折旧年限，或选择采取双倍余额递减法或年数总和法进行加速折旧。

企业持有的固定资产，单位价值不超过5000元的，可以一次性在计算应纳税所得额时扣除。企业在 2013 年 12 月 31 日前持有的单位价值不超过 5000 元的固定资产，其折余价值部分，2014 年 1 月 1 日以后可以一次性在计算应纳税所得额时扣除。

企业采取缩短折旧年限方法的，对其购置的新固定资产，最低折旧年限不得低于《企业所得税法实施条例》第六十条规定的折旧年限的 60%；企业购置已使用过的固定资产，其最低折旧年限不得低于实施条例规定的最低折旧年限减去已使用年限后剩余年限的 60%。最低折旧年限一经确定，一般不得变更。

企业的固定资产采取加速折旧方法的，可以采用双倍余额递减法或者年数总和法。加速折旧方法一经确定，一般不得变更。

②固定资产折旧年限的审核

• 如果企业人为缩短固定资产的折旧年限、调整折旧方法，多提折旧，将会使企业实际的折旧率高于税法规定的折旧率。评估人员可以通过计算企业实际的折旧率，与税法规定的折旧率比较，如果企业实际的折旧率高于税法规定的折旧率，说明企业有多提折旧的问题。同时，结合"固定资产"账户的检查，核实折旧率的计算有无问题，特别注意核实折旧率明显偏高的折旧项目。

• 审查"折旧计算表"中实际采用的折旧计算方法是否符合规定，查看有无不属于加速折旧的固定资产采用加速折旧法计提折旧、有无在一个年度内随意变更折旧计算方法，造成多提或少提折旧的情况。

• 对采用双倍余额递减法的，应以固定资产在每一会计期间的期初净值作为计提基数，注意有无按其原值计算折旧的情况；对采用年数总和法的，有无将原值不扣除预计净残值作为计提基数；对缩短折旧年限的，计提折旧的年限是否低于税法规定最低折旧年限的 60%。

（3）固定资产折旧计提范围的审核

①固定资产折旧计提范围

《企业所得税法》第十一条规定，在计算应纳税所得额时，企业按照规定计算的固定资产折旧，准予扣除。

下列固定资产不得计算折旧扣除：

房屋、建筑物以外未投入使用的固定资产；

以经营租赁方式租入的固定资产；

以融资租赁方式租出的固定资产；

已足额提取折旧仍继续使用的固定资产；

与经营活动无关的固定资产；

单独估价作为固定资产入账的土地；

其他不得计算折旧扣除的固定资产。

②固定资产折旧计提范围的审核

● 审阅"固定资产折旧计算表"，将其所列的计提折旧的固定资产与固定资产明细账的记录、固定资产卡片核对，核实计提折旧的固定资产范围是否正确。

● 运用核对法和实地看法，核实企业是否存在房屋、建筑物以外未使用的、不使用的、封存的和与生产经营无关的、以经营租赁方式租入的固定资产，判断是否存在将税法不允许计提折旧的固定资产计算折旧未做纳税调整。

（4）固定资产折旧计提和分配的审核

①固定资产折旧计提规定

《企业所得税法实施条例》第五十九条规定，固定资产按照直线法计算的折旧，准予扣除。

企业应当自固定资产投入使用月份的次月起计算折旧；停止使用的固定资产，应当自停止使用月份的次月起停止计算折旧。

企业应当根据固定资产的性质和使用情况，合理确定固定资产的预计净残值。固定资产的预计净残值一经确定，不得变更。

②固定资产折旧计提和分配的审核

● 通过询问了解企业计提固定资产折旧的方法，核对"固定资产折旧计算表"与"累计折旧"明细账，检查折旧计算方法是否符合规定。核对时，首先将"固定资产折旧计算表"中计提折旧的汇总数与"累计折旧"总账账面实际计提折旧数进行核对，再与"累计折旧"明细账上单项固定资产折旧额进行核对，分析每一项固定资产折旧方法、折旧年限、预计净残值、月折旧率、月折旧额是否正确。

● 对年度中间增加或减少的固定资产，将固定资产入账时间与明细账计提折旧时间相比对，并审核原始凭证，确认固定资产计提的时间是否正确，核对当月增加的固定资产有无列入计提折旧的基数，当月减少的固定资产有无从当月计提折旧基数中扣除的问题。

● 审核"累计折旧"明细账贷方发生额，审阅原始凭证，与"固定资产"明细账及实地观察结果相核对，核实累计折旧计提的会计处理是否正确，是否存在应计入成本的折旧费用直接计入期间费用，在税前多扣折旧费用。

● 审核企业所得税纳税申报表，核实在固定资产计税基础及折旧计提上的会计与税法差异是否按规定进行了纳税调整。

2. 生产性生物资产的折旧与审核

生产性生物资产，是指为产出农产品、提供劳务或出租等目的而持有的生物资产，包括经济林、薪炭林、产畜和役畜等。

（1）生产性生物资产折旧的规定

《企业所得税法实施条例》第六十三条规定，生产性生物资产按照直线法计算的折旧，准予扣除。

企业应当自生产性生物资产投入使用月份的次月起计算折旧；停止使用的生产性生物资产，应当自停止使用月份的次月起停止计算折旧。

企业应当根据生产性生物资产的性质和使用情况，合理确定生产性生物资产的预计净残值。生产性生物资产的预计净残值一经确定，不得变更。

《企业所得税法实施条例》第六十四条规定：生产性生物资产计算折旧的最低年限如下：

林木类生产性生物资产，为 10 年；

畜类生产性生物资产，为 3 年。

（2）生产性生物资产折旧的审核

• 根据"生产性生物资产"明细账记载的内容，通过实地观察，确认有关资产属于生产性生物资产还是属于消耗性或公益性生物资产。

• 核查"生产性生物资产"明细账，对生产性生物资产的入账价值进行审核。对外购的生产性生物资产，通过核查原始凭证，检查相关的税费、运输费、保险费是否计入资产成本；对以其他方式取得的生产性生物资产，通过审核有关合同、协议，比对市场公允价值，判断确认的入账价值是否公允、各项杂费是否计入资产成本。

• 对"生产成本""制造费用""管理费用"等账户进行审核，根据摘要栏记载的内容，核实是否存在营造生产性生物资产的抚育费等费用未按规定计入资产成本，而挤入成本费用在当期税前扣除。

• 审查"生产性生物资产"和"生产性生物资产累计折旧"明细账，核实计提折旧的时间，查看是否存在当月新增资产计提折旧的情况；掌握计提折旧的年限，核实是否超过税法规定的最低年限标准；核实前后期残值是否一致。

3. 无形资产的摊销与审核

（1）无形资产计税基础的审核

①无形资产计税基础的规定

《企业所得税法实施细则》第六十六条规定，无形资产按照以下方法确定计税基础：

- 外购的无形资产，以购买价款和支付的相关税费以及直接归属于使该资产达到预定用途发生的其他支出为计税基础；

- 自行开发的无形资产，以开发过程中该资产符合资本化条件后至达到预定用途前发生的支出为计税基础；

- 通过捐赠、投资、非货币性资产交换、债务重组等方式取得的无形资产，以该资产的公允价值和支付的相关税费为计税基础。

②无形资产计税基础的审核

- 根据无形资产明细账所列无形资产的种类，审阅无形资产有无合法证明文件；核实各种形式增加的无形资产是否办理必要的产权转让手续。

- 对外购的无形资产，审核合同、协议以及发票，核对合同价与发票价款是否相符，入账金额是否与发票价款相符。

- 对自行开发的无形资产，审核该开发项目的批文，可行性报告，技术、财务等各种资源的计量标准，技术开发资本化条件是否满足，资本化时点确认是否正确，应资本化的费用是否按规定予以资本化；检查"研发支出"明细账和相关原始凭证，核实支出的归集是否符合规定。对属于无形资产计税价值范围内的支出未予以资本化的，应进行合理的调整。

（2）无形资产摊销的审核

①无形资产摊销的规定

《企业所得税法实施条例》第十二条在计算应纳税所得额时，企业按照规定计算的无形资产摊销费用，准予扣除。

下列无形资产不得计算摊销费用扣除：

- 自行开发的支出已在计算应纳税所得额时扣除的无形资产；

- 自创商誉；

- 与经营活动无关的无形资产；

- 其他不得计算摊销费用扣除的无形资产。

《企业所得税法实施条例》第六十七条规定：

- 无形资产按照直线法计算的摊销费用，准予扣除。

- 无形资产的摊销年限不得低于 10 年。

- 作为投资或者受让的无形资产，有关法律规定或者合同约定了使用年限的，可以按照规定或者约定的使用年限分期摊销。

- 外购商誉的支出，在企业整体转让或者清算时，准予扣除。

②无形资产摊销的审核

- 查阅有关合同协议、有关部门批复文件及有关权利文书，掌握无形资产的法定使用年限、合同使用年限等事项。根据"累计摊销"贷方发生额复核无形资产摊销年限、摊销方法是否复核税法规定，有无通过缩短摊销年限多摊销费用在税前扣除。

- 对"无形资产""累计摊销"和相关的"管理费用""其他业务成本"账户中的无形资产具体项目进行核对，检查摊销范围，对自行开发的支出已在计算应纳税所得额时扣除的无形资产、自创商誉、与经营活动无关的无形资产等，是否计入无形资产摊销范围。

- 审核企业所得税纳税申报表，核实在无形资产计税基础及折旧计提上的会计与税法差异是否按规定进行了纳税调整。

4. 长期待摊费用的摊销与审核

（1）长期待摊费用摊销的规定

①《企业所得税法》第十三条规定，在计算应纳税所得额时，企业发生的下列支出作为长期待摊费用，按照规定摊销的，准予扣除：

- 已足额提取折旧的固定资产的改建支出；
- 租入固定资产的改建支出；
- 固定资产的大修理支出；
- 其他应当作为长期待摊费用的支出。

②《企业所得税法实施条例》第六十八条规定，《企业所得税法》第十三条第（一）项和第（二）项所称固定资产的改建支出，是指改变房屋或者建筑物结构、延长使用年限等发生的支出。

③《企业所得税法》第十三条第（一）项规定的支出，按照固定资产预计尚可使用年限分期摊销；第（二）项规定的支出，按照合同约定的剩余租赁期限分期摊销。

④改建的固定资产延长使用年限的，除《企业所得税法》第十三条第（一）项和第（二）项规定外，应当适当延长折旧年限。

⑤《企业所得税法实施条例》第六十九条规定，《企业所得税法》第十三条第（三）项所称固定资产的大修理支出，是指同时符合下列条件的支出：

- 修理支出达到取得固定资产时的计税基础50%以上；
- 修理后固定资产的使用年限延长2年以上。

⑥《企业所得税法》第十三条第（三）项规定的支出，按照固定资产尚可使用年限分期摊销。

⑦《企业所得税法实施条例》第七十条规定，《企业所得税法》第十三条第（四）项所称其他应当作为长期待摊费用的支出，自支出发生月份的次月起，分期摊销，摊销年限不得低于3年。

（2）长期待摊费用摊销的审核

①审查"管理费用""制造费用"等成本费用类明细账，对注明为修理费的大额业务以及没有明确说明的大额费用，追查相应的原始凭证，结合修理合同或协议等资料，企业有无将固定资产大修理支出，没有按照固定资产尚可使用年限分期摊销，而是列入当期成本费用提前在税前扣除。

②查阅改建工程的建筑安装合同，判断发生改建的固定资产是否已提足折旧，有无将其他固定资产的大修理等支出列入改建支出，或将其他不允许税前列支的支出计入改建支出的问题。检查对已提足折旧固定资产的改良支出是否按照预计尚可使用年限分期摊销。

③查阅租入固定资产的租赁合同，分析该租赁业务是否属于经营性租赁固定资产业务，租赁合同是否约定由租入方承担固定资产的改建费用。审查企业有无没有按照合同约定的剩余租赁期限分期摊销，而是将租入固定资产的改建费用在发生的当期一次在税前扣除。

④审阅"长期待摊费用"明细账借方发生额，了解待摊费用的性质、金额、项目功效及目标、项目实施结果等内容，企业有无将应由以后各期承担的费用作为当期的成本费用，提前在税前扣除。当然，开办费按照规定可以在企业开始经营之日的当年一次扣除，也可以从企业开始经营之日的当年起，按照不少于3年进行摊销。

⑤审核企业所得税纳税申报表，核实长期待摊费用的会计与税法差异是否按规定进行了纳税调整。

（五）投资收益的确认与审核

企业的投资业务由权益性投资和债权性投资组成。会计准则将投资业务分解为交易性金融资产、持有至到期投资、长期股权投资和可供出售金融资产四个部分。小企业会计准则将投资业务分解为：短期投资和长期债券投资、长期股权投资三个部分。

1. 投资成本的确认与审核

（1）投资成本确认的规定

《企业所得税法》第十四条规定，企业对外投资期间，投资资产的成本在计算应纳税所得额时不得扣除。

《企业所得税法实施条例》第七十一条规定，《企业所得税法》第十四条所称投资资产，是指企业对外进行权益性投资和债权性投资形成的资产。

企业在转让或者处置投资资产时，投资资产的成本，准予扣除。

投资资产按照以下方法确定成本：

通过支付现金方式取得的投资资产，以购买价款为成本；

通过支付现金以外的方式取得的投资资产，以该资产的公允价值和支付的相关税费为成本。

（2）投资成本的审核

①交易性金融资产的审核

审核股票、债券交易交割单，核实纳税人从购买股票、债券时支付的手续费、经纪人佣金、印花税金额。《企业会计准则》规定，相关交易费用直接计入当期损益，税收规定应计入投资成本。审查企业所得税纳税申报表，核实购买股票、债券的交易费用和税金是否在税前扣除。

实际操作中可以根据不同取得方式和价格确定股权投资成本：

第一，从二级证券交易市场购入股票：价格以纳税人买卖成交价格为依据，就是以纳税人交易交割单据记录的价格+相关税费来确定股权投资成本。

第二，以合同、协议方式买卖股票：以合同、协议中记载交易价格为依据，确定股权投资。

第三，以拍卖、抵债方式买卖股票：拍卖方式以拍卖成交价格作为股权投资成本，而抵债的以抵债金额为依据，确定股权投资成本。

第四，参与新股、增发申购、配股认购取得股票：以发行和增发价格确认为股权投资成本，而配股认购方式主要是以公司股东所持有股票为基础，以较低价格进行一定比例配股，以配股价格为股权投资成本。

②长期股权投资成本的审核

长期股权投资企业会计准则规定一律采用成本法核算，企业会计准则分成本法、权益法核算。在成本法核算下长期股权投资会计、税收成本的确定基本一致，但权益法核算的会计成本与税收计税成本差异较大。

审阅股权投资合同协议的相关条款，分析判断初始投资成本是否正确，初始投资成本小于应享有被投资单位可辨认净资产公允价值份额之间的差额，是否作纳税调减，长期股权投资的计税成本是否按初始投资成本确认。

【案例3-26】A企业于2014年1月取得B公司30%的股权，支付价款6000万元。取得投资时被投资单位可辨认净资产的公允价值为24000万元，A企业按持股比例30%计算确定应享有7200万元。

企业会计准则规定，初始投资成本与应享有被投资单位可辨认净资产公允价值份额之间的差额1200万元，应计入取得投资当期的营业外收入。有关会计处理为：

借：长期股权投资——投资成本　　　　　　　　　72 000 000
　　贷：银行存款　　　　　　　　　　　　　　　60 000 000
　　　　营业外收入　　　　　　　　　　　　　　12 000 000

税收上该长期股权投资的计税成本为6 000万元，营业外收入1 200万元应作纳税调减。

2. 持有投资期间收益的确认与审核
（1）股权投资持有投资期间收益的确认与审核
①股权投资持有投资期间收益的确认
《企业所得税法实施条例》第十七条规定，《企业所得税法》第六条第（四）项所称股息、红利等权益性投资收益，是指企业因权益性投资从被投资方取得的收入。

股息、红利等权益性投资收益，除国务院财政、税务主管部门另有规定外，按照被投资方做出利润分配决定的日期确认收入的实现。

《国家税务总局关于贯彻落实企业所得税法若干税收问题的通知》（国税函〔2010〕79号）第四条规定：

企业权益性投资取得股息、红利等收入，应以被投资企业股东会或股东大会作出利润分配或转股决定的日期，确定收入的实现。

被投资企业将股权（票）溢价所形成的资本公积转为股本的，不作为投资方企业的股息、红利收入，投资方企业也不得增加该项长期投资的计税基础。

《企业所得税法》第二十四条规定，居民企业从其直接或者间接控制的外国企业分得的来源于中国境外的股息、红利等权益性投资收益，外国企业在境外实际缴纳的所得税税额中属于该项所得负担的部分，可以作为该居民企业的可抵免境外所得税税额，在本法第二十三条规定的抵免限额内抵免。

②股权投资持有投资期间收益的审核

• 审核上市公司分红派息实施公告书或向被投资企业了解分红派息的相关信息，结合"投资收益""应收股利"等账户的检查，判断纳税人股权投资收益确认的金额、时间是否正确，有无隐匿、截留或延后股权投资收益行为。

• 向被投资企业了解分红派息的相关信息，核实是否从被投资企业取得股票红利，复核企业所得税纳税申报表有关报表项目，核实取得股票红利是否按照规定计入收入总额。

• 审阅银行存款日记账，审核股利发放日前后的银行存款的记录，并追查相应的原始凭证，查清该银行存款增加的经济事项和收取款项的性质，核实有无通过往来账户隐匿投资收益的问题。

• 审查"长期股权投资（损益调整）"明细账户本期贷方发生额，确认分回的现金股利或利润有无冲减以前年度会计投资损失，而不作为本期投资收益的行为。审阅"长期股权投资""投资收益"账户，核实有无年末根据被投资单位发生净亏损和持有股权份额确认的投资损失，复核企业所得税纳税申报表核实该投资损失有无冲抵应纳税所得额的行为。

• 审核股票买卖的交割单，核实买卖股票时点，认定"交易性金融资产""可供出售金融资产"等账户中各项股票投资的持有时间；对照"投资收益——股票投资收益"账户反映的分回股息红利记录，判断纳税人取得的股息、红利等权益性投资收益能否作为免税收入处理。

【案例 3-27】甲公司于 2014 年 1 月 10 日购入乙公司 30% 的股份，购买价款为 2 200 万元，并自取得投资之日起派人参与乙公司的生产经营决策。取得投资当日，乙公司可辨认净资产公允价值为 6 000 万元，除表 3-24 所列项目外，乙公司其他资产、负债的公允价值与账面价值相同。

表 3-24　　　　　　　　部分资产账面价值公允价值差异

项目	账面原价 （万元）	已提折旧或 摊销（万元）	公允价值 （万元）	乙公司预计 使用年限(年)	甲公司取得投资后 剩余使用年限(年)
固定资产	1200	240	1600	20	16
无形资产	700	140	800	10	8
小计	1900	380	2400		

假定乙公司于 2014 年实现净利润 600 万元，甲公司与乙公司的会计年度及采用的会计政策相同。固定资产、无形资产均按直线法提取折旧或摊销，预计净残值均为 0。2015 年 3 月 5 日乙公司股东大会决定将 2014 年的 300 万元净利润向全体股东进行利润分配。2015 年 3 月 15 日向股东分派现金股利。

2014 年会计、税务处理：

甲公司在确定其应享有的投资收益时，应在乙公司实现净利润的基础上，根据取得投资时乙公司有关资产的账面价值与其公允价值差额的影响进行调整：

固定资产公允价值与账面价值差额应调整增加的折旧额 = $1600 \div 16 - 1200 \div 20 = 40$（万元）

无形资产公允价值与账面价值差额应调整增加的摊销额 = $800 \div 8 - 700 \div 10 = 30$（万元）

调整后的净利润 = $600 - 40 - 30 = 530$（万元）

甲公司应享有份额 = $530 \times 30\% = 159$（万元）确认投资收益的账务处理为：

借：长期股权投资——损益调整　　　　　　　　　　1 590 000

　　贷：投资收益　　　　　　　　　　　　　　　　　　　1 590 000

2014 年的纳税调整：2014 年由于乙公司股东大会未做出利润分配决定，按照税法规定不确认股息红利所得，甲公司应作纳税调减 159 万元。

2015 年会计、税务处理：

2015 年 3 月 5 日

借：应收股利　　　　　　　　　　　　　　　　　　900 000

　　贷：长期股权投资——损益调整　　　　　　　　　　900 000

2015 年 3 月 15 日

借：银行存款　　　　　　　　　　　　　　　　　　900 000

　　贷：应收股利　　　　　　　　　　　　　　　　　　900 000

2015 年的纳税调整：由于 2015 年 3 月 5 日乙公司股东大会做出利润分配决定，按照税法规定 2015 年应确认股息红利所得 90 万元，并享受免税收入的税收优惠。

（2）债券投资持有投资期间收益的确认与审核

①债券投资持有投资期间收益的确认

《企业所得税法实施条例》第十八条规定，企业所得税法第六条第（五）项所称利息收入，是指企业将资金提供他人使用但不构成权益性投资，或者因他人占用本企业资金取得的收入，包括存款利息、贷款利息、债券利息、欠款利息等收入。

利息收入，按照合同约定的债务人应付利息的日期确认收入的实现。

《国家税务总局关于金融企业贷款利息收入确认问题的公告》（国家税务总局公告2010年第23号）规定：

金融企业按规定发放的贷款，属于未逾期贷款（含展期，下同），应根据先收利息后收本金的原则，按贷款合同确认的利率和结算利息的期限计算利息，并于债务人应付利息的日期确认收入的实现；属于逾期贷款，其逾期后发生的应收利息，应于实际收到的日期，或者虽未实际收到，但会计上确认为利息收入的日期，确认收入的实现。

金融企业已确认为利息收入的应收利息，逾期90天仍未收回，且会计上已冲减了当期利息收入的，准予抵扣当期应纳税所得额。

金融企业已冲减了利息收入的应收未收利息，以后年度收回时，应计入当期应纳税所得额计算纳税。

需注意的是，会计准则规定，持有至到期投资应当采用实际利率法，按摊余成本计量，按照摊余成本和实际利率计算确认利息收入，计入投资收益。小企业会计准则规定，一次还本付息的长期债券投资，在债务人应付利息日按照票面利率计算的应收未收利息收入应当增加长期债券投资的账面余额；债券的折价或者溢价在债券存续期间内于确认相关债券利息收入时采用直线法进行摊销。

②债券投资持有投资期间收益的审核

• 查阅债券的票面金额、利率、偿还期限，付息方式等事项；审查"持有至到期投资（应计利息）"或"长期债券投资"明细账户本期发生额，核实一次还本付息债权投资，会计上按照权责发生制原则确认债权投资收益申报纳税时是否作纳税调减，债券到期时有无不计、少计债券投资收益的行为。

• 审查"银行存款"账户发生额，核实购买债券的投资成本，与债券面值比较确定债券溢（折）价额。审查债券利息收入计算表和"持有至到期投资（利息调整）""长期债券投资（利息调整）"等明细账发生额是否真实、正确，判断纳税人持有的分期付息，一次还本的债券投资有无通过少摊销折价额或多摊销溢价额方式少计债券利息收入的情形。

●审阅"持有至到期投资"或"长期债券投资"明细账，掌握纳税人债券投资中国债投资的面值、利率、期限等信息。结合国债净价交易的交割单，审查确认本期国债利息收入金额是否正确，国债转让业务中有无多计国债利息收入，少计国债转让收益的行为。查阅企业所得税纳税申报表中的免税国债利息收入核对，判断有无将其他公司债券利息收入计入免税国债利息收入的行为。

【案例3-28】2013年1月1日，甲企业（执行小企业会计准则）购入A企业发行的面值总额为300万元的债券，购入时实际支付价款308万元，另外支付交易费用2万元。该债券发行日为2013年1月1日，到期一次还本付息，期限为5年，票面年利率为5%。

甲企业的会计处理：

(1) 2013年1月1日，购入A企业债券时：

借：长期债券投资——面值　　　　　　　　　　　　3 000 000

　　　　　　　　　　——溢折价　　　　　　　　　　 100 000

　贷：银行存款　　　　　　　　　　　　　　　　 3 100 000

(2) 持有期间每年末：

　　　应收利息＝3 000 000×5%＝150 000（元）

　　　溢折价摊销＝100 000÷5＝20 000（元）

　　　投资收益＝150 000-20 000＝130 000（元）

借：长期债券投资——应计利息　　　　　　　　　　　150 000

　贷：投资收益　　　　　　　　　　　　　　　　　　130 000

　　　长期债券投资——溢折价　　　　　　　　　　　 20 000

税务处理：债券持有各年（2013—2016年）不确认应税利息收入，但会计每年确认投资收益130 000元，故持有各年度（2013—2016年）每年应作纳税调减130 000元。

2017年12月31日债券到期，甲企业收到债券的本金和利息。

甲企业的会计处理：

借：银行存款　　　　　　　　　　　　　　　　　 3 750 000

　贷：长期债券投资——面值　　　　　　　　　　　3 000 000

　　　　　　　　　　——应计利息　　　　　　　　 750 000

税务处理：2017年12月31日债券到期共需确认应税利息收入750 000

元，2017 年会计确认投资收益 130 000 元，故 2017 年汇算清缴应纳税调增利息收入 620 000 元。

（3）境外投资收益的审查

①企业定性的审查。评估人员对被评估对象的居民企业、非居民企业身份的界定是否准确。特别是对依照外国（地区）法律成立但实际管理机构在中国境内的境外企业，要参照《国家税务总局关于境外注册中资控股企业依据实际管理机构标准认定为居民企业有关问题的通知》（国税发〔2009〕82号）关于居民企业的判定标准的规定进行判别。

②境外投资收益的审查。审核企业是否及时足额地申报了其境外投资收益。居民企业来源于中国境外的应税所得，居民企业从其直接或者间接控制的外国企业分得的来源于中国境外的股息、红利等权益性投资收益，非居民企业在中国境内设立机构、场所，取得发生在中国境外但与该机构、场所有实际联系的应税所得都应逐一核对。

③抵免税额的审查。复核其抵免限额的计算是否准确，其申报的实际负担的境外税额是否真实、合法、有效。特别是对境外营业利润所得以及符合境外税额间接抵免条件的股息所得，虽有所得来源国（地区）政府机关核发的具有纳税性质的凭证或证明，但因客观原因无法真实、准确地确认应当缴纳并已经实际缴纳的境外所得税税额的，有无将属于上述规定以外的股息、利息、租金、特许权使用费、转让财产等投资性所得一并适用以其境外应税所得额的 12.5%作为抵免限额。

④共同支出分摊的审查。在计算境外应纳税所得额时，企业为取得境内、外所得而在境内、境外发生的共同支出，与取得境外应税所得有关的、合理的部分，应在境内、境外〔分国（地区）别〕应税所得之间，按照合理比例进行分摊后扣除。

⑤境外亏损弥补的审查。在汇总计算境外应税所得额时，企业在境外同一国家（地区）设立不具有独立纳税地位的分支机构，按照企业所得税法及其实施条例的有关规定计算的亏损，不得抵减其境内或他（地区）的应纳税所得额，但可以用同一国家（地区）其他项目或以后年度的所得按规定弥补。

⑥其他事项的审查。企业从境外取得营业利润所得以及符合境外税额间接抵免条件的股息所得，凡就该所得缴纳及间接负担的税额在所得来源国（地区）的法定税率且其实际有效税率明显高于我国的，可直接以按本通知规

定计算的境外应纳税所得额和我国企业所得税法规定的税率计算的抵免限额作为可抵免的已在境外实际缴纳的企业所得税税额。

3. 处置投资收益的确认与审核

（1）处置投资收益确认的规定

《国家税务总局关于贯彻落实企业所得税法若干税收问题的通知》（国税函〔2010〕79号）规定，企业转让股权收入，应于转让协议生效且完成股权变更手续时，确认收入的实现。转让股权收入扣除为取得该股权所发生的成本后，为股权转让所得。企业在计算股权转让所得时，不得扣除被投资企业未分配利润等股东留存收益中按该项股权所可能分配的金额。

《国家税务总局关于企业所得税若干问题的公告》（国家税务总局公告2011年第34号）规定，投资企业从被投资企业撤回或减少投资，其取得的资产中，相当于初始出资的部分，应确认为投资收回；相当于被投资企业累计未分配利润和累计盈余公积按减少实收资本比例计算的部分，应确认为股息所得；其余部分确认为投资资产转让所得。

被投资企业发生的经营亏损，由被投资企业按规定结转弥补；投资企业不得调整减低其投资成本，也不得将其确认为投资损失。

《财政部 国家税务总局关于企业清算业务企业所得税处理若干问题的通知》（财税〔2009〕60号）规定，被清算企业的股东分得的剩余资产的金额，其中相当于被清算企业累计未分配利润和累计盈余公积中按该股东所占股份比例计算的部分，应确认为股息所得；剩余资产减除股息所得后的余额，超过或低于股东投资成本的部分，应确认为股东的投资转让所得或损失。

《国家税务总局关于企业国债投资业务企业所得税处理问题的公告》（国家税务总局公告2011年第36号）规定，企业转让或到期兑付国债取得的价款，减除其购买国债成本，并扣除其持有期间按照本公告第一条计算的国债利息收入以及交易过程中相关税费后的余额，为企业转让国债收益（损失）。

（2）处置投资收益（损失）的审核

①审查转让双方签订的股权转让协议相关条款，掌握转让股权的项目、股权转让的价格、基准日以及转让价款的交割方式，确认股权转让的时间和转让收入是否正确；审查股票、债券交易交割单，核实股票、债券投资转让的时间和转让收入。

②审查"交易性金融资产""长期股权投资""可供出售的金融资产"等账户本期贷方发生额。在部分转让股票、债券投资时，转让投资成本是否按

加权平均法计算，有无多转投资成本的行为；审核按照公允价值计量的交易性金融资产、可供出售的金融资产是否按照投资历史成本计算扣除。

③审查"投资收益"账户本期贷方发生额，采用复算法验证股票、债券投资转让所得是否全部入账。如果复算结果和"投资收益"账户反映的投资转让所得不一致，应重点对"其他应付款""应付职工薪酬"等账户进行详细检查，核实有无投资转让所得隐匿其中。

④复核企业所得税纳税申报表的有关项目，核实投资收益是否按照转让收入减去投资计税基础填报，有无利用会计账面价值和税收计税基础的差异，少申报投资转让所得。

【案例3-29】某市税务局从工商变更登记信息获悉，华金石油化工有限公司（以下简称华金公司）2013年12月3日将持有的新海石化股份有限公司的9.23%转让给北京华金公司，而华金石油化工有限公司2013年企业所得税纳税申报表无股权投资转让所得（损失）的纳税申报信息，2014年6月3日该市税务局评估人员按照规定程序对华金石油化工有限公司2013年纳税情况实施纳税评估。

华金公司成立于2005年4月11日，行业性质石油加工、炼焦和核燃料加工业。登记注册类型：私营有限责任公司，注册资本：6 500万元，投资方：北京华金公司和沧州万华公司、投资比例分别为92%和8%。经营范围石油化工产品（危险品除外）销售、投资及资产管理。该公司系增值税小规模纳税人，企业所得税征收方式为查账征收方式，增值税、企业所得税由国税机关管辖。该公司成立至今未正式投产经营，增值税、企业所得税一直零申报。华金公司自成立以来一直未正式经营，且该公司的法人代表长期在北京，纳税申报一直由本地的一名会计代理。

评估人员在实施评估过程中通过审查账簿资料和第三方调查等方式进行如下的检查：

1. 根据从工商部门和新海石化公司获取的相关资料显示，2007年7月华金公司以土地、在建工程、固定资产等非货币性资产对新海石化公司投资，新海石化公司已按评估价入账进行税务处理，而华金公司对上述的非货币性资产投资行为未按公允价确认相应的视同销售收入及所得。

2. 2013年11月30日华金公司与其母公司北京华公司金签订协议将新海石化公司6000万股权转让，转让价格1万元，新海石化公司于2013年12月

3 日申请工商登记变更，但因北京华金公司与该公司的法人代表同为宋××，新海石化公司没有及时申请相办理关税务登记变更。

3. 评估人员仔细梳理获取的内外部数据，发现至 2013 年 11 月 30 日，新海石化公司的账面净资产价值 9.87 亿元，注册资本总额 6.5 亿元，上述转让价格明显不合理。华金公司未按规定确认股权交易所得的违法事实已基本锁定。

4. 评估人员按照规定程序对该公司代表宋××询问，宋××辩称华金公司为招商项目，自有资金严重不足，一直处于筹建期，2007 年因东方集团注资成立新海石化公司实施重组后项目才得以开展。由于北京华金、华金公司等公司实际都为其投资控制，由于该公司已是空壳公司，便将对新海石化的投资业务收回北京华金公司，再将华金公司注销，至于股权转让 1 万元是为了完成股权变更手续随手写的。其还称 2007 年对外投资时华金公司尚有近千万的初期的基建费、人工费等各项杂费在待摊费用中，因会计突发变故，一直未处置，申请要从收入中扣除；还表示后期的股权转让纯属于母子公司业务吸收合并，华金公司一分钱也未获取，不应按净资产价值核定收入。评估人员进一步查阅华金公司 2006 年、2007 年两年的部分凭证资料，在长期待摊费用等科目确实记载着其所述的项目。但评估人员认为因企业未实际经营，上述项目不能从股权投资收益中扣除，只等企业正式经营或注销清算时扣除。由于双方分歧较大，工作一时陷入僵局，无法继续开展。

5. 评估人员对华金公司的关联关系和真实的股权转让情况开展第三方调查。经查，北京华金公司为宋××投资经营。北京华金公司账面显示 2011 年 6 月以平价收购沧州万华公司持有的华金公司的 8% 股份，即华金公司成为北京华金公司的全资子公司。同时其提供的 2013 年 11 月会议纪要和账面显示，其收回对华金公司的投资，转为对新海石化公司的投资，账务处理借记"长期股权投资——新海石化公司"，贷记"长期股权投资——华金公司"，金额 6 500 万元。

在此期间，评估人员积极和法人代表宋××沟通，细致地讲解相关政策法规规定，其充分认识到了该公司所存在的税收风险和问题，积极配合评估工作，企业对存在的涉税问题主动选择自查补报。

纳税评估的结果：

1. 2007 年 7 月华金公司以土地、在建工程、固定资产等非货币性资产对新海石化公司投资按规定补交增值税和企业所得税，对该公司初期基建项目发生的待摊费用允许在计算非货币性资产转让所得时扣除。

2. 确认华金公司减持新海石化股份行为是股权转让，股权转让价核定为

6 500 万元，按照规定补交企业所得税。

（六）营业外收支的确认与审核

1. 营业外收入的确认与审核

（1）营业外收入审核的一般方法

企业会计准则营业外收入主要包括：非流动资产处置利得、盘盈所得、罚没所得、捐赠所得、无法支付的应付账款、政府补助利得、非货币性资产交换利得、债务重组利得等。小企业的营业外收入包括：非流动资产处置净收益、政府补助、捐赠收益、盘盈收益、汇兑收益、出租包装物和商品的租金收入、逾期未退包装物押金收益、确实无法偿付的应付款项、已作坏账损失处理后又收回的应收款项、违约金收益等。

对营业外收入的审查，主要审核应属营业外收入的项目，有无不及时转账，长期挂在"其他应付款""应付账款"账户的情况；有无将营业外收入直接转入企业税后利润，甚至做账外处理或直接抵付非法支出的情况。评估人员审核时，应注意从以下方面进行：

①审核往来结算账户的账面记录，如果其他应付款项长期挂账，或"其他应收款"账户出现贷方余额又长期未作处理，应并入所得额计征企业所得税。

②审核收入凭证，看应计入营业外收入的款项是否计入其他往来账户；再从成本费用类账户的贷方发生额审查有无把营业外收入直接冲减成本或期间费用。

③审阅"固定资产""生产性生物资产""无形资产"等账户的贷方发生额，审查是否存在当期财产转让所得不申报增值税、企业所得税的情形。

④从"盈余公积""利润分配——未分配利润"等账户贷方发生额审核有无将营业外收入列入税后利润的情况；从"待处理财产损溢"账户贷方，审核固定资产盘盈是否转入营业外收入账户；从"固定资产清理账户"审核处理固定资产净收益是否作为营业外收入入账。若发现有问题，应认真查阅有关会计凭证，查明问题，凡属于营业外收入的，均应调增应纳税所得额。

（2）特殊营业外收入的确认与审核

①债务重组收益的确认与审核

《国家税务总局关于贯彻落实企业所得税法若干税收问题的通知》（国税函〔2010〕79 号）规定，企业发生债务重组，应在债务重组合同或协议生效时确认收入的实现。《财政部 国家税务总局关于企业重组业务企业所得税处理若干问题的通知》（财税〔2009〕59 号）规定，债务人应当按照支付的债务清偿额低于债务计税基础的差额，确认债务重组所得；债权人应当按照收到的债务清偿额低于债权计税基础的差额，确认债务重组损失。

审阅债务重组的合同、协议，确定债务重组的方式和债务重组日，核实纳税人的账面记录是否真实，有无弄虚作假行为。债务人以非现金资产清偿债务是否确认有关资产的转让所得申报纳税。以修改其他债务条件进行的债务重组，修改后的债务条款如涉及或有应付金额，且债务人已将该或有应付金额确认为预计负债的，是否进行纳税调整，预计负债有无在税前扣除；重组债务的计税基础与重组后债务的计税基础（即重组后债务的公允价值）和预计负债金额之和的差额，是否作为债务重组所得，计入应纳税所得额。

②政府补助收入的确认与审核

政府补助，是指企业从政府无偿取得货币性资产或非货币性资产，但不包括政府作为企业所有者投入的资本。政府补助的形式主要有财政拨款、财政贴息、税收返还和无偿划拨非货币性资产等。企业不论通过何种形式取得的政府补助，在会计处理上应当划分为与资产相关的政府补助和与收益相关的政府补助。

查阅相关收入入账的原始凭证，核实付款方的单位名称，查核收入的来源是否属于财政资金；查阅有关拨款文件是否规定了资金的专项用途，抽查部分收入、支出的会计核算记录，核实收到的财政资金是否单独核算。审查企业所得税纳税申报表，有无将不符合不征税收入条件的财政性资金冲减了应纳税所得额。审查"专项应付款"核算的内容，有无将不征税收入发生的支出在税前扣除。

③政策性搬迁所得的确认与审核

● 审阅政策性搬迁依据、搬迁规划等相关材料，审查企业取得拆迁补偿收入是否符合政策性搬迁收入的条件。

● 审阅拆迁补偿协议、资产处置计划，核实政策性搬迁收入的确定是否正确，是否包括搬迁补偿收入加上各类搬迁资产处置收入，有无不计、少计搬迁收入的问题；核实政策性搬迁支出的确定是否正确，是否包括安置职工实际发生的费用、停工期间支付给职工的工资及福利费、临时存放搬迁资产而发生的费用、各类资产搬迁安装费用、其他与搬迁相关的费用、变卖及处置各类资产的净值、处置过程中所发生的税费等支出、其他搬迁支出，有无虚列、多列搬迁支出的行为。

● 审阅搬迁重置总体规划，判断分析搬迁完成年度的确定是否正确，核实搬迁所得是否计入搬迁完成年度当年的应纳税所得额计算纳税。

● 审查搬迁损失的扣除是否正确，在搬迁完成年度，一次性作为损失进行扣除或自搬迁完成年度起分 3 个年度，均匀在税前扣除，核实扣除方法选定后有无改变扣除方法。

2. 营业外支出的确认与审核

营业外支出，是企业发生的与生产经营无直接关系的各项支出。企业会计准则营业外支出主要包括：非流动性资产处置损失、盘亏损失、罚款支出、公益性捐赠支出、非常损失、非货币性交换损失、债务重组损失等。由于营业外支出的核算内容较固定、特殊，且有些项目有其规范的计算要求，再加上营业外支出有些项目不得在税前扣除等，因此，审核企业营业外支出，必须注意以下几点：

（1）审查企业"营业外支出"明细账借方发生额及其摘要栏，尤其要注意金额较大，摘要不明的项目，分析企业有无擅自扩大、巧立名目虚增营业外支出的情形。核查中注意企业有无不严格划清非生产支出与营业外支出的界限以及应在税后利润列支的费用与营业外支出的界限，虚列、多计营业外支出。

（2）审核营业外支出是否涉及税收规定不得在税前扣除的项目，在企业所得税纳税申报时税前扣除。重点审核的项目有：

①违法经营的罚款和被没收财物的损失。

②各种税收的滞纳金、罚金和罚款。

③自然灾害或者意外事故损失的有赔偿部分。

④用于中国境内公益、救济性质以外的捐赠。

⑤各项赞助支出。

⑥与生产经营无关的其他各项支出。

⑦为被担保人承担归还所担保贷款的本息。

⑧计提的固定资产减值准备，无形资产减值准备、在建工程减值准备。

（3）审核营业外支出中特定项目在企业所得税纳税申报时是否按税法规定准予税前扣除。

①审核固定资产、在建工程、流动资产非正常盘亏、毁损、报废的净损失是否减除责任人赔偿，保险赔偿后的余额是否正确，提供资产损失的资料是否齐全、完整。

②审核存货、固定资产、无形资产、长期投资发生永久性或实质性损失是否已向税务机关纳税申报，损失的确定是否正确，提供资产损失的资料是否齐全、完整。

③审核处置固定资产损失、出售无形资产损失、债务重组损失，是否已向税

务机关纳税申报，损失的确定是否正确，提供资产损失的资料是否齐全、完整。

④审核捐赠是否通过民政部门批准成立的非营利性公益组织、社会团体、国家机关进行，捐赠数额是否超过税法规定限额。

⑤审核大额营业外支出原始凭证是否齐全，是否符合税前扣除规定的要求。抽查金额较大的营业外支出项目，验证其按税法规定税前扣除的金额。

⑥审核营业外支出涉及将自产、委托加工、购买的货物赠送他人等视同销售行为是否缴纳相关税金。

六、实地检查工作底稿的制作

（一）实地检查工作底稿的概念及作用

实地检查工作底稿是评估检查人员在实地检查过程中对发现的纳税人违反税法的客观事实进行分类记录的一种工具性文书，是制作纳税评估报告，对纳税人的违法、违章行为进行处理的主要依据之一。

实地检查工作底稿用于记录检查纳税人账册、凭证、其他纳税资料，以及通过其他检查途径，发现的纳税人的违法、违章问题。实地检查工作底稿，应根据实地检查原始记录和其他调查取证材料整理制作。

（二）实地检查工作底稿的制作要求

评估人员入户实地检查时，应参照《实地检查工作预案》的提示实施检查。在检查过程中，评估人员对摘录的问题进行归集汇总，填制《实地检查工作底稿》并进行相关证明材料的提取，同时要求被评估企业有关人员对所摘录内容的真实性、正确性予以认可。税务稽查人员在取得了一手资料和相关证据材料后，可进行事后整理工作，并制作《纳税评估报告》。

《实地检查工作底稿》的制作要求如下：

1. 凡通过检查纳税人的账册、凭证发现纳税人的违法、违章问题，应根据问题的性质、内容或类别分别设置原始记录，逐笔进行登记，对原始记录汇总整理后，制作实地检查工作底稿。

2. 凡发现纳税人账册凭证以外的问题，如账表不符、账实不符，税务登记违法，发票购、用、存违法，纳税申报违法等违法、违章问题，可根据现场调查情况制作实地检查工作底稿。

3. 通过其他调查取证途径发现的税收违法问题，如协查、异地调查、询问等，可以对其他调查取证材料整理后（包括材料整理和文字整理）制作实地检查工作底稿。

【案例3-30】 接【案例3-11】资料，2015 年 10 月，评估人员张军、李坚强按照规定程序对 XH 纺织股份有限公司进行实地检查，制作的《实地检查工作底稿》见表3-24。

表3-24   实地检查工作底稿

纳税人名称	XH 纺织股份有限公司	纳税人识别号	32098255432××××
评估所属期	2013.01.01—2013.12.31	检查人员	张××、李××
实地检查情况			
检查日期	检查事项	检查方法	检查地点	检查人员
2014.10.21	增值税还原税负偏低	全面核查进项抵扣凭证	财务科	张××、李××
2014.10.22	期间费用总额大于销售收入的30%	抽查期间费用与在建工程费用明细	财务科	张××、李××
2014.10.22	其他应付款期末数异常	检查"其他应付款"科目明细账	财务科	张××、李××
2014.10.23	其他应收款申报异常	检查"其他应收款"科目明细账	财务科	张××、李××

实地检查内容

1. 本次核查尚有不予抵扣税额 1 467 068.76 元(用于不动产方面的材料及设备，具体明细见纸质明细)。

2. 期间费用 6 774 303.32 元结转人本年利润科目中，但在 4 月份 312 号凭证中做了一笔调整分录，将已结转至本年利润科目中的 6 774 303.32 元又调整至在建工程明细开办费科目中。

3. 本年度总用电金额 4 008 165.16 元，其中用于基建、安装工程的用电金额 437 416.29 元，已计入在建工程成本；生产用电从 9 月开始，用电金额为 3 570 748.87 元。

4. 2013 年度企业所得税年度纳税申报，填列附表三《纳税调整明细表》账载金额一栏时误将应由在建工程核算的工资薪金 4 287 234.00 元、福利费 1 000 547.6 元、工会经费 44 734.22 元填写在各列中。

5. 2013 年度申报抵扣 10 459 539.33 元。2013 年 1—4 月申报抵扣固定资产进项税额 4 580 330.68元已在固定资产进项税额抵扣情况表填报，而 5—12 月因纳税申报人员疏忽(会计人员调整)，在增值税纳税申报时未填报固定资产进项税额抵扣情况表，从而导致存货与留抵税金不配比。

6. 由于其将在建工程试车生产所得冲减该工程成本，故 12 月的利润表收入为－299 816.62 元(系调整利润表所致)，而实际试车生产所得为 1 598.29 万元，年报时已按税法规定确认为销售收入，则主营业务期间费用率应为 1 598.29÷201.57＝7.93。

7. 其他应付款期末余额 18 007.47 万元，一是一期土建工程款，二是个人借款。

8. 其他应收款余额为 4 374 894.2 元，其中有，××市港城建设发展有限责任公司 372 000 元、××市华丰工业园管理委员会 300 000 元、职工社保费 55 200.32 元、职工住房公积金 28 392 元、法人代表陈××的借款 3 600 000 元(2013 年 1—6 月各汇给 10 万元，7 月汇给 250 万元，8—12 月各汇给 10 万元)，按相关规定应计算资金占用费冲减在建工程成本。

续表

纳税人名称	XH 纺织股份有限公司	纳税人识别号	32098255432××××
评估所属期	2013.01.01—2013.12.31	检查人员	张××、李××

实地检查处理意见

1. 对上述评估情况,企业表示认可并同意,填写了《企业自查项目调整确认表》,自查增值税进项转出 1 467 068.76 元抵减期末留抵;2013 年年度企业所得税年度纳税申报,填列附表三《纳税调整明细表》账载金额一栏时误将应由在建工程核算的工资薪金 4 287 234.00 元、福利费 1 000 547.6 元、工会经费 44 734.22 元填写在各列中。

2. 建议法人代表陈仁贤的借款资金占用费 138 750 元调减在建工程成本。

3. 其他未发现疑点,审定后归档。

七、提请税务稽查

(一) 业务流程

提请税务稽查是指在案头检查或实地检查过程中,发现纳税人存在移送稽查情形的,可提请税务稽查。其业务流程如图 3-11 所示。

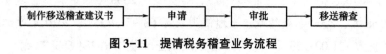

图 3-11　提请税务稽查业务流程

(二) 工作要求

1. 在案头检查或实地检查过程中,确认纳税人存在符合移送稽查的法定情形的,评估人员应制作《移送稽查建议书》及《资料移送目录》,连同其他应对相关资料一起提交任务管理部门审议。

2. 《移送稽查建议书》内容包括:案头(实地)检查情况、案头(实地)检查处理意见、移送稽查原因等内容。

(三) 法律依据

1. 《税收征管法》第七十七条规定,纳税人、扣缴义务人有本法第六十三条、第六十五条、第六十六条、第六十七条、第七十一条规定的行为涉嫌犯罪的,税务机关应当依法移交司法机关追究刑事责任。

2. 《中华人民共和国税收征收管理法实施细则》第九条规定,稽查局专司偷税、逃避追缴欠税、骗税、抗税案件的查处。

【案例3-31】甲公司成立于2003年5月22日，注册资本100万元，2006年8月办理了税务登记证。2006年4月某县政府为甲公司颁发了占地面积26392.75平方米的国有土地使用证。同年4月25日甲公司与某村委会签订土地租赁协议，租用该村委会土地约55亩。2010年1月该县政府为甲公司颁发了占地面积20000平方米的国有土地使用证。2008年5月甲公司申请变更注册资本、营业期限。2008年5月16日某会计师事务所为甲公司出具了验资报告：截至2008年5月12日，公司股东缴纳了新增注册资本人民币900万元，股东以货币出资270万元，资本公积金转增630万元，变更后的累计注册资本人民币1000万元。2008年5月22日该县工商局核准了原告注册资本、营业期限的变更登记。

2011年该县地方税务局稽查局于2011年8月9日向甲公司送达了《税务检查通知书》，对甲公司2008—2010年度的税务进行检查，通过检查发现：

1. 2008—2010年甲公司每年应缴纳城镇土地使用税为164 667.49元（2.6元/平方米×666.67平方米/亩×95亩），而甲公司2008年缴纳城镇土地使用税为69 333.68元，2009年缴纳城镇土地使用税为68 977.43元，2010年缴纳城镇土地使用税为121 007.59元，三年少缴纳城镇土地使用税234 683.77元；

2. 2009—2010年甲公司未按规定纳税申报缴纳已代扣的工资薪金所得个人所得税10 253.06元；

3. 2009—2010年甲公司未按规定代扣代缴工资薪金所得个人所得税73 412.15元；

4. 2006年12月原甲公司将未分配利润中500万元调整为资本公积金。2008年5月甲公司以资本公积金630万元（另130万元由债权转资本公积金）转增注册资本。甲公司未按规定代扣代缴500万元所得的个人所得税100万元。

2012年9月3日甲公司补缴了2008—2010年城镇土地使用税234 683.77元及滞纳金131 440.21元。2013年12月12日稽查局向甲公司送达了《税务处理决定书》《税务行政处罚事项告知书》，2013年12月19日稽查局送达《税务行政处罚决定书》。2014年1月10日甲公司缴纳了2009—2010年未按规定申报缴纳已代扣的工资薪金所得个人所得税10 253.06元及罚款5 126.53元、缴纳了2009—2010年未按规定代扣代缴工资薪金所得个人所得税73 412.15元及罚款36 706.08元。但甲公司对稽查局作出的《税务行政处罚决定书》第一项罚款 117 341.89 元和第三项罚款中的 50 万元的决定不服，向该县人民法院提起行政诉讼。

一审法院审理认为：地方税务局稽查局作为查处偷税、逃避追缴欠税、骗税、抗税案件的税务机构，根据税收专项检查的规定，在本县范围内对 2008—2010 年的税收开展专项检查工作，是其法定职责。甲公司作为已向税务机关申报办理税务登记的纳税人、扣缴义务人，有向税务机关如实申报的义务。稽查局实施税务检查时，向甲公司送达了税务检查通知书，在税务检查过程中，税务机关检查了甲公司的相关资料，制作了税务稽查（检查）底稿，并与甲公司的有关人员核对且签字认可。甲公司 2008 年 5 月新增注册资本时，以资本公积金转增注册资本 630 万元，其中 500 万元资本公积金是未分配利润，以该 500 万元资本公积转增注册资本，实际上是甲公司将公积金向股东分配了股息、红利，股东以分得的股息、红利增加注册资本，对属于个人股东分得再转增注册资本部分应按照"利息、股息、红利所得"项目征收个人所得税。甲公司在 2008—2010 年间，未按其实际占用的土地面积申报，少申报缴纳城镇土地使用税，2009—2010 年未按规定申报已代扣的工资薪金所得个人所得税，2008 年未按规定代扣代缴利息、股息、红利所得个人所得税，2009—2010 年未按规定代扣代缴工资薪金所得个人所得税。

地方税务局稽查局稽查时，针对甲公司存在的违法事实，经调查核实后，其作出的《税务行政处罚决定书》，事实清楚、证据充分、程序合法、适用法律正确。虽然甲公司在稽查局作出处罚决定前分别缴纳了城镇土地使用税、滞纳金，这仅是甲公司作为纳税人履行了应纳税款的义务，并不能否定其在纳税申报上行为的违法性。甲公司所称的股东变更出资方式用货币资金置换资本公积出资，由会计事务所审核并经工商管理部门核准登记，与事实不符。甲公司的诉讼请求缺乏事实和法律依据，不予支持。经一审法院审判委员会讨论决定，依照《最高人民法院关于执行〈中华人民共和国行政诉讼法〉若干问题的解释》第五十六条第（四）项之规定，判决：驳回甲公司的诉讼请求。案件受理费 50 元，由甲公司负担。

甲公司对一审判决不服，依法向××市中级人民法院上诉，其上诉理由如下：

1. 一审判决认定事实错误

（1）2008 年 5 月，甲公司注册资本由 100 万元增资到 1 000 万元，把其中 500 万元从甲公司账面以资本公积转增注册资本。同年 8 月税务分局从网上发现上述情况，经地方税务局同意，甲公司立即纠正，会计在财务上已经把资本公积出资部分冲回，即 500 万元资本公积至今仍在甲公司账上，没有进行分红和转增注册资本。甲公司股东于 2008 年 9 月 9 日至 2008 年 12 月 6 次向甲公司基本账户存入 630 万元，由某会计师事务所出具了审核报告。甲公司以资本公积金转增注册资本 500 万元的行为得以纠正。稽查局以甲公司 2008 年度未按规定代扣代缴利息、股息、红利个人所得税 100 万元，处以 50 万元罚款没有事实和法律依据。

（2）稽查局在 2011 年 8 月 9 日—2011 年 10 月 19 日对甲公司税务稽查后，指出甲公司少缴纳 2008—2010 年城镇土地使用税 234 683.77 元，甲公司于 2012 年 9 月 3 日补缴税款的同时缴纳了滞纳金 131 440.21 元。但稽查局又对甲公司处以 117 341.89 元罚款，系重复处罚。

2. 一审判决证据不足

地方税务局稽查局向甲公司送达税务处理决定书和税务处罚决定书的前期程序中，违反了稽查人员实施稽查前的准备工作的相关规定，没有向甲公司下达《税务稽查通知书》，告知甲公司单位检查时间、需要准备的资料，违反了《××省地方税务稽查工作管理暂行办法》第二十七条第（四）项规定。稽查局没有依法向甲公司发出限期缴纳税款通知书，违法了《中华人民共和国税收征收管理法实施细则》第七十三条规定：从事生产、经营的纳税人、扣缴义务人未按照规定的期限缴纳或者解缴税款的，纳税担保人未按照规定的期限缴纳所担保的税款的，由税务机关发出限期缴纳税款通知书。2011 年 8 月 9 日的《税务稽查通知书》、与 2013 年 12 月 13 日的《税务处理决定书》、2013 年 12 月 19 日的《税务处罚决定书》之间在程序上存在延续性和证据之间关联性，稽查局也没有证据证明这些文书之间存在延续性和关联性，因此不能判定稽查局作出的具体行政处罚具有合法性。

3. 一审判决适用法律错误

《关于会计师事务所鉴证业务实行防伪标识管理的通知》第一条第三款规定："事务所在鉴证业务报告上粘贴防伪标识，仅证明各事务所出具的鉴证业务报告主体上的合法性和形式上的真实性，各事务所及注册会计师对鉴证业务报告内容的真实性和合法性依法承担相应的责任。"这份作为行业的管理文件，不能否定甲公司提交的审核报告内容的真实性。一审法院依据该《通知》，对甲公司提交的证据不予认定，是适用法律的错误。

地方税务局稽查局辩称：

1. 甲公司作为个人所得税的法定扣缴义务人，在应税事实发生后，拒不依法代扣代缴增资股东的个人所得税。地方税务局稽查局作为税务稽查部门，依法履行职权，对甲公司的偷逃税款行为予以处罚，有其事实和法律依据。

2. 甲公司在接到税务机关的纳税要求后，不仅没有履行税法义务，相反却以"对税收政策理解有误"为由，通过私下编造、篡改、调整、冲抵账目的方式，回避该公司将未分配利润交由股东增资的事实，以图逃避扣缴义务。

3.《中华人民共和国税收征收管理法》第六十三条规定："纳税人伪造、变造、隐匿、擅自销毁账簿、记账凭证，或者在账簿上多列支出或者不列、少列收入，或者经税务机关通知申报而拒不申报或者进行虚假的纳税申报，不缴或者少缴应纳税款的，是偷税。对纳税人偷税的，由税务机关追缴其不缴或者少缴的税款、滞纳金，并处不缴或者少缴的税款百分之五十以上五倍以下的罚款；构成犯罪的，依法追究刑事责任。"因此，稽查局向甲公司追缴少缴的税款、滞纳金，并处以罚款的行为，符合法律规定，应予以维持。

4. 稽查局的税务稽查行为程序合法，实施得当，也给予了甲公司陈述、申辩、解释、举证的权利，并无违法之处。

某市中级人民法院经审查，一审法院对证据的分析认定符合法律规定，本院予以确认。

二审法院认为，《中华人民共和国税收征收管理法》第十四条：本法所称税务机关是指各级税务局、税务分局、税务所和按照国务院规定设立的并向社会公告的税务机构。《中华人民共和国税收征收管理法实施细则》第九条：税收征管法第十四条所称按照国务院规定设立的并向社会公告的税务机构，是指省以下税务局的稽查局。稽查局专司偷税、逃避追缴欠税、骗税、抗税案件的查处。本案中，地方税务局稽查局对甲公司作出的行政处罚，内容均为对单位少申报缴纳税款或者对个人所得税未履行代扣代缴的法定义务的行为进行处罚，从上述处罚的内容上看，不属于税务稽查局的法定职责。地方税务局稽查局在本案中作出的行政处罚属于超越职权，一审法院部分事实认定不当，依照《中华人民共和国行政诉讼法》第五十四条第二项第4目之规定，判决如下：

1. 撤销安徽省某县人民法院〔2014〕×行初字第00007号行政判决；

2. 撤销某县地方税务局稽查局×地税稽罚〔2013〕4号《税务行政处罚决定书》。

本案一、二审案件受理费50元均由县地方税务局稽查局负担。

【案例3-32】评估人员在2015年5月20日，依照规定程序经审批对所辖××贸易有限公司2014年纳税情况进行纳税评估。该公司成立于2013年1月，为独立核算的有限责任公司，公司主要从事批发与零售：预包装食品，不锈钢制品、五金机电的经销业务。2013 年 4 月认定增值税一般纳税人，企业所得税查账征收，增值税、企业所得税均由国税机关征收。该公司无税收优惠，以前年度未发现重大税收政策变动。

评估人员经评估准备阶段分析发现的涉税疑点如下：

1. 纳税人基本情况分析

（1）申报分析发现的涉税疑点为：

①该公司自 2014 年 2 月开始增值税销售收入突增，2014 年销售收入 3 054 万元，缴纳增值税 1.09 万元，增值税税负 0.03%，增值税实际税负畸低。

②该公司 2014 年财务报表数据异常（见表 3-25）。

表 3-25　　　　　　　　　**2014 年财务报表数据分析**　　　　　　　单位：万元

科目	金额	科目	金额
营业收入	2 613	存货期末余额	858
营业成本	2 578	应收账款期末余额	1 129.77
毛利率	1.34%	应付账款期末余额	1 510.84
销售费用	7.8	其他应付款	500
管理费用	19.67	资产期末余额	2 114.43
财务费用	0.07	负债期末余额	2 010.84
期间费用合计	27.54	资产负债率	95.10%
期间费用率	1.05%		

该公司毛利率低，销售收入大；应收（付）账款期末余额偏高往来账款、其他应收款挂账严重；期末存货与期末应收账（付）款之比异常，且存货余额大且未见仓储、电费抵扣信息；资产负债率极高，但财务费用极低；销售收入大，但期间费用率极低，期间费用与正常生产经营不匹配。

（2）发票使用分析。购票资格自 2013 年 4 月 18 日—2014 年 3 月 26 日发生三次变更，月限购数量、次限购数量和最高持票量逐次增加，增值税专用发票领购急剧增长；从该公司上下游交易信息分析：上下游交易不匹配，13% 的进项占比高达 97%，无运输、仓储抵扣发票的信息，开具专票金额 17% 远高 13%，从该公司上下游交易方分析，购、销两头在外地；从该公司增值税专用发票信息分析，发票顶格开具比例高。

2. 身份及生产经营特征分析发现的涉税疑点为：

①税负远低行业参考税负 1.38%~1.44%;

②无运费和仓储费不符合冷冻食品行业特征。

3. 风险识别结果指向分析发现的涉税疑点为:

①13%进项17%销项的批发业纳税人虚开增值税专用发票风险;

②增值税专用发票顶格开具占比高;

③2014 年销售金额和专用发票开具量突增。

评估人员经过上述三个方面分析,发现该公司存在虚开专用发票重大嫌疑,但直接移送稽查证据尚不充分,准备采用约谈、实地检查的方式对该公司实施纳税评估,制定的纳税评估预案见表3-26。

表 3-26 纳税评估预案

纳税人名称	××贸易有限公司	纳税人识别号	3209×××6025050×	
评估所属期	2013.01.01—2014.12.31	评估完成时限	2015.6.1	
预案制作人员	刘××、宋××	制作时间	2014.5.21	
评估检查人员	宋××、王××			
评估检查团队及成员组成	团队负责人:王×× 成员:宋××、王××			
检查准备内容	学习相关增值税专用发票政策、了解商贸企业虚开增值税专用发票的手段。掌握检查应付款及其他应收款、期间费用等注意点。			
纳税评估事项目录及检查方式				
序号	纳税评估事项	拟检查内容	拟检查方法	拟检查人员
1	销售收入突增	核实企业销售规模突增的原因	约谈	宋××、王××
2	税负畸低且长期存在大额留抵税金	核对进销差价,是否存在多结转成本或虚抵进项发票的情况	实地检查账簿凭证——信函调查	宋××、王××
3	期间费用与生产经营不匹配	核实企业的日常经营情况及开支项目,确认期间费用是否正常	约谈——实地检查账簿凭证	宋××、王××
4	期间费用与生产经营不匹配	核实企业的日常经营情况及开支项目,确认期间费用是否正常	约谈——实地检查账簿凭证	宋××、王××
5	存货余额大且未见仓储、电费抵扣信息	核实企业的货物流,有无仓库,核实期末存货的真实性。核对进销存明细账,盘点仓库库存	实地检查商品货物、账簿凭证	宋××、王××

续表

序号	纳税评估事项	拟检查内容	拟检查方法	拟检查人员
6	未见运输发票抵扣信息，与两头在外经营情况不符	核实企业的货物流及物流操作流程	约谈	宋××、王××
7	上下游经营范围不匹配	了解企业"两头在外"的原因以及下游非食品行业大批量购买食品的真实性	约谈	宋××、王××
8	顶格开具比例高	了解货物交易的真实性	约谈	宋××、王××
9	进销项税率匹配异常	核查上下游交易的真实性，了解企业有无加工环节	信函调查——约谈	宋××、王××
审议意见：同意实地检查。				

评估人员经审批后对××贸易有限公司实施实地检查，一是评估人员约谈该公司的法人代表、财务人员，询问相关的涉税问题；二是评估人员到该公司实际经营场地审查账册凭证及其他经营资料等，评估人员得到如下的实地检查结论：

1. 获取相关资料，确认企业确无加工、仓储能力和运输环节；

2. 该公司没有提供相关资料，无法对资金流、物流及票流等诸多疑点作出合理解释。

综上所述，该公司虚开增值税专用发票的风险基本确认，符合移送稽查相关条款规定的条件。据此，评估人员提出提请稽查建议书建议，制作《移送稽查建议书》（见表3-27）及《资料移送目录》，连同其他应对相关资料一起提交任务管理部门审议。

表3-27　　　　　　　　移送稽查建议书

纳税人名称	某机电配件厂	纳税人识别号	32498075308××××
评估所属期	2014.1.1—2014.12.31	评估检查人员	宋××、王××
检查情况			

针对该公司存在的销售收入突增、税负畸低且长期存在大额留抵税金等九个涉税疑点，评估人员约谈该公司的法人代表、财务人员，无法对公司存在的涉税疑点作出合理的解释，也无法提供纳税异常的合法、合理的证明材料；评估人员该公司的账册凭证及其他经营资料等进行审查，该公司无法对资金流、物流及发票流等诸多疑点作出合理解释。

续表

纳税人名称	某机电配件厂	纳税人识别号	32498075308××××
评估所属期	2014.1.1—2014.12.31	评估检查人员	宋××、王××
提请移送稽查理由			

该公司虚开增值税专用发票的风险基本确认，理由如下：

1. 获取相关资料确认企业确无加工、仓储能力和运输环节。

2. 该公司无法对资金流、物流及票流等诸多疑点作出合理解释，不能自我举证，需进一步外调检查以证明其有无虚开增值税专用发票的事实。

基于以上两个理由，评估人员认为该公司违反了《税收征管法》等法律的规定，参考总局《纳税评估管理办法(试行)》的要求，评估人员根据实地检查的结论提请移送稽查进一步查处。

案件后续情况：

稽查局经过税务稽查最终确认企业如下违法事实：

1. 购进冷冻产品取得虚开 13% 税率的增值税专用发票，对外虚开 17% 税率的食品增值税专用发票，但抵扣联品名已被变造为电子元器件、钢材、焦丁、焦炭、原煤、刀具等内容。

2. 收取 3% 手续费虚开增值税专用发票 292 份，下游涉及云南××矿业有限责任公司等 21 户企业，价税合计 3 273 万元，涉及税款 475 万元。

3. 通过中间人支付 0.8%~1% 手续费取得上海××食品有限公司等四户企业虚开的增值税专用发票进行抵扣。

第三节　税　额　确　定

税额确定有两种程序，即税额确定的一般程序和税额确定的核定程序，这两种程序在评估检查阶段都可以使用。

一、税额确定的一般程序

(一) 税额确定的一般程序概念、情形和程序要求

1. 税额确定的一般程序的概念

对案头检查阶段能够确认或排除全部涉税风险点的纳税人，根据案头检查情况确定应纳税额，并制作《税额确定意见书》，经审核同意后，约谈纳税

人，告知调整其税法义务的事由、依据、调整后的计税依据和应纳税额，以及纳税人依法享有说明、举证的权利等。纳税人对告知内容在约定的缴款期限内进行修正申报或举证核实。

税额确定的一般程序的业务流程如图 3-12 所示。

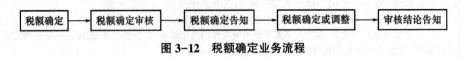

图 3-12　税额确定业务流程

2. 适用一般程序进行税额确定的情形

税务机关没有证据证明纳税人在账簿、发票凭证、纳税资料的设置、使用、保管和申报方面违反以下法律规定的，可以推定纳税人会计核算健全，采用查账方式确定纳税人的税法义务。其主要依据有：

①《税收征管法》第十九条规定，纳税人、扣缴义务人按照有关法律、行政法规和国务院财政、税务主管部门的规定设置账簿，根据合法、有效凭证记账，进行核算。

②《税收征管法》第二十一条规定，单位、个人在购销商品、提供或者接受经营服务以及从事其他经营活动中，应当按照规定开具、使用、取得发票。

③《税收征管法》第二十四条第一款规定，从事生产、经营的纳税人、扣缴义务人必须按照国务院财政、税务主管部门规定的保管期限保管账簿、记账凭证、完税凭证及其他有关资料。账簿、记账凭证、完税凭证及其他有关资料不得伪造、变造或者擅自损毁。

④《税收征管法》第二十五条第一款规定，纳税人必须依照法律、行政法规规定或者税务机关依照法律、行政法规的规定确定的申报期限、申报内容如实办理纳税申报，报送纳税申报表、财务会计报表以及税务机关根据实际需要要求纳税人报送的其他纳税资料。

3. 适用一般程序的程序要求——查账方式

（1）申请报批

税务人员选择以查账方式对纳税人的应纳税额进行确定的，应按照内部规定权限报批。

（2）审核比对

税务人员将纳税人报送的申报表、财务报表等相关涉税资料与纳税评估过程中责成纳税人提供的、向纳税人调取的、通过第三方调查获得账簿、凭证、证明等涉税资料进行审核比对。

（3）确定应纳税额

通过审核纳税人的账簿、发票凭证、纳税资料等，计算纳税人的税额，并与纳税人已经申报的税额进行比对，确定其应纳税额。

对于风险点指向明确的纳税人，选择信函或约谈方式，与纳税人沟通一致，计算确定计税依据和应纳税额。

具体程序要求参见本章第一节信函、约谈的相关内容。

（二）税额确定审核

税额确定审核人员，根据《税额确定意见书》内容，对税额确定过程中确定的税额和已固定的证据，初步进行合理性审核。

（三）税额调整告知

审核同意后，制作《询问通知书（约谈）》，送达纳税人，告知调整其税法义务的事由、依据，调整后的计税依据和应纳税额、缴款期限，以及纳税人依法享有说明举证的权利等。

（四）税额确定或调整

1. 对告知的检查结论无异议的，纳税人应当在约定的缴款期限内对历史申报情况进行修正申报；对告知的检查结论有异议的，纳税人应当书面陈述理由并提供相关佐证资料，或者携带相关佐证资料到税务机关办公场所陈述说明。评估检查人员接收到纳税人提供的举证资料后，应当就纳税人提出异议的部分重新进行审核。审核后认为纳税人提供的理由及证据可以采信的，应对《税额确定意见书》进行相应调整，并保留进一步审核的权力；认为纳税人提供证据的可信度需做进一步审核的，应当进行补充调查，并根据调查结果确定是否采信；认为不予采信的应维持《税额确定意见书》中的结论。

2. 约谈人员不得少于两名，根据约谈情况，制作《询问（调查）笔录（纳税申报审核结论告知)》。

（五）相关文书

1.《税额确定意见书》。

【案例 3-33】2015 年 4 月，江苏某市税务局对该市某家具有限公司 2014 年度进行纳税评估，根据评估结果确定的应补税额，出具税额确定意见书（见表 3-28）。

表 3-28 税额确定意见书

纳税人名称	江苏××家具有限公司	纳税人识别号	321×××××××1009
评估所属期	2014 年	评估检查人员	×××
评估时间	2015.4.25—2015.4.30		
检查情况			
1. 未发现与其投资方的股权转让和经营交易行为，疑点 1、2 可以排除； 2. 处置下脚料未确认其他业务收入 48 290 元，计提销项税金 8 209.3 元； 3. 购买意外险不得税前扣除，纳税调增 81 000 元； 4. 原材料用于在建工程，应转出进项税额 18 700 元； 5. 库存商品用于赠送应视同销售，计提销项税金 2 815.71 元，确认所得税收入 16 563 元； 6. 代销款项应计提销项税金 7 820 元，确认所得税收入 46 000 元；			
税额确定情况			
按照上述案头检查内容，依据增值税暂行条例和所得税法相关规定，应调增销项税额 18 845.01 元，进项税额转出 18 700 元，所得税纳税调增 143 563 元。			

2.《询问通知书（约谈）》及送达回证见表 3-29、表 3-30。

表 3-29 询问通知书

××市××区税务局
询问通知书
××税询〔2015〕0168 号
××门窗制造有限公司： 　　根据《中华人民共和国税收征收管理法》第五十四条第（四）项规定，请您单位法人代表或其委托的财务负责人于 2015 年 6 月 3 日 9 时到××区税务局 1109 办公室就下列涉税事宜接受询问。 　　涉税事宜： 　　1. 您公司 2014 年的毛利率与 2013 年相比下降了 39%，降幅较大，为什么？ 　　2. 您公司其他应付款金额巨大，截至 2013 年年末为 3 165 万元，截至 2014 年年末为 2 956 万元，具体是何内容？

续表

3. 您公司的销售费用占收入比重较大,特别是 2013 年销售费用达 364 万元,占收入比重达 64.25%,为什么?

4. 您公司的无形资产金额较大,具体是何内容? 无形资产摊销是否符合税法规定?

5. 您公司的其他应收款是何内容? 是否存在无息关联融出情况?

6. 您公司收入确认原则是什么? 有无收入挂往来情况?

……

联系人员:郑××

联系电话:58198875

税务机关地址:××市××区街西南路 82 号

税务机关(签章)

2015 年 5 月 25 日

法律提示:

1. 接受询问时您需要提供加盖公章的合法书面授权文件及您的身份证复印件。

2. 如果您的解释说明需要附佐证资料的,请一并准备好您认为有必要的所有佐证资料并加盖公章。

3. 如果您未在指定日期到我局办公场所接受询问,按照《中华人民共和国税收征收管理法》等有关法律、法规规定,您将可能承受行政处罚等不利法律后果。

4. 请妥善保存本通知。如需协助,请与我局联系。

使用说明:

1. 本通知书依据《中华人民共和国税收征收管理法》第五十四条设置。

2. 适用范围:检查人员就涉税事宜向有关人员进行询问时使用。

3. 抬头处填写被查对象名称;"请"横线处填写接受询问人员姓名;询问的时间可填写到"日"也可填写到"时";"到"横线处填写税务机关名称。

4. 本通知书应列明具体涉税事宜,并应当注明税务人员及联系电话、税务机关地址。

5. 本通知书与《税务文书送达回证》一并使用。

6. 本通知书为 A4 竖式;一式二份,一份送被询问人,一份装入卷宗。

表 3-30　　　　　　　　税务文书送达回证

送达文书名称	纳税申报审核结论告知书
××税通[2015]0098 号	
受送达人	××化工有限公司
送达地点	××化工有限公司财务科
受送达人签名或盖章	张×× 2015 年 1 月 15 日 10 时 30 分
代收人代收理由、签名或盖章	年　月　日　时　分
受送达人拒收理由	年　月　日　时　分
见证人签名或盖章	年　月　日　时　分
送达人签名或盖章	张×× 史×× 2015 年 1 月 15 日 10 时 20 分
填发税务机关	××税务局第五分局(签章) 2015 年 1 月 15 日 9 时 20 分

3. 《询问（调查）笔录（纳税申报审核结论告知）》（见表3-31）。

表3-31　　　《询问（调查）笔录（纳税申报审核结论告知）》

××县税务局

询问（调查）笔录

共　页第　页

时间:2015年1月8日　　地点:××县税务局

询问人:××××××　　记录人:袁××　严××

被询问人姓名:钱××　　性别:男　年龄:48

证件种类:身份证　证件号码:326222196708281539

工作单位:××化工有限公司　职务:＿＿＿＿＿　联系电话:13961755587

住址:××县友谊路翠苑新村358号

　　问:我们是××县税务局的工作人员×××和×××,这是我们的税务检查证,证件号码:税0200088、税0200103。经我局于2014年12月5日至2014年12月25日对你(单位)2012年1月1日至2013年12月31日的纳税申报情况进行审核,现将审核结论对你(单位)进行告知。

　　一、你(单位)申报的事实情况如下:

　　(一)纳税申报审核的事实依据、法律依据及拟作出的审核结论:

　　1. 增值税方面

　　2012年至2013年你公司购进彩钢板、钢材等用于改造冰库534 952.71元。抵扣进项税额90941.96元,根据增值税暂行条例第十条第一款及实施细则第二十三条规定,用于非应税项目购进货物不得抵扣进项税额,应作进项转出90 941.96元。

　　2. 企业所得税方面

　　你公司多计提职工工资费用,其中2012年113 755.05元,2013年79 497.16元;购进原材料305 205.8元未按规定取得发票;管理费用列支不规范,其中2012年71 885元,2013年76 252.43元;销售费用未按规定取得发票,其中2012年113 264.7元,2013年555 541.48元;营业外支出列支环保、车辆等罚款87 470.87元,购进企业所得税法第八条、第十条相关规定合计补缴2012年度企业所得税254 188.6元,补缴2013年度企业所得税315 418.2元。

　　二、你(单位)有陈述申辩的权利。如对我局告知的内容有异议的,请于2015年1月13日前,向我局提供书面说明或证明材料;逾期未提供的,视同对我局拟作出的审核结论无异议。

询问人:××××××　　记录人:袁××、严××

被询问人:钱××(签字并押印)2015年1月8日

　　法律提示:

　　1. 您需要立即办理的事项:

　　如果您对本通知书的内容有异议,请您于2015年1月13日前到我局进行陈述申辩或者将陈述申辩材料并附相关佐证资料加盖公章送交或寄给我局。

　　2. 如果在2015年1月13日前,您没有到我局进行陈述申辩或者我局没有收到您的陈述申辩材料或佐证资料,或者您书面确认无异议的,我局将认为您认可《税务事项通知书(纳税申报审核结论告知)》中的内容,我局将据此作出纳税申报审核决定。

　　3. 对于您按期到我局作出的陈述申辩或者按期提供的陈述申辩材料和佐证资料,我局将仅就您提出异议的部分重新审核,并将视情况作出不同的处理。

　　对于您提供的陈述申辩理由及佐证资料予以采信的,将对纳税申报审核结论进行调整,并保留进一步审核的权利;

　　对于您提供的陈述申辩理由及佐证资料的可信度需做进一步审核的,将补充调查,根据调查结果确定是否采信;

对于您提供的陈述申辩理由及佐证资料不予采信的,将维持纳税申报审核结论。
4. 如果做虚假陈述或提供虚假资料:
我局将按照《中华人民共和国税收征收管理法》第七十条责令您限期改正,并可能采取进一步的处理措施,您需要承担由此带来的不利后果。
5. 如果您涉及编造虚假计税依据:
我局将按照《中华人民共和国税收征收管理法》第六十四条第一款责令您限期改正,并可能采取进一步的处理措施,您需要承担由此带来的不利后果。
以上询问我已详细阅读或听清楚税务人员宣读的内容。同时,对于税务人员的告知内容我已了解清楚。
询问人:×××××× 记录人:袁××、严××
被询问人:钱××(签字并押印) 2015 年 1 月 8 日

二、税额确定的核定程序

(一) 税额确定核定程序的定义

税额核定是税务机关在纳税人不能真实、完整、准确、及时提供纳税资料的情况下,评定应纳税额的一种方式。

税额核定是税收推定,区别于税收查账确定和明确风险点的调整确定。

在核定方式下,税务机关可以不依赖纳税人的数据,依法选择一定的参照系数直接计算确定纳税人的应纳税额。

税额确定的核定程序主要基于税务机关的合理推定,对纳税人申报的计税依据中某一项或某几项进行调整,从而引起对应纳税额的调整。

在案头检查过程中,有证据证明纳税人符合税额确定(核定)的法定条件的,可以终止检查程序,以掌握的涉税信息为基础,按照法定程序,选择合适的方法,对纳税人的应纳税额进行核定,并制作《税额确定意见书》;经审核同意后,约谈纳税人,告知调整其税法义务的事由、依据、调整后的计税依据和应纳税额,以及纳税人依法享有说明、举证的权利等。纳税人对告知内容进行修正申报或举证核实。税额确定的核定程序业务流程如图 3-13 所示。

图 3-13 税额确定业务流程

（二）适用税额确定的核定程序的条件

1. 根据《税收征管法》第三十五条第一款规定，纳税人有下列情形之一的，税务机关有权核定其应纳税额：

（1）依照法律、行政法规的规定可以不设置账簿的；

（2）依照法律、行政法规的规定应当设置账簿但未设置的；

（3）擅自销毁账簿或者拒不提供纳税资料的；

（4）虽设置账簿，但账目混乱或者成本资料、收入凭证、费用凭证残缺不全，难以查账的；

（5）发生纳税义务，未按照规定的期限办理纳税申报，经税务机关责令限期申报，逾期仍不申报的；

（6）纳税人申报的计税依据明显偏低，又无正当理由的。

2. 根据《税收征管法》第三十六条规定，企业或者外国企业在中国境内设立的从事生产、经营的机构、场所与其关联企业之间的业务往来，应当按照独立企业之间的业务往来收取或者支付价款、费用；不按照独立企业之间的业务往来收取或者支付价款、费用，而减少其应纳税的收入或者所得额的，税务机关有权进行合理调整。

3. 根据《税收征管法》第三十七条规定，对未按照规定办理税务登记的从事生产、经营的纳税人以及临时从事经营的纳税人，由税务机关核定其应纳税额，责令缴纳。

值得关注的是，目前的征管法中已经有上述三条规定，赋予税务机关具有核定税款的基本权力，为了进一步强化应纳税额核定的法律依据，在征管法的修订稿中，继承了这三个条款，并且新增了一个章节——税额确认，把这三个条款都归集在"税额确认"章节中，使得税额核定的权力更加明确和突出。

（三）税额确定的核定程序要求

1. 申请报批，确定采用核定方式；

2. 选择计算公式；

3. 数据准备；

4. 核定询问记录；

5. 税额调整计算确定。

选择以核定方式对纳税人的应纳税额进行确定的，首先要收集、固定证据资料，判断是否符合税额确定的核定程序；符合条件后，需经所在部门负责人审批同意；经审批同意后，税务人员根据收集、固定的证据资料，依税种选择具体核定方法、计算公式，确定其调整税额，采用一种方法不足以正确核定应纳税额时，可以同时采用两种或两种以上的方法核定。采用两种以上方法进行核定结果不一致的，适用核定税款数额较高的方法。税额确定后制作《税额确定意见书》并将其提交审核。

（四）税额确定（核定）的具体方法

1. 适用于各税种

《税收征管法实施细则》第四十七条：纳税人有税收征管法第三十五条或者第三十七条所列情形之一的，税务机关有权采用下列任何一种方法核定其应纳税额：

①参照当地同类行业或者类似行业中经营规模和收入水平相近的纳税人的税负水平核定；

②按照营业收入或者成本加合理的费用和利润的方法核定；

③按照耗用的原材料、燃料、动力等推算或者测算核定；

税务机关在税额核定、实施税务行政处理、税务行政处罚等具体行政行为时，应当依照税法的有关规定履行证明责任。国家税务总局的复函、批复以及部门规范性文件均不属于法院在审理税务行政诉讼案件中的法定定案依据，税务机关不能以国家税务总局的复函、批复等文件代替证明责任的履行。由于存在事实认定不够清楚、不够全面的先天不足，国家税务总局在给各地税务机关下发复函、批复等文件时往往出现与事实不符的偏差结论，甚至出现适用税法错误或者不当的结论。因此，法院在审理税务行政诉讼案件时应当严格依照我国行政诉讼法以及税法的规定准确判断总局复函、批复的适用效力，避免枉法裁判。

【案例3-34】×市地方税务局稽查局获总局批复对A公司核定税额仍败诉案。

2014年12月16日，×市中级人民法院对该市A房地产开发有限公司（简称A公司）诉该市地方税务局稽查局税务行政处罚上诉案作出二审判决，认定×市地方税务局稽查局作出的×市地税稽罚〔2012〕××号《税务行政处罚决定书》属于认定事实不清，主要证据不足，判决驳回了×市地方税务局稽查局的上诉请求，并维持了本案的一审判决，纳税人获得胜诉。

一、案情简介

（一）A公司向关联单位的离退休职工低价售房

×市B投资发展有限责任公司（简称B公司），是×市供销社下属的全民所有制企业，2002年完成公司制改革。B公司现股东为供销社子公司C集团有限公司（简称C公司）、职工持股会以及民营资本。C公司同时是A公司的控股公司。

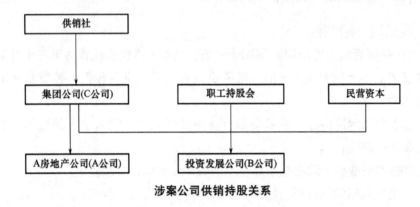

涉案公司供销持股关系

投资公司从全民所有制企业改制为公司后，离退休职工收入低，住房条件差，且组织了多次集体上访，造成了不良的社会影响。当地相关部门及领导要求市供销社妥善处理该问题。

2010年3月，市供销社向C公司下发《关于B公司离退休职工申请购房的报告》（×供联发〔2010〕×××号），决定"考虑到B公司老职工收入低、住房条件差、生活困难多，考虑到他们工作多年，为供销合作事业做出过贡献的实际情况，切实解决信访突出问题，维护社会大局稳定，同意C公司关于B公司离退休职工申请购房的请求，售房价格在2009年12月价格的基础上优惠20%向投资公司离退休职工售房"。

2010年3月底，A公司依据集团C公司指示以及市供销社2010年第×××号批复，将其开发的××花苑项目中的住宅按照2009年12月的市场价格下调20%的价格向B公司的离退休职工销售，并于2010年年底销售完成。

（二）税务机关查补A公司因低价售房少缴的营业税并处一倍罚款

2011年7月19日，×市地方税务局稽查局（简称稽查局）向A公司发出了《税务检查通知书》，告知稽查局将对 A 公司 2009 年 1 月 1 日至 2010 年 12 月 31 日期间涉税情况进行检查。

2012 年 6 月，稽查局对 A 公司作出《税务行政处理决定书》，认定 A 公司 2010 年以低于市场价格销售给 B 公司离退休职工住宅的行为应按同期市场价格进行调整补缴营业税，调整金额为 2 494 258.77 元，少缴营业税 124 712.94 元，并要求 A 公司对少缴的营业税及相关税费进行补缴。2012 年 10 月 31 日，稽查局对 A 公司作出《税务行政处罚决定书》（×市地税稽罚〔2012〕××号），对 A 公司处以少缴税款一倍的罚款。

A 公司已按照稽查局的要求缴纳相关税费及罚款。

（三）A 公司不服并起诉，获一审胜诉

A 公司对该税务处罚决定不服，向×市人民法院（简称一审法院）提起行政诉讼。

一审法院经审理认为，稽查局在无价格认定行政职权的情况下，以 A 公司在 2010 年以低于市场价格销售给 B 公司离退休职工住宅为由，直接以同期市场价格对 A 公司进行调整补缴营业税，并据此认定 A 公司少缴营业税 124 712.94 元，属于越权行政，判决撤销×市地税稽罚〔2012〕××号《税务行政处罚决定书》）。

（四）税务机关不服并上诉，获总局复函支持

稽查局对一审法院的判决不服，向×市中级人民法院（简称二审法院）提起上诉。二审法院于 2013 年 10 月 23 日受理本案，并于 2013 年 12 月 2 日公开开庭进行了审理。

在二审法院对本案进行审理过程中，2013 年 11 月 28 日，稽查局向国家税务总局递交《关于征收营业税核定营业额有关问题》（×市地税发〔2013〕×××号），该文载明：

"我市地税稽查局在税务稽查过程中，发现 A 公司销售给原拥有土地使用权单位职工的部分商品的价格，与其向其他社会个人销售同类商品房的价格相差较大，税务机关依法核定了其营业额征收营业税。纳税人认为，低价销售的商品房，虽销售价格明显低于市场价格，但其是依据房屋原拥有土地使用权单位的主管部门的批复定价的，应属正当理由，税务机关不应按核定的营业额征收营业税。我们认为，A 公司低价将商品房销售给原拥有土地使用权单位职工的行为，应属关联企业间违反独立交易原则所进行的交易。因此，A 公司以原拥有土地使用权单位的主管部门的批复为依据低价销售商品房，

不属于正当理由。"

2013 年 12 月 24 日，国家税务总局办公厅向稽查局发回了税总办函〔2013〕×××号文件，支持稽查局依照《中华人民共和国营业税暂行条例》及其实施细则的规定进行税额核定，该文载明：

"纳税人将同类商品房销售给关联企业职工，价格明显低于销售给其他无关联关系的购房者的价格的，属于《中华人民共和国营业税暂行条例》第七条所称价格明显偏低并无正当理由的情形，主管税务机关可以按照《中华人民共和国营业税暂行条例实施细则》第二十条的规定核定其营业额。"

（五）二审法院依法审判，对总局复函不予适用

二审法院经审理认为，A 公司向 B 公司离退休职工让利销售房屋，属于解决老国企退休职工住房困难、防止群体事件发生、化解社会矛盾的善意之举，稽查局认定为"明显低于市场价格且无正当理由"显属事实认定不清，主要证据不足；税总办函〔2013〕×××号文件不属于部门规章，不能作为本案的定案依据。二审法院依据《中华人民共和国行政诉讼法》第七十条第（一）项的规定，判决驳回稽查局的上诉，维持一审判决主文部分。

二、案情分析

（一）税总办函〔2013〕×××号文件事实认定不清

本案被告×市地方税务局稽查局在向国家税务总局请示时，仅向国家税务总局阐述了 A 公司依据其上级单位×市供销社下发的批复向其关联单位 B 公司的离退休职工低价售房，但并未阐述 B 公司的离退休职工的生活困难情况，以及低价售房是以维护社会稳定、切实解决离退休职工生活困难为主要理由的事实。因而国家税务总局在研究本案时并没有全面掌握低价售房的现实情况和具体事实，导致发回的税总办函〔2013〕×××号复函对本案的事实认定不清。

（二）国家税务总局的复函不能作为定案依据

《中华人民共和国行政诉讼法》第六十三条规定："人民法院审理行政案件，以法律和行政法规、地方性法规为依据。地方性法规适用于本行政区域内发生的行政案件。人民法院审理民族自治地方的行政案件，并以该民族自治地方的自治条例和单行条例为依据。人民法院审理行政案件，参照规章"。

据此条规定，法院审理行政案件的法定定案依据仅包括法律、行政法规、地方性法规、自治条例、单行条例以及规章。国家税务总局等国务院各部委作出的复函、批复甚至部门规范性文件均不属于法定的定案依据。本案中税总办函〔2013〕×××号文件不属于部门规章，不能作为本案的定案依据。

（三）A公司低价售房具有正当理由，稽查局应当承担举证不利后果

1. 税务机关具有核定应纳税额的法定权限

《中华人民共和国税收征收管理法》第三十五条规定："纳税人有下列情形之一的，税务机关有权核定其应纳税额：（六）纳税人申报的计税依据明显偏低，又无正当理由的。"《中华人民共和国营业税暂行条例》第七条规定："纳税人提供应税劳务、转让无形资产或者销售不动产的价格明显偏低并无正当理由的，由主管税务机关核定其营业额。"据以上规定，税务机关具有核定纳税人应纳税额的法定权限。

但是，税法不仅赋予了税务机关核定应纳税额的权力，而且对这项权力设置了限制。税务机关只有在对纳税人"价格明显偏低并无正当理由"的事实充分举证的条件下，才有权实施税额核定的权力。

本案中，稽查局依据《中华人民共和国营业税暂行条例》第七条的规定对A公司实施了营业税的核定征收，应当承担"价格明显偏低且无正当理由"的证明责任。

2. 稽查局无法证明低价售房无正当理由，应当承担举证不利后果

本案中，A公司之所以低价向其关联单位B公司的离退休职工低价售房，理由是为了解决B公司改制后离退休职工的生活困难问题、维护社会稳定、防止群体事件发生、化解社会矛盾，并对离退休职工对当地供销合作事业做出的贡献进行补偿。这一事实在本案一审和二审过程中均由A公司提出有力的证据资料，一审法院与二审法院对这一事实均予以认可。

由于稽查局应当承担"价格明显偏低且无正当理由"的证明责任，但在一审和二审中均没有提出有力证据证明"无正当理由"，因此，稽查局应当承担举证不利的后果。稽查局依据营业税暂行条例第七条的规定向A公司作出的税务处理决定和税务处罚决定属于事实认定不清、主要证据不足，依照《中华人民共和国行政诉讼法》第七十条第（一）项之规定应予撤销。

2. 适用于增值税

（1）税务机关依照《增值税暂行条例》第七条、《增值税暂行条例实施细则》第四条、第六条、第七条的规定，决定对纳税人进行税收核定的，可以依照《增值税暂行条例实施细则》第十六条的规定按下列顺序确定销售额：

①按纳税人最近时期同类货物的平均销售价格确定；

②按其他纳税人最近时期同类货物的平均销售价格确定；

③按组成计税价格确定。组成计税价格的公式为：

$$组成计税价格 = 成本 \times (1 + 成本利润率)$$

属于应征消费税的货物，其组成计税价格中应加计消费税额。

（2）税务机关依照《增值税暂行条例实施细则》第三十四条的规定，决定对纳税人进行税收核定的，应按销售额依照增值税税率计算应纳税额，不得抵扣进项税额，也不得使用增值税专用发票。

3. 适用于消费税

税务机关决定采取核定方式对应税消费品的计税价格进行核定的，应当依照《消费税暂行条例》第十条、《消费税暂行条例实施细则》第二十一条的规定税额计算规则进行：

（1）卷烟、白酒和小汽车的计税价格，按照国家税务总局核定的价格进行确定；

（2）其他应税消费品的计税价格，按照由省、自治区和直辖市国家税务局核定的价格进行确定；

（3）进口的应税消费品的计税价格，按照由海关核定的价格进行确定。

4. 适用于企业所得税

（1）税务机关认为纳税人存在《企业所得税法》第四十一条、第四十七条情形，依照《税收征管法》第三十六条对纳税人的所得税应纳税额进行调整的，可以依照《企业所得税法实施条例》第一百一十一条规定的以下合理方法进行：

①可比非受控价格法。按照没有关联关系的交易各方进行相同或者类似业务往来的价格进行定价的方法；

②再销售价格法。按照从关联方购进商品再销售给没有关联关系的交易方的价格，减除相同或者类似业务的销售毛利进行定价的方法；

③成本加成法。按照成本加合理的费用和利润进行定价的方法；

④交易净利润法。按照没有关联关系的交易各方进行相同或者类似业务往来取得的净利润水平确定利润的方法；

⑤利润分割法。将企业与其关联方的合并利润或者亏损在各方之间采用合理标准进行分配的方法；

⑥其他符合独立交易原则的方法。

（2）税务机关认为纳税人存在《企业所得税法》第四十五条情形，对纳税人的所得税应纳税额进行调整时，计入中国居民企业股东当期的视同受控外国企业股息分配的所得，应按以下公式计算：

中国居民企业股东当期所得=视同股息分配额×实际持股天数÷受控外国企业纳税年度天数×股东持股比例

中国居民股东多层间接持有股份的，股东持股比例按各层持股比例相乘计算。

（3）《企业所得税法实施条例》第一百一十五条规定，税务机关依照企业所得税法第四十四条的规定核定企业的应纳税所得额时，可以采用下列方法：

①参照同类或者类似企业的利润率水平核定；

②按照企业成本加合理的费用和利润的方法核定；

③按照关联企业集团整体利润的合理比例核定；

④按照其他合理方法核定。

企业对税务机关按照前款规定的方法核定的应纳税所得额有异议的，应当提供相关证据，经税务机关认定后，调整核定的应纳税所得额。

（五）税额确定（核定）审核

税额确定审核岗人员，根据《税额确定意见书》内容，对"税额确定（核定）"过程中已固定的证据和确定的调整税额，进行合理性审核。

（六）税额确定（核定）告知

审核同意后，制作《询问通知书（约谈）》，送达纳税人，告知调整其税法义务的事由、依据、调整后的计税依据和应纳税额，以及纳税人依法享有的说明举证权利等。

（七）税额确定（核定）调整

1. 对告知的检查结论无异议的，纳税人应当在约定的缴款期限内对历史申报情况进行修正申报；对告知的检查结论有异议的，纳税人应当书面陈述理由并提供相关佐证资料，或者携带相关佐证资料到税务机关办公场所陈述说明。评估检查人员接收到纳税人提供的举证资料后，应当就纳税人提出异议的部分重新进行审核。审核后认为纳税人提供的理由及证据可以采信的，应对《税额确定意见书》进行相应调整，并保留进一步审核的权力；认为纳税人提供证据的可信度需做进一步审核的，应当进行补充调查，并根据调查结果确定是否采信；认为不予采信的应维持《税额确定意见书》中的结论。

2. 约谈人员不得少于两名，根据约谈情况，制作《询问（调查）笔录（纳税申报审核结论告知)》。

（八）税额确定（核定）时所使用的信息的要求

税额确定（核定）时所使用的信息，应符合下列要求：

1. 税务机关内部的统计数据

计算公式中的行业均值、费用成本、计税价格等数据信息是税务机关内部统计数据计算出的，税务机关应当确保该数据来源合法，引用准确，计算方法准确、合法、合理。

2. 从纳税人处获得的数据

计算公式中的行业均值、费用成本、计税价格等数据信息是由纳税人提供的，数据的真实性、合法性和准确性由纳税人负责。税务机关可以就该数据征询纳税人意见，进一步确认该数据的真实性、合法性和准确性，纳税人提出异议的，应当提供证据。

3. 从第三方处获得的数据

计算公式中的行业均值、费用成本、计税价格等数据信息是从第三方获得的，税务机关应当确保信息的来源合法，数据信息与第三方提供的数据信息比对无误。

4. 通过公开资料收集的数据

税务人员通过公开资料采集的数据资料，税务机关应当确保该数据来源合法，引用准确。

（九）税额确定（核定）使用的文书

同税额确定的一般程序。

第四节　纳税评估检查的中止与终结

一、纳税评估检查的中止与恢复

（一）纳税评估检查的中止

因纳税人发生特殊情形致使评估检查无法正常实施的，可提出中止申请。在案头和实地检查过程中，发现纳税人存在下列情形之一，导致纳税评估检查暂时无法进行的，制作《纳税评估检查中止申请》，提出中止建议。

（1）发现纳税人被认定为非正常户的；

（2）纳税人已依法办结注销手续的；

（3）作为一方的行政机关、法人或其他组织终止，尚未确定权利义务承受人的；

（4）纳税人因不可抗力，不能接受税务机关的询问、检查的；

（5）纳税人的账簿、记账凭证及有关资料被其他国家机关依法调取且尚未归还的；

（6）纳税评估检查涉及法律适用问题，需要送请有权机关作出解释或者确认的；

（7）纳税评估检查的事实依据需要以相关民事、刑事或者其他行政案件的审理结果为依据，而相关案件尚未审结的；

（8）其他应当中止纳税评估检查的法律情形。

（二）纳税评估检查的恢复

经征管部门审批同意的，中止前作出的相关检查报告及记录保留在相关系统中。中止情形消失后，应当及时恢复纳税评估检查工作。

（三）评估中止与恢复的业务流程

1. 评估中止的业务流程

（1）确认纳税人存在需要中止纳税评估的情形；

（2）制作《中止纳税评估申请》，经审批后，中止评估。

评估中止的流程如图 3-14 所示。

图 3-14　评估中止流程

2. 评估恢复

中止评估的情形消失后，根据纳税人的申请或依职权，及时重新启动纳税评估工作。评估恢复的流程如图 3-15 所示。

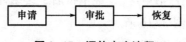

图 3-15　评估中止流程

3. 纳税评估检查中止申请（见表3-32）。

表 3-32   纳税评估检查中止申请

纳税人名称		纳税人识别号	
检查所属期		检查人员	
检查时间			
检查情况			
提请中止理由			
中止类型			

注：中止类型为纳税评估检查中可以申请中止的若干种情形。

二、纳税评估检查的终结

在案头检查过程中，发现纳税评估任务需要终结的，可提出终结应对申请。

（一）纳税评估检查终结的情形

在案头检查过程中，发现纳税人存在下列情形之一，导致纳税评估确实无法进行的，制作《终结应对申请》，经审批后，终结评估。

1. 人民法院已经裁定终结破产程序的；

2. 已经被税务稽查部门依法立案或司法机关立案查处的；

3. 其他需要终结纳税评估的情形。

（二）评估检查终结的业务流程

1. 确认纳税人存在需要终结纳税评估的情形；

2. 制作《终结纳税评估申请》，经审批后，终结评估。

评估终结的流程如图3-16所示。

其中，纳税评估检查终结申请见表3-33。

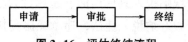

图 3-16　评估终结流程

表 3-33　　　　　　　　　　　　　　纳税评估检查终结申请

纳税人名称	B 超市	纳税人识别号	340222458019883
评估所属期	2014 年	评估人员	××××××
检查情况			
经过对该超市约谈及实地调查后,评估人员对企业法人代表在约谈过程中所提及的事项进行了逐一的认定: 1. 对该公司销售商品未及时作收入问题,根据《中华人民共和国增值税暂行条例》第十九条及《中华人民共和国增值税暂行条例实施细则》第三十三条的规定,B 超市应补记收入 957 264.95 元,应补增值税 162 735.04 元。 2. 涉嫌接受虚开增值税专用发票,已依法移送稽查。 由于没有发现其他明显的疑点,现申请结案。			
提请终结理由			
移送税务稽查部门进一步处理。			
终结类型	其他		

【案例 3-35】2015 年 1 月 15 日,××市税务局根据该市超市行业纳税状况普遍较差的实际,选取了有代表性的 B 超市作为评估对象,成立了由第二税务分局分管副分局长为组长,分局 2 名征管评估科人员为组员的纳税评估小组,通过对该户涉税指标分析、约谈和实地检查,至 2015 年 4 月 20 日,历时三个多月的评估处理终结,B 超市共补申报销售额 957 264.95 元,补税 162 735.04 元,加收滞纳金 2 359.66 元,另外,超市还涉嫌接受虚开增值税专用发票,已依法移送稽查。鉴于被评估对象的实际情况,未发现其他明显的涉税嫌疑,申请结案处理。

第五节　违法违章处理

一、违法违章处理

纳税评估工作中,除了偷税、逃避追缴欠税、骗税、抗税案件应依法移送稽查处理之外，对发现纳税人其他违法、违章行为应追究相应的法律责任。其中，评估检查阶段应做好纳税人违法、违章证据资料的收集和固定工作。

（一）违法违章事实确认

评估工作中发现违法、违章行为，首先要对事实进行确认。违法、违章行为主要包括：违反发票管理、税务登记管理、申报管理、涉税信息报送等法律、法规的税收违法行为，具体情形如下：

1. 《税收征管法》第六十条规定，纳税人有下列行为之一的，由税务机关责令限期改正，可以处 2 000 元以下的罚款；情节严重的，处 2 000 元以上 1 万元以下的罚款：

（1）未按照规定的期限申报办理税务登记、变更或者注销登记的；

（2）未按照规定设置、保管账簿或者保管记账凭证和有关资料的；

（3）未按照规定将财务、会计制度或者财务、会计处理办法和会计核算软件报送税务机关备查的；

（4）未按照规定将其全部银行账号向税务机关报告的；

（5）未按照规定安装、使用税控装置，或者损毁或者擅自改动税控装置的。

纳税人不办理税务登记的，由税务机关责令限期改正；逾期不改正的，经税务机关提请，由工商行政管理机关吊销其营业执照。

纳税人未按照规定使用税务登记证件，或者转借、涂改、损毁、买卖、伪造税务登记证件的，处 2 000 元以上 1 万元以下的罚款；情节严重的，处 1 万元以上 5 万元以下的罚款。

《税收征管法实施细则》第九十条规定，纳税人未按照规定办理税务登记证件验证或者换证手续的，由税务机关责令限期改正，可以处 2 000 元以下的罚款；情节严重的，处 2 000 元以上 1 万元以下的罚款。

2. 《税收征管法》第六十二条规定，纳税人未按照规定的期限办理纳税申报和报送纳税资料的，或者扣缴义务人未按照规定的期限向税务机关报送代扣代缴、代收代缴税款报告表和有关资料的，由税务机关责令限期改正，可以处 2 000 元以下的罚款；情节严重的，可以处 2 000 元以上 1 万元以下的罚款。

3. 《税收征管法》第六十四条规定，纳税人、扣缴义务人编造虚假计税依据的，由税务机关责令限期改正，并处 5 万元以下的罚款。

纳税人不进行纳税申报，不缴或者少缴应纳税款的，由税务机关追缴其不缴或者少缴的税款、滞纳金，并处不缴或者少缴的税款 50% 以上 5 倍以下的罚款。

4.《税收征管法》第六十五条规定，纳税人欠缴应纳税款，采取转移或者隐匿财产的手段，妨碍税务机关追缴欠缴的税款的，由税务机关追缴欠缴的税款、滞纳金，并处欠缴税款 50% 以上 5 倍以下的罚款；构成犯罪的，依法追究刑事责任。

5.《税收征管法》第七十条规定，纳税人、扣缴义务人逃避、拒绝或者以其他方式阻挠税务机关检查的，由税务机关责令改正，可以处 1 万元以下的罚款；情节严重的，处 1 万元以上 5 万元以下的罚款。

《税收征管法实施细则》第九十六条规定，纳税人、扣缴义务人有下列情形之一的，依照税收征管法第七十条的规定处罚：

（1）提供虚假资料，不如实反映情况，或者拒绝提供有关资料的；

（2）拒绝或者阻止税务机关记录、录音、录像、照相和复制与案件有关的情况和资料的；

（3）在检查期间，纳税人、扣缴义务人转移、隐匿、销毁有关资料的；

（4）有不依法接受税务检查的其他情形的。

6.《税收征管法》第七十一条规定，违反本法第二十二条规定，非法印制发票的，由税务机关销毁非法印制的发票，没收违法所得和作案工具，并处 1 万元以上 5 万元以下的罚款；构成犯罪的，依法追究刑事责任。

7.《税收征管法》第七十二条规定，从事生产、经营的纳税人、扣缴义务人有本法规定的税收违法行为，拒不接受税务机关处理的，税务机关可以收缴其发票或者停止向其发售发票。

8.《税收征管法》第七十三条规定，纳税人、扣缴义务人的开户银行或者其他金融机构拒绝接受税务机关依法检查纳税人、扣缴义务人存款账户，或者拒绝执行税务机关作出的冻结存款或者扣缴税款的决定，或者在接到税务机关的书面通知后帮助纳税人、扣缴义务人转移存款，造成税款流失的，由税务机关处 10 万元以上 50 万元以下的罚款，对直接负责的主管人员和其他直接责任人员处 1 000 元以上 1 万元以下的罚款。

《税收征管法实施细则》第九十二条规定，银行和其他金融机构未依照税收征管法的规定在从事生产、经营的纳税人的账户中登录税务登记证件号码，或者未按规定在税务登记证件中登录从事生产、经营的纳税人的账户账号的，由税务机关责令其限期改正，处 2 000 元以上 2 万元以下的罚款；情节严重的，处 2 万元以上 5 万元以下的罚款。

9.《税收征管法实施细则》第九十一条规定，非法印制、转借、倒卖、变造或者伪造完税凭证的，由税务机关责令改正，处 2 000 元以上 1 万元以下的罚款；情节严重的，处 1 万元以上 5 万元以下的罚款；构成犯罪的，依法追究刑事责任。

10.《税收征管法实施细则》第九十三条规定，为纳税人、扣缴义务人非法提供银行账户、发票、证明或者其他方便，导致未缴、少缴税款或者骗取国家出口退税款的，税务机关除没收其违法所得外，可以处未缴、少缴或者骗取的税款 1 倍以下的罚款。

11.《税收征管法实施细则》第九十五条规定，税务机关依照《税收征管法》第五十四条第（五）项的规定，到车站、码头、机场、邮政企业及其分支机构检查纳税人有关情况时，有关单位拒绝的，由税务机关责令改正，可以处 1 万元以下的罚款；情节严重的，处 1 万元以上 5 万元以下的罚款。

12.《中华人民共和国发票管理办法》（以下简称《发票管理办法》）第三十五条规定，有下列情形之一的，由税务机关责令改正，可以处 1 万元以下的罚款；有违法所得的予以没收：

（1）应当开具而未开具发票，或者未按照规定的时限、顺序、栏目，全部联次一次性开具发票，或者未加盖发票专用章的；

（2）使用税控装置开具发票，未按期向主管税务机关报送开具发票的数据的；

（3）使用非税控电子器具开具发票，未将非税控电子器具使用的软件程序说明资料报主管税务机关备案，或者未按照规定保存、报送开具发票的数据的；

（4）拆本使用发票的；

（5）扩大发票使用范围的；

（6）以其他凭证代替发票使用的；

（7）跨规定区域开具发票的；

（8）未按照规定缴销发票的；

（9）未按照规定存放和保管发票的。

13.《发票管理办法》第三十六条规定，跨规定的使用区域携带、邮寄、运输空白发票，以及携带、邮寄或者运输空白发票出入境的，由税务机关责令改正，可以处 1 万元以下的罚款；情节严重的，处 1 万元以上 3 万元以下的罚款；有违法所得的予以没收。

丢失发票或者擅自损毁发票的，依照前款规定处罚。

14.《发票管理办法》第三十七条规定，违反《发票管理办法》第二十二条第二款的规定虚开发票的，由税务机关没收违法所得；虚开金额在 1 万元以下的，可以并处 5 万元以下的罚款；虚开金额超过 1 万元的，并处 5 万元以上 50 万元以下的罚款；构成犯罪的，依法追究刑事责任。

非法代开发票的，依照前款规定处罚。

15.《发票管理办法》第三十八条规定，私自印制、伪造、变造发票，非法制造发票防伪专用品，伪造发票监制章的，由税务机关没收违法所得，没收、销毁作案工具和非法物品，并处 1 万元以上 5 万元以下的罚款；情节严重的，并处 5 万元以上 50 万元以下的罚款；对印制发票的企业，可以并处吊销发票准印证；构成犯罪的，依法追究刑事责任。

前款规定的处罚，《税收征管法》有规定的，依照其规定执行。

16.《发票管理办法》第三十九条规定，有下列情形之一的，由税务机关处 1 万元以上 5 万元以下的罚款；情节严重的，处 5 万元以上 50 万元以下的罚款；有违法所得的予以没收：

（1）转借、转让、介绍他人转让发票、发票监制章和发票防伪专用品的；

（2）知道或者应当知道是私自印制、伪造、变造、非法取得或者废止的发票而受让、开具、存放、携带、邮寄、运输的。

（二）违法违章证据收集

评估工作中，对发现的违法、违章行为，在确认违法、违章事实的同时，应做好相关证据的收集固定工作，为后续的违法、违章处罚提供完整合法的证据。违法、违章证据的收集可以同纳税评估其他相关证据的收集同时进行，但应单独整理归集，确保证据的完整统一。因检查的方式不同，证据的收集可以分为以下几种方式：

1. 电话询问的证据固定

录音资料应当注明制作方法、制作时间、制作人和证明对象等，并附有该声音内容的文字记录。

2. 信函调查的证据固定

（1）税务机关发出的《税务事项通知书》及收回的送达回证或邮件回执。

（2）纳税人提交的说明材料。

3. 约谈说明的证据固定

（1）税务机关发出的《询问通知书》及收回的送达回证或邮件回执。

（2）接受约谈的人员提交的加盖公章的合法书面授权文件及身份证复印件。

（3）《询问笔录》正文部分应采用问答形式，在笔录的起始部分，询问人员应表明身份，并明确告诉被询问当事人法定义务与法定权利。记录询问的内容要真实、准确、详细、具体，不能随意取舍。

（4）笔录有修改的，应当由被询问人在改动处押印。被询问人认为笔录无误后，除在笔录结束处签名并押印外，还应当骑缝押印；被询问人拒绝的，应当注明。最后，询问人、记录人要签署日期并签名，询问人与记录人签名不得相互代签。《询问笔录》一式一份，装入卷宗。

（5）如果纳税人提交书面说明或者相关材料的，税务机关应当保存原件。保存原件确有困难的，应当及时复印、影印，注明与原件核对一致，并要求纳税人签字盖章。

4. 资料检查的证据固定

（1）税务机关发出的《税务事项通知书（提供资料）》及收回的送达回证或邮件回执。

（2）保存税务机关和纳税人双方签字，并加盖税务机关印章的《提供资料清单》原件。

（3）对纳税人提供的资料，税务机关应当保存原件。保存原件确有困难的，应当及时复印、影印，注明与原件核对一致，并要求纳税人签字盖章。

5. 调取账簿的证据固定

（1）税务机关发出的《调取账簿资料通知书》《调取账簿资料清单》及收回的送达回证或邮件回执。

（2）保存税务机关和纳税人双方签字，注明收到和退还时间，并加盖税务机关和被查对象印章的《调取账簿资料清单》原件。

（3）对纳税人提供的账簿、记账凭证、报表和其他有关资料等，税务机关认为需要作为证据保存的，应当及时复印、影印，注明与原件核对一致，并要求纳税人签字盖章。

6. 向银行等第三方获取涉税信息的证据固定

（1）《检查存款账户许可证明》及收回的送达回证。

（2）《税务检查通知书（检通二）》及收回的送达回证。

（3）银行或其他金融机构提供的，加盖公章的从事生产、经营的纳税人、扣缴义务人在银行或者其他金融机构的存款账户信息。

（4）车站、码头、机场、邮政企业及其分支机构提供的，加盖公章的纳税人托运、邮寄应纳税商品、货物或者其他财产的有关单据、凭证和有关资料信息。

二、违法违章处理报告制作

违法、违章证据收集完成后，根据纳税人违法、违章事实，评估检查人员应作出违法、违章处罚建议，并制作《违法违章处理报告》。

《违法违章处理报告》主要内容为：违法、违章事实、违法、违章处理建议和法律依据，见表3-34。

表3-34　　　　　　　　　　违法违章处理报告

纳税人名称		纳税人识别号	
评估所属期		评估检查人员	
评估时间		年　月　日至　年　月　日	
违法违章情形			
处理建议及其法律依据			

第六节　纳税担保与税收保全

一、纳税担保

（一）纳税担保概述

1. 纳税担保的概念

纳税担保，是指经税务机关同意或确认，纳税人或其他自然人、法人、经济组织以保证、抵押、质押的方式，为纳税人应当缴纳的税款及滞纳金提供担保的行为。

纳税担保人包括以保证方式为纳税人提供纳税担保的纳税保证人和其他以未设置或者未全部设置担保物权的财产为纳税人提供纳税担保的第三人。

在纳税评估的准备、实施和处理阶段，如果发现特定纳税人的税款存在无法征收的风险，为防止税款流失，应当及时要求纳税人提供纳税担保。

2. 法律依据

（1）《税收征管法》第三十八条规定，税务机关有根据认为从事生产、经营的纳税人有逃避纳税义务行为的，可以在规定的纳税期之前，责令限期缴纳应纳税款；在限期内发现纳税人有明显的转移、隐匿其应纳税的商品、货物以及其他财产或者应纳税的收入的迹象的，税务机关可以责成纳税人提供纳税担保。如果纳税人不能提供纳税担保，经县以上税务局（分局）局长批准，税务机关可以采取下列税收保全措施。

（2）《税收征管法实施细则》第六十一条规定，税收征管法第三十八条、第八十八条所称担保，包括经税务机关认可的纳税保证人为纳税人提供的纳税保证，以及纳税人或者第三人以其未设置或者未全部设置担保物权的财产提供的担保。

纳税保证人，是指在中国境内具有纳税担保能力的自然人、法人或者其他经济组织。

法律、行政法规规定的没有担保资格的单位和个人，不得作为纳税担保人。

（3）《税收征管法实施细则》第六十二条规定，纳税担保人同意为纳税人提供纳税担保的，应当填写纳税担保书，写明担保对象、担保范围、担保期限和担保责任以及其他有关事项。担保书须经纳税人、纳税担保人签字盖章并经税务机关同意，方为有效。

纳税人或者第三人以其财产提供纳税担保的，应当填写财产清单，并写明财产价值以及其他有关事项。纳税担保财产清单须经纳税人、第三人签字盖章并经税务机关确认，方为有效。

（4）《纳税担保试行办法》（国家税务总局令 2005 年第 11 号）。

3. 适用对象

（1）纳税人有下列情况之一的，适用纳税担保：

①税务机关有根据认为从事生产、经营的纳税人有逃避纳税义务行为，

在规定的纳税期之前经责令其限期缴纳应纳税款，在限期内发现纳税人有明显的转移、隐匿其应纳税的商品、货物以及其他财产或者应纳税收入的迹象，责成纳税人提供纳税担保的；

②欠缴税款、滞纳金的纳税人或者其法定代表人需要出境的；

③纳税人同税务机关在纳税上发生争议而未缴清税款，需要申请行政复议的；

④税收法律、行政法规规定可以提供纳税担保的其他情形。

（2）扣缴义务人按照《税收征管法》第八十八条规定需要提供纳税担保的。

4. 纳税担保范围

纳税担保范围包括税款、滞纳金和实现税款、滞纳金的费用。费用包括抵押、质押登记费用，质押保管费用，以及保管、拍卖、变卖担保财产等相关费用支出。

用于纳税担保的财产、权利的价值不得低于应当缴纳的税款、滞纳金，并考虑相关的费用。纳税担保的财产价值不足以抵缴税款、滞纳金的，税务机关应当向提供担保的纳税人或纳税担保人继续追缴。

用于纳税担保的财产、权利的价格估算，除法律、行政法规另有规定外，由税务机关按照《税收征管法实施细则》第六十四条规定的方式，参照同类商品的市场价、出厂价或者评估价估算。

纳税担保人按照《税收征管法》第八十八条规定需要提供纳税担保的，应当按照抵押、质押方式，以其财产提供纳税担保；纳税担保人已经以其财产为纳税人向税务机关提供担保的，不再需要提供新的担保。

5. 纳税担保的程序

（1）税务机关发现纳税人在纳税限期内有明显的转移、隐匿其应纳税的商品、货物以及其他财产或者应纳税的收入的迹象的，按照法定程序出具《责成提供纳税担保通知书》（见表3-35）及《纳税担保书》（见表3-36）、《纳税担保财产清单》（见表3-37），送达纳税人。

（2）纳税人根据《责成提供纳税担保通知书》的要求，依法填写《纳税担保书》或者《纳税担保财产清单》，经税务机关同意后，办理纳税担保。

（3）纳税担保人同意为纳税人提供纳税担保的，应当填写《纳税担保书》，写明担保对象、担保范围、担保期限和担保责任以及其他有关事项。担保书须经纳税人、纳税担保人签字盖章并经税务机关同意，方为有效。

表3-35   责成提供纳税担保通知书

_____税务局(稽查局)
责成提供纳税担保通知书
_____税担〔 〕____号

_____：

根据《中华人民共和国税收征收管理法》第三十八条第一款规定,限你(单位)于_____年____月____日前向我局提供金额为(大写)_____(￥:_____)的纳税担保,逾期不能提供纳税担保,将依法采取税收保全措施。

如对上述具体行政行为不服,可自本通知书送达之日起六十日内依法向_____申请行政复议或者向人民法院起诉。

税务机关(章)
年   月   日

法律提示：

1. 纳税担保人同意为您提供纳税担保的,应当填写纳税担保书,写明担保对象、担保范围、担保期限和担保责任以及其他有关事项。担保书须经您方、纳税担保人签字盖章并经我局同意,方为有效。

2. 您或者第三人以其财产提供纳税担保的,应当填写纳税担保财产清单,并写明财产价值以及其他有关事项。纳税担保财产清单须经您方、第三人签字盖章并经我局确认,方为有效。

3. 法律、行政法规规定的没有担保资格的单位和个人,不得作为纳税担保人;国家机关不得为保证人,但经国务院批准为使用外国政府或者国际经济组织贷款进行转贷的除外;学校、幼儿园、医院等以公益为目的的事业单位、社会团体不得为保证人;企业法人的分支机构、职能部门不得为保证人,企业法人的分支机构有法人书面授权的,可以在授权范围内提供保证。

4. 纳税担保范围包括税款、滞纳金和实现税款、滞纳金的费用。费用包括抵押、质押登记费用,质押保管费用,以及保管、拍卖、变卖担保财产等相关费用支出。用于纳税担保的财产、权利的价值不得低于应当缴纳的税款、滞纳金,并考虑相关的费用。纳税担保的财产价值不足以抵缴税款、滞纳金的,我局将向提供担保的纳税人或纳税担保人继续追缴。用于纳税担保的财产、权利的价格估算,除法律、行政法规另有规定外,我局将参照同类商品的市场价、出厂价或者评估价估算。

5. 请妥善保存本通知。如需协助,请致电与我局联系。

表3-36   纳税担保书

编号：

纳税人	名称		纳税人识别号	
	地址			
纳税担保人	名称		登记注册类型	
	地址		电话号码	
	开户银行及账号			
担保形式				
担保范围	税款、滞纳金金额（大写）____元以及实现税款、滞纳金入库的费用，滞纳金起算时间为__年__月__日。			
担保期限和担保责任	纳税人于__年__月__日前未缴清应纳税款的，由纳税担保人自收到税务机关纳税通知之日起15日内缴纳税款、滞纳金。 纳税人以自己财产担保的，于__年__月__日前未缴清应纳税款的，税务机关对担保财产采取税收强制执行措施。			

续表

担保财产	用于纳税担保的财产名称及数量		
	附：用于担保的财产证明及份数		
	不动产价值（估价）	（人民币大写）	小写¥
	动产价值（估价）	（人民币大写）	小写¥
	其他财产价值	（人民币大写）	小写¥
	担保财产总价值（估价）	（人民币大写）	小写¥
纳税担保人签字： 证件名称： 证件号码： 纳税担保人（章） 　年　月　日	纳税人签字： 纳税人（章） 　年　月　日		税务机关经办人签字： 税务机关（章） 　年　月　日

表 3-37　　　　　　　　　　纳税担保财产清单

纳税人名称		纳税人识别号			
纳税担保人名称		纳税担保人地址			
纳税担保人证件种类		纳税担保人证件号码			
应纳税款		附担保财产证明的份数			
担保财产名称	担保财产权属	规格	数量	单价	金额
不动产					
不动产合计	（人民币大写）				

续表

动产					
动产合计	（人民币大写）				
担保财产总价值	（人民币大写）				
担保期限及担保责任	担保纳税人于__年__月__日前缴清应纳税款及滞纳金，逾期不缴或少缴的，税务机关依法拍卖或变卖担保财产，以拍卖或变卖所得抵缴税款及滞纳金。				

纳税人签字：	纳税担保人签字：	税务机关经办人签字：
（章） 年　月　日	（章） 年　月　日	税务机关（章） 年　月　日

　　纳税人或者第三人以其财产提供纳税担保的，应当填写《纳税担保财产清单》，写明财产价值以及其他有关事项。纳税担保财产清单须经纳税人、第三人签字盖章并经税务机关确认，方为有效。

　　（4）纳税人不能提供纳税担保的，经县以上税务局（分局）局长批准，税务机关可以根据《税收征管法》第三十八条的规定采取税收保全措施。

　　（5）纳税人在规定期限内缴纳税款的，税务机关应出具《解除纳税担保通知书》（见表3-38），解除其担保责任。

表3-38　　　　　　　　　　解除纳税担保通知书

解除纳税担保通知书 税解担〔　　〕　　　号
＿＿＿＿＿＿＿＿＿＿＿＿： 　　鉴于＿＿＿＿＿＿＿＿在限期内缴纳了应纳税款，根据《中华人民共和国税收征收管理法》第三十八条第二款及《中华人民共和国税收征收管理法实施细则》第六十八条规定，决定解除你（单位）提供的纳税担保。 　　请于＿＿年＿＿月＿＿日前持＿＿＿＿＿＿，前来办理解除纳税担保手续。 　　（由纳税担保人提供纳税担保的，应当同时由纳税人抄送纳税担保人） 　　　　　　　　　　　　　　　　　　　　　　　　税务机关（章） 　　　　　　　　　　　　　　　　　　　　　　　　　年　　月　　日

（二）纳税保证

1. 纳税保证的概念

纳税保证，是指纳税保证人向税务机关保证，当纳税人未按照税收法律、行政法规规定或者税务机关确定的期限缴清税款、滞纳金时，由纳税保证人按照约定履行缴纳税款及滞纳金的行为。税务机关认可的，保证成立；税务机关不认可的，保证不成立。纳税保证为连带责任保证，纳税人和纳税保证人对所担保的税款及滞纳金承担连带责任。当纳税人在税收法律、行政法规或税务机关确定的期限届满未缴清税款及滞纳金的，税务机关即可要求纳税保证人在其担保范围内承担保证责任，缴纳担保的税款及滞纳金。

2. 纳税保证人

纳税保证人，是指在中国境内具有纳税担保能力的自然人、法人或者其他经济组织。法人或其他经济组织财务报表资产净值超过需要担保的税额及滞纳金 2 倍以上的，自然人、法人或其他经济组织所拥有或者依法可以处分的未设置担保的财产的价值超过需要担保的税额及滞纳金的，为具有纳税担保能力。

国家机关，学校、幼儿园、医院等事业单位、社会团体不得作为纳税保证人。企业法人的职能部门不得为纳税保证人。企业法人的分支机构有法人书面授权的，可以在授权范围内提供纳税担保。

有以下情形之一的，不得作为纳税保证人：

（1）有偷税、抗税、骗税、逃避追缴欠税行为被税务机关、司法机关追究过法律责任未满 2 年的；

（2）因有税收违法行为正在被税务机关立案处理或涉嫌刑事犯罪被司法机关立案侦查的；

（3）纳税信誉等级被评为 C 级以下的；

（4）在主管税务机关所在地的市（地、州）没有住所的自然人或税务登记不在本市（地、州）的企业；

（5）无民事行为能力或限制民事行为能力的自然人；

（6）与纳税人存在担保关联关系的；

（7）有欠税行为的。

3. 纳税担保书

纳税保证人同意为纳税人提供纳税担保的，应当填写纳税担保书（见表

3-34）。纳税担保书须经纳税人、纳税保证人签字盖章并经税务机关签字盖章同意方为有效。纳税担保从税务机关在纳税担保书签字盖章之日起生效。纳税担保书应当包括以下内容：

（1）纳税人应缴纳的税款及滞纳金数额、所属期间、税种、税目名称；

（2）纳税人应当履行缴纳税款及滞纳金的期限；

（3）保证担保范围及担保责任；

（4）保证期间和履行保证责任的期限；

（5）保证人的存款账号或者开户银行及其账号；

（6）税务机关认为需要说明的其他事项。

4. 保证人承担的连带责任

（1）保证期间为纳税人应缴纳税款期限届满之日起60日，即税务机关自纳税人应缴纳税款的期限届满之日起60日内有权要求纳税保证人承担保证责任，缴纳税款、滞纳金。纳税保证期间内税务机关未通知纳税保证人缴纳税款及滞纳金以承担担保责任的，纳税保证人免除担保责任。

（2）履行保证责任的期限为15日，即纳税保证人应当自收到税务机关的纳税通知书之日起15日内履行保证责任，缴纳税款及滞纳金。纳税人在规定的期限届满未缴清税款及滞纳金，税务机关在保证期限内书面通知纳税保证人的，纳税保证人应按照纳税担保书约定的范围，自收到纳税通知书之日起15日内缴纳税款及滞纳金，履行担保责任。

（3）纳税保证人未按照规定的履行保证责任的期限缴纳税款及滞纳金的，由税务机关发出责令限期缴纳通知书，责令纳税保证人在限期15日内缴纳；逾期仍未缴纳的，经县以上税务局（分局）局长批准，对纳税保证人采取强制执行措施，通知其开户银行或其他金融机构从其存款中扣缴所担保的纳税人应缴纳的税款、滞纳金，或扣押、查封、拍卖、变卖其价值相当于所担保的纳税人应缴纳的税款、滞纳金的商品、货物或者其他财产，以拍卖、变卖所得抵缴担保的税款、滞纳金。

（三）纳税抵押

1. 纳税抵押的概念

纳税抵押，是指纳税人或纳税担保人不转移对财产的占有，将该财产作为税款及滞纳金的担保。纳税人逾期未缴清税款及滞纳金的，税务机关有权依法处置该财产以抵缴税款及滞纳金。

纳税人或者纳税担保人为抵押人，税务机关为抵押权人，提供担保的财产为抵押物。

2. 抵押财产范围

（1）下列财产可以抵押：

①抵押人所有的房屋和其他地上定着物；

②抵押人所有的机器、交通运输工具和其他财产；

③抵押人依法有权处分的国有的房屋和其他地上定着物；

④抵押人依法有权处分的国有的机器、交通运输工具和其他财产；

⑤经设区的市、自治州以上税务机关确认的其他可以抵押的合法财产。

以依法取得的国有土地上的房屋抵押的，该房屋占用范围内的国有土地使用权同时抵押。

以乡（镇）、村企业的厂房等建筑物抵押的，其占用范围内的土地使用权同时抵押。

（2）下列财产不得抵押：

①土地所有权；

②土地使用权，但《纳税担保试行办法》第十六条规定的除外；

③学校、幼儿园、医院等以公益为目的的事业单位、社会团体、民办非企业单位的教育设施、医疗卫生设施和其他社会公益设施；

④所有权、使用权不明或者有争议的财产；

⑤依法被查封、扣押、监管的财产；

⑥依法定程序确认为违法、违章的建筑物；

⑦法律、行政法规规定禁止流通的财产或者不可转让的财产。

⑧经设区的市、自治州以上税务机关确认的其他不予抵押的财产。

学校、幼儿园、医院等以公益为目的事业单位、社会团体，可以其教育设施、医疗卫生设施和其他社会公益设施以外的财产为其应缴纳的税款及滞纳金提供抵押。

3. 纳税担保书和纳税担保财产清单

纳税人提供抵押担保的，应当填写《纳税担保书》（见表3-37）和《纳税担保财产清单》（见表3-38）。《纳税担保书》应当包括以下内容：

（1）担保的纳税人应缴纳的税款及滞纳金数额、所属期间、税种名称、税目；

（2）纳税人履行应缴纳税款及滞纳金的期限；

（3）抵押物的名称、数量、质量、状况、所在地、所有权权属或者使用权权属；

（4）抵押担保的范围及担保责任；

（5）税务机关认为需要说明的其他事项。

纳税担保财产清单应当写明财产价值以及相关事项。纳税担保书和纳税担保财产清单须经纳税人签字盖章并经税务机关确认。

4. 抵押物登记

纳税抵押财产应当办理抵押物登记。纳税抵押自抵押物登记之日起生效。纳税人应向税务机关提供由以下部门出具的抵押登记的证明及其复印件（以下简称证明材料）：

（1）以城市房地产或者乡（镇）、村企业的厂房等建筑物抵押的，提供县级以上地方人民政府规定部门出具的证明材料；

（2）以船舶、车辆抵押的，提供运输工具的登记部门出具的证明材料；

（3）以企业的设备和其他动产抵押的，提供财产所在地的工商行政管理部门出具的证明材料或者纳税人所在地的公证部门出具的证明材料。

抵押期间，经税务机关同意，纳税人可以转让已办理登记的抵押物，并告知受让人转让物已经抵押的情况。

纳税人转让抵押物所得的价款，应当向税务机关提前缴纳所担保的税款、滞纳金。超过部分，归纳税人所有，不足部分由纳税人缴纳或提供相应的担保。

在抵押物灭失、毁损或者被征用的情况下，税务机关应该就该抵押物的保险金、赔偿金或者补偿金要求优先受偿，抵缴税款、滞纳金。

在抵押物灭失、毁损或者被征用的情况下，抵押权所担保的纳税义务履行期未满的，税务机关可以要求将保险金、赔偿金或补偿金等作为担保财产。

（四）纳税质押

1. 纳税质押的概念

纳税质押，是指经税务机关同意，纳税人或纳税担保人将其动产或权利凭证移交税务机关占有，将该动产或权利凭证作为税款及滞纳金的担保。纳税人逾期未缴清税款及滞纳金的，税务机关有权依法处置该动产或权利凭证以抵缴税款及滞纳金。

2. 纳税质押的财产范围

纳税质押分为动产质押和权利质押：动产质押包括现金以及其他除不动产以外的财产提供的质押。汇票、支票、本票、债券、存款单等权利凭证可以质押。对于实际价值波动很大的动产或权利凭证，经设区的市、自治州以上税务机关确认，税务机关可以不接受其作为纳税质押。

3. 纳税担保书和纳税担保财产清单

纳税人提供质押担保的，应当填写《纳税担保书》（见表 3-37）和《纳税担保财产清单》（见表 3-38）并签字盖章。《纳税担保书》应当包括以下内容：

（1）担保的税款及滞纳金数额、所属期间、税种名称、税目；

（2）纳税人履行应缴纳税款、滞纳金的期限；

（3）质物的名称、数量、质量、价值、状况、移交前所在地、所有权权属或者使用权权属；

（4）质押担保的范围及担保责任；

（5）纳税担保财产价值；

（6）税务机关认为需要说明的其他事项。

纳税担保财产清单应当写明财产价值及相关事项。

纳税质押自纳税担保书和纳税担保财产清单经税务机关确认和质物移交之日起生效。

以汇票、支票、本票、公司债券出质的，税务机关应当与纳税人背书清单记载"质押"字样。以存款单出质的，应由签发的金融机构核押。

以载明兑现或者提货日期的汇票、支票、本票、债券、存款单出质的，汇票、支票、本票、债券、存款单兑现日期先于纳税义务履行期或者担保期的，税务机关与纳税人约定将兑现的价款用于缴纳或者抵缴所担保的税款及滞纳金。

4. 纳税担保人承担的连带责任

（1）纳税人在规定的期限内缴清税款及滞纳金的，税务机关应当自纳税人缴清税款及滞纳金之日起 3 个工作日内返还质物，解除质押关系。纳税人在规定的期限内未缴清税款、滞纳金的，税务机关应当依法拍卖、变卖质物，以抵缴税款、滞纳金。

（2）纳税担保人以其动产或财产权利为纳税人提供纳税质押担保的，按照纳税人提供质押担保的规定执行；纳税担保书和纳税担保财产清单须经纳税人、纳税担保人签字盖章并经税务机关确认。

①纳税人在规定的期限内缴清税款、滞纳金的，税务机关应当在 3 个工作日内将质物返还给纳税担保人，解除质押关系。

②纳税人在规定的期限内未缴清税款、滞纳金的，税务机关应当在期限届满之日起 15 日内书面通知纳税担保人自收到纳税通知书之日起 15 日内缴纳担保的税款、滞纳金。

纳税担保人未按照规定的期限缴纳所担保的税款、滞纳金，由税务机关责令限期在 15 日内缴纳；缴清税款、滞纳金的，税务机关自纳税担保人缴清税款及滞纳金之日起 3 个工作日内返还质物、解除质押关系；逾期仍未缴纳的，经县以上税务局（分局）局长批准，税务机关依法拍卖、变卖质物，以抵缴税款、滞纳金。

（五）法律责任

1. 纳税人、纳税担保人采取欺骗、隐瞒等手段提供担保的，由税务机关处以 1 000 元以下的罚款；属于经营行为的，处以 1 万元以下的罚款。

2. 非法为纳税人、纳税担保人实施虚假纳税担保提供方便的，由税务机关处以 1 000 元以下的罚款。

3. 纳税人采取欺骗、隐瞒等手段提供担保，造成应缴税款损失的，由税务机关按照《税收征管法》第六十八条规定处以未缴、少缴税款 50% 以上 5 倍以下的罚款。

4. 税务机关负有妥善保管质物的义务。因保管不善致使质物灭失或者毁损，或未经纳税人同意擅自使用、出租、处分质物而给纳税人造成损失的，税务机关应当对直接损失承担赔偿责任。

纳税义务期限届满或担保期间，纳税人或者纳税担保人请求税务机关及时行使权利，而税务机关怠于行使权利致使质物价格下跌造成损失的，税务机关应当对直接损失承担赔偿责任。

5. 税务机关工作人员有下列情形之一的，根据情节轻重给予行政处分：

（1）违反本办法规定，对符合担保条件的纳税担保，不予同意或故意刁难的；

（2）违反本办法规定，对不符合担保条件的纳税担保，予以批准，致使国家税款及滞纳金遭受损失的；

（3）私分、挪用、占用、擅自处分担保财物的；

（4）其他违法情形。

【案例 3-36】 2015 年 1 月 2 日，甲市税务局二分局对申达公司下达了补缴增值税 42.94 万元的《税务处理决定书》，限其在 15 日内缴纳税款。申达公司不服，遂欲向市税务局提出复议申请，但由于其没有足够的资金先行缴纳税款，于是请海康公司为其提供纳税担保。2015 年 1 月 9 日，经市税务局认可，两家企业一起到市局签订了纳税担保书：海康公司保证申达公司按期缴纳所查补的税款，否则，由海康公司缴纳全部税款以及由于延迟缴纳税款而产生的税收滞纳金。2015 年 1 月 10 日，申达公司依法向市税务局提出复议申请，要求撤销二分局的处理决定。2015 年 1 月 16 日，市税务局经过对案件的审查，依法作出复议决定：维持二分局的处理决定。至 2015 年 4 月 17 日，申达公司仍未能缴纳查补的税款。于是，市税务局二分局在依法查询申达公司银行账户没有现款并且没有货物可供扣押的情况后，于 2015 年 4 月 18 日，在未向海康公司进行任何预先告知的情况下，即从海康公司的银行账户中直接扣缴了其担保的增值税款和相应的税收滞纳金。申达公司虽然没有可供扣缴的银行存款和可供扣押的货物，但其业主张某家中尚有一辆帕萨特轿车，虽然财产登记是属于其家庭财产，但该车主要供申达公司使用。申达公司的财产和张某家庭财产在实质上是无法准确划分的，因为申达公司的投资也是张某用其家庭财产进行的。市税务局二分局考虑到财产的所有权问题，所以未对该轿车采取强制执行措施。

根据资料回答：

（1）税务机关是否可以在未对纳税人采取任何税收强制执行措施的情况下，就要求纳税担保人履行纳税担保业务，缴纳所担保的税款？为什么？

（2）根据本案，市税务局二分局于 2015 年 4 月 18 日，在未向海康公司进行任何预先告知的情况下，即从海康公司的银行账户中直接扣缴税款和相应的税收滞纳金的具体行政行为是否有效？为什么？

答：（1）税务机关可以在未对纳税人采取任何税收强制执行措施的情况下就要求纳税担保人履行纳税担保义务，缴纳所担保的税款。因为：根据《纳税担保试行办法》（国家税务总局令第 11 号）第七条第二款的规定，纳税保证均为连带责任保证，纳税人和纳税保证人对所担保的税款及滞纳金承担连带责任。

根据《担保法》第十八条的规定，连带责任保证的债权人既可以要求债务人履行债务，也可以要求保证人在其保证范围内承担保证责任。因此，税务机关在向纳税保证人追缴税款时，不以是否已对纳税人采取税收强制执行措施为前提。《纳税担保试行办法》（国家税务总局令第11号）第七条第二款规定：当纳税人在税收法律、行政法规或税务机关确定的期限届满未缴清税款及滞纳金的，税务机关即可要求纳税保证人在其担保范围内承担保证责任，缴纳担保的税款及滞纳金。因此，在申达公司未能按期缴纳税款的情况下，二分局完全可以要求海康公司承担担保责任，缴纳担保范围内的税款和税收滞纳金。

（2）无效。依照《纳税担保试行办法》（国家税务总局令第11号）第十二条和第十三条的规定，在纳税人未按规定的期限缴清税款及滞纳金时，税务机关必须在保证期限内（自纳税人应缴纳税款的期限届满之日起60日内）书面向纳税保证人下达纳税通知书，而纳税保证人应按照纳税担保书约定的范围，自收到纳税通知书之日起15日内缴纳税款及滞纳金，履行担保责任。若纳税保证人未按照规定的履行保证责任的期限缴纳税款及滞纳金的，税务机关还必须再向纳税保证人发出责令限期缴纳通知书，责令纳税保证人在限期15日内缴纳；逾期仍未缴纳的，才可经县以上税务局（分局）局长批准，对纳税保证人采取强制执行措施，通知其开户银行或其他金融机构从其存款中扣缴所担保的纳税人应缴纳的税款、滞纳金，或扣押、查封、拍卖、变卖其价值相当于所担保的纳税人应缴纳的税款、滞纳金的商品、货物或者其他财产，以拍卖、变卖所得抵缴担保的税款、滞纳金。市税务局二分局在纳税人未按规定的期限缴清税款后，既没有在纳税保证期限内书面告知应承担的担保责任（即向海康公司下达纳税通知书），也没有向海康公司发出责令限期缴纳税款通知书，在已经超过了纳税保证期限（自纳税人应缴纳税款的期限届满之日起60日内）的情况下直接对海康公司采取强制执行措施，显然是违法的。因为，根据《纳税担保试行办法》（国家税务总局令第11号）第十二条第三款的规定，纳税保证期限内税务机关未通知纳税保证人缴纳税款及滞纳金以承担担保责任的，纳税担保人免除担保责任。所以，到2015年3月22日，海康公司已经自动解除了担保责任，二分局已无权再向海康公司追缴所担保的税款。

二、税收保全

（一）税收保全的概念

税收保全措施，是指税务机关在规定的纳税期之前，对有逃避纳税义务行为的纳税人，限制其处理可用作缴纳税款的存款、商品、货物等财产的一种行政强制措施，其目的是预防纳税人逃避税款缴纳义务，防止以后税款的征收不能保证或难以保证，以保证国家税款的及时、足额入库。

（二）法律依据

1.《税收征管法》第三十七条规定，对未按照规定办理税务登记的从事生产、经营的纳税人以及临时从事经营的纳税人，由税务机关核定其应纳税额，责令缴纳；不缴纳的，税务机关可以扣押其价值相当于应纳税款的商品、货物。扣押后缴纳应纳税款的，税务机关必须立即解除扣押，并归还所扣押的商品、货物；扣押后仍不缴纳应纳税款的，经县以上税务局（分局）局长批准，依法拍卖或者变卖所扣押的商品、货物，以拍卖或者变卖所得抵缴税款。

2.《税收征管法》第三十八条规定，税务机关有根据认为从事生产、经营的纳税人有逃避纳税义务行为的，可以在规定的纳税期之前，责令限期缴纳应纳税款；在限期内发现纳税人有明显的转移、隐匿其应纳税的商品、货物以及其他财产或者应纳税的收入的迹象的，税务机关可以责成纳税人提供纳税担保，如果纳税人不能提供纳税担保的，经县以上税务局（分局）局长批准，税务机关可以采取下列税收保全措施：

①书面通知纳税人开户银行或者其他金融机构冻结纳税人的金额相当于应纳税款的存款；

②扣押、查封纳税人的价值相当于应纳税款的商品、货物或者其他财产。

3.《税收征管法》第五十五条规定，税务机关对从事生产、经营的纳税人以前纳税期的纳税情况依法进行税务检查时，发现纳税人有逃避纳税义务行为，并有明显的转移、隐匿其应纳税的商品、货物以及其他财产或者应纳税的收入的迹象的，可以照本法规定的批准权限采取税收保全措施或者强制执行措施。

（三）税收保全的适用条件

（1）只适用于从事生产经营的纳税人；

（2）税务机关必须有根据认为从事生产、经营的纳税人有明显的转移、隐匿其应纳税的商品、货物以及其他财产或者应纳税的收入等行为或迹象；

（3）必须是在规定的纳税期之前和责令限期缴纳的期限之内；

（4）必须在纳税人不肯或不能提供纳税担保的情况下；

（5）必须经县以上税务局（分局）局长批准。

（四）税收保全的财产范围

1. 纳税人的财产，包括纳税人的房地产、现金、有价证券等不动产和动产。

机动车辆、金银饰品、古玩字画、豪华住宅或者一处以外的住房不属于税收征管法第三十八条、第四十条、第四十二条所称个人及其所扶养家属维持生活必需的住房和用品。

税务机关对单价5 000元以下的其他生活用品，不采取税收保全措施和强制执行措施。

2. 个人及其所扶养家属维持生活必需的住房和用品，不在税收保全措施的范围之内。个人所扶养家属，是指与纳税人共同居住生活的配偶、直系亲属以及无生活来源并由纳税人扶养的其他亲属。

税务机关、税务人员查封、扣押纳税人个人及其所扶养家属维持生活必需的住房和用品的，责令退还，依法给予行政处分；构成犯罪的，依法追究刑事责任。

（五）税收保全措施的实施

1. 需要采取税收保全的，制作《税收强制措施申请书》（见表3-39），经县以上税务局（分局）局长批准后执行。

表3-39　　　　　　　　　　税收强制措施申请书

申请单位		申请日期	
纳税人名称		纳税人识别号	
申请强制理由	该单位未履行纳税义务，经责令限期缴纳，逾期仍未缴纳，根据《中华人民共和国税收征收管理法》，建议对该纳税人采取税收强制措施。 经办人员：		
审批意见： 审批日期：__年__月__日 （章）			

2. 采取冻结纳税人银行存款的，依据《税收保全措施决定书（冻结存款适用）》（见表3-40）的内容，出具《冻结存款通知书》（见表3-41），书面通知纳税人开户银行或者其他金融机构冻结纳税人的金额相当于应纳税款的存款。扣缴存款，包括从事生产、经营的个体工商户的储蓄存款、信用卡。

表 3-40　　　　　　　　**税收保全措施决定书（冻结存款适用）**

_____税务局

税收保全措施决定书

（冻结存款适用）

_____税保冻〔　　〕　　号

_____：

　　根据《中华人民共和国税收征收管理法》_____规定，经_____税务局（分局）局长批准，决定从__年__月__日起冻结你（单位）在__的存款（大写）____（￥）____元。请于__年__月__日前缴纳应纳税款；逾期未缴的，将依照《中华人民共和国税收征收管理法》__规定采取强制执行措施。

　　如对本决定不服，可自收到本决定之日起六十日内依法向_____申请行政复议，或者自收到本决定之日起三个月内依法向人民法院起诉。

　　冻结账户的账号：

税务机关（签章）

年　月　日

表 3-41　　　　　　　　　　　**冻结存款通知书**

_____税务局

冻结存款通知书

_____税冻通〔　〕　　号

_____：

　　根据《中华人民共和国税收征收管理法》_____规定，经_____税务局（分局）局长批准，请从__年__月__日时起冻结你在_____处的存款账户号_____的存款（大写）____（￥）____元。

税务机关（签章）

年　月　日

以下由银行（或其他金融机构）填写

存款账户余额：

签收人：

签收时间：　年　月　日　时　分

签收单位（签章）

年　月　日

3. 采取扣押、查封纳税人的价值相当于应纳税款的商品、货物或者其他财产的，按以下程序执行。

①依据《税收保全措施决定书（扣押/查封适用）》（见表3-42）的内容，进扣押商品、货物或者其他财产的，填制《扣押商品、货物或者其他财产收据》（见表3-43）；查封商品、货物或者其他财产的，填制《查封商品、货物或者其他财产清单》（见表3-44），同时制作《现场笔录》（见表3-45）。

表3-42　　　　　　　　税收保全措施决定书（扣押/查封适用）

_____税务局

税收保全措施决定书

（扣押/查封适用）

_____税保封〔 　 〕 号

_____：

　　根据《中华人民共和国税收征收管理法》_____规定，经_____税务局（分局）局长批准，决定从__年__月__日起对你（单位）的（商品、货物或者其他财产）予以__。如纳税限期期满仍未缴纳税款，将依法拍卖或者变卖所扣押、查封的商品、货物或者其他财产抵缴税款。

　　如对本决定不服，可自收到本决定之日起六十日内依法向_____申请行政复议，或者自收到本决定之日起三个月内依法向人民法院起诉。

税务机关（签章）

年　月　日

法律提示：

1. 我局执行您的扣押、查封商品、货物或者其他财产时，您是自然人的，将通知您本人或者您的成年家属到场；您是法人或者其他组织的，将通知您的法定代表人或者主要负责人到场；拒不到场的，不影响执行。

2. 对于您个人及所扶养家属维持生活必需的住房和用品以及单价5000元以下的其他生活用品，不在查封、扣押的范围之内；机动车辆、金银饰品、古玩字画、豪华住宅或者一处以外的住房不属于您个人及其所扶养家属维持生活必需的住房和用品。

3. 我局在扣押、查封价值相当于应纳税款的商品、货物或者其他财产时，将参照同类商品的市场价、出厂价或评估价估算；按上述方法确定应查封、扣押的商品、货物或其他财产的价值时，还包括滞纳金和扣押、查封、保管过程中所发生的费用；对价值超过应纳税额且不可分割的商品、货物或者其他财产，我局在无其他可供强制执行的财产的情况下，可以整体扣押、查封。

4. 我局实施扣押、查封时，对有产权证件的动产或者不动产，可以责令您将产权证件交我局保管，同时可以向有关机关发出协助执行通知书，有关机关在扣押、查封期间不再办理该动产或者不动产的过户手续。

5. 对查封的商品、货物或者其他财产，我局指令您负责保管的，保管责任由您承担。继续使用被查封的财产不会减少其价值的，可以允许您继续使用；因您保管或者使用的过错造成的损失，由您承担相关责任。

6. 请妥善保存本通知。如需协助，请致电_____与我局联系。

表 3-43　　　　　　　　　　扣押商品、货物或者其他财产专用收据

<table>
<tr><td colspan="7" style="text-align:center">扣押商品、货物或者其他财产</td></tr>
<tr><td colspan="7">No.</td></tr>
<tr><td colspan="7">＿＿＿＿＿：
　　根据《税收保全措施决定书（扣押/查封适用)》（＿＿＿＿税保封〔 〕 号），扣押你（单位）如下商品、货物或者其他财产：</td></tr>
</table>

序号	商品、货物或者其他财产名称	单位	数量	单价	金额	备注
合计						
合计金额（大写）						

以上内容请被执行人认真核对无误后签字盖章。
税务机关（签章）：　　　　执行人：　　　　执行日期：　年　月　日
被执行人：

表 3-44　　　　　　　　　　查封商品、货物或者其他财产清单

<table>
<tr><td colspan="7" style="text-align:center">查封商品、货物或者其他财产清单</td></tr>
<tr><td colspan="7">＿＿＿＿＿：
　　根据《税收保全措施决定书（扣押/查封适用)》（＿＿＿＿国税保封〔 〕 号）查封你（单位）下列商品、货物或者其他财产：</td></tr>
</table>

序号	商品、货物或者其他财产名称	单位	数量	单价	金额	备注
合计						
合计金额（大写）						

以上内容请被执行人认真核对无误后签字盖章。
税务机关（签章）：　　　　执行人：　　　　执行日期：年　月　日
被执行人：

表 3-45　　　　　　　　　　　　　现 场 笔 录

```
                          _____税务局
                                                        共　页第 1 页
    时间：　年　月　日　时　分至　年　月　日　时　分
    地点：
    当事人：
    执法人员：　　　　　　　记录人：
    见证人：　　　　　　　　联系电话：
    现场情况记录：



    执法人员签名：　年　月　日
    记录人签名：　　年　月　日
    当事人签章：　　年　月　日
    见证人签名：　　年　月　日
```

②确定被扣押、查封的商品、货物或者其他财产的价值时，应包括滞纳金和拍卖、变卖所发生的费用；被扣押、查封的商品、货物或者其他财产的价值计算则应参照同类商品的市场价、出厂价或者评估价估算。

③扣押、查封时，对有产权证件的动产或者不动产，税务机关可以责令纳税人将产权证件交税务机关保管，同时可以向有关机关发出《协助执行通知书》（见表 3-46），有关机关在扣押、查封期间不再办理该动产或者不动产的过户手续。

表 3-46　　　　　　　　　　　　协助执行通知书

```
                          _____税务局
                          协助执行通知书
                     ____税协一〔　〕　　号

_____：
    我局已依法对_____的_____实施查封、扣押。根据《中华人民共和国税收征收管理法实
施细则》第六十六条规定，在查封、扣押期间不再办理该动产或不动产的过户手续。
    附件：《税收保全措施决定书（扣押/查封适用）》（____国税保封〔　〕　　号）

                                              税务机关（签章）
                                                 年　月　日
```

④扣押、查封商品、货物或者其他财产时，必须由两名以上税务人员执行，并通知被执行人。被执行人是自然人的，应当通知被执行人本人或其成年家属到场；被执行人是法人或者其他组织的，应当通知其法定代表人或者主要负责人到场；拒不到场的，不影响执行。

⑤税务机关就地查封的商品、货物或者其他财产的保管责任由纳税人承担。

4. 税收保全措施的解除

纳税人在税务机关采取税收保全措施后，按照税务机关规定的期限缴纳税款的，税务机关应当自收到税款或者银行转回的完税凭证之日起1日内出具《解除税收保全措施决定书（冻结存款适用）》（见表3-47）、《解除冻结存款通知书》（见表3-48）或《解除税收保全措施决定书（扣押/查封适用）》（见表4-49），解除税收保全，另外根据情况可出具《协助执行通知书》（见表3-50），有关机关可办理被解除扣押、查封状态的动产或者不动产的过户手续。

表3-47　　　　　解除税收保全措施决定书（冻结存款适用）

＿＿＿＿＿税务局 **解除税收保全措施决定书** **（冻结存款适用）** ＿＿＿＿税解保冻〔　〕　号 ＿＿＿＿＿： 　　鉴于你（单位）的税款，根据《中华人民共和国税收征收管理法》第三十八条规定，我局决定解除＿年＿月＿日《税收保全措施决定书（冻结存款适用）》（＿＿＿国税保冻〔　〕　号）对你（单位）存款账户号＿＿＿＿＿存款的冻结。 　　　　　　　　　　　　　　　　　　　　税务机关（签章） 　　　　　　　　　　　　　　　　　　　　　年　月　日 法律提示： 　　1. 您按照我局规定的期限缴纳税款的，我局应当自收到税款或者银行转回的完税凭证之日起1日内解除冻结存款。若您在限期内已缴纳税款，我局未立即解除冻结存款，使您的合法利益遭受损失的，您可以申请赔偿。 　　2. 您未按照我局规定的期限缴纳税款，我局依法采取强制执行措施追缴税款入库的，向您发出本决定书解除冻结存款。 　　3. 请妥善保存本通知。如需协助，请致电＿＿＿＿＿与我局联系。

表 3-48   解除冻结存款通知书

_____税务局
解除冻结存款通知书
_____税解冻通〔〕号

_____：

　　鉴于_____的_____税款，决定从__年_月__日起解除__年_月__日发出的《冻结存款通知书》（_____税冻通〔　〕号）对其存款账户号存款的冻结。

税务机关（签章）：
年　月　日

表 3-49   解除税收保全措施决定书（扣押/查封适用）

_____税务局
解除税收保全措施决定书
_____税解保封〔〕号

_____：

　　鉴于你（单位_____），根据《中华人民共和国税收征收管理法》规定，决定解除__年_月__日《税收保全措施决定书（扣押/查封适用）》（_____税保封〔　〕号）查封（扣押）你（单位）的商品、货物或者其他财产。请于__年_月__日前持《查封商品、货物或者其他财产清单》（或《扣押商品、货物或者其他财产专用收据》），前来办理解除查封（扣押）手续。

税务机关（签章）
年　月　日

法律提示：

　　1. 您按照我局规定的期限缴纳税款的，我局应当自收到税款或者银行转回的完税凭证之日起1日内解除冻结存款。若您在限期内已缴纳税款，我局未立即解除冻结存款，使您的合法利益遭受损失的，您可以申请赔偿。

　　2. 您未按照我局规定的期限缴纳税款，我局依法采取强制执行措施追缴税款入库的，向您发出本决定书解除冻结存款。

　　3. 请妥善保存本通知。如需协助，请致电_____与我局联系。

表 3-50 　　　　　　　　　　协助执行通知书

```
                    _____税务局
                    协助执行通知书
                    _____税协二〔〕号
_____：
    根据规定，我局已依法解除对____实施的查封、扣押，请解除对该动产或不动产的过户限制。
    附件：《解除税收保全措施决定书（扣押/查封适用)》(_____税解保封〔 〕 号)


                                    税务机关（签章）
                                    年　月　日
```

【案例 3-37】某县地方税务局某分局（以下简称地税分局）于 2014 年 7 月组织相关人员对其辖区内纳税户经营情况进行摸底调查后，发现一餐饮业纳税户的月定额明显偏低，决定对该业户从 8 月起调整定额。税务分局按照规定的程序，将该纳税户原约定营业税等地方税费 1 200 元调整为 1 500 元，并于 7 月 20 日向该纳税户下达了调整定额通知书，告知其从 8 月 1 日起执行新定额。该纳税户认为定额太高，自己获利将减少，而对此次定额调整不满，并在同行业户中说 7 月底前欲将此店迁往他县经营，同时准备 7 月应缴的地方税费也不缴了。地税分局得知这一消息后，于 7 月 21 日书面责令该纳税户必须于 7 月 25 日前将 7 月应缴的营业税等地方税费缴纳入库。7 月 22 日，地税分局发现该纳税户已开始转移货物，于是当日扣押了该纳税户一辆价值 4 800 元的新摩托车，并向该纳税户开具了清单。

该纳税户对地税分局所采取的税收保全措施不服，于是向县地方税务局口头申请了行政复议，要求撤销该税收保全措施，退回所扣摩托车。县地方税务局行政复议委员会经复议认定，地税分局的执法程序不合法，决定予以撤销地税分局的税收保全措施，并责令地税分局将所扣摩托车退回给纳税户。那么，地税分局采取的税收保全措施哪些方面不当，哪些程序不符合税法规定呢？

分析：县地方税务局行政复议委员会作出的理由是：该地税分局在采取税收保全措施之前（扣押货物之前）未责令纳税户提供纳税担保。同时该分局所采取的保全措施未经县地方税务局局长批准而擅自作出，超越了法定权限。同时扣押的摩托车的价值远远超过了纳税户应纳税款数额，且扣押货物不应当开具清单，应开具收据。

一个本来实体相对合法但由于执法程序不到位，致使行政复议撤销了税收保全措施。尽管由于经县局复议及时补救，没有给纳税人合法权益造成损失，税务机关并不承担赔偿责任，纳税人也接受了复议决定而没有进一步提起诉讼，但影响还是不好的，教训还是值得总结的。从中我们可以看出，在少数税务执法人员中仍存在执法随意性，存在重实体轻程序等现象，随着经济的发展，涉税事项会越来越多，纳税争议会越来越广，纳税人法律意识会越来越强，对税务干部的法律素养和执法水平提出了更高的要求。税务干部必须树立法律意识，努力提高自己的法律意识，坚决养成依法办事的习惯。

第七节　新发现涉税风险处理

评估检查人员应对《纳税评估检查预案》或《实地检查工作预案》列明的检查事项进行逐项（综合）检查，不得在检查预案制定的检查任务之外，自行扩大检查范围。在评估过程中，发现纳税人存在《纳税评估检查预案》或《实地检查工作预案》列示以外的其他涉税疑点，应作为新发现涉税风险，经审批同意后实施应对。

一、新发现涉税风险的处理

（一）工作目标

在案头检查或实地检查过程中，发现纳税人存在《纳税评估检查预案》或《实地检查工作预案》列示以外的其他涉税疑点，应作为新发现的涉税风险，制作《新发现涉税风险报告》，提交相关部门审批。

审批通过的，实施税收检查；审批不通过的，作为情报采集内容。

（二）新发现涉税风险报告制作

1.《新发现涉税风险报告》的内容

《新发现涉税风险报告》内容包括：新发现纳税评估事项描述、拟检查内容、拟检查方法、拟检查人员等。

2.《新发现涉税风险报告》的制作要求

（1）要充分考虑相关因素和涉税风险，体现公正、公平，及时如实报告在案头检查或实地检查过程中发现的除《纳税评估检查预案》或《实地检查工作预案》列示以外的其他涉税疑点，不得隐瞒。

（2）制作《新发现涉税风险报告》应首先熟悉、了解全部栏目以及各栏目中该填写的内容，不能漏填、错填。

（3）报告行文要层次分明，条理清晰。语言文字要字斟句酌，简明扼要，详略得当。语言表达要准确，切忌夸张，并使用规范的文字等。

【案例 3-38】2014 年 12 月，评估检查人员王××、江××按照法定程序对某洁净材料有限公司 2013 年度纳税情况进行纳税评估。

评估检查人员通过纳税人基本情况分析、身份及生产经营特征分析和风险识别结果指向分析分析出该公司存在的涉税疑点，形成的《纳税评估检查预案》（见表 3-51）并已审议通过。

表 3-51　　　　　　　　　　　　纳税评估检查预案

纳税人名称	某洁净材料有限公司	纳税人识别号	321324×××××432
评估所属期	2013 年	评估完成时限	2014.12.31
制作人员	王××、江××	制作时间	2014.11.19
评估检查人员（或团队）	主查人员：王××、江××		

具体内容			
序号	纳税评估事项	拟检查内容	拟检查方法	拟检查人员
1	废料销售	是否按规定确认收入	信函调查、约谈	王××、江××
2	政府科技部门奖励	是否按规定确认收入，是否符合不征税收入的条件	信函调查、约谈、提供材料	王××、江××
3	13% 税率抵扣项目异常	是否按真实购进农产品，是否用于非增值税项目作进项转出	约谈、账簿检查	王××、江××
4	预付账款增长快，余额大	是何内容，是否滞后销售	信函调查、约谈、提供材料	王××、江××
5	近三年无资产损失	近三年无资产损失是否正常，有无少转进项税额	约谈、账簿检查	王××、江××
6	年度纳税调减申报异常	核实企业纳税调减内容是否属实准确	约谈、提供材料、账簿检查	王××、江××
7	主营业务成本申报异常	核实主营业务成本核算明细，是否准确	约谈、提供材料	王××、江××
8	增值税还原税负偏低	核对企业增值税申报明细，增值税申报是否准确	约谈、提供材料	王××、江××

审议意见：以上疑点通过案头分析未能排除，同意案头检查应对。

评估检查人员王××、江××在案头检查实施过程中，对《纳税评估检查预案》或《实地检查工作预案》列明的检查事项进行逐项（综合）检查，发现某洁净材料有限公司存在下列涉税疑点：

1. 该公司固定资产明细账无车辆，但账簿有燃油、修车等进项抵扣。

2. 2013年接受商业零售企业开具的增值税发票进项抵扣异常。

评估检查人员制作《新发现涉税风险报告》（见表3-52），提交相关部门审批。

表3-52 新发现涉税风险报告

纳税人名称	某洁净材料有限公司	纳税人识别号	321324×××××432
评估检查人员	王××、江××	申请日期	2014.11.23
涉税风险描述			

序号	纳税评估事项描述	检查内容	检查方法	检查人员
1	无车辆，有燃油、修车等进项抵扣	核实是否有车辆租入，是否本单位实际发生	约谈、提供材料	王××、江××
2	2013年接受商业零售企业开具的增值税发票进项抵扣异常	从企业商贸企业购进材料业务的资金流、物流、票流方面，核对是否按规定取得增值税专用发票抵扣进项税额	约谈、提供材料	王××、江××
审批意见：				

二、新发现涉税风险处理的审批

相关部门接到提交的《新发现涉税风险报告》后，应当对新发现纳税评估事项描述是否清晰、拟检查内容和检查方法是否恰当等进行分析判断，作出审批意见。

审批意见包括：

（1）实施税收检查；

（2）作为情报采集内容。

【案例3-39】接【案例3-38】资料，相关部门接到评估检查人员王××、江××提交的《新发现涉税风险报告》（见表3-53）后，对新发现纳税评估事项描述是否清晰、拟检查内容和检查方法是否恰当等进行分析，作出实施税收检查审批意见。

| 表 3-53 | | 新发现涉税风险报告 | | |

纳税人名称	某洁净材料有限公司		纳税人识别号	321324×××××432
应对检查人员	王××、江××		申请日期	2014.11.23
涉税风险描述				
序号	纳税评估事项描述	检查内容	检查方法	检查人员
1	无车辆，有燃油、修车等进项抵扣	是否有真实的农产品购进，农产品用于非增值税项目有无作进项转出	约谈、提供材料	王××、江××
2	2013年接受商业零售企业开具的增值税发票进项抵扣异常	从企业商贸企业购进材料业务的资金流、物流、票流方面，核对是否按规定取得增值税专用发票抵扣进项税额	约谈、提供材料	王××、江××
审批意见：同意实施税收检查。				

第八节　基础信息核实与情报采集

一、基础信息核实

（一）工作目标

在评估检查过程中，为了提高税务登记等纳税人基本信息的准确性，检查人员应当核实数据准备阶段收集的纳税人相关基础信息，制作《基础信息核实表》。对核实发现实际信息与登记信息不符的，应制作《责令限期改正通知书》，要求纳税人在限期内到办税服务厅申请办理变更税务登记。

（二）基础信息核实主要内容

基础信息核实的内容主要包括：税务登记信息（含纳税人信息补录）、银行账号信息、会计制度信息，以及其他应报送的基础信息等（见表3-54）。

表 3-54   基础信息核实表

项目	CTAIS 登记信息	实际信息	项目	CTAIS 登记信息	实际信息
生产经营地址			联系电话		
法定代表人			电话号码		
财务负责人			电话号码		
办税人员			电话号码		
国标行业（主行业）			明细行业		
附属行业 1			附属行业 2		
适用会计制度			街道乡镇		
企业网站网址			电子邮箱		
注册资本			投资结构变动		
所得税管辖税务机关			定点联系		
企业集团					
货物存放地址			面积		
开户银行 1			银行账号 1		
开户银行 2			银行账号 2		
…			…		

二、情报采集

（一）工作目标

在评估检查过程中，为了更为全面客观地掌握纳税人的生产经营信息，在数据准备阶段获取各种数据的基础上，应当进一步做好对纳税人的情报采集工作，丰富数据情报信息。

（二）情报采集内容

该阶段情报采集的内容是对数据准备阶段掌握数据的进一步补充，情报的时效性、针对性更强，主要包含以下几个方面的内容：

1. 纳税人最新的生产经营相关信息。如新购进固定资产、新产品研制成功、新生产线投入使用等。

2. 与纳税人有交易行为，且可能存在涉税风险的交易相对纳税人的情报。

如：接收的大额普通发票数据信息存在滞后开票或未开票等行为，需采集交易相对纳税人的信息等。

3. 纳税人其他可能存在涉税风险的重大变化。如：资产重组、重大资产损失、重大财务事项等。

（三）工作要求

1. 以数据情报采集表（见表3-55）的形式进行采集，并要求纳税人予以确认。

表 3-55　　　　　　　　　　　　数据情报采集表

纳税人名称		纳税人识别号	
采集人员		填制日期	
序号	数据情报描述	数据情报类型	备注
1		新产品研制	
2		新技术开发	
3		新资产购置	
4		经营范围变化	
…			

2. 在案头检查、实地检查过程中，应当同时做好情报采集工作，并根据采集内容分别进行处理。

3. 采集情报处理：

（1）情报录入：对采集的情报与辖区内（一般指同一县区局或市区分局）纳税人相关的，应直接录入相应的信息平台或通过其他方式实现共享。

（2）情报推送：对采集的情报与辖区外纳税人相关的，建立情报共享机制的地区应作为数据情报推送至对方税务机关，提高情报利用价值。

第九节　评估报告制作与检查卷宗立卷

在评估检查完成后，评估检查人员应当具体描述评估检查情况，出具书面材料，并据此拟定评估处理意见，制作《纳税评估报告》。在纳税评估完成后，评估检查人员应将评估检查过程中的报告、文书及其他相关资料进行卷宗立卷，保证档案的完整，便于工作利用。

一、评估报告制作

纳税评估报告是评估检查人员对此次纳税评估出具的书面材料，内容应包括评估检查情况和拟定应对处理意见两个部分。

1. 编写目的

纳税评估报告编写的主要目的是对评估检查中确认的涉税疑点进行汇总解释说明，再由纳税评估人员出具对此次纳税评估的处理意见。

2. 评估检查情况编写内容

纳税评估报告中评估检查情况应就税务机关发现的涉税疑点以及评估检查情况做出说明，具体包括：

①税务机关发现的涉税疑点，具体包括《评估检查预案》列明的涉税疑点、审批通过的新发现涉税疑点；

②纳税人针对涉税疑点的解释说明以及举证资料；

③评估检查过程中采取的检查方式；

④对纳税人举证情况采信的说明（包括纳税人自我纠正情况）及结论。结论包括：

- 获取的举证材料可以排除涉税疑点；

- 涉税疑点得到证实，且纳税人已自我纠正；

- 纳税人未提供举证说明或者提供的举证说明无法全部排除涉税疑点的，且存在《税收征管法》第三十五条所列情形之一。

3. 拟定评估处理意见编写内容

拟定评估处理意见是评估检查人员对此次纳税评估出具的处理意见，具体包括：

①税额确定（一般）（获取的举证材料可以排除涉税疑点；涉税疑点得到证实，且纳税人已自我纠正）；

②税额确定（核定）（纳税人未提供举证说明或者提供的举证说明无法排除涉税疑点的，且存在《税收征管法》第三十五条所列情形之一的）；

③提请税务稽查（纳税人存在移送稽查情形的）；

④评估中止（纳税人存在中止情形的）；

⑤评估终结（纳税人存在终结情形的）。

表 3-56　　　　　　　　　　　　纳税评估报告

纳税人名称	某科技有限公司	纳税人识别号	3209××××××××××
所属时期	2011—2013 年	应对策略	纳税评估
应对检查人员	张××、李××	应对时间	2011 年 1 月 1 日至 2013 年 12 月 31 日
应对检查情况			

1. 增值税零申报企业年用电金额大于 3 万元(案头检查/自查报告)

本年度总用电金额 4 008 165.16 元,其中用于基建、安装工程的用电金额 437 416.29 元,已计入在建工程成本;生产用电从 9 月开始,用电金额为 3 570 748.87 元。疑点排除。

2. 增值税还原税负偏低(实地核查/自查报告/原始凭证)

企业自查报告解释该企业因在筹备期,试生产期间增值税税负偏低,后经实地检查,尚有用于不动产方面的材料及设备,共抵扣增值税 1 467 068.76 元,详见附件明细。疑点确认。

拟定处理意见

1. 根据《增值税暂行条例》第十条,《增值税暂行条例实施细则》第二十三条相关规定,对疑点 2 中确认的用于不动产方面的材料设备增值税抵扣税金 1 467 068.76 元予以进项转出。

2. 其他未发现疑点,审定后归档。

初审意见:

集体审议意见:

二、检查卷宗立卷

检查卷宗立卷是在纳税评估过程中取得或形成的资料记录,在纳税评估完成后,需对评估检查过程中取得或者形成的证据材料、相关文书、文件以及其他记录等材料进行归档,并制作举证材料清册及卷宗目录。

1. 编写目的

检查卷宗立卷目的是以保障纳税评估资料的完整,反映纳税评估整体情况,提高纳税评估质量,规避执法风险,便于税收工作利用。

2. 检查卷宗立卷内容

①收集、整理评估检查过程中制作的相关报告及文书,如表 3-57 所示。

表 3-57　　　　　　　　检查卷宗立卷内容

审议记录（清册）	中止应对申请	税务处理决定书
回避申请书	终结应对申请	违法违章处理报告审议记录
回避决定书	责成纳税人提供纳税担保建议书	税务行政处罚事项告知书
税务检查通知书	责成提供纳税担保通知书	陈述申辩笔录
税务事项通知书	纳税担保书	税务行政处罚听证通知书
税务文书送达回证	纳税担保财产清单	听证笔录
责令限期改正通知书	解除纳税担保通知书	税务行政处罚决定书
税务事项通知书	纳税人依法应报送未报送涉税资料清单	不予行政处罚决定书
税务事项通知书	税收强制措施申请书	收缴、停止发售发票决定书
提供资料清单	税收保全措施决定书	解除收缴、停止发售发票决定书
生产经营数据采集表	冻结存款通知书	欠税认定申请
纳税人基本情况分析报告	现场笔录	业务咨询与数据支持申请
身份及生产经营特征分析报告	查封商品、货物或者其他财产清单	数据情报采集任务单
风险识别结果指向分析报告	扣押商品、货物或者其他财产收据	采集获取的数据情报
单户综合分析报告	协助执行通知书	欠税分析报告
风险排除纳税人报告	解除冻结存款通知书	欠税追征预案
评估检查预案	解除税收保全措施决定书	财产检查报告
审议记录（评估检查预案）	强制执行申请书	主张优先权申请
电话记录	扣缴税收款项通知书	行使代位权申请
案头检查工作底稿	税收强制执行决定书	行使撤销权申请
询问通知书	拍卖/变卖结果通知书	行使阻止出境申请
询问笔录	拍卖/变卖商品、货物或者其他财产清单	证据材料清册（欠税追征）
调取账簿资料通知书	返还商品、货物或者其他财产通知书	卷宗目录（欠税追征）
调取账簿资料清单	返还商品、货物或者其他财产清单	数据情报采集表
检查存款账户许可证明	实地检查工作底稿	纳税评估报告
税额确定意见书	新发现涉税风险报告	违法违章处理报告
询问（调查）笔录	基础信息核实表	举证材料清册
实地检查申请报告	审议记录（纳税评估报告）	卷宗目录
实地检查工作预案	移送稽查建议书	检查卷宗审核结论

②整理评估检查过程中的证据资料，并进行归档登记，制作《举证材料清册》（见表 3-58）。

举证材料清册应包含纳税人提供的自查报告，案头、实地检查发现的证据资料，如记账凭证，三方信息等资料。

表 3-58　　　　　　　　　　举证材料清册

纳税人名称	某科技有限公司	纳税人识别号	320××××××××××××
序号	资料名称		页数
1	纳税人自查报告		2
2	账册复印件（加盖公章）		4
3	记账凭证复印件（加盖公章）		2
4	合同复印件（加盖公章）		1
5			
6			
...			

③上述整理好的全部资料，进行卷宗立卷，制作《卷宗目录》（见表 3-59），并提交检查卷宗审核。

表 3-59　　　　　　　　　　卷宗目录

纳税人名称	某科技有限公司	纳税人识别号	320××××××××××××
序号	资料名称		页数
1	纳税人基本情况分析报告		1
2	身份及生产经营特征分析报告		2
3	单户综合分析报告		2
4	风险排除纳税人报告		3
5	评估检查预案		1
6	电话记录		2
...			

【本章小结】

本章根据评审通过的《评估检查预案》及相关资料，在做好评估准备的基础上，原则上按照"先案头检查，后实地检查"的方式实施评估检查。评估检查完成后制作《评估报告》，附相关资料提交集体审议。对评估过程中新发现的涉税风险，经审批通过后实施检查。在进行评估检查的同时，还应做好违法、违章处理、基础信息核实、情报采集和证据归集等工作。如果发现特定纳税人的税款存在无法征收的风险，为防止税款流失，应当及时要求纳税人提供纳税担保以及采取税收保全等行政强制措施。本章重点是评估案头检查和实地检查的方法和技巧、税额确定的程序及方法、评估报告的制作。

第四章 纳税评估处理

【本章提要】本章主要阐述检查卷宗审核、评估报告（结果）审议、评估文书出具及送达、违法、违章处理、案卷归档、欠税追征等内容，本章重点是评估检查卷宗和结果的审核、审议。本章难点是审议结论处理及欠税追征。

【学习目标】通过本章学习学员应该掌握检查卷宗审核要点、移送稽查情形、评估处理决定法律文书内容要求、文书送达方式以及欠税追征各环节中的相关工作内容及要求。

纳税评估处理是指税务部门对纳税评估过程中的卷宗和结果进行审核、审议，并根据审议结论进行处理。处理完成后，及时整理纳税评估资料，并进行文书销号，将整理后的资料传递给档案管理部门归档。

第一节 检查卷宗审核

一、审核说明

检查卷宗审核应由检查卷宗审核人员［评估检查部门（团队）负责人］对前面所有程序完成后形成的检查卷宗进行审核，其实质是对前面评估检查过程的卷宗资料审核，包括对检查程序、检查内容和相关工作进行初审。并作出初步审核意见，出具《检查卷宗审核结论》。审核人员不得兼任同一评估对象的案头检查、实地检查和评估处理工作。

二、审核要点

检查卷宗审核人员［评估检查部门（团队）负责人］对检查卷宗审核，

主要审核检查程序、检查内容。

（一） 检查程序的审核要点

1. 是否按照规定的程序实施税收检查

如检查人员在进行实地检查时，是否出示《税务检查证》和《税务检查通知书》；检查人员在实地检查后是否制作《实地检查工作底稿》等。

2. 对新发现涉税风险的检查是否履行审批手续

即审核《新发现涉税风险报告》中是否签署了审批意见。

3. 是否完成基础信息核实工作

审核基础信息核实工作记录，如核实发现实际信息与登记信息不符的是否有《责令限期改正通知书》。

4. 是否完成情报采集工作

审核《数据情报采集表》中是否按照规定程序采集相关数据情报。

5. 违法、违章处理是否按照规定程序实施

是否按照先审议后处理程序进行，以及文书送达程序是否符合相关规定。

（二） 检查内容的审核要点

1. 对《评估检查预案》中列明的涉税疑点、审批通过的新发现涉税风险是否逐项进行检查

审核《审议记录（评估检查预案)》与《新发现涉税风险报告》中列明的涉税疑点是否有逐项检查的记录。

2. 涉税疑点是否得到确认或排除，理由是否充分，拟定的检查结论和处理意见是否恰当

将《评估检查预案》及《新发现涉税风险报告》中列明的涉税疑点与《风险排除纳税人报告》比对，审核所列明的涉税疑点是否得到确认或排除，理由是否充分，拟定的检查结论和处理意见是否恰当。

3. 《基础信息核实表》内容是否完整

审核税务登记信息（含纳税人信息补录）、银行账号信息、会计制度信息等。

4. 《数据情报采集表》内容是否完整

审核情报采集内容是否与评估检查对象相关，情报处理是否恰当。

5. 文书资料是否齐全

审核从任务接受到检查卷宗立卷所有文书资料是否与《卷宗目录》相符。

三、审核结果处理

在上述审核过程中，如果均符合审核要点，则可提交《纳税评估报告》审议。同时递交《检查卷宗审核结论》（见表4-1）。否则，需将检查卷宗退回风险评估报告制作环节进行补正。

表4-1   检查卷宗审核结论

纳税人识别号	××县××农场××加油点	纳税人识别号	3209××××××3966
评估检查部门	××县税务局第×税务分局	评估检查人员	徐×× 李××
评估检查时间	2014年7月15日至2014年7月30日	初审时间	2014.7.30
审核事项： 　　××县××农场××加油点案头检查，进行信函、约谈询问，评估检查实施完毕，提请集体审议。			
审核内容及结论：卷宗审核通过，建议开展《纳税评估报告》审议。			
初审人员签字：单××			

第二节　评估报告（结果）审议

一、审议说明

评估报告（结果）审议是由评估报告审议人员（或审理委员会）对经检查卷宗审核后提交的《纳税评估报告》及《检查卷宗审核结论》进行集体审议，作出集体审议结论。纳税评估报告审议应以集体会议审议形式开展，如遇重大涉税疑点或事项，则可组建审理委员会，并对审议情况及结论制作《审议记录》（见表4-2），所有参加审议人员应签字确认。

表4-2 审议记录（纳税评估报告）
单位：××县税务局第×税务分局

参加单位（部门）	××县税务局第×税务分局		
参加人员	郁××、单××、李××、徐××、吴××、邱××、田××		
审议地点	分局会议室	审议时间	2014. 7. 30
审议事项： 　　关于××县××农场××加油点《案头检查工作底稿》审议。			
审议内容及结论：同意《检查卷宗审核结论》意见。			
审议人员签字：郁××、单××、李××、徐××、吴××、邱××、田××。			

二、审议要点

集体审议侧重于对纳税评估检查情况和拟定处理意见的审议，主要包括：

1. 是否按照规定的程序实施税收检查

集体审议《纳税评估报告》及《检查卷宗审核结论》中的记录与规定的程序是否相符。

2.《评估检查预案》中确定检查方式的实施情况

集体审议《评估检查预案》中确定检查方式的恰当性与实施的有效性是否匹配。

3. 对《评估检查预案》中列明的涉税疑点、审批通过的新发现涉税风险是否逐项进行检查

集体审议《审议记录（评估检查预案）》与《新发现涉税风险报告》中列明的涉税疑点是否有逐项检查的记录。

4. 涉税疑点是否得到确认或排除，理由是否充分，拟定的检查结论和处理意见是否恰当

集体审议《评估检查预案》及《新发现涉税风险报告》中列明的涉税疑

点与《风险排除纳税人报告》比对，审核所列明的涉税疑点是否得到确认或排除，理由是否充分，拟定的检查结论和处理意见是否恰当。

三、审议结果处理

在审议同意后，根据审议结论，采取不同处理措施。

（一）符合审议要求

如果均符合审议要求，表明同意处理意见，评估检查任务终结，并出具《纳税评估报告》，具体包含以下几种情形：

第一，适用税额确定的一般程序、税额确定的核定程序情形的，将任务推送至应对文书出具及送达节点；

第二，适用提请税务稽查的，将任务推送至稽查审核节点；

第三，适用评估中止的，进行卷宗归档后暂停检查；

第四，适用评估终结的，进行卷宗归档后任务结束。

（二）不符合审议要求

如审议认为检查卷宗及纳税评估报告内容不符合审议要求，则根据不同情况退回相应环节开展补正工作。

第三节　评估文书出具及送达

一、评估文书出具

评估文书是根据评估结果集体审议的结论，对纳税人一定纳税期间的应纳税额进行确定、调整的法律文书。评估文书能够使纳税人的税法义务发生改变，是对纳税人财产的依法占有，必须具备严格的内容和形式要求。此环节应由评估检查人员根据纳税评估报告审议结论，制作《税务处理决定书》（见表4-3），并送达纳税人。

表 4-3   税务处理决定书

```
                    _____税务局
                    税务处理决定书
                    ___税处〔   〕号
_____：
    我局（所）于___年___月___日至___年___月___日对你（单位）___年___月___日
至___年___月___日_____
_____情况进行了检查，违法事实及处理决定如下：
    一、违法事实
    （一）
    1.
    2.
    …
    二、处理决定
    （一）
    1.
    2.
    （二）
    …
    限你（单位）自收到本决定书之日起__日内到__将上述税款及滞纳金缴纳入库（账号：__），并
进行相关账务调整。逾期未缴，将依照《中华人民共和国税收征收管理法》第四十条规定强制执行。
    若同我局（所）在纳税上有争议，应自收到本决定之日起六十日内依照本决定缴纳税款及滞纳
金，或者提供相应的担保，然后可依法向__申请行政复议。

                                                        税务机关（签章）
                                                            年  月  日
```

《税务处理决定书》的法律文书内容要求：

（1）纳税人申报的事实情况；

（2）调整计税依据和应纳税额的事实根据；

（3）调整计税依据和应纳税额的法律依据；

（4）纳税人对税务机关调整计税依据和应纳税额提出异议的内容；

（5）税务机关对纳税人提出异议的核实情况；

（6）确定调整计税依据、应纳税额、已缴税额、纳税人应补缴税款或应办理退税的具体数额；

（7）对应当补缴税款的纳税人，提出加收滞纳金、利息和限期缴纳的要求；

（8）对应当办理退税的纳税人，通知纳税人及时办理退税手续；涉及调整增值税留抵税额和调整亏损的，通知纳税人及时进行账务处理；

（9）纳税人的权利救济条款；

（10）保留进一步行使税收检查权的提示。

二、评估文书送达

纳税评估进行过程中，税务机关出具相关法律文书，必须采取合法的方式送至受送达人处后，才能发生相应的法律效力。即纳税评估税额调整决定送达纳税人后，才形成应纳税款的确认。文书送达是一个法律程序，是税务机关的法定职责，应以法定的程序和方式进行，未按法定程序和方式送达，不产生文书送达的法律效力。

根据《税收征管法实施细则》的规定，税务机关在送达税务文书时可以采取以下五种方式：直接送达、留置送达、邮寄送达、委托送达、公告送达。各种税务文书送达方式及其特点见表4-4。

表4-4　　　　　　　　　**各种税务文书送达方式及其特点**

送达方式	送达方式说明	送达特点
直接送达	税务机关将税务文书直接送交给受送达人的方式。	最基本的送达方式。凡是能够直接送达的，均应采取直接送达的方式，但对人力资源要求高
	直接送达方式中的注意事项： 第一，受送达人是公民的，应当由本人直接签收；本人不在的，交其同住成年家属签收； 第二，受送达人是法人或者其他组织的，应当由法人的法定代表人、其他组织的主要负责人或者该法人、组织的财务负责人、负责收件的人签收； 第三，受送达人有代理人的，也可以送交其代理人签收。	
留置送达	受送达人或者其他签收人不具有法律上的理由拒绝签收税务文书的，送达人将税务文书留置于受送达人处的送达方式。	当纳税人拒绝接收文书时适用
	留置送达方式中的注意事项： 第一，前提必须是受送达人拒收文书； 第二，采取这种方式时，必须要有见证人并到场说明情况。见证人可为有关的主管部门、基层组织、公安派出所、街道办事处、居民（村民）委员会的单位代表或其他有关人员； 第三，在送达回证上记明拒收理由和日期，并由送达人和见证人签名或者盖章。	
邮寄送达	税务机关通过邮局，采用挂号函件将税务文书邮寄给受送达人的送达方式。	便捷，适用于各种情形，邮寄送达税务文书不易产生法律效力
	邮寄送达方式中的注意事项： 第一，受送达人应当向税务机关提供或者确认自己准确的送达地址，受送达人拒绝提供自己的送达地址，经税务机关告知后仍不提供的，以其税务登记的住所地为送达地址； 第二，采用邮寄送达的，以挂号函件回执上注明的收件日期为送达日期，并视为已送达； 第三，邮政机构将挂号信或邮件退回的，应当说明退回的理由。	

续表

送达方式	送达方式说明	送达特点
委托送达	指税务机关把应当送给当事人的税务文书，委托其他有关机关或者其他单位代为送达的一种方式。	由其他机关单位代为送达，实际工作中运用较少
	委托送达方式中的注意事项： 直接送达税务文书有困难的，可以采用委托送达方式，如受送达人是军人，或受送达人被监禁的，或受送达人被劳动教养的，可采用委托送达方式。	
公告送达	当同一送达事项的受送达人众多或者采用以上四种送达方式均无法送达的，税务机关以张贴公告、登报等方式或者利用广播电视等传播媒介，将税务文书有关内容告知当事人的送达方式。	当送达对象人数众多或下落不明时适用
	公告送达方式中的注意事项： 在受送达对象数量众多、成分复杂、分布广泛的情况下，采用其他送达方式将很难实现，税务机关应采用公告送达方式，这样可以减少直接送达所带来的不便，节约大量的税收成本。采用公告送达税务文书的，自公告之日起满30日，即视为送达。	

实际工作中还应重视《税务文书送达回证》的签写。《税务文书送达回证》是税务机关是否已送达税务文书的一个证明，只有正确、完整、合法、真实地签写送达回证，才能确保执法的程序不违法。所以在签写《税务文书送达回证》时应该注意以下三点：

第一，填写送达文书名称一栏时，税务文书名称和文书种类编号必须正确填全。

第二，填写受送达人一栏时，受送达人名称必须和送达文书中受送达人名称一致。

第三，填写受送达人和代收人签名或盖章一栏时，应注意受送达人和代收人的区别。受送达人是公民的，本人直接签收时应在受送达人一栏签名或盖章；由同住成年家属签收时应在代收人一栏签名或盖章，并注明代收理由以及与受送达人的关系。受送达人是法人或者其他组织的，法人的法定代表人、其他组织的主要负责人直接签收时，应在受送达人一栏签名或盖章；由该法人、组织的财务负责人、负责收件的人及代理人签收时，应在代收人一栏签名或盖章，同时注明代收理由以及代收人的身份，并加盖该法人、组织的公章。由企业财务人员签收不加盖公章的做法是错误的，这样不会产生法律上的送达效力。

税务机关在送达文书时，要讲究策略，文书送达方式应灵活运用。只有充分掌握税务文书送达的方式、步骤、时限、次序以及税务文书送达回证的签写工作，执法程序才不会违法，行政行为才能真正合法有效。

　　以邮寄方式送达文书，《税务文书送达回证》和回执均未交回的，税务机关可通过中国邮政网站的给据邮件跟踪查询系统或者 EMS 追踪查询系统根据邮件编号进行网上查询，也可凭挂号信函收据或者 EMS 收据到邮政营业厅查询。网上查询的，应当通过拍照或者打印、影印等方式固定证据；到邮政营业厅查询的，应当保存邮政机构出具的查询情况说明。

三、评估文书出具及送达的工作要求

　　由于评估文书的质量关系到税收征管工作成效，所以，评估文书在出具与送达上需要注意一些相关事项，主要包括以下几个方面：

　　（1）根据纳税评估报告审议结论，对评估过程中未发现涉税问题或纳税人就税额确定程序中告知的涉税问题进行自我修正的，不再出具评估文书；对纳税人在评估人员检查"税额调整告知"环节确定的期限内未自我修正的，制作《税务处理决定书》，并送达纳税人。

　　（2）纳税人未按照《税务处理决定书》要求进行自我修正申报的，应出具《税务事项通知书（限期缴纳税款)》（见表4-5），并送达纳税人，责令其在规定期限内缴纳税款。

　　（3）逾期仍未按照要求缴纳税款且未提出异议的，启动欠税追征程序。

表4-5　　　　　　　　　税务事项通知书（限期缴纳税款）

```
                        ____市税务局
                        税务事项通知书
                     税通〔2014〕07015 号
××医药科技有限公司：（纳税人识别号：3209×××××××050X)
    事由：限期缴纳税款
    依据：《中华人民共和国税收征收管理法》
    通知内容：限你（单位）自收到本通知书之日起十五日内到××市税务局第一税务分局办税服
务厅将 2011 年 01 月 01 日至 2013 年 12 月 31 日期间应缴税款及滞纳金 175 438.96 元缴纳入库。逾
期未缴的，我局将依照《中华人民共和国税收征收管理法》有关规定处理。
    若同我局在纳税上有争议，应自收到本通知书之日起六十日内依照本决定缴纳税款及滞纳金，
或者提供相应的担保，然后可依法向××市税务局申请行政复议。
                                                         2014 年 11 月 25 日
```

第四节　违法违章处理报告审议与执行

一、违法违章处理报告审议

（一）违法违章处理报告审议说明

违法违章处理报告审议工作目标就是由违法违章审议人员对评估检查过程中发现的违法、违章情形、提出的处理建议等进行集体审议，并形成《违法违章处理报告》（见表4-6）和《审议记录》（见表4-7），形成审议结论。

表4-6　　　　　　　　　　　　违法违章处理报告

纳税人名称		纳税人识别号	
评估所属期		评估检查人员	
评估时间		年　月　日至　年　月　日	
违法违章情形			
处理建议及其法律依据			

表 4-7　　　　　　　　　审议记录（违法违章处理报告）

纳税人名称		纳税人识别号	
检查人员		检查所属期	
参加审议人员		审议时间	
审议记录			
审议结论			
审议人员（签字）			

（二）违法违章处理报告审议工作要求

1. 审议形式及记录

违法违章处理报告审议应以集体会议审议形式开展，审议情况及结论应制作审议记录，参加人员应签字确认。

2. 审议的内容

（1）违法、违章调查程序是否合法；

（2）违法、违章事实认定是否清楚；

（3）证据资料是否齐全；

（4）法律适用是否正确；

（5）提出的违法、违章处理建议是否合法、合理。

3. 审议的结论及其处理

违法违章处理报告审议的结论及其处理包括同意处理意见、终止违法、违章处理、退回补正处理等。

二、违法违章执行

（一）违法违章执行说明

违法、违章执行的工作目标是由纳税评估检查人员根据违章处理报告审议结论，制作相关文书后执行。根据《中华人民共和国行政处罚法》第二十条的规定，税务行政处罚由违法行为发生地具有行政处罚权的主管税务机关管辖。法律、行政法规另有规定的除外。税务机关在追究纳税人及相关方的法律责任时，必须严格遵循法定程序。依据《税收征管法》第八十六条规定，对违反税收法律、行政法规应当给予行政处罚的行为，在五年内未被发现的，不再给予行政处罚。在纳税评估中，根据《税收征管法》第三十七条、第三十八条、第四十条、第五十五条、第八十八条第三款规定，必要时，税务机关可以采取税收保全和强制执行措施。

（二）违法违章执行工作要求

纳税评估中，税务机关发现纳税人及相关方有依法应当给予行政处罚的行为的，必须查明具体事实；违法事实不清的，不得给予行政处罚。税务机关在追究纳税人及相关方的法律责任时，必须严格遵循法定程序。

根据违法、违章集体审议结论，违法、违章的执行处理有简易程序与一般程序。

1. 纳税评估中税务行政处罚的简易程序

在纳税评估中，违法事实确凿并有法定依据，对公民处以50元（含）以下、对法人和其他组织处以1 000元（含）以下罚款或者警告的行政处罚的，可以当场作出行政处罚决定。检查人员当场作出行政处罚决定，应当严格遵循以下程序：

（1）向当事人出示执法证件，表明检查人员身份。

（2）口头告知当事人作出行政处罚决定的事实、理由和依据，及其依法享有陈述申辩的权利。

（3）听取当事人的陈述申辩，并制作《陈述申辩笔录》；当事人的陈述申辩不成立的，不影响检查人员当场作出处罚；当事人的陈述申辩成立的，检查人员应当立即采纳，不再当场作出处罚。

（4）填写预定格式、编有号码的《税务行政处罚决定书（简易)》（见表4-8)，并当场交付当事人。

表 4-8　　　　　　　税务行政处罚决定书（简易)

税务局 税务行政处罚决定书（简易) 　　　税简罚〔　〕　号			
被处罚人名称			
被处罚人证件名称		证件号码	
处罚地点		处罚时间	
违法事实及处罚依据			
缴纳方式	□1. 当场缴纳； □2. 限 15 日内到　　　　　　　　缴纳。		
罚款金额	（大写）　　　　　　　　　　　　　　　¥		
告知事项	1. 当事人应终止违法行为并予以纠正； 2. 如对本决定不服，可以自收到本决定书之日起 60 日内可以依法申请行政复议，或者自收到本决定书之日起 3 个月内依法向人民法院起诉； 3. 到期不缴纳罚款的，自缴款期限届满次日起每日按罚款数额的 3% 加处罚款； 4. 对处罚决定逾期不申请行政复议也不向人民法院起诉、又不履行的，税务机关将依法采取强制执行措施或者申请人民法院强制执行。		
税务机关 经办人：　　　　　负责人：　　　　　　税务机关（签章) 　　年　月　日　　　　　年　月　日　　　　　　年　月　日			

2. 纳税评估中税务行政处罚的一般程序

在纳税评估中，税务机关对公民个人处 50 元以上，对法人或者其他组织处 1 000 元以上罚款，或者情节复杂、需要对其违法行为做进一步调查取证的，或者当事人对于检查人员给予当场处罚的事实认定有分歧而无法作出行政处罚决定的，适用行政处罚的一般程序。作出行政处罚的一般程序应当严格遵照以下程序进行：

（1）调查取证

检查人员发现公民、法人或者其他组织有依法应当给予行政处罚行为的，必须全面、客观、公正地调查，收集有关的证据；必要时，依照法律、法规的规定，可以进行检查。检查人员不得少于两人，并应当出示证件；

询问或者检查应当制作笔录。检查人员与当事人有直接利害关系的，应当回避。

（2）告知处罚的事实、理由、依据和有关权利

在作出行政处罚决定之前，税务机关应当依据集体审议结论制作《税务行政处罚事项告知书》（见表4-9），并依照法定程序送达纳税人，告知纳税人及相关方已查明其违法、违章事实、处罚的法律依据、种类、范围、幅度、处理意见及其享有的陈述申辩权；同时，对公民处以 2 000 元（含）以上、对法人或其他组织处以 1 万元（含）以上罚款的税务行政处罚，还应告知纳税人及相关方有要求举行听证的权利。

表 4-9　　　　　　　　　　税务行政处罚事项告知书

＿＿＿＿＿＿＿＿国家（地方）税务局 税务行政处罚事项告知书 ＿＿＿＿税罚告〔 　〕 　号 ＿＿＿＿＿＿＿： 　　对你（单位）的税收违法行为拟于__年__月__日之前作出行政处罚决定，根据《中华人民共和国税收征收管理法》第八条、《中华人民共和国行政处罚法》第三十一条规定，现将有关事项告知如下： 　　一、税务行政处罚的事实依据、法律依据及拟作出的处罚决定。 　　二、你（单位）有陈述、申辩的权利。请在我局作出税务行政处罚决定之前，到我局进行陈述、申辩或自行提供陈述、申辩材料；逾期不进行陈述、申辩的，视同放弃权利。 　　三、若拟对你罚款 2 000 元（含 2 000 元）以上，拟对你单位罚款 10 000 元（含 10 000 元）以上，你（单位）有要求听证的权利。可自收到本告知书之日起 3 日内向本局书面提出听证申请；逾期不提出，视为放弃听证权利。 　　　　　　　　　　　　　　　　　　　　　　　　　年　　月　　日

（3）听取陈述申辩

当事人要求陈述、申辩的，检查人员应当听取当事人的陈述申辩，当事人应在收到税务行政处罚告知事项之日起 3 日内向税务机关陈述、申辩，进行陈述、申辩可以采取口头形式或书面形式。采取口头形式进行陈述、申辩的，税务机关应当记录。并制作《陈述申辩笔录（税务行政处罚事项告知）》（见表 4-10），当事人对《陈述申辩笔录（税务行政处罚事项告知）》审核无误后应签字或者盖章。税务机关不能因当事人的陈述或申辩而加重处罚。

表4-10　　　　　　　　陈述申辩笔录（税务行政处罚事项告知）

_____税务局

陈述申辩笔录

共　　页第　　页

时　　　间：

地　　　点：

事　　　由：

当 事 人：

调 查 人：

记 录 人：

陈述申辩内容：

问：我们是　　　　国家（地方）税务局的工作人员　　　　　　　，这是我们的税务检查证，证件号码：　　　　　　　　。我局已于　年　月　日向你（单位）送达《税务行政处罚事项告知书》，你（单位）是否收到？

答：

问：你的陈述申辩内容将被记录，作为书面证明材料。你是否听清楚？

答：

问：有关你的法定权利与法定义务，现在对你进行告知。依据《中华人民共和国行政处罚法》第三十二条、第四十一条的规定，你有权对《税务行政处罚事项告知书》的内容进行陈述和申辩。根据《中华人民共和国行政处罚法》第三十七条第三款的规定，你认为调查人员与涉税事项有利害关系的，有申请回避的权利。你应当如实陈述申辩，不得作虚假陈述申辩，否则须承担相应的法律责任。以上内容，你是否清楚？

答：

问：对于回避事项，你是否清楚？是否申请调查人员回避？

答：

问：请你进行陈述申辩。

答：

调查人签字：　　　　　　　记录人签字：

当事人签字并押印：　　　　　　　　年　月　日

（4）举行听证

当事人要求举行听证，接收当事人听证申请，符合听证条件的，经审批同意应当举行听证，出具《税务行政处罚听证通知书》（见表4-11）并送达当事人；举行听证并制作《听证笔录》（见表4-12）。检查人员对当事人提出的事实、理由和证据，应当进行复核；当事人提出的事实、理由或者证据成立的，应当采纳；不成立的，应当向当事人出具《责令限期改正通知书》（见表4-13），责令其改正。

表4-11　　　　　　　　　　税务行政处罚听证通知书

_____税务局
税务行政处罚听证通知书
___税听通〔　〕　号

_____：

　　根据你（单位）提出的听证要求，决定于___年___月___日时在__举行听证，请准时参加。无正当理由不参加听证的，视为放弃听证权利。

　　本次听证由__主持，如你（单位）认为主持人与本案有直接利害关系需要申请回避的，请在举行听证的3日前提出，并说明理由。

税务机关（签章）
年　月　日

表4-12　　　　　　　　　　　　听证笔录

_____税务局
听证笔录
共　　页第　　页

案由：

时间：　　　　　　　　　　　　　　　　地点：

听证主持人：　　　　　　　　　　　　　记录员：

当事人姓名：　　　　　性别：　　　　　年龄：

工作单位：　　　　　　　　　　　　　　职务：

现住所：

调查人员姓名：

委托代理人姓名：

工作单位：　　　　　　　　　　　　　　职务：

现住所：

一、记录员宣读听证会场纪律：

1. 现场人员应遵守听证会纪律，听从主持人安排；

2. 听证双方应互相尊重，使用文明语言，不得进行人身攻击；为保证听证顺利进行，双方要求发言或要求打断对方发言，应征得主持人同意；

3. 旁听人员不得发言、提问，如对听证会有意见，可在听证会后提出；

4. 不准鼓掌、吵闹喧哗或者进行其他妨碍听证的行为；

5. 未经主持人许可，不得录音、录像、拍照，发现有上述行为的，将代为保管录音机、录像机和相机；

6. 不准吸烟、饮食，不得随意走动或者进出听证会场，会场内人员请关闭手机或将手机调至静音状态；

7. 当事人或其代理人、本案调查人员、证人及其他人员违反听证秩序，听证主持人有权警告制止；对不听制止的，有权责令其退出听证会场；当事人或其代理人违反听证秩序、致使听证无法进行的，听证主持人或者税务机关有权终止听证。

　　二、听证主持人：听证会现在开始。我依法接受　　　　　　国家（地方）税务局授权作为听证主持人（出示税务机关负责人授权主持听证的决定）。本次听证会由　　　担任记录员。

　　下面核实当事人（或其代理人）、本案调查人员、证人及其他有关人员的身份。请调查人员说明身份并出示证件；请当事人说明身份并出示身份证件；请委托代理人说明身份并出具听证代理委托书。（如果当事人或其代理人未按时到会，主持人应宣布终止听证。）

　　根据《中华人民共和国行政处罚法》第四十二条、国家税务总局《税务行政处罚听证实施办法》（国税发〔1996〕190号）第十八条的规定，对于　　　　　　对　　　　　税务局拟给予　　　　行政处罚（案由）要求听证一案，现决定公开（或者不公开）举行听证。（为不公开举行的听证会，应当说明不公开举行的理由。）

　　双方在听证中享有下列权利和义务：

　　1. 双方有权对本案涉及的事实、证据、适用法律和有关情况进行申辩、质证和辩论；

　　2. 在听证会结束前，双方有权陈述最后意见；

　　3. 双方有权核对和补充听证笔录；

　　4. 当事人或者其代理人放弃申辩和质证权利，声明退出听证会；或者不经听证主持人许可擅自退出听证会的；听证主持人可以宣布听证终止；

　　5. 当事人或者其代理人违反听证秩序、不听制止、致使听证无法进行的，听证主持人或者税务机关有权终止听证；

　　6. 双方应当遵守听证纪律，如实陈述和回答提问。

　　双方是否听清楚？

　　当事人（或其代理人）答：

　　调查人员答：

　　三、听证主持人：下面开始听证调查。

　　由本案调查人员陈述当事人违法事实、法律依据及行政处罚建议，并出示证据材料。

　　由当事人（或其代理人）进行申辩和质证，并提出相关证据。

　　由本案调查人员对当事人（或其代理人）提出的证据进行质证。

　　听证主持人：根据本案调查人员和当事人（或其代理人）的举证和质证，现做如下归纳：

　　双方均无异议的证据有：

　　双方存在争议的证据有：

　　双方是否认可？

　　调查人员答：

　　当事人（或其代理人）答：

　　听证主持人：对双方均无异议的证据不再质证，只对双方存在异议的证据进行质证。

　　下面请调查人员和当事人（或其代理人）回答下列问题。

　　听证主持人：双方是否还有其他同本案相关的证据向听证会提交？

　　调查人员答：

　　当事人（或其代理人）答：

　　四、听证主持人：现在听证调查阶段结束。下面进行听证辩论，请双方围绕案件事实、证据、程序、法律适用、处罚种类及幅度进行辩论。辩论先由本案调查人员发言，再由当事人（或其代理人）答辩，然后双方互相辩论。

　　五、听证主持人：如果没有新的辩论意见。听证辩论阶段结束。现在进行最后陈述，请本案调查人员和当事人（或其代理人）进行最后陈述。

　　六、听证主持人：本次听证会经过听证调查、听证辩论、最后陈述三个阶段，参加听证的双方充分发表了各自的意见。请听证双方及其他有关人员查阅听证笔录，确认无误后签字盖章。听证会到此结束。

　　以上听证笔录我已详细阅读（或听清楚记录员的宣读），记录的内容与我所述相符。

　　听证主持人签字：　　　　　　　　　　　　　　　记录员签字：

　　　当事人签字：　　　　　　　　　　　　　　　　代理人签字：

　　本案调查人签字：　　　　　　　　　　　　　　　证人签字：

　　　其他有关人员：

表4-13   责令限期改正通知书

```
┌────────────────────────────────────────────────────────────┐
│                    _____ 税务局                           │
│                   责令限期改正通知书                          │
│                 _____ 税限改〔  〕   号                      │
│ _____：(纳税人识别号：_____)                  │
│    你（单位）_____。根据_____，限你（单位)于___年__月__日 │
│ 前_____。                                         │
│    如对本通知不服，可自收到本通知之日起六十日内依法向_____申请行政复议；或 │
│ 者自收到本通知之日起三个月内依法向人民法院起诉。              │
│                                              年  月  日       │
└────────────────────────────────────────────────────────────┘
```

①听证权利

根据《中华人民共和国行政处罚法》的规定，行政机关作出责令停产停业、吊销许可证或者执照、较大数额罚款等行政处罚决定之前，应当告知当事人有要求举行听证的权利；当事人要求听证的，行政机关应当组织听证。

②税务行政处罚听证程序的具体内容和步骤

• 税务机关对当事人作出行政处罚之前，应当向当事人送达《税务行政处罚事项告知书》。

• 要求听证的当事人，应当在《税务行政处罚事项告知书》送达后三日内向税务机关领取《听证申请书》并提出书面申请，逾期不提出的，视为放弃听证权利。

• 税务机关对听证申请进行审核。审核主要内容：申请人是否是行政处罚的直接当事人，或者当事人委托的代理人；是否属于本税务机关作出的行政处罚；听证申请是否在法定的期限内提出。

税务机关在收到申请十五日内，对听证申请作出裁决，不符合法律、法规规定的，不予受理。符合法律、法规规定的，应予以受理，并书面通知申请人，在举行听证的7日前将《税务行政处罚听证通知书》送达当事人。在听证前，税务机关发现自己拟作的行政处罚决定对事实认定有错误或者偏差，应当予以改变，并及时向当事人说明。

• 组织听证。听证会由税务机关负责人指定的非本案调查机构的人员主持，当事人、本案调查人员及其他有关人员参加。当事人认为听证主持人与本案有直接利害关系的，有权申请回避。回避申请，应当在举行听证的 3 日前向税务机关提出，并说明理由。

听证会开始，听证主持人声明并出示税务机关负责人授权主持听证的决定，然后查明当事人或者其代理人、本案调查人员、证人及其他有关人员是否到场，宣布案由；宣布听证会的组成人员名单；告知当事人有关的权利义务。记录员宣读听证会场纪律。然后，先由本案调查人员就当事人的违法行为予以指控，并出示事实证据材料，提出行政处罚建议。当事人或者其代理人可以就所指控的事实及相关问题进行申辩和质证。听证主持人可以对本案所及事实进行询问，并组织本案调查人员和当事人或其代理人进行辩论。辩论终结，听证主持人可以再就本案的事实、证据及有关问题向当事人或者其代理人、本案调查人员征求意见。当事人或者代理人有最后陈述的权利。

听证主持人认为证据有疑问无法听证辩明，并可能影响税务行政处罚的准确公正的，可以宣布终止听证，由本案调查人员对证据进行调查核实后再行听证。当事人或者其代理人可以申请对有关证据进行重新核实，或者提出延期听证；是否批准，由听证主持人或者税务机关作出决定。

听证的全部活动，应当由记录员写成笔录，并给听证主持人、当事人或其代理人、本案调查人、证人及其他有关人员审阅，认为有遗漏或者差错，可以请求补充或改正；承认没有异议后，应当签字或者盖章。

听证决定，听证结束后，听证主持人应当将听证情况和处理意见报告税务机关负责人，并作出听证决定。听证费用由组织听证的税务机关支付。

（5）作出处罚决定并送达

税务机关根据不同情况，应当分别作出以下决定：确有应受行政处罚的违法行为的，根据情节轻重及具体情况，作出行政处罚决定，并制作《税务行政处罚决定书》（见表 4-14）；违法行为轻微，依法可以不予行政处罚的，不予行政处罚，并制作《不予行政处罚决定书》（见表 4-15）；违法事实不能成立的，不得给予行政处罚；《税务行政处罚决定书》或者《不予行政处罚决定书》应当按征管法及实施细则的规定送达给当事人。

表4-14 税务行政处罚决定书

_____税务局
税务行政处罚决定书
____税罚〔 〕 号

_____：

经我局调查，你（单位）存在违法事实及处罚决定如下：

一、违法事实

（一）

1.

2.

…

（二）

…

二、处罚决定

（一）

1.

2.

…

（二）

…

以上应缴款项共计____元。限你（单位）自本决定书送达之日起____日内到缴纳入库（账号：____）。到期不缴纳罚款，我局将依照《中华人民共和国行政处罚法》第五十一条第（一）项规定，每日按罚款数额的百分之三加处罚款。

如对本决定不服，可以自收到本决定书之日起六十日内依法向申请行政复议，或者自收到本决定书之日起三个月内依法向人民法院起诉。如对处罚决定逾期不申请复议也不向人民法院起诉、又不履行的，我局将采取《中华人民共和国税收征收管理法》第四十条规定的强制执行措施，或者申请人民法院强制执行。

税务机关（签章）
年 月 日

表4-15 不予行政处罚决定书

_____税务局
不予税务行政处罚决定书
____国（地）税不罚〔 〕 号

_____：

经我局调查，你（单位）存在以下违法事实：

上述行为违反____规定，鉴于上述税收违法行为，依照《中华人民共和国税收征收管理法》、《中华人民共和国行政处罚法》第二十七条第二款、第三十八条第一款第（二）项规定，现决定不予行政处罚。

如对本决定不服，可以自收到本决定书之日起六十日内依法向申请行政复议，或者自收到本决定书之日起三个月内依法直接向人民法院起诉。

年 月 日

（6）根据实际情况，可按程序出具《收缴、停止发售发票决定书》（见

表4-16），收缴其已领购发票或暂停其发票领用资格；纳税人自我修正违法、违章行为后，按程序出具《解除收缴、停止发售发票决定书》（见表 4-17），退还其收缴发票或恢复其发票领用资格。

表 4-16   收缴、停止发售发票决定书

_____税务局 收缴、停止发售发票决定书 ____税停票〔 〕号
_____： 　　根据《中华人民共和国税收征收管理法》第七十二条的规定，由于你单位存在的税收违法行为，且拒不接受税务机关处理，决定自__年__月__日起停止向你单位出售发票并收缴你单位的空白发票。 　　如对本决定不服，可自收到本决定之日起，六十日内依法向____申请行政复议；或者自收到本决定之日起三个月内依法向人民法院起诉。 　　　　　　　　　　　　　　　　　　　　　　　　　　年　月　日

表 4-17   解除收缴、停止发售发票决定书

_____税务局 解除收缴、停止发售发票决定书 ____税解停票〔 〕号
_____： 　　由于你单位已经依法接受税务机关决定书的处理，并依法履行了决定书规定的义务，根据《中华人民共和国税收征收管理法》第七十二条的规定，决定自__年__月__日起解除__税停票〔 〕__号的决定。你单位可依法使用和领购发票。 　　　　　　　　　　　　　　　　　　　　　　　　　　年　月　日

第五节　案 卷 归 档

一、案卷归档内容

（一）案卷归档概念

《中华人民共和国档案法》第十条规定，对国家规定的应当立卷归档的材料，必须按照规定，定期向本单位档案机构或者档案工作人员移交，集中管

理，任何个人不得据为己有。国家规定不得归档的材料，禁止擅自归档。《中华人民共和国档案法实施办法》第十一条规定，《档案法》第十条所称应当立卷归档的材料，是指机关、团体、企业事业单位和其他组织、政党以及国家领导人和其他国家工作人员在公务活动中形成的材料。

（二）评估检查案卷归档

评估检查案卷归档工作目标是指评估检查人员在评估处理完成后，及时按户归集、整理评估资料，进行文书销号，填写《卷宗目录（评估检查）》（见表4-18）并根据档案管理要求进行归档处理。

表4-18　　　　　　　　　　卷宗目录（评估检查）

评估所属期：2012—2013 年度

纳税人名称	××县××化工有限公司　　纳税人识别号		3209×××××××3362
序号	移交资料种类		页数
1	××县××化工有限公司税务事项通知书及送达回证		2
2	纳税人基本情况分析及报告		21
3	身份及生产经营特征经营分析及报告		4
4	风险识别结果指向分析及报告		4
5	纳税人综合分析报告		2
6	风险应对预案		6
7	税务事项通知书（询问通知）及送达回证		3
8	询问笔录及回执		15
9	税务事项通知书（提供资料通知）		2
10	提供资料清单		1
11	举证材料清册		1
12	案头检查底稿		6
13	税务检查通知书及送达回证		2
14	实地检查底稿		3
15	初审报告		2
16	集体审议记录		2
17	纳税评估报告		6
18	税务事项通知书（纳税申报审核结论告知）		3
19	基础信息核实表		2
20	与生产经营直接相关情况信息采集表		4
21	移交日期		2015 年 1 月 20 日

二、案卷归档工作要点

在评估检查卷宗归档工作中应注意的要点：

（1）及时整理评估资料，将评估处理环节的相关资料进行汇总，形成完整的《卷宗目录》。

税务人员在评估检查结束后，对纳税人报送的申报纳税信息、账簿、记账凭证、完税凭证、报表，电话录音、信函询问书面说明材料、《询问笔录》或《调查笔录》、各类税务文书及送达回证或邮件回执等证据资料进行立卷。

（2）对已出具的对外文书进行文书销号处理。

即评估检查人员必须及时对与本次评估检查有关的文书先进行分类，然后对已出具的相关文书进行审核，最后必须销号。

（3）按照档案管理规定，将案卷交由档案管理部门归档。

第六节　欠税追征

欠税追征一般需经过追征准备、追征实施、证据归集、卷宗归档等环节，具体来讲，欠税追征的主要任务是接收欠税追征任务后，结合实际工作情况，进行任务分配；欠税追征人员接收任务后，分析欠税纳税人、扣缴义务人欠税原因，及其生产经营、资金运用和财务状况等情况，收集法院的破产公告等情报信息，制作《欠税分析报告》；编制欠税追征预案，确定欠税的追征方式、时间和人员安排等；欠税追征人员根据预案内容进行相关的知识及手续准备；根据预案内容开展欠税追征的实施，并做好相关证据资料的收集工作。欠税追征过程中如需要税收政策、行业顾问、数据支持、保障支持等帮助的，应向相关部门提出申请。

一、追征准备

追征准备阶段主要包括：欠税任务分配、欠税分析、预案编制、知识及手续准备等工作。

（一）欠税任务分配

欠税任务分配工作目标是由任务分配人员，接受欠税追征任务后，有序组织开展任务分配工作。

欠税任务分配工作要求：

（1）接受欠税追征任务。

（2）结合实际情况，将欠税追征任务有序地推送至欠税追征分析岗。欠税追征的主要实施单位为纳税评估部门或其他专业部门。

（3）欠税追征过程中，符合法定回避情形的，应参照纳税评估中的回避要求进行处理。

（4）本环节主要涉及的单书有《回避申请书》（见表4-19）、《回避决定书》（见表4-20）。

表4-19　　　　　　　　　　　　　回避申请书

申请人		申请日期	
纳税人名称		税务登记号	
接受任务日期		接受人	
申请事项			
事实与理由			

表4-20　　　　　　　　　　　　　回避决定书

回避决定书

_____同志：

　　你就_____事项的回避申请，本局已知悉，经研究决定_____你的回避申请。

_____税务局

年　月　日

（二）欠税分析

欠税分析的工作目标是由欠税追征人员分析纳税人欠税数据、法院的破产公告、纳税人财务报表等数据资料。

欠税分析工作要求：

（1）了解、分析欠税人欠税原因等情报信息。

①接受欠税追征任务后，了解欠税纳税人、扣缴义务人欠税原因，生产经营、资金运用和财务状况等，以及法院的破产公告等情报信息。

②分析欠税纳税人是否存在下列情形：

- 是否存在处置其不动产或者大额资产的情形；
- 是否存在纳税人解散、撤销、破产、合并、分立等情形；
- 是否存在相关人员需要出境的情形；

③了解纳税人是否有清欠计划。

（2）根据分析情况提出欠税追征建议，制作《欠税分析报告》（见表4-21），推送至欠税追征预案编制环节。

表 4-21　　　　　　　　　　欠税分析报告

纳税人识别号		纳税人名称	
法定代表人		联系电话	
财务负责人		联系电话	
分析内容			
			分析人： 年　月　日

（三）预案编制

预案编制的工作目标是由欠税追征人员根据《欠税分析报告》，编制《欠税追征预案》（见表4-22）。

表 4-22   欠税追征预案

纳税人识别号		纳税人名称	
法定代表人		联系电话	
财务负责人		联系电话	
预案内容			
			年 月 日

预案编制工作要求：

（1）预案内容包括：选择电话、约谈、财产检查等追征方式，确定时间及人员安排等。

（2）将编制的《欠税追征预案》提交审议，审议通过后推送至知识及手续准备环节。

（四）知识及手续准备

知识及手续准备的工作目标是欠税追征人员根据审批结论，结合《欠税分析报告》和《欠税追征预案》，做好欠税追征前的相关知识及手续准备工作。

知识及手续准备工作要求：接受欠税追征任务后，根据《欠税分析报告》和《欠税追征预案》内容，收集、学习《税收征收管理法》《行政强制法》等相关法律知识，做好相关税务文书及证件的准备。

二、追征实施

追征实施环节主要包括：追征告知、电话、约谈、财产检查、强制执行、主张优先权、代位权行使、撤销权行使、阻止出境等工作。

（一）追征告知

追征告知的工作目标是由欠税追征人员向欠税纳税人、扣缴义务人送达

《税务事项通知书（欠税追征）》（见表4-23），告知对其实施欠税追征。

追征告知的工作要求：

1. 收集该笔欠税相关文书资料

接受欠税追征任务后，首先应收集有关该笔欠税过去已经出具的相关文书资料，做好证据固定。这里的文书主要指《税务事项通知书（限期缴纳税款）》。

2. 责令限期缴纳税款

针对该笔欠税，过去已经出具过《税务事项通知书（限期缴纳税款）》的，经单位负责人审批同意后出具《税务事项通知书（欠税追征）》（见表4-23），告知将对其实施欠税追征；对于过去未出具的，经单位负责人审批同意后出具《税务事项通知书（限期缴纳税款）》，责令限期缴纳税款。

表4-23　　　　　　　　税务事项通知书（欠税追征）

```
_____税务局
税务事项通知书
____税通〔  〕  号
```

_____：（纳税人识别号：_____）

事由：欠税追征告知

依据：《中华人民共和国税收征收管理法》第五十四条

通知内容：根据《中华人民共和国税收征收管理法》第五十四条规定，决定自___年___月___日起就你（单位）欠税情况进行追征。届时请依法接受检查，如实反映情况，提供有关资料。

联系人：

联系电话：

税务机关地址：

　　　　　　　　　　　　　　　　　　　　年　　月　　日

法律提示：

1. 我局将派出两名以上有执法资格的税务人员进行检查。

2. 您应当依法配合我局的检查，如实反映情况，提供有关资料，提供必要的协助。

3. 如果您逃避、拒绝或者以其他方式阻挠我局检查，按照《中华人民共和国税收征收管理法》等有关法律、法规规定，您将可能承受行政处罚等不利法律后果。

4. 请妥善保存本通知。如需协助，请致电_____与我局联系。

....（请沿虚线剪下）

联系资讯：

财务负责人及联系电话	办税人员及联系电话

如果您的地址、联系人、电话等联系方式有变更，请到我局申请变更。

3. 告知与备案

文书送达纳税人，告知其承担的义务和依法享有的权利，并对检查告知事项进行备案。

（二）电话追征

1. 电话追征前提条件

在追征告知无果的情况下，为避免与欠税纳税人直接接触时可能遇到的一些尴尬情况等不利因素的影响，同时为避免因追征欠税款而耽误欠税纳税人的时间或影响欠税纳税人日常生产经营，为节约行政成本提高行政工作效率，可采用电话追征。

2. 电话追征工作目标

电话追征工作目标是由欠税追征人员通过电话询问纳税人、扣缴义务人欠税及生产经营状况等。

3. 电话追征工作要求

（1）提出电话追征申请。欠税追征人员按照欠税追征预案内容，提出电话追征申请。

（2）告知欠税人权利与义务。审批同意后，通过电话向纳税人询问欠税及生产经营状况等，并告知其相应的法律责任和税务机关可以采取的后续措施。

（3）记录与归档。询问结束后制作电话录音的文字记录《电话记录》，并将询问记录进行备案归档。

（三）约谈追征

1. 约谈前提条件

追征实施中的约谈不同于评估检查中的约谈，不仅目的不一样，而且约谈当事人的诉求等方面也有很大差异，此处约谈主要是在电话追征等简易方式追征无果的情况下，就解决欠税纳税人的欠税事宜经双方正面谈判后，达成一致意见，而不是因约谈减少或免除欠税纳税人所欠税款。

2. 约谈工作目标

追征实施中约谈的工作目标是欠税追征人员要求欠税纳税人的相关人员在约定的时间到税务机关办公场所，就欠税相关事宜进行说明解释。

3. 追征实施中约谈工作要求

在通过约谈实施追征的工作中，应注意以下几个方面的事项：

（1）启动约谈前，应制作表《询问通知书（约谈）》，明确约谈的时间、地点、对象和内容，经审批同意后，送达纳税人。

（2）约谈时，在告知纳税人拥有的权利及义务后，就欠税相关事宜进行询问，纳税人就相关事宜进行解释说明。如果纳税人提交书面说明或者相关材料的，应当保存原件；保存原件确有困难的，应当及时复印、影印，并要求纳税人签字盖章。

（3）约谈人员不得少于两名，约谈内容应制《询问笔录》，并进行备案归档。

（四）财产检查

1. 财产检查前提条件

在电话、约谈追征无果或不理想情况下，依据《税收征管法》第五十四条规定税务检查人员可以到纳税人的生产、经营场所和货物存放地检查纳税人应纳税的商品、货物或者其他财产，检查扣缴义务人与代扣代缴、代收代缴税款有关的经营情况；到车站、码头、机场、邮政企业及其分支机构检查纳税人托运、邮寄应纳税商品、货物或者其他财产的有关单据、凭证和有关资料。

2. 财产检查工作目标

欠税追征中财产检查工作目标是欠税追征人员到欠税纳税人的生产、经营场所和货物存放地检查纳税人的商品、货物或者其他财产等。

3. 财产清查工作要求

（1）经单位负责人审批同意后出具《税务检查通知书（检通一）》，到欠税纳税人的生产、经营场所和货物存放地进行检查，并制作《财产检查报告》（见表4-24）。

表4-24　　　　　　　　　财产检查报告

纳税人识别号		纳税人名称	
法定代表人		联系电话	
财务负责人		联系电话	
经检查，该企业资产状况如下： 　　　　　　　　　　　　　　　检查人员： 　　　　　　　　　　　　　　　年　月　日			

（2）财产检查应由两名以上有执法资格的检查人员实施。检查时应当向纳税人出示税务检查证和《税务检查通知书（检通一）》，告知纳税人权利、义务及法律后果。

（五）强制执行

追征实施中强制执行工作目标是由欠税追征人员采用税收强制的方式实施欠税追征。

追征实施中强制执行工作要求：欠税追征人员根据电话、约谈和财产检查等过程中掌握的情况，选择强制执行的具体措施，经县以上税务局（分局）局长审批后，组织实施。

1. 税收强制执行措施的概念

税收强制执行措施，是指纳税人、扣缴义务人不按照规定的期限缴纳或者解缴税款，纳税担保人不按照规定的期限缴纳所担保的税款，或者当事人不履行税收法律、行政法规规定的义务，税务机关依法采取的强制追缴手段。它是保障税收安全，维护国家税法尊严的重要措施。《税收征管法》第四十条、第五十五条、第六十八条、第八十八条对强制执行措施进行了明确规定。

2. 适用对象

税收强制执行措施的适用对象是从事生产、经营的纳税人、扣缴义务人、纳税担保人，不包括非从事生产、经营的纳税人。

3. 前提条件

适用强制执行措施的前提条件是从事生产、经营的纳税人、扣缴义务人未按照规定的期限缴纳或者解缴税款，纳税担保人未按照规定的期限缴纳所担保的税款。此外，对已采取税收保全措施的纳税人，限期内仍未履行纳税义务的，可依法采取强制执行措施。对未按照规定办理税务登记的从事生产、经营的纳税人以及临时从事经营的纳税人，由税务机关核定其应纳税额，责令缴纳；不缴纳的，税务机关可以扣押其价值相当于应纳税款的商品、货物；扣押后仍不缴纳的，可依法采取强制执行措施。

4. 税收强制执行措施的形式

强制执行措施有以下两种主要形式：

（1）书面通知其开户银行或者其他金融机构从其存款中扣缴税款。

（2）扣押、查封、依法拍卖或者变卖其价值相当于应纳税款的商品、货物或者其他财产，以拍卖或者变卖所得抵缴税款。拍卖是指以公开竞价的方式，将纳税人应纳税款的商品、货物或者其他财产出卖给最高应价人的买卖方式；变卖是指税务机关将纳税人应纳税款的商品、货物或者其他财产依法直接出卖给有关机构的买卖方式。这两种方式都是税务机关依法强制处分纳税人财产的行政措施。

5. 适用税收强制执行措施的具体条件、执行程序和应注意的问题

（1）采取强制执行措施，必须坚持告诫在先、执行在后的原则和程序。即从事生产、经营的纳税人、扣缴义务人未按照规定的期限缴纳或解缴税款，纳税担保人未按照规定的期限缴纳所担保的税款，应当先行告诫，责令限期缴纳；对逾期仍未缴纳者，方可适用强制执行措施。根据《税收征管法实施细则》第七十三条规定，税务机关在责令限期缴纳时，应当发出限期缴纳税款通知书，责令缴纳或者解缴税款的最长期限不得超过 15 日。

（2）强制执行措施必须发生在责令限期缴纳期满之后，责令限期内有逃避履行纳税义务迹象的，税务机关应采取的是税收保全措施。

（3）采取强制执行措施前，应当依法报经县以上税务局（分局）局长批准。

（4）采取强制执行措施时，对从事生产、经营的纳税人、扣缴义务人、纳税担保人未缴纳的滞纳金同时强制执行。因为税收强制执行措施是在从事生产、经营纳税人、扣缴义务人、纳税担保人超过规定期限缴纳税款的情况下进行的，应当依法加收滞纳金。当税务机关根据《税收征管法》第八十八条第三款的规定，为执行行政处罚决定而采取强制执行措施时，罚款应成为强制执行的对象；《税收征管法实施细则》第六十九条第二款也将罚款作为拍卖或者变卖所得抵缴的对象。

（5）扣押、查封、拍卖或者变卖等行为具有连续性，即税务机关可以在扣押、查封纳税人、扣缴义务人、纳税担保人应纳税款的商品、货物或者其他财产后，不再给其自动履行纳税义务的期间，可以直接依法拍卖、变卖。同时，税务机关也可以不先行扣押、查封，而是直接将其应纳税款的商品、货物或者其他财产依法拍卖、变卖。

（6）个人及其所扶养家属维持生活必需的住房和用品，不在强制执行措施的范围之内，这是对公民基本生存权利的特别保障。

（7）税务机关将扣押、查封的商品、货物或者其他财产变价抵缴税款时，应当交由依法成立的拍卖机构拍卖；无法委托拍卖或者不适于拍卖的，可以交由当地商业企业代为销售，也可以责令纳税人限期处理；无法委托商业企业销售，纳税人也无法处理的，可以由税务机关变价处理，具体按照《抵税财物拍卖、变卖试行办法》（国家税务总局令第 12 号）的规定执行。国家禁

止自由买卖的商品，应当交由有关单位按照国家规定的价格收购。拍卖或者变卖所得抵缴税款、滞纳金、罚款以及扣押、查封、保管、拍卖、变卖等费用后，剩余部分应当在 3 日内退还被执行人。这是为了保护纳税人合法权益，避免税务人员随意处理扣押、查封纳税人的财产。

（8）根据《税收征管法》第六十八条的规定，纳税人、扣缴义务人在规定的期限内不缴或者少缴应纳或者应解缴税款，税务机关在适用强制执行措施时，可以处不缴或者少缴的税款 50%以上、5 倍以下的罚款。

6. 采取强制执行措施应遵循的规定

（1）采取强制执行措施的权力只能由法定的税务机关行使。对纳税人等采取强制执行措施是法律赋予税务机关的一项行政权力，是促使纳税人履行纳税义务，保证税款征收顺利进行的重要执法手段，只能由税务机关严格依法进行。因此，《税收征管法》第四十一条规定："本法第三十七条、第三十八条、第四十条规定的采取税收保全措施、强制执行措施的权力，不得由法定的税务机关以外的单位和个人行使。"

（2）税务机关采取强制执行措施必须依照法定权限和法定程序。由于强制执行措施直接涉及纳税人自身的利益，为了保护纳税人的合法权益，规范税务机关的执法行为，《税收征管法》第三十七条、第三十八条、第四十条对采取税收保全措施和强制执行措施的权限、方式、步骤和要求等作出了规定，《税收征管法实施细则》第五十八条、第五十九条、第六十条、第六十一条、第六十二条、第六十三条、第六十四条、第六十五条、第六十六条、第六十七条、第六十八条、第六十九条、第七十一条、第七十二条对其作出了进一步规定，税务机关应严格遵循。

（3）税务机关采取强制执行措施时，不得查封、扣押纳税人个人及其所扶养家属维持生活必需的住房和用品。这里需要注意以下几点：

一是住房和用品必须是"纳税人个人及其所扶养家属"的，才能不得查封、扣押。也就是说，纳税人的生产、经营用房和企业其他财产，可以依法查封、扣押。"扶养"是指发生在法定的近亲属之间的相互供养的法律责任。我国很多法律都对扶养有规定，例如我国《婚姻法》第二十条规定，夫妻有互相扶养的义务。《税收征管法实施细则》第六十条明确规定，"个人所扶养家属"是指与纳税人共同居住生活的配偶、直系亲属以及无生活来源并由纳税人扶养的其他亲属。

二是不得查封、扣押的住房和用品必须是纳税人个人及其所扶养家属"维持生活必需的"。纳税人个人及其所扶养家属作为自然人，其基本生活权利应当得到法律的特别保障，这是量能课税原则的要求，各国一般都在税法中确立了生存权财产不课税或轻课税原则。所谓"维持生活所必需的"，是指保障纳税人个人及其所扶养家属生存所必备的财产和工具，是公民个人生存下去的最起码的生活需求。《税收征管法实施细则》第五十九条第三款规定，对单价5000元以下的其他生活用品，税务机关不采取税收保全措施和强制执行措施。《最高人民法院关于贯彻执行中华人民共和国民法通则若干问题的意见（试行）》第四十四条规定："个体工商户、农村承包经营户的债务，如以其家庭共有财产承担责任的，应当保留家庭成员的生活必需品和必要的生产工具。"

三是不属于维持生活所必需的住房和用品，税务机关可以依法查封、扣押。《税收征管法实施细则》第五十九条第二款明确规定，机动车辆、金银饰品、古玩字画、豪华住宅或者一处以外的住房不属于"个人及其所扶养家属维持生活必需的住房和用品"的范围，可以采取税收保全措施和强制执行措施。根据《税收征管法》第七十九条规定，税务机关、税务人员查封、扣押纳税人个人及其所扶养家属维持生活必需的住房和用品的，责令退还，依法给予行政处分；构成犯罪的，依法追究刑事责任。

四是税务机关扣押商品、货物或者其他财产时，必须开付收据；查封商品、货物或者其他财产时，必须开付清单。

与追征实施强制执行有关的文书主要包括《强制执行申请书》（见表4-25）、《税收强制执行决定书（拍卖/变卖适用）》（见表4-26）。

表 4-25　　　　　　　　　　强制执行申请书

＿＿＿＿市＿＿＿＿区税务局
强制执行申请书
＿＿税强申〔2014〕＿＿号
××市××区人民法院：
申请执行人：××市××区税务局
地址：××区××街××号
法定代表人：张××　　职务：局长
联系电话：××××—×××××××　邮政编码：××××××
被申请执行人：××纺织机械有限公司　地址：××区××街××号
法定代表人：赵××　　职务：总经理
联系电话：××××—×××××××　邮政编码：××××××
××纺织机械有限公司对我局×税××〔2014〕××号决定，未按规定申请行政复议或者向人民法院提起行政诉讼，又不履行；根据《中华人民共和国税收征收管理法》第八十八条之规定，特申请贵院强制执行。并请在15日内将强制执行结果通知我局。
附件：×国税××〔2014〕××号
申请执行机关（签章）
2014 年 10 月 11 日

表4-26   税收强制执行决定书（拍卖/变卖适用）

＿＿＿市＿＿＿区国家税务局

税收强制执行决定书

（拍卖/变卖适用）

＿＿＿税强拍〔2014〕＿＿＿号

××精细化工有限公司：

根据《中华人民共和国税收征收管理法》第四十条规定，经××区税务局（分局）局长批准，决定：对《税收保全措施决定书（查封/扣押适用）》（××税保封〔2014〕×号）所查封（扣押）的你（单位）的商品：××依法予以拍卖或者变卖，以拍卖或者变卖所得抵缴税款、滞纳金。

如对本决定不服，可自收到本决定之日起六十日内依法向＿＿××市税务局申请行政复议，或者自收到本决定之日起三个月内依法向人民法院起诉。

2014 年 10 月 17 日

法律提示：

1. 我局在实施拍卖或者变卖时，拍卖或者变卖的商品、货物或者其他财产的价值，参照同类商品的市场价、出厂价或者评估价估算；按上述方法确定应拍卖或者变卖的商品、货物或其他财产的价值时，还应当包括滞纳金和扣押、查封、保管、拍卖、变卖所发生的费用。

2. 对价值超过应纳税额且不可分割的商品、货物或者其他财产，我局在无其他可供强制执行的财产的情况下，可以整体拍卖，以拍卖所得抵缴税款、滞纳金、罚款以及扣押、查封、保管、拍卖等费用。

3. 我局将扣押、查封的商品、货物或者其他财产变价抵缴税款时，将交由依法成立的拍卖机构拍卖；无法委托拍卖或者不适于拍卖的，将交由当地商业企业代为销售，也可以责令您限期处理；无法委托商业企业销售，您也无法处理的，可以由我局变价处理。国家禁止自由买卖的商品，将交由有关单位按照国家规定的价格收购。

4. 拍卖或者变卖所得抵缴税款、滞纳金、罚款以及扣押、查封、保管、拍卖、变卖等费用后，剩余部分将在 3 日内退还给您。

5. 我局对有产权证书的动产或不动产拍卖后，将提请有关机关协助办理该动产或不动产的过户手续。

6. 请妥善保存本通知。如需协助，请致电××××—×××××××××与我局联系。

（六）主张优先权

追征实施中主张优先权工作目标是欠税追征人员对符合行使优先权的欠税纳税人，经审批同意后向人民法院提出申请，行使优先权。

追征实施工作要求：对符合行使主张优先权的欠税纳税人，经单位负责人审批同意后，向人民法院提出主张优先权申请，申请时应提供《主张优先权申请》（见表4-27）、欠税人拥有债权的合法证据、纳税人的欠税证据、人民法院要求报送的其他资料等；配合人民法院积极应诉，根据人民法院的判决行使优先权，依法实施征收。对行使优先权有困难的，依法申请人民法院进行强制执行。对于破产清算税收债权的主张由政策法规部门协助实施。

表 4-27 主张优先权申请

纳税人识别号		纳税人名称	
法定代表人		联系电话	
财务负责人		联系电话	
申请理由及处理建议			
		年 月 日	

1. 税收优先权的概念

税收优先权是指当税款与其他债权并存时，税款有优先受偿权。税收优先是国家征税的权利与其他债权同时存在时，税款的征收原则上应优先于其他债权，也称为税收的一般优先权，这是保障国家税收的一项重要原则。当纳税人财产不足以同时缴纳税款和偿付其他债权，应依据法律的规定优先缴纳税款。

2. 税收优先权的主要表现

税收优先权主要表现在以下三个方面：

（1）税务机关征收税款，税收优先于无担保债权（法律另有规定的除外）

税收优先于无担保债权，是指纳税人发生纳税义务，又有其他应偿还的债务，而纳税人未设置担保物权的财产，不足以同时缴纳税款又清偿其他债务的，纳税人未设置担保物权的财产应该首先用于缴纳税款。税务机关在征收税款时，可以优先于其他债权人取得纳税人未设置担保物权的财产。

应注意的是，税收优先于无担保债权，但法律另有规定的除外，如在破产程序中，职工的工资属于债权，但考虑到职工基本生活的保障这一更高的人权宗旨，职工的工资优先于国家的税收而受到清偿。

（2）税收优先于发生在其后的抵押权、质权、留置权

税收优先于发生在其后的抵押权、质权、留置权，即纳税人欠缴的税款发生在纳税人以其财产设定抵押、质押或者纳税人的财产被留置之前的，税收应当先于抵押权、质权、留置权执行。

税收优先于发生在其后的抵押权、质权、留置权的规定，包含两层含义：

①税收优先于发生在其后的抵押权、质权，留置权，执行额度以纳税人应纳的税款为限，例如税务机关处置纳税人的抵押财产后，抵押财产的处置价值超过纳税人的应纳税额、滞纳金和必要的处置费用的，超出部分应该退还纳税人；纳税人抵押的财产价值不足以缴纳税款和滞纳金的，税务机关应要求纳税人以其他财产补足。

②欠税的纳税人，可以以其财产设定抵押、质押，其财产也可能被留置，但是此时的抵押、质押等担保物权，不能影响税收，即根据税收优先的原则，对有欠税的纳税人，税务机关对其设置抵押、质押或被留置的财产有优先处置权，以保障国家依法取得税收收入。

（3）税收优先于罚款、没收违法所得

纳税人在生产经营以及其他活动中，如果实施了违反行政管理法律、法规的行为，则有关行政机关（工商、财政、劳动、公安等行政部门）可以依法予以罚款、没收违法所得等行政处罚。虽然罚款、没收违法所得也应上交国库，但为了保障国家税收收入，如果此时纳税人欠缴税款，则税款的征收应优先于罚款、没收违法所得。

（七）代位权行使

追征实施中代位权行使的工作目标是欠税追征岗人员对符合行使代位权的欠税纳税人，向人民法院提出申请，行使代位权。

追征实施中代位权行使工作要求：对符合行使代位权的欠税纳税人，经单位负责人审批同意后，向人民法院提出行使代位权申请，申请时应提供《行使代位权申请》（见表4-28）、欠税人拥有债权的合法证据、纳税人的欠税证据、人民法院要求报送的其他资料等，配合人民法院积极应诉，对根据人民法院判决的行使代位权的债权金额，依法实施征收。对行使代位权的债权金额实施征收有困难的，依法申请人民法院进行强制执行。行使代位权的诉讼由政策法规部门协助实施。

表 4-28　　　　　　　　　　　　行使代位权申请

纳税人识别号		纳税人名称	
法定代表人		联系电话	
财务负责人		联系电话	
申请理由及处理建议			

年　月　日

1. 税收代位权的概念

税收代位权，是指欠缴税款的纳税人怠于行使其到期债权而对国家税收即税收债权造成损害时，由税务机关以自己的名义代替纳税人行使其债权的权力。纳税人对其税收债务，应以其全部财产包括其对第三人享有的权利作为责任财产而为一般担保。如果纳税人怠于行使其对次债务人享有的权利，作为税收债权人的税务机关为确保税款的征收，可以代位纳税人行使该项权利。

2. 税收代位权行使要件

具体而言，代位权的行使主要包括如下要件：

（1）纳税人欠缴税款

在税收法律关系中，纳税人作为一方主体，只要发生了税法规定的行为或事实，就必须依照税法规定，以其全部责任财产依法履行纳税义务。此时，作为债权人的代表国家行使税收债权的税务机关与作为债务人的纳税人之间就形成了一种合法的债权债务关系，且不存在无效或可撤销之因素。纳税人未缴或少缴应纳税款即构成欠缴税款。

（2）纳税人怠于行使到期债权

首先，纳税人应履行之税收债务已经到期。这意味着纳税人不仅应当对次债务人享有债权，而且次债权已经到期。无此条件，税务机关就不能行使代位权。其次，纳税人怠于行使到期债权。

（3）纳税人怠于行使权利的行为已经对国家税收造成损害

认定纳税人怠于行使权利的行为已经对国家税收造成损害应遵循严格的

标准。尽管税收作为国家财政收入的主要来源，必须如数征缴，但这并不意味着税务机关可以任意突破债务的相对性规则而行使代位权，因为这将直接影响到次债务人的权益。在纳税人的纳税义务尚未到期之前，纳税人怠于行使权利的行为并非必然减少其责任财产。因此，纳税人怠于行使权利对国家税收造成损害的结果必须同以上两个要件结合起来，即只有在纳税人应缴税款已经到期且纳税人怠于行使的情况下，才能判断纳税人的该行为是否有害于国家税收。

（4）代位权的客体必须适当

所谓代位权的客体，是指税务机关行使代位权的对象，也就是税务机关的代位权应针对债务人的哪些债权行使。根据《最高人民法院关于适用（中华人民共和国合同法）若干问题的解释（一）》（以下简称《解释》）第十三条的规定，债权人可就债务人享有的具有金钱给付内容的到期债权行使代位权。这一规定实际上将以一般财产为给付内容的债权排除在代位权客体之外。之所以作出这一解释，一方面是由于代位权是《合同法》新设定的制度，没有实践经验可以借鉴；另一方面，也可以简化审判程序。但在实践中，这一规定导致大量债权不能得到代位权制度的保障，使得设立这一制度的初衷难以实现。税收债务一般表现为金钱债务，如果将纳税人以一般财产为给付内容的债权的代位之诉一概拒之于审判程序之外，将会导致国家税收的大量流失。税收代位权的客体不应仅局限于以金钱为给付内容的债权，而且应包含以一般财产为给付内容的债权。将税收代位权客体适当扩大化，将有利于这一制度在实践中的贯彻实施。

总之，税收代位权属于公法范畴的税法对私权的一项新型的制度性规定，体现了公法与私法相互融合的趋势。对于这一问题，仍应从公法的角度予以考虑。尽管税收代位权移植于《合同法》中有关代位权的规定，由于这两种权利权能性质的不同，实践中应对税收代位权的行使要件予以特殊考虑，只有如此，才能真正发挥税收代位权，及时征收税款，确保国家税收的立法初衷。

3. 税务机关行使代位权的方式与限制

（1）行使的方式

传统民法理论认为，代位权的行使方式有两种，即裁判方式和径行方式。根据《税收征管法》第五十条规定，税务机关可以依照《合同法》的规定行使代位权。《合同法》规定"债权人可以向人民法院请求以自己的名义代位行使债务人的债权"。这表明税务机关行使代位权只能通过向人民法院提起诉讼的方式来行使，而不是由税务机关的执法行为直接实现。有学者认为，为使税务机关有效行使代位权和充分保障国家税收收入，法律应赋予税务机关可以采用直接行使方式行使代位权的权利。诚然，税务机关直接行使代位权，会大大加强税务机关清缴欠税的力度，提高税收征管效率，也可以减少司法工作量。但由税务机关直接行使代位权容易导致权利的滥用，法律不能牺牲公正而片面地追求效率；另一方面，由于被告并非税务机关的管理相对人，其与税务机关处于平等法律地位，而且税收代位权涉及税务机关、纳税人、纳税人的债务人三方面的关系，如果税务机关直接行使代位权将可能会破坏司法秩序的稳定。基于以上原因，税务机关只能通过诉讼的方式来行使代位权。

另外，在代位权的诉讼管辖上，《解释》第十四条规定了债权人依照《合同法》规定提起代位权诉讼的，由被告住所地人民法院管辖。在税收代位权诉讼中，基于原告即税务机关与纳税人的债务人的住所地并不一定在同一地方，从行政效率的角度出发，让税务机关到其所在地以外行使税收代位权是不现实的。为此，法律不妨规定税收代位权由税务机关所在地人民法院管辖。与此同时，在确定级别管辖时，可以考虑由参与诉讼的税务机关同级的人民法院管辖，这样将有利于诉讼的顺利进行。按照《解释》第十七条规定在代位权诉讼中，债权人请求人民法院对次债务人的财产采取保全措施的，应当提供相应的财产担保。但是，在税收代位权诉讼中，基于债权人即税务机关的特殊性，当税务机关请求人民法院对纳税人的债务人的财产采取保全措施时，人民法院可以对其豁免提供相应的财产担保。

（2）代位权行使的限制

税收代位权的行使不仅关系到税务机关与纳税人，还关系到纳税人与其债务人的关系，还涉及税务机关与纳税人的债务人之间的关系，甚至会影响到社会经济秩序。因此，税收代位权的行使应当遵循公平合理、诚实信用的原则，并严格依照法律、法规的规定进行，而不能滥用权利。鉴于此，税务机关的代位诉讼请求应当受到以下限制：

①税务机关行使代位权的范围应以达到保全税款的程度为限。根据传统民法债权理论，如果应代位行使的债权人权利的财产价值，超过债权保全的程度时，就应该在必要的限度内，分割债务人权利来行使。但对于不能分割的，可以行使全部的权利。这表明税务机关在行使代位权时，行使的范围不

得超过保全税款的程度。如果超过保全税款的程度，应当分割行使纳税人的权利。只有在不能分割行使时，才能行使全部权利，并应将超出部分价值归还于纳税人。

②税务机关代位请求的标的额以纳税人对其债务人所享有的债权数额为限。根据《解释》第二十一条规定："在代位权诉讼中，债权人行使代位权的请求数额超过债务人所负债务额，或者超过次债务人对债务人所负债务额的，对超过部分不予支持。"这表明税务机关在行使代位权时，请求的范围不得超过纳税人对其债务人所享有的债权数额。

4. 税务机关提起代位权诉讼，应当符合的条件

（1）税务机关对债务人的债权合法，即纳税人超过纳税期限，有不缴或少缴税款的情形。

（2）纳税人怠于行使其到期的债权，可能造成税款流失。根据《解释》，纳税人怠于行使到期债权是指纳税人不依法按期足额缴纳应纳税款，履行纳税义务，又不以诉讼方式或者仲裁方式向其债务人主张其享有的具有金钱给付内容的到期债权，可能造成税务机关无法清缴欠税的情形。

（3）纳税人的债权已到期。

（4）纳税人的债权不是专属于自身的债权。专属于自身的债权，是指基于扶养关系、抚养关系、赡养关系、继承关系产生的给付请求权和劳动报酬、退休金、养老金、抚恤金、安置费、人寿保险、人身伤害赔偿请求权等权利。

（八）撤销权行使

追征实施中撤销权行使工作目标是欠税追征人员对符合行使撤销权的欠税纳税人，向人民法院提出申请，行使撤销权。

追征实施中撤销权行使工作要求：对符合行使撤销权的欠税纳税人，经单位负责人审批同意后，向人民法院提出行使撤销权申请，申请时应提供《行使撤销权申请》（见表4-29）、欠税人拥有债权的合法证据、欠税人放弃到期债权、无偿转让财产和以明显不合理的低价转让财产而受让人知道该情形的合法证据、人民法院要求报送的其他资料等，配合人民法院积极应诉，对根据人民法院判决的行使撤销权的债权金额，依法实施征收。对行使撤销权的债权金额实施征收有困难的，依法申请人民法院进行强制执行。行使撤销权的诉讼由政策法规部门协助实施。

表 4-29 行使撤销权申请

纳税人识别号		纳税人名称	
法定代表人		联系电话	
财务负责人		联系电话	
申请理由及处理建议			

年 月 日

1. 税收撤销权的概念

税收撤销权,是指税务机关对欠缴税款的纳税人滥用财产处分权而对国家税收造成损害的行为,请求法院予以撤销的权利。税收撤销权的行使范围以保全税收债权为限。行使撤销权的费用由纳税人负担。税务机关依规定行使撤销权,并不免除欠缴税款的纳税人尚未履行的纳税义务和应承担的法律责任。税收撤销权是类似于民法债权上撤销权的权利,而和税务机关享有的其他税务行政权力有所区别。它是从属于税收债权的一种特别权利。另外,税收撤销权和税收代位权也不同。税收撤销权针对的是纳税人积极处分其财产的行为,而税收代位权针对的是纳税人消极怠于行使权利的行为。

2. 税收撤销权的构成要件

税收撤销权的构成要件包括客观要件和主观要件。

(1) 税收撤销权的客观构成要件有两个:一个是存在构成撤销的事由,另一个是对国家税收债权造成损害。构成撤销的事由包括:

①纳税义务发生并且确定后,未经履行。

税收撤销权可以理解为一种债。但税收有其特殊性,当纳税人的行为或某种事实符合法律所规定的纳税义务构成要件,纳税义务即视同发生,但此时税收债权尚未完全确定,需要通过纳税人主动申报或税务机关依职权加以核定。这种已经发生的纳税义务通过法定程序予以确定的过程,就是在税收学中经常提到的"抽象的纳税义务"转化为"具体的纳税义务"的过程。纳税人的纳税义务确定后,但并未履行这一义务,即纳税人有欠缴税款行为。

②纳税人的行为必须以其财产为标的。

被撤销的纳税人行为必须以其财产为标的，对财产进行法律上的处置，如果债务人的行为非以财产为标的，虽其行为仍会使财产减少，但税务机关不能依法行使撤销权。根据《税收征管法》的规定，应包括下列行为：

• 放弃到期债权：债权到期后，纳税人明确表示免除债务人的债务。此处放弃债权是以积极的方式作出的，如果未以积极的方式放弃债权，而仅仅对于到期债权怠于行使，税务机关则应该依法行使税收代位权。

• 无偿转让财产：主要是指将财产无偿赠与他人。

• 以明显不合理的低价转让财产而受让人知道该情形：

此处以明显不合理的低价转让财产的行为大都是一种变相的隐匿财产逃避债务的行为。

③纳税人的行为对国家税收造成损害。

纳税人发生纳税义务后，并未按规定期限及时缴纳应缴税款，形成欠税，并通过无偿转让财产，或者以明显不合理的低价转让财产的手段，给国家税收造成了损失，这是行使税收撤销权的必要条件。

（2）税收撤销权构成的主观要件有两个：一是债务人具有恶意，二是受让人为恶意。

①债务人具有恶意：对于债务人的主观要件，分为有偿行为和无偿行为，无偿行为仅有害及债权的事实即可行使撤销权。对于有偿行为，则需债务人的主观恶意，即债务人处分财产时，明知此行为会对国家税收造成损害而为之，债务人对其行为的后果具有一定认识。债务人的主观判断应以其实施行为之时为判断时间，如果行为发生之时未认识到而于其后才得知则不能行使撤销权。

②受让人为恶意：即受让人明知债务人之行为有害于国家税收，仍接受债务人以明显不合理的低价转让的财产，此处是基于对善意受让人的保护，因为受让人并非无偿取得财产，其有相应的对价给付，因此，如其为善意则法律应当维护其利益。

3. 税收撤销权的行使方式

根据《税收征管法》的规定，税务机关可以依照《合同法》的规定行使撤销权。《合同法》规定："因债务人放弃其到期债权或者无偿转让财产，对债权人造成损害的，债权人可以请求人民法院撤销债务人的行为。债务人以明显不合理的低价转让财产，对债权人造成损害，并且受让人知道该情形的，债权人也可以请求人民法院撤销债务人的行为。"在这里，纳税人是债务人，税务机关就相当于债权人，可以请求人民法院撤销纳税人的行为。根据法律的规定，税务机关行使撤销权的方式是诉讼方式，而不是由税务机关的执法行为直接实现。这里需要讨论的问题是，这种诉讼是采用民事诉讼方式还是行政诉讼方式。中国现行的行政诉讼主要是审查行政机关作出的具体行政行为，相应的，法院作出的判决是对具体行政行为的维持、撤销、变更等。显然，在税收撤销权诉讼中，不存在具体行政行为这一审查对象。因此，税收撤销权诉讼在总体上应该采用民事诉讼方式，而不采用行政诉讼方式。

（九）阻止出境

追征实施中阻止出境工作目标是欠税追征人员对欠税纳税人或其法定代表人阻止出境的，按照法定程序报批实施阻止处境。

追征实施中阻止出境工作要求：欠税追征岗根据需要对欠税纳税人或其法定代表人采取阻止出境措施的，提出阻止处境的建议，由县级以上（含县级下同）税务机关向上级提出《行使阻止出境申请》（见表4-30），报省、自治区、直辖市税务机关或国家税务总局审核批准。由审批机关填写《阻止欠税人出境（布控）申请书》，函请同级公安厅、局办理边控手续。准备向上级税务机关提交的材料包括：书面申请、纳税人的欠税证据、纳税人存在欠税又不提供纳税担保，且纳税人或其法定代表人需要出境的证据、上级税务机关要求报送的其他资料。

表4-30　　　　　　　　　　　行使阻止出境申请

纳税人识别号		纳税人名称	
法定代表人		联系电话	
财务负责人		联系电话	
申请理由及处理建议			
		年　月　日	
审批意见： 审批人员：			
		年　月　日	

1. 阻止出境概念

阻止出境即阻止欠税纳税人出境，是指经税务机关调查核实，欠税纳税人未按规定结清应纳税款又未提供纳税担保且准备出境的，税务机关可依法向欠税纳税人申明不准出境。对已取得出境证件执意出境的，税务机关可按规定的程序函请公安边防部门办理边控手续，阻止其出境。

2. 阻止出境欠税纳税人的范围

阻止出境欠税纳税人的范围包括中国公民及外国人、无国籍人等非我国公民。具体如下：

（1）欠税纳税人为自然人的，阻止出境的对象为当事人本人；

（2）欠税纳税人为法人的，阻止出境的对象为其法定代表人；

（3）欠税纳税人为其他经济组织的，阻止出境的对象为其负责人。

法定代表人或负责人变更时，以变更后的法定代表人或负责人为阻止出境对象，法定代表人不在中国境内的，以其在华的主要负责人为阻止出境对象。

3. 阻止出境中的注意事项

（1）公安边防部门阻止欠税纳税人出境时，申请阻止出境的主管局应派员到场，当面告知当事人被阻止出境的事由、欠税金额、依据及处理决定，同时告知未结清税款、滞纳金或未提供纳税担保前不得离境等内容。

（2）被阻止出境的欠税纳税人有下列情形之一的，应立即依据布控程序通知公安边防部门撤控。

①已结清阻止出境时欠缴的全部税款和滞纳金；

②已向税务机关提供相当于全部欠缴税款的纳税担保；

③欠税纳税人已依法宣告破产，并依《破产法》程序清算终结；

④其他原因需要撤控的。

（3）税务局对欠税人的税款、滞纳金的入库情况或纳税担保情况要及时跟踪。

（4）欠税纳税人有下列情形之一的，暂不纳入阻止出境范围：

①属于关、停、并、转企业的；

②欠税属于呆账或者死欠的；

③其他不适合采取阻止出境措施的。

（5）税务局在提出阻止欠税纳税人出境申请前，应认真调查核实，掌握翔实情况，做到事实清楚，信息准确，证据充分。有以下情况之一的，省、自治区、直辖市税务机关或国家税务总局将追究相关责任人的责任。

①对欠税纳税人的欠税事实认定不清和身份信息不准确造成不利影响和后果的；

②未及时办理撤控手续造成不利影响和后果的；

③阻止出境相关文书没有按《税收征管法实施细则》规定的文书送达方式和要求及时送达的；

④应采取阻止出境措施而不采取的。

（6）阻止欠税纳税人出境期限一般为 3 个月。限制出境时间到期前 15 日，税务局确认欠税纳税人仍未按规定结清应纳税款、滞纳金又未提供纳税担保，需继续限制出境的，按照上述程序继续办理。到期不续报，公安边防部门将自动解除边控。

（7）在阻止欠税纳税人出境结案后，主管局要将相关资料归档。

三、证据归集

欠税追征证据归集工作目标是欠税追征人员在实施欠税追征过程中，对固定的相关证据进行归集。

欠税追征证据归集工作要求：欠税追征人员在实施欠税追征过程中，对纳税人报送的申报纳税信息、账簿、记账凭证、完税凭证、报表，电话录音、《询问笔录》或《调查笔录》、追征实施过程中的各类文书及送达回证或邮件回执等证据资料进行归集，并进行证据目录梳理编成《证据材料清册（欠税追征）》（见表 4-31）备案。

表 4-31　　　　　　　　证据材料清册（欠税追征）

纳税人名称：

纳税人识别号：

序号	资料名称	页数
1		
2		
3		
4		
5		
6		
…		

四、卷宗归档

欠税追征卷宗归档工作目标是欠税追征人员在欠税追征完成后，及时按户归集、整理欠税追征资料，进行文书销号，并根据档案管理要求进行归档处理。

在欠税追征卷宗归档工作中，要注意以下几个方面：

1. 及时整理欠税追征过程中的相关资料

由于欠税追征过程涉及时间较长、对纳税人的经济利益较为直接，故一般情况下欠税人如果不配合，可能会导致税务部门将要投入更多的资源，所以，如果相关资料不及时整理，很可能会直接影响到整个征管工作的成效。

2. 对已出具的对外文书进行文书销号处理

由于税款追征中涉及的文书种类较杂、数量较多，如果不及时对文书进行销号处理，特别是在对外文书处理方面，可能会出现一些重复或疏忽遗漏等情况，进而影响工作进度或有可能关系到税务部门税收执法的公信力等。

3. 制作《卷宗目录（欠税追征）》

现代税收管理的特点之一就是痕迹化管理。卷宗归档作为税收管理不可或缺的一环，就是需要将欠税追征各阶段工作痕迹记录在册，因而，需要制作《卷宗目录（欠税追征）》（见表4-32）。

表4-32　　　　　　　　卷宗目录（欠税追征）

纳税人名称：　　　　评估所属期：

纳税人识别号：

序号	资料名称	页数
1		
2		
3		
4		
5		
6		

4. 按照档案管理规定，将案卷交由档案管理部门归档

因国家对于税收执法过程的日益重视，因而更加需要税收执法部门重视

相关档案管理，按照《国家档案法》及其实施办法规定，案卷必须交由专业档案管理部门管理。

【本章小结】

本章可分为两部分内容：第一部分阐述了纳税评估处理；第二部分阐述了欠税追征。按照纳税评估工作流程，纳税评估处理属于最后环节，而欠税追征属于税收管理的重要内容，从某种程度上来讲欠税追征也可作为纳税评估的后续工作。

第五章 纳税评估的基本分析与审核

【本章提要】本章介绍纳税评估的基本分析与审核，包括纳税人基本资料审核、纳税人纳税申报表的逻辑关系分析与审核以及企业财务报表分析与审核三部分。通过对纳税人的企业性质、经营范围和税收待遇作一个基本的了解和整体把握，再结合纳税申报表、财务报表等信息对纳税人作出基本的评价，为全面纳税评估做好充分准备。本章的重点是纳税人基本资料和纳税申报表分析与审核，难点是企业财务报表的分析与审核。

【学习目标】通过本章学习，掌握对纳税人基本资料审核的方法，熟悉对纳税人增值税、营业税、消费税、土地增值税、企业所得税等纳税申报表和企业财务报表的分析与审核。

第一节 纳税人基本资料分析与审核

纳税评估人员通过对纳税人基本资料的审核，对纳税人的企业性质、经营范围和能够享受的税收待遇作一个基本的了解和整体把握，再结合纳税申报、行业风险特征等信息对纳税人的纳税情况作出基本的评价。

一、纳税人基本资料分析与审核

纳税人的基本资料包括税务登记信息和税种认定信息两类。通过税务登记信息的审核，可以对纳税人的基本情况有一个整体了解。税种认定是指税务机关根据纳税人办理税务登记时所申报的行业、经营范围和应税行为等信息，以及在税收征管工作中依法取得的其他相关信息，对纳税人具有申报纳税（扣缴或代征）义务的税种进行认定的工作。通过对认定信息的审核，初步判断纳税人所负有的申报纳税义务是否准确、全面。

（一）税务登记信息的审核

1. 法定代表人（负责人）信息审核

法定代表人（负责人）信息审核时主要结合其身份信息，审核是否存在法定代表人（负责人）年龄大于 70 岁或小于 18 岁，有无违反经营常规的情况，如果存在，有虚假登记、虚假经营的风险。

2. 行业信息审核

通过行业信息的审核，明确其所处的行业，结合税种认定信息，初步判断是否存在税种认定不全的问题。

3. 生产经营地址审核

结合行业信息，判断企业是否满足从事生产经营的基本条件，如生产性企业的经营地址登记为一栋居民楼内某一单元则有违经营常规，可能存在虚假经营的风险。

4. 投资方信息审核

（1）审核投资方的构成，如果均为自然人的，应当结合法定代表人（负责人）信息，判断是否存在法定代表人（负责人）不在投资人范围内的情况，如果存在，有虚假登记的风险。

（2）审核投资来源地及投资比例，判断企业性质，属于内资企业还是外资企业，对于投资来源于全球低税负避税地的，应作进一步关联分析。

5. 开业（设立）日期审核

开业（设立）日期的审核，结合税种认定信息，判断企业所得税的管辖，是否存在漏征漏管的问题。

6. 企业状态信息审核

审核纳税人是正常开业还是非正常户，结合纳税人纳税申报情况的审核，判断纳税人纳税义务的履行是否正常。

7. 变更登记信息审核

涉及投资方变更的，判断是否影响企业的性质，涉及经营范围变更的，结合税种认定信息，判断是否存在漏征漏管、混淆税种的情况。

8. 财务会计制度审核

企业选择不同的财务会计制度，其对会计要素的确认方式也会不同，与税法的差异也存在不同。通过对财务会计制度的审核，对会计的记账规则能够做到心中有数，对会计与税法的差异能够作出方向性的预先判断。

9. 增值税一般纳税人资格登记信息审核

（1）备案资料的一致性审核，增值税一般纳税人申请认定表中纳税人填报内容与税务登记信息应当一致。

（2）纳税人年应税销售额超过财政部、国家税务总局规定标准而未登记为一般纳税人的，审核其是否有书面说明，查看申请事项是否符合不认定一般纳税人条件。按照规定年应税销售额超过小规模纳税人标准的其他个人按小规模纳税人纳税；非企业性单位、不经常发生应税行为的企业可选择按小规模纳税人纳税。如旅店业和饮食业纳税人销售非现场消费的食品，属于不经常发生增值税应税行为，根据《中华人民共和国增值税暂行条例实施细则》（财政部　国家税务总局令第 50 号）第二十九条的规定，可以选择按小规模纳税人缴纳增值税。

10. 扣缴义务人税种的登记信息审核

根据税收法律、行政法规的规定负有扣缴税款义务的扣缴义务人，应当办理扣缴税款登记。

（1）企业支付工资，支付方作为扣缴义务人，应当有扣缴个人所得税的登记信息。

（2）投资方有境外非居民企业，企业向非居民企业支付股息、红利所得的，支付方作为扣缴义务人，应当有扣缴企业所得税的登记信息。

（3）工程作业发包方、劳务受让方或购买方，未能按照《非居民承包工程作业和提供劳务税收管理暂行办法》（国家税务总局令第 19 号）第二十条规定，在项目合同签订之日起 30 日内向所在地主管税务机关提供有关证明资料的，应作为扣缴义务人，应当有扣缴营业税或者增值税的登记信息。

（二）税种认定信息审核

1. 征收税种的审核

通过征收税种与经营范围的审核与比较，判断两者之间是否匹配，是否属于"营改增"纳税人，有兼营项目的是否存在漏征漏管、混淆税种的情况。

2. 税率（征收率）的审核

通过税率（征收率）与经营范围的审核与比较，判断是否存在有混业经营而从低适用税率的问题。如某运输业企业的一般纳税人，其税种认定信息中至少应当有 11% 的征收项目，如果均认定为 6%，可能存在从低适用税率的风险。

3. 征收方式审核

企业所得税征收方式一般有查账征收与核定征收两种，企业所得税采用核定征收的，要结合行业信息和经营范围判断是否符合规定。如属于专门从事股权（股票）投资业务的企业，不得核定征收企业所得税。

二、纳税人资格认定及备案资料分析与审核

纳税人通过某种资格的认定，代表着纳税人具有了某种主体资格，也反映了纳税人应当承担相应的义务。在对纳税人的资格认定和备案资料审核中，应当严格把关，围绕认定资料和备案资料的完整性和与有关政策的符合性进行统一审核。

（一）出口退（免）税资格认定审核

1. 政策规定

根据《关于出口货物劳务增值税和消费税政策的通知》（财税〔2012〕39 号）的规定，销售适用增值税退（免）税、消费税退（免）税政策的出口企业或其他单位，应办理退（免）税认定。具有出口退税资格的企业才能办理出口退（免）税。应当结合增值税和消费税的纳税申报情况，判断企业是否具备出口退（免）税资格。

2. 应提供的资料

根据《出口货物劳务增值税和消费税管理办法》和《国家税务总局关于出口货物劳务增值税和消费税管理办法有关问题的公告》（国家税务总局公告 2013 年第 12 号）的要求，出口企业应提供下列资料到主管税务机关办理出口退（免）税资格认定：

（1）加盖备案登记专用章的《对外贸易经营者备案登记表》或《中华人民共和国外商投资企业批准证书》；

（2）中华人民共和国海关进出口货物收发货人报关注册登记证书；

（3）银行开户许可证；

（4）《出口退（免）税资格认定申请表》；

（5）主管税务机关要求提供的其他资料。

3. 审核的内容

（1）资料的完整性，查看资料是否齐备；

（2）是否存在因骗取国家出口退税款的，经省级以上税务机关批准可以停止其退（免）税资格的情况，若已停止其退（免）税资格，在停止期间不得办理出口退（免）税。

（二）促进残疾人就业企业资格认定审核

1. 政策规定

《财政部 国家税务总局关于促进残疾人就业税收优惠政策的通知》（财税〔2007〕92号）规定："对安置残疾人的单位，实行由税务机关按单位实际安置残疾人的人数，限额即征即退增值税或减征营业税的办法。"

2. 应提供的资料

取得民政部门或残疾人联合会认定的纳税人，可向主管税务机关提出减免税申请，并提交以下材料：

（1）经民政部门或残疾人联合会认定的纳税人，出具上述部门的书面审核认定意见；

（2）纳税人与残疾人签订的劳动合同或服务协议（副本）；

（3）纳税人为残疾人缴纳社会保险费缴费记录；

（4）纳税人向残疾人通过银行等金融机构实际支付工资凭证；

（5）主管税务机关要求提供的其他材料。

3. 审核的内容

（1）就残疾人证件的真实性等问题，请求当地民政部门或残疾人联合会予以审核认定。

（2）经认定的符合减免税条件的纳税人实际安置残疾人员人数及其占在职职工总数的比例应逐月计算，本月实际安置残疾人人数低于10人或占比未达到25%的，不得退还本月的增值税或减征本月的营业税。

（3）年度终了，应平均计算纳税人全年实际安置残疾人员占在职职工总数的比例，一个纳税年度内累计3个月平均比例未达到25%的，应自次年1月1日起取消增值税退税、营业税减税和企业所得税优惠政策。

（4）为安置的每位残疾人按月足额缴纳了单位所在区县人民政府根据国家政策规定的基本养老保险、基本医疗保险、失业保险和工伤保险等社会保险。

（5）通过银行等金融机构向安置的每位残疾人实际支付了不低于单位所在区县适用的经省级人民政府批准的最低工资标准的工资。

（6）对不符合退、减税条件的纳税人，取消其退、减税资格，追缴其不符合退、减税条件期间已退或减征的税款，并依照税收征管法的有关规定予以处罚。

（7）对采取一证多用或虚构规定条件，骗取税收优惠政策的，一经查证属实，主管税务机关应当追缴其骗取的税款，并取消其3年内申请享受《财政部 国家税务总局关于促进残疾人就业税收优惠政策的通知》（财税〔2007〕92号）规定的税收优惠政策的资格。

（三）境外注册中资控股居民企业认定审核

1. 政策规定

境外注册中资控股居民企业（简称非境内注册居民企业）是指因实际管理机构在中国境内而被认定为中国居民企业的境外注册中资控股企业。

境外中资企业同时符合以下条件的，根据《企业所得税法》第二条第二款及其实施条例第四条的规定，应判定其为实际管理机构在中国境内的居民企业，并实施相应的税收管理，就其来源于中国境内、境外的所得征收企业所得税。

（1）企业负责实施日常生产经营管理运作的高层管理人员及其高层管理部门履行职责的场所主要位于中国境内；

（2）企业的财务决策（借款、放款、融资、财务风险管理等）和人事决策（任命、解聘和薪酬等）由位于中国境内的机构或人员决定，或需要得到位于中国境内的机构或人员批准；

（3）企业的主要财产、会计账簿、公司印章、董事会和股东会议纪要档案等位于或存放于中国境内；

（4）企业1/2（含1/2）以上有投票权的董事或高层管理人员经常居住于中国境内。

2. 应提供的资料

境外中资企业应当根据生产经营和管理的实际情况，自行判定实际管理机构是否设立在中国境内。如其判定符合《国家税务总局关于境外注册中资控股企业依据实际管理机构标准认定为居民企业有关问题的通知》第二条规定的居民企业条件，应当向其主管税务机关书面提出居民身份认定申请。申请时应当提供下列资料：

（1）企业法律身份证明文件；

（2）企业集团组织结构说明及生产经营概况；

（3）企业最近一个年度的公证会计师审计报告；

（4）负责企业生产经营等事项的高层管理机构履行职责的场所的地址证明；

（5）企业董事及高层管理人员在中国境内居住的记录；

（6）企业重大事项的董事会决议及会议记录。

3. 审核的内容

（1）资料的完整性审核，应提供的资料是否均已提供。

（2）遵循实质重于形式的原则对相应资料进行审核，审查是否符合认定的条件。

（四）税收优惠备案资料的审核

1. 政策规定

根据《国家税务总局关于发布〈企业所得税优惠政策事项办理办法〉的公告》（国家税务总局公告 2015 年第 76 号）的规定，企业所得税法规定的优惠事项，以及税法授权国务院和民族自治地方制定的优惠事项，凡享受企业所得税优惠的，均应当向税务机关履行备案手续。企业应当不迟于年度汇算清缴纳税申报时备案。

2. 应提供的资料

各项税收优惠备案资料具体内容见表 5-1。

3. 审核的内容

（1）税务机关应当对纳税人税收优惠事项进行审核，主要围绕以下几个方面进行审核：

①纳税人是否符合税收优惠的资格条件，是否以隐瞒有关情况或者提供虚假材料等手段骗取税收优惠；

②纳税人享受税收优惠的条件发生变化时，是否经税务机关重新审查后办理税收优惠；

③有规定用途的减免税税款，纳税人是否按规定用途使用；有规定减免税期限的，是否到期恢复纳税；

④是否存在纳税人未经税务机关批准或登记备案自行享受税收优惠的情况；

⑤已享受税收优惠是否已按规定申报。

表5-1　企业所得税优惠事项备案管理目录（2015年版）

序号	优惠事项名称	政策概述	主要政策依据	备案资料	预缴期是否享受优惠	主要留存备查资料
1	国债利息收入免征企业所得税	企业持有国务院财政部门发行的国债取得的利息收入免征企业所得税	1.《中华人民共和国企业所得税法》第二十六条第一款；2.《中华人民共和国企业所得税法实施条例》第八十二条；3.《国家税务总局关于企业国债投资业务企业所得税处理问题的公告》（国家税务总局公告2011年第36号）	企业所得税优惠事项备案表	预缴享受年度备案	1.国债净价交易交割单；2.购买、转让国债的证明、金额、利率等相关材料；3.应收利息（投资收益）科目明细账或按月汇总表；4.减免税计算过程的说明
2	取得的地方政府债券利息收入免征企业所得税	企业取得的地方政府债券利息收入（所得）免征企业所得税	1.《财政部 国家税务总局关于地方政府债券利息所得免征所得税问题的通知》（财税[2011]76号）；2.《财政部 国家税务总局关于地方政府债券利息免征所得税问题的通知》（财税[2013]5号）	企业所得税优惠事项备案表	预缴享受年度备案	1.购买地方政府证明，包括持有时间、票面金额、利率等相关材料；2.应收利息（投资收益）科目明细账或按月汇总表；3.减免税计算过程的说明
3	符合条件的居民企业之间的股息、红利等权益性投资收益免征企业所得税	居民企业直接投资于其他居民企业取得的权益性投资收益免征企业所得税。所称股息、红利等权益性投资收益，不包括连续持有居民企业公开发行并上市流通的股票不足12个月取得的投资收益	1.《中华人民共和国企业所得税法》第二十六条第二款；2.《中华人民共和国企业所得税法实施条例》第十七条、第八十三条；3.《财政部 国家税务总局关于执行企业所得税优惠政策若干问题的通知》（财税[2009]69号）第四条；4.《国家税务总局关于贯彻落实企业所得税法若干税收问题的通知》（国税函[2010]79号）第四条	企业所得税优惠事项备案表	预缴享受年度备案	1.被投资企业出具的股东名册和持股比例（企业在证券交易市场购买上市公司股票获得股权的，进供相关交易记账凭证、本公司持股比例以及持股时间超过12个月情况说明）；2.被投资企业董事会（或股东大会）利润分配决议；3.若企业取得的是被投资企业未按股东收益比例分配的股息、红利等权益性投资收益，还需提供被投资企业的最新公司章程；4.被投资企业进行清算所得税处理的，留存被投资企业填报的加盖主管税务机关受理章的《中华人民共和国清算所得税申报表》及附表三《剩余财产计算和分配明细表》复印件

续表

序号	优惠事项名称	政策概述	主要政策依据	备案资料	预缴期是否享受优惠	主要留存备查资料
4	内地居民企业连续持有 H 股满 12 个月取得的股息红利所得免征企业所得税	对内地企业投资者通过沪港通投资香港联交所上市股票取得的股息红利所得，计入其收入总额，依法计征企业所得税。其中，内地居民企业连续持有 H 股满 12 个月取得的股息红利所得，依法免征企业所得税	《财政部 国家税务总局 证监会关于沪港股票市场交易互联互通机制试点有关税收政策的通知》（财税〔2014〕81 号）	企业所得税优惠事项备案表	预缴享受 年度备案	1. 相关记账凭证，本公司持股比例以及持股时间超过 12 个月的情况说明；2. 被投资企业董事会（或股东大会）利润分配决议
5	符合条件的非营利组织的收入免征企业所得税	符合条件的非营利组织取得的捐赠收入以及其他政府补助收入，不征税收入和免税收入孳生的银行存款利息收入等。不包括非营利组织从事营利性活动取得的收入。非营利组织主要包括事业单位、社会团体、基金会、民办非企业单位、宗教活动场所等	1.《中华人民共和国企业所得税法》第二十六条第四款；2.《中华人民共和国企业所得税法实施条例》第八十四条、第八十五条；3.《财政部 国家税务总局关于非营利组织免税收入问题的通知》（财税〔2009〕122 号）；4.《财政部 国家税务总局关于非营利组织资格认定管理有关问题的通知》（财税〔2014〕13 号）	1. 企业所得税优惠事项备案表 2. 非营利组织资格认定文件或其他相关证明	预缴享受 年度备案	1. 非营利组织资格有效认定文件或其他相关证明；2. 登记管理机关出具的事业单位、社会团体、基金会、民办非企业对应汇缴年度的检查结论（新设立非营利组织不需提供）；3. 应纳税收入及其有关的成本、费用、损失，与免税收入及其有关的成本、费用、损失分别核算的情况说明；4. 取得各类免税收入的情况说明
6	中国清洁发展机制基金取得的收入免征企业所得税	中国清洁发展机制基金取得的 CDM 项目温室气体减排量转让收入上缴国家的部分、国际金融组织赠款收入、基金资金的存款利息收入、购买国债的利息收入、国内外机构、组织和个人的捐赠收入，免企业所得税	《财政部 国家税务总局关于中国清洁发展基金及清洁发展机制项目实施企业有关企业所得税政策问题的通知》（财税〔2009〕30 号）第一条	企业所得税优惠事项备案表	预缴享受 年度备案	免税收入核算情况

续表

序号	优惠事项名称	政策概述	主要政策依据	备案资料	预缴期是否享受优惠	主要留存备查资料
7	投资者从证券投资基金分配中取得的收入暂不征收企业所得税	对投资者从证券投资基金分配中取得的收入,暂不征收企业所得税	《财政部 国家税务总局关于企业所得税若干优惠政策的通知》(财税[2008]1号)第二条第二款	企业所得税优惠事项备案表	预缴享受年度备案	1. 有关购买证券投资基金记账凭证; 2. 证券投资基金分配公告
8	受灾地区企业通过公益性社会团体、县级以上人民政府及其部门取得的抗震救灾和灾后恢复重建款等收入免征企业所得税	受灾地区企业通过公益性社会团体、县级以上人民政府及其部门取得的抗震救灾和灾后恢复重建的款项以及税收法律、法规和国务院批准的减免税政策及附则加计入,免征企业免征项所得税。其中,庐山受灾地区政策执行期限自2013年4月20日起至2015年12月31日;鲁甸受灾地区政策执行期限自2014年8月3日起至2016年12月31日	1.《财政部 海关总署 国家税务总局关于支持庐山地震灾后恢复重建问题的通知》(财税[2013]58号)第一条第二款; 2.《财政部 海关总署 国家税务总局关于支持鲁甸地震灾后恢复重建问题的通知》(财税[2015]27号)第一条第二款	企业所得税优惠事项备案表	预缴享受年度备案	1. 受灾地区企业通过公益性社会团体、县级以上人民政府及其部门取得的抗震救灾项目和物资复重建款项的证明材料; 2. 省税务机关规定的其他资料
9	中国期货保证金监控中心有限责任公司取得的银行存款利息等收入暂免征企业所得税	对中国期货保证金监控中心有限责任公司取得的银行存款利息收入,购买国债、中央银行和中央级金融机构发行债券的利息收入,以及证监会和财政部批准的其他资金运用和取得的收入,暂免征企业所得税	《财政部 国家税务总局关于期货投资者保障基金有关税收政策执行的通知》(财税[2013]80号)第二条	企业所得税优惠事项备案表	预缴享受年度备案	1. 免税收入核算情况; 2. 省税务机关规定的其他资料

续表

序号	优惠事项名称	政策概述	主要政策依据	备案资料	预缴期是否享受优惠	主要留存备查资料
10	中国保险保障基金有限责任公司取得的保险保障基金等收入免征企业所得税	对中国保险保障基金有限责任公司依法缴纳的境内保险公司保费收入中提取的保险保障基金、保险公司风险处置或破产清算过程中从接管或处置保险公司财产中获得的受偿收入和依法从保险公司清算财产中获得的受偿收入，以及保险保障基金从参与处置的保险公司取得的财产转让所得、投资国债、中央银行票据、中央企业债券、中央级金融债券和中央银行存款利息收入、金融机构发行的债券利息收入，国务院批准的其他资金运用取得的收入免征企业所得税	《财政部 国家税务总局关于保险保障基金有关税收政策继续执行的通知》（财税〔2013〕81号）	企业所得税优惠事项备案表	预缴享受年度备案	1. 免税收入核算情况；2. 省税务机关规定的其他资料
11	综合利用资源生产产品取得的收入在计算应纳税所得额时减计收入	企业以《资源综合利用企业所得税优惠目录》规定的资源作为主要原材料，生产国家非限制和禁止并符合国家及行业相关标准的产品取得的收入，减按90%计入企业当年收入总额	1.《中华人民共和国企业所得税法》第三十三条；2.《中华人民共和国企业所得税法实施条例》第九十九条；3.《财政部 国家发展和改革委员会 国家税务总局关于公布资源综合利用企业所得税优惠目录（2008年版）的通知》（财税〔2008〕117号）；4.《财政部 国家税务总局关于执行资源综合利用企业所得税优惠目录有关问题的通知》（财税〔2008〕47号）；5.《国家税务总局关于资源综合利用企业所得税优惠管理问题的通知》（国税函〔2009〕185号）	1. 企业所得税优惠事项备案表；2. 资源综合利用证书（已取得证书的提交）	预缴享受年度备案	1. 企业实际资源综合利用情况（包括综合利用的资源、技术标准、产品名称等）的说明；2. 省税务机关规定的其他资料

续表

序号	优惠事项名称	政策概述	主要政策依据	备案资料	预缴期是否享受优惠	主要留存备查资料
12	金融、保险等机构取得的涉农贷款利息收入、保费收入在计算应纳税所得额时减计收入	对金融机构取得农户小额贷款的利息收入在计算应纳税所得额时，按90%计入收入总额；对保险公司为种植业、养殖业提供保险业务的保费收入，在计算应纳税所得额时，按90%计入收入。中和农信项目管理有限公司和中国扶贫基金会举办的农户自立服务社（中心）从事农户小额贷款取得的利息收入按照对金融机构农户小额贷款的利息收入在计算应纳税所得额时按90%计入收入总额的规定执行	1.《财政部　国家税务总局关于延续并完善支持农村金融发展有关税收政策的通知》（财税〔2014〕102号）第二条、第三条； 2.《财政部　国家税务总局关于中国农村扶贫基金会小额信贷试点项目税收政策的通知》（财税〔2010〕35号）； 3.《财政部　国家税务总局关于中国扶贫基金会所属小额贷款公司享受有关税收优惠政策的通知》（财税〔2012〕33号）	企业所得税优惠事项备案表	预缴享受年度备案	1. 相关保费收入、利息收入的核算情况； 2. 相关保险合同、贷款合同； 3. 省税务机关规定的其他资料
13	取得企业债券利息收入减半征收企业所得税	企业持有中国铁路建设等企业债券取得的利息收入，减半征收企业所得税	1.《财政部　国家税务总局关于铁路建设债券利息收入企业所得税政策的通知》（财税〔2011〕99号）； 2.《财政部　国家税务总局关于2014、2015年铁路建设债券利息收入企业所得税政策的通知》（财税〔2014〕2号）	企业所得税优惠事项备案表	预缴享受年度备案	1. 购买铁路建设债券、其他企业债券证明。包括持有时间、票面金额、利率等相关材料； 2. 应收利息（投资收益）科目明细账或按月汇总表； 3. 减免税计算过程的说明

序号	优惠事项名称	政策概述	主要政策依据	备案资料	预缴期是否享受优惠	主要留存备查资料
14	开发新技术、新产品、新工艺发生的研究开发费用加计扣除	企业为开发新技术、新产品、新工艺发生的研究开发费用，未形成无形资产计入当期损益的，在按照规定据实扣除的基础上，按照研究开发费用的50%加计扣除；形成无形资产的，按照无形资产成本的150%摊销。对从事文化企业、开发新技术、新产品、新工艺发生的研究开发费用，允许按照税收政策法律、法规的规定，在计算应纳税所得额时加计扣除	1.《中华人民共和国企业所得税法》第三十条； 2.《中华人民共和国企业所得税法实施条例》第九十五条； 3.财政部 国家税务总局 科技部关于完善研究开发费用税前加计扣除政策的通知》（财税〔2015〕119号； 4.《财政部 海关总署 国家税务总局关于继续实施支持文化企业发展若干税收政策的通知》（财税〔2014〕85号）第四条	1. 企业所得税优惠事项备案表； 2. 研发项目立项文件	汇缴享受	1. 自主、委托、合作研究开发项目计划书和项目立项决议文件； 2. 自主、委托、合作研究开发专门机构或项目组的编制情况和研发人员名单； 3. 经国家有关部门登记的委托、合作研究开发项目的合同； 4. 从事研发活动的人员和用于研发活动的仪器、设备、无形资产的费用分配说明； 5. 集中研发项目研发费决算表、《集中研究开发项目费用分摊明细情况表》和实际分享比例等资料； 6. 研发项目辅助明细账和研发项目汇总表； 7. 省税务机关规定的其他资料
15	安置残疾人员及国家数励安置的其他就业人员所支付的工资加计扣除	企业安置残疾人员的，在按照实际支付给残疾职工工资的基础上，按照支付给残疾人员工资的100%加计扣除。残疾人员的范围适用《中华人民共和国残疾人保障法》的有关规定	1.《中华人民共和国企业所得税法》第三十条； 2.《中华人民共和国企业所得税法实施条例》第九十六条； 3.财政部 国家税务总局关于安置残疾人员就业有关企业所得税优惠政策问题的通知》（财税〔2009〕70号）； 4.《国家税务总局关于促进残疾人就业税收优惠政策有关问题的公告》（国家税务总局公告2013年第78号）	企业所得税优惠事项备案表	汇缴享受	1. 为安置的每位残疾人按月足额缴纳的企业所在区县人民政府根据国家政策规定的基本养老保险、基本医疗保险、失业保险和工伤保险等社会保险证明资料； 2. 通过非现金方式支付工资薪酬的证明； 3. 安置残疾职工名单及其《残疾人证》或《残疾军人证》； 4. 与残疾人员签订的劳动合同或服务协议

续表

序号	优惠事项名称	政策概述	主要政策依据	备案资料	预缴期是否享受优惠	主要留存备查资料
16	从事农、林、牧、渔业项目的企业所得税减免	企业从事蔬菜、谷物、薯类、油料、豆类、棉花、麻类、糖料、水果、坚果的种植，农作物新品种选育，中药材种植，林木培育和种植，牲畜、家禽饲养，林产品采集，灌溉、农产品初加工、兽医、农技推广、农机作业和维修等农、林、牧、渔服务业项目，远洋捕捞项目所得，免征企业所得税。企业从事花卉、茶以及其他饮料作物和香料作物的种植，海水养殖、内陆养殖项目所得减半征收企业所得税。"公司+农户"经营模式从事农、林、牧、渔业项目生产的企业，可以减免企业所得税	1.《中华人民共和国企业所得税法》第二十七条第一款； 2.《中华人民共和国企业所得税法实施条例》第八十六条； 3.《财政部 国家税务总局关于发布享受企业所得税优惠政策的农产品初加工范围（试行）的通知》（财税〔2008〕149号）； 4.《国家税务总局关于黑龙江垦区国有农场土地承包费缴纳企业所得税问题的批复》（国税函〔2009〕779号）； 5.《财政部 国家税务总局关于农产品初加工有关企业所得税优惠政策的补充通知》（财税〔2011〕26号）； 6.《国家税务总局关于实施农林牧渔业项目企业所得税优惠问题的公告》（国家税务总局公告2011年第48号）	1. 企业所得税优惠事项备案表； 2. 有效期内的远洋渔业企业资格证书（从事远洋捕捞业务的）； 3. 从事农作物新品种选育的认定证书（从事农作物新品种选育）	预缴期享受 年度备案	1. 有效期内的远洋渔业企业资格证书（从事远洋捕捞业务的）； 2. 从事农作物新品种选育的认定证书（从事农作物新品种选育的）； 3. 与农户签订的委托养殖合同（"公司+农户"经营模式的企业）； 4. 与家庭承包户签订的内部承包合同（国有农场实行内部家庭承包经营）； 5. 农产品初加工项目及工艺流程说明（二个或二个以上的分项目）； 6. 同时从事适用不同企业所得税待遇项目的，每年度单独计算减免税项目所得的计算过程及其相关账册，期间费用合理分摊的依据和标准； 7. 省税务机关规定的其他资料

续表

序号	优惠事项名称	政策概述	主要政策依据	备案资料	预缴期是否享受优惠	主要留存备查资料
17	从事国家重点扶持的公共基础设施项目投资经营的所得减免企业所得税	企业从事《公共基础设施项目企业所得税优惠目录》规定的港口码头、机场、公路、铁路、水利、电力、城市公共交通等项目的投资经营，自项目取得第一笔生产经营收入所属纳税年度起，第一年至第三年免征企业所得税，第四年至第六年减半征收企业所得税。企业承包经营、承包建设和内部自建自用的项目，不得享受上述规定的企业所得税优惠。（定期减免税）	1.《中华人民共和国企业所得税法》第二十七条第二款； 2.《中华人民共和国企业所得税法实施条例》第八十七条、第八十九条； 3.《财政部 国家税务总局关于执行公共基础设施项目企业所得税优惠目录有关问题的通知》（财税[2008]46号）； 4.《财政部 国家税务总局 国家发展改革委关于公布公共基础设施项目企业所得税优惠目录（2008年版）的通知》（财税[2008]116号）； 5.《国家税务总局关于实施国家重点扶持公共基础设施项目企业所得税优惠问题的通知》（国税发[2009]80号）； 6.《财政部 国家税务总局关于公共基础设施项目和环境保护 节能节水项目企业所得税优惠政策问题的通知》（财税[2012]10号）； 7.《财政部 国家税务总局关于支持农村饮水安全工程建设运营税收优惠政策的通知》（财税[2012]30号）第五条； 8.《国家税务总局关于电网企业电网新建项目享受所得税优惠政策问题的公告》（国家税务总局公告2013年第26号）； 9.《财政部 国家税务总局关于公共基础设施项目享受企业所得税优惠政策问题的补充通知》（财税[2014]55号）	1.企业所得税优惠备案项目表； 2.有关部门批准该项目文件	预缴年度享受备案	1. 有关部门批准该项目文件； 2. 公共基础设施项目建成并投入运行后取得的第一笔生产经营收入凭证及账务处理凭证（原始凭证）； 3. 公共基础设施项目完工验收报告； 4. 公共基础设施项目投资额验收报告； 5. 同时从事不同企业所得税减免税待遇项目的，其相关项目所得的计算过程及不同共享期间共用的核算办法； 6. 每年度单独计算减免税所得额，合理分摊期间共用费用的核算； 7. 项目权属变动情况及转让方已享受优惠情况的说明及证明资料（优惠期间项目权属发生变动时准备）； 8. 省税务机关规定的其他资料

续表

序号	优惠事项名称	政策概述	主要政策依据	备案资料	预缴期是否享受优惠	主要留存备查资料
18	从事符合条件的环境保护、节能节水项目所得定期减免企业所得税	企业从事《环境保护、节能节水项目企业所得税优惠目录》所列项目的所得，自项目取得第一笔生产经营收入所属纳税年度起，第一年至第三年免征企业所得税，第四年至第六年减半征收企业所得税（定期减免税）。	1.《中华人民共和国企业所得税法》第二十七条第三款； 2.《中华人民共和国企业所得税法实施条例》第八十八条、第八十九条； 3.《财政部 国家税务总局关于公布环境保护节能节水项目企业所得税优惠目录（试行）的通知》（财税〔2009〕166号）； 4.《财政部 国家税务总局关于公共基础设施项目和环境保护 节能节水项目企业所得税优惠政策问题的通知》（财税〔2012〕10号）	企业所得税优惠事项备案表	预缴享受年度备案	1. 该项目符合《环境保护、节能节水项目企业所得税优惠目录》的相关证明； 2. 环境保护、节能节水项目取得的第一笔经营收入凭证； 3. 环境保护、节能节水项目所得单独核算资料，以及合理分摊期间共同费用的核算资料； 4. 项目权属变动情况及转让同项目受受优惠情况说明及证明同项目权属发生变动）； 5. 省税务机关规定的其他资料
19	符合条件的技术转让所得减免征收企业所得税	一个纳税年度内，居民企业技术转让所得不超过500万元的部分，免征企业所得税；超过500万元的部分，减半征收企业所得税	1.《中华人民共和国企业所得税法》第二十七条第四款； 2.《中华人民共和国企业所得税法实施条例》第九十条； 3.《国家税务总局关于技术转让所得减免企业所得税有关问题的通知》（国税函〔2009〕212号）； 4.《财政部 国家税务总局关于居民企业技术转让有关企业所得税政策问题的通知》（财税〔2010〕111号）； 5.《国家税务总局关于技术转让所得减免企业所得税有关问题的公告》（国家税务总局公告2013年第62号）； 6.《财政部 国家税务总局关于将国家自主创新示范区有关税收试点政策推广到全国范围实施的通知》（财税〔2015〕116号）	1. 企业所得税优惠事项备案表； 2. 所转让技术产权证明	预缴享受年度备案	1. 所转让的技术产权证明； 2. 企业发生境内技术转让： (1) 技术转让合同（副本）； (2) 省级以上科技部门出具的技术合同登记证明； (3) 技术转让所得归集、分摊、计算的相关资料； (4) 实际缴纳相关税费的证明资料。 3. 企业向境外转让技术： (1) 技术出口合同（副本）； (2) 省级以上商务部门出具的技术出口合同登记证书或技术出口许可证； (3) 技术出口合同数据表； (4) 技术转让所得归集、分摊、计算的相关资料； (5) 实际缴纳相关税费的证明资料； (6) 有关部门按照《中国禁止出口限制出口技术目录》出具的审查意见； 4. 转让技术所有权的，其无形资产成本费用情况； 5. 技术转让年度，转让双方股权关系情况

序号	优惠事项名称	政策概述	主要政策依据	备案资料	预缴期是否享受优惠	主要留存备查资料
20	实施清洁发展机制项目的所得定期减免企业所得税	清洁发展机制项目（以下简称CDM项目）实施企业将温室气体减排量转让收入的65%上缴给国家的HFC和PFC类温室气体减排量转让收入，以及将温室气体减排量转让收入30%上缴给国家的N_2O类CDM项目的所得，其实施该类CDM项目的所得，自项目取得第一笔减排量转让收入所属纳税年度起，第一年至第三年免征企业所得税，第四年至第六年减半征收企业所得税。（定期减免税）	《国家税务总局关于中国清洁发展机制基金及清洁发展机制项目实施企业有关企业所得税政策问题的通知》（财税〔2009〕30号）第二条第二款	1.企业所得税优惠事项备案表；2.清洁发展机制项目立项文件	预缴享受年度备案	1. 清洁发展机制项目立项有关文件； 2. 企业将温室气体减排量转让的HFC和PFC类CDM项目的证明； 3. 将温室气体减排量转让收入上缴给国家的证明材料； 4. 清洁发展机制项目第一笔减排量转让收入凭证； 5. 清洁发展机制项目所得单独核算资料，以及合理分摊期间共同费用的核算资料
21	符合条件的节能服务公司实施合同能源管理项目的所得定期减免企业所得税	对符合条件的节能服务公司实施的合同能源管理项目，符合企业所得税法有关规定的，自项目取得第一笔生产经营收入所属纳税年度起，第一年至第三年免征企业所得税，第四年至第六年按照25%的法定税率减半征收企业所得税。（定期减免税）	1.《财政部 国家税务总局关于促进节能服务产业发展增值税营业税和企业所得税政策问题的通知》（财税〔2010〕110号）第二条；2.《国家税务总局关于落实节能服务企业合同能源管理项目企业所得税优惠政策有关征收管理问题的公告》（国家税务总局公告2013年第77号）	1. 企业所得税优惠备案表；2. 国家发展改革委、财政部公布的第三方机构出具的合同能源管理项目情况确认表，或者政府节能主管部门出具的合同能源管理项目确认意见	预缴享受年度备案	1. 能源管理合同； 2. 国家发展改革委、财政部公布的第三方机构确认表，或者政府节能主管部门出具的合同能源管理项目确认意见； 3. 项目转让合同，项目发生转让的，受让方享受节能服务企业（项目原享优惠的备案文件）； 4. 项目第一笔收入的发票及收入处理的合同； 5. 合同能源管理项目应纳税所得额计算表； 6. 合同能源管理项目所得单独核算资料，以及合理分摊期共同费用的核算资料； 7. 省税务机关规定的其他资料

续表

序号	优惠事项名称	政策概述	主要政策依据	备案资料	预缴期是否享受优惠	主要留存备查资料
22	创业投资企业投资额抵扣应纳税所得额	创业投资企业采取股权投资方式投资于未上市的中小高新技术企业2年以上的,可以按照其投资额的70%在股权持有满2年的当年抵扣该创业投资企业的应纳税所得额;当年不足抵扣的,可以在以后纳税年度结转抵扣	1.《中华人民共和国企业所得税法》第三十一条; 2.《中华人民共和国企业所得税法实施条例》第九十七条; 3.《国家税务总局关于实施创业投资企业所得税优惠问题的通知》(国税发[2009]87号); 4.《财政部 国家税务总局关于执行企业所得税优惠政策若干问题的通知》(财税[2009]69号)	1. 企业所得税优惠事项备案表; 2. 创业投资经营企业经备案管理部门核实后出具的年检合格的通知书	汇缴享受	1. 创业投资企业经备案管理部门核实后出具的年检合格通知书的; 2. 中小企业投资合同或章程,实际投资验资报告等相关材料; 3. 由省、自治区、直辖市计划单列市高新技术企业认定管理机构出具的中小高新技术企业证书复印件(注明"与原件一致",并加盖公章); 4. 中小高新技术企业基本情况(包括企业职工人数、年销售(营业)额、资产总额等)说明; 5. 关于创业投资企业运作情况的说明; 6. 省税务机关规定的其他资料
23	有限合伙制创业投资企业法人合伙人投资额抵扣应纳税所得额	有限合伙制创业投资企业采取股权投资方式投资于未上市的中小高新技术企业2年(24个月)以上,该有限合伙制创业投资企业的法人合伙人可按照其对未上市中小高新技术企业投资额的70%抵扣该法人合伙人从该有限合伙制创业投资企业分得的应纳税所得额,当年不足抵扣的,可以在以后纳税年度结转抵扣	1.《财政部 国家税务总局关于推广中关村国家自主创新示范区税收试点政策有关问题的通知》(财税[2015]62号)第二条; 2.《国家税务总局关于实施创业投资企业所得税优惠问题的通知》(国税发[2009]87号); 3.《财政部 国家税务总局 关于将国家自主创新示范区有关税收试点政策推广到全国范围实施的通知》(财税[2015]116号)第二条	1. 企业所得税优惠事项备案表; 2. 法人合伙人应纳税所得额抵扣情况明细表; 3. 有限合伙制创业投资企业合伙人应纳税所得额分配情况明细表	汇缴享受	1. 创业投资企业验资报告通知书; 2. 中小企业投资的验资报告等相关材料; 3. 省、自治区、直辖市计划单列市高新技术企业认定管理机构出具的中小高新技术企业证书复印件(注明"与原件一致",并加盖公章); 4. 中小高新技术企业基本情况(职工人数,年销售(营业)额、资产总额等)说明; 5.《法人合伙人应纳税所得额抵扣明细表》; 6.《有限合伙制创业投资企业合伙人应纳税所得额分配情况明细表》; 7. 省税务机关规定的其他资料

续表

序号	优惠事项名称	政策概述	主要政策依据	备案资料	预缴期是否享受优惠	主要留存备查资料
24	符合条件的小型微利企业减免企业所得税	从事国家非限制和禁止行业的企业，减按20%的税率征收企业所得税。对年应纳税所得额低于30万元（含30万元）的小型微利企业，其所得减按50%计入应纳税所得额，按20%的税率缴纳企业所得税	1.《中华人民共和国企业所得税法》第二十八条；2.《中华人民共和国企业所得税法实施条例》第九十二条；3.《财政部 国家税务总局关于小型微利企业所得税优惠政策的通知》(财税〔2015〕34号)；4.《财政部 国家税务总局关于进一步扩大小型微利企业所得税优惠政策范围的通知》(财税〔2015〕99号)；5.《国家税务总局关于贯彻落实进一步扩大小型微利企业减半征收企业所得税范围有关问题的公告》(国家税务总局公告2015年第61号)	不履行备案手续	预缴享受 年度备案	1.所从事行业不属于限制性行业的说明；2.优惠年度的资产负债表；3.从业人数的计算过程
25	国家需要重点扶持的高新技术企业减按15%的税率征收企业所得税	国家需要重点扶持的高新技术企业，是指拥有核心自主知识产权，产品（服务）属于国家重点支持的高新技术领域规定的范围，研究开发费用占销售收入的比例、高新技术产品（服务）收入占收入总额的比例、科技人员占企业职工总数的比例不低于规定标准，以及高新技术企业认定管理办法规定的其他条件的企业	1.《中华人民共和国企业所得税法》第二十八条；2.《中华人民共和国企业所得税法实施条例》第九十三条；3.《科技部 财政部 国家税务总局关于印发〈高新技术企业认定管理办法〉的通知》(国科发火〔2008〕172号)；4.《科学技术部 财政部 国家税务总局关于印发〈高新技术企业认定管理工作指引〉的通知》(国科发火〔2008〕362号)；5.《国家税务总局关于实施高新技术企业所得税优惠有关问题的通知》(国税函〔2009〕203号)；6.《财政部 国家税务总局 关于在中关村国家自主创新示范区开展高新技术企业自主认定中文化产业支撑技术等领域试点的通知》(国科发高〔2013〕595号)	1.企业所得税优惠事项备案表；2.高新企业资格证书	预缴享受 年度备案	1.高新技术企业资格证书；2.高新技术企业认定资料；3.年度研发费专账管理资料；4.高新技术产品（服务）及对应收入资料；5.年度高新技术企业研发费用发生辅助账；6.研发人员名册，以及研发费用的比例、收入比例、从业人员名册；7.省税务机关规定的其他资料

续表

序号	优惠事项名称	政策概述	主要政策依据	备案资料	预缴期是否享受优惠	主要留存备查资料
26	民族自治地方的自治机关对本民族自治地方的企业应缴纳的企业所得税中属于地方分享的部分，可以决定减征或者免征。自治州、自治县决定减征或者免征的，须报省、自治区、直辖市人民政府批准	依照《中华人民共和国民族区域自治法》的规定，实行民族区域自治的自治区、自治州、自治县的本民族自治地方的企业应缴纳的企业所得税中属于地方分享的部分，自治州、自治县决定减征或者免征的部分，须报省、自治区、直辖市人民政府批准	1. 《中华人民共和国企业所得税法》第二十九条； 2. 《中华人民共和国企业所得税法实施条例》第九十四条； 3. 《财政部 国家税务总局关于贯彻落实国务院关于实施企业所得税过渡优惠政策有关问题的通知》（财税[2008]21号）	1. 企业所得税优惠项备案表； 2. 本企业享受优惠的文件（限个案批复企业提交）	预缴享受 年度备案	由民族自治地方省税务机关确定
27	经济特区和上海浦东新设立的高新技术企业在区内取得的所得定期减免企业所得税	经济特区和上海浦东新区内，在2008年1月1日（含）之后完成登记注册的国家需要重点扶持的高新技术企业，在经济特区和上海浦东新区内取得的所得，自取得第一笔生产经营收入所属纳税年度起，第一年至第二年免征企业所得税，第三年至第五年按照25%的法定税率减半征收企业所得税。（定期减免税）	1. 《中华人民共和国企业所得税法》第五十七条第二款； 2. 《国务院关于经济特区和上海浦东新区新设立高新技术企业实行过渡性税收优惠的通知》（国发[2007]40号）； 3. 《科技部 财政部 国家税务总局关于印发〈高新技术企业认定管理办法〉的通知》（国科发火[2008]172号）； 4. 《科学技术部 财政部 国家税务总局关于印发〈高新技术企业认定管理工作指引〉的通知》（国科发火[2008]362号）； 5. 《国家税务总局关于实施高新技术企业所得税优惠有关问题的通知》（国税函[2009]203号）	1. 企业所得税优惠项备案表； 2. 高新技术企业资格证书	预缴享受 年度备案	1. 高新技术企业资格证书； 2. 高新技术企业认定资料； 3. 年度研发费专项管理资料； 4. 年度高新技术产品（服务）及对应收入资料； 5. 年度高新技术企业研究开发费用及占销售收入比例，以及研发费用辅助账； 6. 研发人员花名册； 7. 科技人员占企业人员的比例和研发人员占企业人员取得第一笔生产经营收入凭证； 8. 新办企业取得第一笔生产经营收入凭证； 9. 区内区外所得的核算资料； 10. 省税务机关规定的其他资料

续表

序号	优惠事项名称	政策概述	主要政策依据	备案资料	预缴期是否享受优惠	主要留存备查资料
28	经营性文化事业单位转制为企业的免征企业所得税	从事新闻出版、广播影视和文化艺术的经营性文化事业单位转制为企业的，自转制注册之日起免征企业所得税	《财政部 国家税务总局 中宣部关于继续实施文化体制改革中经营性文化事业单位转制为企业若干税收政策的通知》（财税〔2014〕84号）	1. 企业所得税优惠事项备案表；2. 有关部门对文化体制改革单位转制方案批复文件	预缴享受年度备案	1. 企业转制方案文件；2. 有关部门对文化体制改革单位转制方案批复文件；3. 整体转制前已进行事业单位法人登记的，同级机构编制管理机关注销事业单位法人登记及注销事业单位的证明，以及企业设立的工商营业登记情况；4. 企业转制后与职工签订的劳动合同；5. 企业缴纳社会保险费记录；6. 企业转制后引入非公有资本、境外资本和变更资本结构的批准文件；7. 有关部门批准引入非公有资本、境外资本和变更资本结构的批函；8. 同级文化体制改革和发展工作领导小组办公室出具的同意变更函（已认定发布的转制文化企业名称发生变化的）
29	动漫企业自主开发、生产动漫产品定期减免企业所得税	经认定的动漫企业自主开发、生产动漫产品，可申请享受国家现行鼓励软件产业发展的所得税优惠政策。即在2017年12月31日前自获利年度起，第一年至第二年免征企业所得税，第三年至第五年按照25%的法定税率减半征收企业所得税。（定期减免税，并享受至期满为止）	1. 《文化部 财政部 国家税务总局关于印发〈动漫企业认定管理办法（试行）〉的通知》（文市发〔2008〕51号）；2. 《文化部 财政部 国家税务总局关于实施〈动漫企业认定管理办法（试行）〉有关问题的通知》（文产发〔2009〕18号）；3. 《财政部 国家税务总局关于扶持动漫产业发展有关税收政策问题的通知》（财税〔2009〕65号）第二条	1. 企业所得税优惠事项备案表；2. 动漫企业认定证明	预缴享受年度备案	1. 动漫企业认定证明；2. 动漫企业认定资料；3. 动漫企业年检过名单；4. 获利年度情况说明

续表

序号	优惠事项名称	政策概述	主要政策依据	备案资料	预缴期是否享受优惠	主要留存备查资料
30	受灾地区损失严重企业免征企业所得税	对受灾地区损失严重的企业，免征企业所得税。其中，芦山受灾地区政策执行至2015年12月31日；鲁甸受灾地区免征企业所得税政策执行至2016年度企业所得税	1.《财政部 海关总署 国家税务总局关于支持芦山地震灾后恢复重建有关税收政策问题的通知》(财税〔2013〕58号)第一条第一款；2.《财政部 海关总署 国家税务总局关于支持鲁甸地震灾后恢复重建有关税收政策问题的通知》(财税〔2015〕27号)第一条第一款	企业所得税优惠事项备案表	预缴享受 年度备案	1. 属于受灾地区损失严重企业的证明材料；2. 省税务机关规定的其他资料
31	受灾地区农村信用社免征企业所得税	对受灾地区农村信用社免征企业所得税。其中，芦山受灾地区政策执行期限自2013年4月20日起至2017年12月31日；鲁甸受灾地区政策执行期限自2014年1月1日至2018年12月31日	1.《财政部 海关总署 国家税务总局关于支持芦山地震灾后恢复重建有关税收政策问题的通知》(财税〔2013〕58号)第一条第三款；2.《财政部 海关总署 国家税务总局关于支持鲁甸地震灾后恢复重建有关税收政策问题的通知》(财税〔2015〕27号)第一条第三款	企业所得税优惠事项备案表	预缴享受 年度备案	省税务机关规定的资料
32	受灾地区促进就业企业限额减征企业所得税	受灾地区的商贸等企业，在新增加的就业岗位中，招用当地因地震灾害失去工作的人员，与其签订1年以上期限劳动合同并依法缴纳社会保险费的，经县级人力资源和社会保障部门认定，按实际招用人数予以定额依次扣减增值税、城市维护建设税、教育费附加、地方教育附加和企业所得税。其中，芦山受灾地区政策执行期限至2015年12月31日；鲁甸受灾地区政策执行期限执行至2016年12月31日	1.《财政部 海关总署 国家税务总局关于支持芦山地震灾后恢复重建有关税收政策问题的通知》(财税〔2013〕58号)第五条第一款；2.《财政部 海关总署 国家税务总局关于支持鲁甸地震灾后恢复重建有关税收政策问题的通知》(财税〔2015〕27号)第五条第一款	企业所得税优惠事项备案表	汇缴享受	1. 劳动保障部门出具《企业实体吸纳失业人员认定证明》；2. 劳动保障部门出具的《持就业失业登记证》或《就业创业证》；3. 失业人员的《就业失业登记证》；4. 企业工资支付凭证；5. 每年度享受货物与劳务税务抵税情况说明及相关申报表；6. 省税务机关规定的其他资料

续表

序号	优惠事项名称	政策概述	主要政策依据	备案资料	预缴期是否享受优惠	主要留存备查资料
33	技术先进型服务企业减按15%的税率征收企业所得税	在北京、天津、上海、重庆、大连、深圳、广州、武汉、哈尔滨、成都、南京、西安、济南、杭州、合肥、南昌、长沙、大庆、苏州、无锡、厦门等21个中国服务外包示范城市，对经认定的技术先进型服务企业，减按15%的税率征收企业所得税	《财政部 国家税务总局 商务部 科技部 国家发展改革委关于完善技术先进型服务企业有关企业所得税政策问题的通知》（财税〔2014〕59号）	1.《企业所得税优惠事项备案表》；2. 技术先进型服务企业资格证书	预缴享受年度备案	1. 技术先进型服务企业资格证书；2. 技术先进型服务企业认定资料；3. 各年度技术外包服务业务收入总额、离岸服务外包业务收入总额占本企业当年收入总额比例情况说明
34	新疆困难地区新办企业定期减免企业所得税	对在新疆困难地区新办的属于产业《新疆困难地区企业所得税优惠目录》范围内经营的企业，自取得第一笔生产经营收入所属纳税年度起，第一年至第二年免征企业所得税，第三年至第五年减半征收企业所得税。（定期减免税）	1.《财政部 国家税务总局关于新疆困难地区新办企业所得税优惠政策的通知》（财税〔2011〕53号）；2.《财政部 国家税务总局 国家发展改革委 工业和信息化部关于公布新疆困难地区重点鼓励发展产业企业所得税优惠目录（试行）的通知》（财税〔2011〕60号）	《企业所得税优惠事项备案表》	预缴享受年度备案	由新疆维吾尔自治区国家税务局、地方税务局确定
35	新疆喀什、霍尔果斯特殊经济开发区新办企业定期免征企业所得税	对在新疆喀什、霍尔果斯两个特殊经济开发区内新办的属于产业《新疆困难地区重点鼓励发展产业企业所得税优惠目录》范围内经营的企业，自取得第一笔生产经营收入所属纳税年度起，五年内免征企业所得税。（定期减免税）	1.《财政部 国家税务总局 国家发展改革委 工业和信息化部关于公布新疆困难地区重点鼓励发展产业企业所得税优惠目录（试行）的通知》（财税〔2011〕60号）；2.《财政部 国家税务总局关于新疆喀什 霍尔果斯两个特殊经济开发区的企业所得税优惠政策的通知》（财税〔2011〕112号）	《企业所得税优惠事项备案表》	预缴享受年度备案	由新疆维吾尔自治区国家税务局、地方税务局确定

续表

序号	优惠事项名称	政策概述	主要政策依据	备案资料	预缴期是否享受优惠	主要留存备查资料
36	支持和促进重点群体就业企业限额减征企业所得税	商贸等企业，在新增加的岗位中，当年新招用持《就业创业证》（注明"企业吸纳税收政策"）或《就业失业登记证》人员，与其签订一年以上期限劳动合同并依法缴纳社会保险费的，在3年内按实际招用人数予以定额依次扣减营业税、城市维护建设税、教育费附加、地方教育附加和企业所得税。纳税年度终了，如果企业实际减免的营业税、城市维护建设税、教育费附加、地方教育附加小于核定的企业所得税减免总额，纳税人在企业所得税汇算清缴时，以差额部分扣减企业所得税。当年扣减不足的，不再结转以后年度扣减	1.《财政部 国家税务总局 人力资源社会保障部关于继续实施支持和促进重点群体创业就业有关税收政策的通知》（财税〔2014〕39号）第二条、第三条、第四条、第五条；2.《国家税务总局 财政部 人力资源社会保障部 民政部关于重点群体创业就业税收政策具体实施问题的公告》（国家税务总局公告2014年第34号）3.《财政部 国家税务总局 人力资源社会保障部 教育部关于支持和促进重点群体创业就业有关问题的补充通知》（财税〔2015〕18号）；4.《财政部 国家税务总局 人力资源社会保障部关于扩大小企业吸纳就业适用人员范围的通知》（财税〔2015〕77号）	企业所得税优惠事项备案表	汇缴享受	1.劳动保障部门出具《企业实体吸纳失业人员认定证明》；2.劳动保障部门出具的《持就业创业证》或《就业失业登记证》员工在企业预定工作时间表；3.招用人员的《就业失业登记证》或《就业创业证》；4.招用失业人员劳动合同或服务协议；5.为招用失业人员缴纳社保证明材料；6.企业工资支付凭证；7.每年度享受货物与劳务税务抵免情况说明及相关证据；8.省税务机关规定的其他资料
37	扶持自主就业退役士兵创业就业限额减征企业所得税	商贸等企业，在新增加的岗位中，当年新招用自主就业退役士兵，与其签订1年以上期限劳动合同并依法缴纳社会保险费的，在3年内按实际招用人数予以定额依次扣减营业税、城市维护建设税、教育费附加、地方教育附加和企业所得税。纳税年度终了，如果企业实际减免的营业税、城市维护建设税、教育费附加、地方教育附加小于核定的企业所得税减免总额，纳税人在企业所得税汇算清缴时，以差额扣减企业所得税。当年扣减不足的，不再结转以后年度扣减	《财政部 国家税务总局 民政部关于调整完善扶持自主就业退役士兵创业就业有关税收政策的通知》（财税〔2014〕42号）第二条、第三条、第四条、第五条	企业所得税优惠事项备案表	汇缴享受	1.新招用自主就业退役士兵的《中国人民解放军义务兵退出现役证》或《中国人民解放军士官退出现役证》；2.企业与新招用自主就业退役士兵签订的劳动合同（副本）；3.企业为实际雇佣自主就业退役士兵缴纳的社会保险费记录；4.企业工资支付凭证；5.每年度享受货物与劳务税务抵免情况说明及相关证据；6.省税务机关规定的其他资料

序号	优惠事项名称	政策概述	主要政策依据	备案资料	预缴期是否享受优惠	主要留存备查资料
38	集成电路线宽小于0.8微米（含）的集成电路生产企业定期减免企业所得税	集成电路线宽小于0.8微米（含）的集成电路生产企业，经认定后，在2017年12月31日前自获利年度起计算优惠期，第一年至第二年免征企业所得税，第三年至第五年按照25%的法定税率减半征收企业所得税，并享受至期满为止。（定期减免税）	1.《财政部 国家税务总局关于进一步鼓励软件产业和集成电路产业发展企业所得税政策的通知》（财税〔2012〕27号）第二条；2.《国家税务总局关于集成电路企业认定管理有关问题的公告》（国家税务总局公告2012年第19号）；3.《国家税务总局关于执行软件企业所得税优惠政策有关问题的公告》（国家税务总局公告2013年第43号）	1.企业所得税优惠项备案表；2.集成电路企业认定文件（已经认定的单位提文）	预缴享受年度备案	1.集成电路线宽小于0.8微米（含）的集成电路生产企业认定证明（或其他相关证明材料）；2.省税务机关规定的其他资料
39	线宽小于0.25微米的集成电路生产企业减按15%税率征收企业所得税	线宽小于0.25微米的集成电路生产企业，经认定后，减按15%的税率征收企业所得税	1.《财政部 国家税务总局关于进一步鼓励软件产业和集成电路产业发展企业所得税政策的通知》（财税〔2012〕27号）第二条；2.《国家税务总局关于集成电路企业认定管理有关问题的公告》（国家税务总局公告2012年第19号）；3.《国家税务总局关于执行软件企业所得税优惠政策有关问题的公告》（国家税务总局公告2013年第43号）	1.企业所得税优惠项备案表；2.集成电路企业认定文件（已经认定的单位提文）	预缴享受年度备案	1.线宽小于0.25微米的集成电路生产企业认定证明（或其他相关证明材料）；2.省税务机关规定的其他资料

续表

序号	优惠事项名称	政策概述	主要政策依据	备案资料	预缴期是否享受优惠	主要留存备查资料
40	投资额超过80亿元的集成电路生产企业减按15%税率征收企业所得税	投资额超过80亿元的集成电路生产企业，经认定后，减按15%的税率征收企业所得税	1.《财政部 国家税务总局关于进一步鼓励软件产业和集成电路产业发展企业所得税政策的通知》(财税[2012]27号)第二条；2.《国家税务总局关于集成电路生产企业认定管理有关问题的公告》(国家税务总局公告2012年第19号)；3.《国家税务总局关于执行软件企业所得税优惠政策有关问题的公告》(国家税务总局公告2013年第43号)	1.企业所得税优惠项备案表；2.集成电路企业认定文件(已经认定的单位提交)	预缴享受年度备案	1.投资额超过80亿元的集成电路生产企业认定证明(或其他相关规定材料)；2.省税务机关规定的其他资料
41	线宽小于0.25微米的集成电路的集成电路生产企业减免企业所得税	线宽小于0.25微米的集成电路生产企业，经认定后，经营期在15年以上的，在2017年12月31日前自获利年度起计算优惠期，第一年至第五年免征企业所得税，第六年至第十年按照25%的法定税率减半征收企业所得税，并享受至优惠期满为止。(定期减免税)	1.《财政部 国家税务总局关于进一步鼓励软件产业和集成电路产业发展企业所得税政策的通知》(财税[2012]27号)第二条；2.《国家税务总局关于集成电路生产企业认定管理有关问题的公告》(国家税务总局公告2012年第19号)；3.《国家税务总局关于执行软件企业所得税优惠政策有关问题的公告》(国家税务总局公告2013年第43号)	1.企业所得税优惠项备案表；2.集成电路企业认定文件(已经认定的单位提交)	预缴享受年度备案	1.线宽小于0.25微米的集成电路生产企业认定证明(或其他相关规定材料)；2.省税务机关规定的其他资料

序号	优惠事项名称	政策概述	主要政策依据	备案资料	预缴期是否享受优惠	主要留存备查资料
42	投资额超过80亿元的集成电路生产企业定期减免企业所得税	投资额超过80亿元的集成电路生产企业，经认定后，经营期在15年以上的，在2017年12月31日前自获利年度起第一年至第五年免征企业所得税，第六年至第十年按照企业所得税25%的法定税率减半征收企业所得税，并享受至期满为止。（定期减免税）	1.《财政部 国家税务总局关于进一步鼓励软件产业和集成电路产业发展企业所得税政策的通知》（财税〔2012〕27号）第二条；2.《国家税务总局关于软件和集成电路企业认定管理有关问题的公告》（国家税务总局公告2012年第19号）；3.《国家税务总局关于执行软件企业所得税优惠政策有关问题的公告》（国家税务总局公告2013年第43号）	1.企业所得税优惠事项备案表；2.集成电路企业认定文件（已备案的单位提交）	预缴享受年度备案	1.投资额超过80亿元的集成电路生产企业认定证明（或其他相关证明材料）；2.省税务机关规定的其他资料
43	新办集成电路设计企业定期减免企业所得税	我国境内新办的集成电路设计企业，经认定后，自获利年度起，第一年至第二年免征企业所得税，第三年至第五年按照25%的法定税率减半征收企业所得税，并享受至期满为止。（定期减免税）	1.《财政部 国家税务总局关于进一步鼓励软件产业和集成电路产业发展企业所得税政策的通知》（财税〔2012〕27号）第三条；2.《国家税务总局关于软件和集成电路企业认定管理有关问题的公告》（国家税务总局公告2012年第19号）；3.《工业和信息化部 财政部 国家税务总局 国家发展和改革委员会 关于印发〈集成电路设计企业认定管理办法〉的通知》（工信部联电子〔2013〕487号）；4.《国家税务总局关于执行软件企业所得税优惠政策有关问题的公告》（国家税务总局公告2013年第43号）	企业所得税优惠事项备案表	预缴享受年度备案	1.集成电路设计企业认定文件或其他相关证明资料；2.省税务机关规定的其他资料

续表

序号	优惠事项名称	政策概述	主要政策依据	备案资料	预缴期是否享受优惠	主要留存备查资料
44	符合条件的集成电路封装、测试企业定期减免企业所得税	符合条件的集成电路封装、测试企业,在2017年(含2017年)前实现获利的,自获利年度起,第一年至第二年免征企业所得税,第三年至第五年按照25%的法定税率减半征收企业所得税,并享受至期满为止;2017年前未实现获利的,自2017年起计算优惠期,享受至期满为止。(定期减免税)	《财政部 国家税务总局 发展改革委 工业和信息化部关于进一步鼓励集成电路产业发展企业所得税政策的通知》(财税[2015]6号)	企业所得税优惠事项备案表	预缴享受年度备案	1. 省级相关部门根据发展改革委等部门规定办法出具的证明; 2. 省税务机关规定的其他资料
45	符合条件的集成电路关键专用材料生产企业、集成电路专用设备生产企业定期减免企业所得税	符合条件的集成电路关键专用材料生产企业、集成电路专用设备生产企业,在2017年(含2017年)前实现获利的,自获利年度起,第一年至第二年免征企业所得税,第三年至第五年按照25%的法定税率减半征收企业所得税,并享受至期满为止;2017年前未实现获利的,自2017年起计算优惠期,享受至期满为止。(定期减免税)	《财政部 国家税务总局 发展改革委 工业和信息化部关于进一步鼓励集成电路产业发展企业所得税政策的通知》(财税[2015]6号)	企业所得税优惠事项备案表	预缴享受年度备案	1. 省级相关部门根据发展改革委等部门规定办法出具的证明; 2. 省税务机关规定的其他资料

续表

序号	优惠事项名称	政策概述	主要政策依据	备案资料	预缴期是否享受优惠	主要留存备查资料
46	符合条件的软件企业定期减免企业所得税	我国境内符合条件的软件企业，经认定后，在 2017 年 12 月 31 日前自获利年度起，第一年至第二年免征企业所得税，第三年至第五年按照 25% 的法定税率减半征收企业所得税，并享受至期满为止。（定期免税）	1.《财政部 国家税务总局关于进一步鼓励软件产业和集成电路产业发展企业所得税政策的通知》（财税〔2012〕27 号）第三条； 2.《国家税务总局关于软件和集成电路企业认定管理有关问题的公告》（国家税务总局公告 2012 年第 19 号）； 3.《工业和信息化部 国家发展和改革委员会 财政部 国家税务总局关于印发〈软件企业认定管理办法〉的通知》（工信部联软〔2013〕64 号）； 4.《国家税务总局关于执行软件企业所得税优惠政策有关问题的公告》（国家税务总局公告 2013 年第 43 号）	1. 企业所得税优惠事项备案表； 2. 软件企业认定证书（已经认定的单位提交）	预缴享受年度备案	1. 软件企业认定文件或其他相关证明资料； 2. 省税务机关规定的其他资料

续表

序号	优惠事项名称	政策概述	主要政策依据	备案资料	预缴期是否享受优惠	主要留存备查资料
47	国家规划布局内重点软件企业按10%的税率征收企业所得税	国家规划布局内的重点软件企业，如当年未享受免税优惠的，可减按10%的税率征收企业所得税	1.《财政部 国家税务总局关于进一步鼓励软件产业和集成电路产业发展企业所得税政策的通知》(财税〔2012〕27号)第四条； 2.《国家税务总局关于软件和集成电路企业认定管理有关问题的公告》(国家税务总局公告2012年第19号)； 3.《国家发改委 商务部 国家税务总局关于印发〈国家规划布局内重点软件企业和集成电路设计企业认定管理试行办法〉的通知》(发改高技〔2012〕2413号)； 4.《国家税务总局关于执行软件企业所得税优惠政策有关问题的公告》(国家税务总局公告2013年第43号)； 5.《工业和信息化部 国家发展和改革委员会 财政部 国家税务总局关于印发〈软件企业认定管理办法〉的通知》(工信部联软〔2013〕64号)	1.企业所得税优惠事项备案表； 2.认定文件	预缴享受年度备案	1.国家规划布局内的软件企业认定文件或其他相关证明资料； 2.省税务机关规定的其他资料

续表

序号	优惠事项名称	政策概述	主要政策依据	备案资料	预缴期是否享受优惠	主要留存备查资料
48	国家规划布局内集成电路设计企业可减按10%的税率征收企业所得税	国家规划布局内的集成电路设计企业，如当年未享受免税优惠的，可减按10%的税率征收企业所得税	1.《财政部 国家税务总局关于进一步鼓励软件产业和集成电路产业发展企业所得税政策的通知》（财税〔2012〕27号）第四条； 2.《国家税务总局关于软件和集成电路企业认定管理有关问题的公告》（国家税务总局公告2012年第19号）； 3.《国家发改委 工业和信息化部 财政部 商务部 国家税务总局关于印发〈国家规划布局内集成电路设计企业和集成电路生产企业认定管理试行办法〉的通知》（发改高技〔2012〕2413号）； 4.《国家税务总局关于执行软件企业所得税优惠政策有关问题的公告》（国家税务总局公告2013年第43号）； 5.《工业和信息化部 国家发展和改革委员会 财政部 国家税务总局关于印发〈集成电路设计企业认定管理办法〉的通知》（工信部联电子〔2013〕487号）	1. 企业所得税优惠事项备案表； 2. 认定文件	预缴享受 年度备案	1. 国家规划布局内的集成电路设计企业认定文件或其他相关证明资料； 2. 省税务机关规定的其他资料

续表

序号	优惠事项名称	政策概述	主要政策依据	备案资料	预缴期是否享受优惠	主要留存备查资料
49	设在西部地区的鼓励类产业企业减按15%的税率征收企业所得税	对设在西部地区的鼓励类产业企业减按15%的税率征收企业所得税。对设在赣州市的鼓励类产业的内资企业和外商投资企业减按15%的税率征收企业所得税	1.《财政部　海关总署　国家税务总局关于深入实施西部大开发战略有关税收政策问题的通知》(财税〔2011〕58号); 2.《国家税务总局关于深入实施西部大开发战略有关企业所得税问题的公告》(国家税务总局公告2012第12号); 3.《财政部　海关总署　国家税务总局关于赣州市执行西部大开发税收政策问题的通知》(财税〔2013〕4号)第二条; 4.《西部地区鼓励类产业目录》(中华人民共和国国家发展和改革委员会令第15号); 5.《国家税务总局关于执行〈西部地区鼓励类产业目录〉有关企业所得税问题的公告》(国家税务总局公告2015年第14号)	企业所得税优惠事项备案表	预缴享受当年度备案	1.主营业务属于《西部地区鼓励类产业目录》中的具体项目的相关证明材料; 2.符合目录的主营业务收入占企业收入总额70%以上的说明; 3.省税务机关关规定的其他资料
50	符合条件的生产和装配伤残人员专门用品企业免征企业所得税	对符合条件的生产和装配伤残人员专门用品企业,免征企业所得税	《财政部　国家税务总局　民政部关于生产和装配伤残人员专门用品企业免征企业所得税的通知》(财税〔2011〕81号)	企业所得税优惠事项备案表	预缴享受当年度备案	1.生产和装配伤残人员专门用品,在民政部《中国伤残人员专门用品目录》范围之内的说明,《执业资格证书》(假肢、矫形器制作师制作)准备; 2.企业的生产和装配条件以及帮助伤残人员康复的其他辅助条件的说明材料

续表

序号	优惠事项名称	政策概述	主要政策依据	备案资料	预缴期是否享受优惠	主要留存备查资料
51	广东横琴、福建平潭、深圳前海等地区的鼓励类产业企业减按15%的税率征收企业所得税	对设在广东横琴、福建平潭综合实验区和深圳前海深港现代服务业合作区的鼓励类产业企业减按15%的税率征收企业所得税	《财政部　国家税务总局关于广东横琴新区、福建平潭综合实验区和深圳前海深港现代服务业合作区企业所得税优惠政策及优惠目录的通知》（财税〔2014〕26号）	企业所得税优惠事项备案表	预缴享受年度备案	1. 主营业务属于企业所得税优惠目录中的具体项目的相关证明材料；2. 符合目录中的主营业务收入占企业收入总额70%以上目录的说明；3. 广东横琴新区、福建平潭综合实验区、深圳前海深港现代服务业合作区要求提供的其他资料
52	购置用于环境保护、节能节水、安全生产等专用设备的投资额按一定比例实行税额抵免	企业购置并实际使用《环境保护专用设备企业所得税优惠目录》《节能节水专用设备企业所得税优惠目录》和《安全生产专用设备企业所得税优惠目录》规定的环境保护、节能节水、安全生产等专用设备的，该专用设备的投资额的10%可以从企业当年的应纳税额中抵免；当年不足抵免的，可以在以后5个纳税年度结转抵免。享受上述专用设备投资额抵免企业所得税优惠的企业，应当实际购置并自身实际投入使用上述规定的专用设备；企业购置上述专用设备在5年内转让、出租的，应当停止享受企业所得税优惠，并补缴已经抵免的税款	1.《中华人民共和国企业所得税法》第三十四条；2.《中华人民共和国企业所得税法实施条例》第一百条；3.《财政部　国家税务总局关于执行环境保护专用设备企业所得税优惠目录、节能节水专用设备企业所得税优惠目录和安全生产专用设备企业所得税优惠目录有关问题的通知》（财税〔2008〕48号）；4.《财政部　国家发展改革委关于公布节能节水专用设备企业所得税优惠目录（2008年版）和环境保护专用设备企业所得税优惠目录（2008年版）的通知》（财税〔2008〕115号）；5.《国家税务总局　国家安全监管总局关于公布安全生产专用设备企业所得税优惠目录（2008年版）的通知》（财税〔2008〕118号）；6.《财政部　国家税务总局关于环境保护节能节水安全生产专用设备企业所得税优惠政策有关问题的通知》（财税〔2009〕69号）第十条；7.《国家税务总局　安全生产监督总局关于执行安全生产专用设备企业所得税抵免目录有关问题的通知》（国税函〔2010〕256号）	企业所得税优惠事项备案表	汇缴享受	1. 购买并自身投入使用的专用设备的合同或发票；2. 以融资租赁方式取得的专用设备的合同或协议；3. 专用设备目录、《环境保护专用设备企业所得税优惠目录》《节能节水专用设备企业所得税优惠目录》或《安全生产专用设备企业所得税优惠目录》中的具体项目的说明；4. 省税务机关规定的其他资料

续表

序号	优惠事项名称	政策概述	主要政策依据	备案资料	预缴期是否享受优惠	主要留存备查资料
53	固定资产或购入软件等可以加速折旧或摊销	由于技术进步，产品更新换代较快的固定资产；常年处于强震动、高腐蚀状态的固定资产，企业可以采取缩短折旧年限或者采取加速折旧的方法。集成电路生产的生产设备，其折旧年限可以适当缩短，最短可为3年（含）。企业外购的软件，凡符合固定资产或无形资产确认条件的，可以按照固定资产或无形资产进行核算，其折旧或摊销年限可以适当缩短，最短可为2年（含）	1.《中华人民共和国企业所得税法》第三十二条； 2.《中华人民共和国企业所得税法实施条例》第九十八条； 3.《国家税务总局关于企业固定资产加速折旧所得税处理有关问题的通知》（国税发〔2009〕81号）； 4.《财政部 国家税务总局关于进一步鼓励软件产业和集成电路产业发展企业所得税政策的通知》（财税〔2012〕27号）第七条、第八条； 5.《国家税务总局关于执行软件企业所得税优惠政策有关问题的公告》（国家税务总局公告2013年第43号）	不履行备案手续	汇缴享受（税会处理一致的，自预缴自享受；税会处理不一致的，汇缴享受）	1.固定资产的功能，预计使用年限短于规定计算折旧的最低年限的理由，证明资料及有关情况的说明； 2.被替代的旧固定资产的功能，使用及处置等情况的说明， 3.固定资产加速折旧拟采用的方法和折旧额的说明； 4.集成电路生产企业认定证书（集成电路生产企业适用本项优惠）； 5.拟缩短折旧或摊销年限适用的折旧年限； 6.省税务机关规定的其他资料

续表

序号	优惠事项名称	政策概述	主要政策依据	备案资料	预缴期是否享受优惠	主要留存备查资料
54	固定资产加速折旧或一次性扣除	对生物药品制造业，专用设备制造业，铁路、船舶、航空航天和其他运输设备制造业，计算机、通信和其他电子设备制造业，仪器仪表制造业，信息传输、软件和信息技术服务业，轻工、纺织、机械、汽车等六个行业的企业新购进的固定资产，可缩短折旧年限或采取加速折旧的方法。对所有行业企业新购进的专门用于研发的仪器、设备，单位价值不超过100万元的，允许一次性计入当期成本费用在计算应纳税所得额时扣除，不再分年度计算折旧；单位价值超过100万元的，可缩短折旧年限或采取加速折旧的方法。对所有行业企业持有的单位价值不超过5000元的固定资产，允许一次性计入当期成本费用在计算应纳税所得额时扣除，不再分年度计算折旧	1.《财政部 国家税务总局关于完善固定资产加速折旧企业所得税政策的通知》（财税〔2014〕75号）；2.《国家税务总局关于固定资产加速折旧税收政策有关问题的公告》（国家税务总局公告2014年第64号）；3.《财政部 国家税务总局关于进一步完善固定资产加速折旧企业所得税政策的通知》（财税〔2015〕106号）；4.《国家税务总局关于进一步完善固定资产加速折旧企业所得税政策有关问题的公告》（国家税务总局公告2015年第68号）	不履行备案手续	预缴享受 年度备案	1.企业属于重点行业、领域企业的说明材料（以某重点行业主营业务为主营业务，固定资产投入使用当年主营业务收入占企业收入总额50%（不含）以上）；2.购进固定资产的发票，记账凭证等有关凭证、凭据（购入使用过的固定资产，应提供已使用年限的相关说明）等资料；3.核算有关固定资产税法与会计处理差异的台账；4.省税务机关规定的其他资料
55	享受过渡期税收优惠定期减免企业所得税	自2008年1月1日起，原享受企业所得税"五免五减半"等定期减免税优惠的企业，新税法施行后继续按原税收优惠法律、行政法规及相关文件规定的优惠办法及年限享受至期满为止，但因未获利而尚未享受税收优惠的，其优惠期限从2008年度起计算	《国务院关于实施企业所得税过渡优惠政策的通知》（国发〔2007〕39号）	企业所得税优惠事项备案表	预缴期享受。有效期内无须备案，发生变更时备案	省税务机关规定的其他资料

（2）审核的具体内容

①国债利息收入和其他债券利息收入减免企业所得税优惠

● 审核是否为中国中央政府或国务院财政部门发行的国债；

● 审核是否为持有至兑付期的国债利息收入或实行国债净价交易取得的《国债净价交易交割单》上注明的利息收入；

● 审核有关债券是否经有权部门核准发行；

● 审核有关债券利息收入是否属于国家规定减免税的范围；

● 审核申报的免税利息收入金额是否正确。

②符合条件的权益性投资收益免税优惠

● 审核是否包含了居民企业之间的债权性的投资收益；

● 审核是否包含了居民企业对非居民企业的权益性投资收益；

● 审核是否包含了连续持有居民企业公开发行并上市流通的股票不足 12 个月而取得的权益性投资收益；

● 审核享受免税的投资收益是否包含了股权投资转让所得；

● 审核投资方或被投资方如属于依法在中国境内成立的居民企业，是否提供了工商营业执照复印件或类似证明材料；

● 审核投资方或被投资方如属于依照外国（地区）法律成立但实际管理机构在中国境内的居民企业，是否提供了国外注册证件复印件或类似证明材料以及关于对企业的生产经营、人员、账务、财产等实施实质性全面管理和控制的机构在中国境内的说明材料；

● 审核申报的免税投资收益金额是否正确。

③符合条件的非营利组织的收入免税优惠

● 审核是否履行非营利组织登记手续；

● 审核是否获得免税资格认定；

● 审核除当年新设立或登记的事业单位、社会团体、基金会及民办非企业单位外，事业单位、社会团体、基金会及民办非企业单位申请前年度的检查结论是否为"合格"；

● 审核免税资格是否在 5 年的有效期内；

● 审核是否属于税法规定的免税收入；

● 审核是否从事营利性活动，营利性活动和非营利性活动会计上是否分开核算，对应的期间费用是否进行合理分摊；

● 审核申报的免税非营利组织收入金额是否正确。

④投资者从证券投资基金分配中取得的收入暂不征收企业所得税优惠

● 审核被投资方是否有资格从事证券投资基金经营业务；

● 审核是否确实为从证券投资基金分配中取得的收入；

● 审核申报的免税证券投资基金收入金额是否正确。

⑤从事农、林、牧、渔业项目的所得减免优惠

● 审核企业报送要求享受减免税的农林牧渔项目是否属于税法规定项目范围；

● 审核是否对所从事项目的种类、流程、协议、证书等作出具体说明；

● 审核是否有从事国家限制和禁止发展的项目享受减免企业所得税优惠；

● 审核企业从事的税收优惠项目和其他项目是否分开核算，期间费用是否按规定进行分摊；

● 审核对减免的增值税是否计入"营业外收入"征收企业所得税；

● 审核申报的减免所得金额是否正确。

⑥从事国家重点扶持的公共基础设施项目投资经营的所得减免优惠

● 审核企业所从事的项目是否是《公共基础设施项目企业所得税优惠目录》内符合相关条件和技术标准及国家投资管理相关规定，于2008年1月1日后经批准的公共基础设施项目；

● 审核企业是否在该项目建成并投入运营（包括试运营）取得第一笔主营业务收入后15日内向主管税务机关备案并报送有关部门批准该项目文件复印件、该项目完工验收报告复印件、该项目投资额验资报告复印件及其他有关资料；

● 审核该项目的税收优惠是否从自该项目取得第一笔生产经营收入所属纳税年度起开始计算；

● 审核企业从事不在《公共基础设施项目企业所得税优惠目录》范围内的项目取得的所得，是否与享受优惠的公共基础设施项目所得分开核算，并合理分摊期间费用；

● 审核企业所从事的公共基础设施项目是否属于承包经营、承包建设和内部自建自用公共基础设施项目；

● 审核企业所享受的减免税优惠项目是否在减免税优惠期限内发生转让或受让；

● 审核企业因生产经营发生变化或因《公共基础设施项目企业所得税优惠目录》调整，不再符合规定的减免税条件的，是否自发生变化之日起15日

内向主管税务机关提交书面报告并停止享受优惠，依法缴纳企业所得税；

- 审核申报的减免所得金额是否正确。

⑦从事符合条件的环境保护、节能节水项目的所得减免优惠

- 审核企业所从事的环境保护、节能节水项目是否属于公共污水处理、公共垃圾处理、沼气综合开发利用、节能技术改造、海水淡化以及清洁发展机制等项目；

- 审核企业所从事的环境保护、节能节水项目是否符合相关条件和技术标准及国家投资管理相关规定；

- 审核企业是否在该项目建成并投入运营（包括试运营）取得第一笔主营业务收入向主管税务机关备案；

- 审核企业是否从该项目取得第一笔生产经营收入所属纳税年度起开始计算税收优惠；

- 审核企业同时从事不属于环境保护、节能节水项目范围内的项目取得的所得，是否与享受优惠的项目所得分开核算，并合理分摊期间费用；

- 审核企业所享受的减免税优惠项目是否在减免税优惠期限内发生转让或受让；

- 审核企业因生产经营发生变化，不再符合减免税条件的，是否自发生变化之日起15日内向主管税务机关提交书面报告并停止享受优惠，依法缴纳企业所得税；

- 审核申报的减免所得金额是否正确。

⑧符合条件的技术转让所得减免优惠

- 审核企业是否为居民企业；

- 审核企业技术转让的范围，是否在专利技术、计算机软件著作权、集成电路布图设计权、植物新品种、生物医药新品种，以及财政部和国家税务总局确定的其他技术范围之内，转让的是否为所有权或5年以上全球独占许可使用权；

- 审核企业技术转让收入是否包含了不属于与技术转让项目密不可分的技术咨询、技术服务、技术培训等不得享受税收优惠的技术性服务收入；是否包含了销售或转让设备、仪器、零部件、原材料等非技术性收入；

- 审核企业是否单独计算技术转让所得，并合理分摊企业的期间费用；

- 审核企业向境外转让的技术是否未在商务部、科技部发布的《中国禁止出口限制出口技术目录》（商务部、科技部令2008年第12号）范围内；

- 审核受让企业技术的关联方是否属于企业能直接或间接全资控股的关联方；
- 审核申报享受优惠的技术转让所得计算是否准确。

⑨企业综合利用资源产品收入减计应税收入优惠

- 审核企业从事非资源综合利用项目取得的收入与生产资源综合利用产品取得的收入是否单独核算；
- 审核企业产品是否以《资源综合利用企业所得税优惠目录（2008年版）》所列资源为产品原料，并达到规定的技术标准；
- 审核企业产品符合国家或行业相关标准；
- 审核申报的减计收入金额是否正确。

⑩软件企业或集成电路设计企业、集成电路生产企业、动漫企业减免税优惠

除审核软件企业或集成电路设计企业、集成电路生产企业、动漫企业资质证书是否符合规定外，还需延伸审核以下内容：

对于申报软件企业减免税：

- 审核企业大学专科以上人员、研发人员比例是否符合规定要求；
- 审核软件产品开发销售（营业）收入、研究开发费用总额比例是否符合规定要求；
- 审核主营业务是否拥有自主知识产权、监测证明材料、《软件产品登记证书》；
- 审核是否具有保证设计产品质量的手段和能力，并建立符合软件工程要求的质量管理体系并提供有效运行的过程文档记录；
- 审核是否具有与软件开发相适应的生产经营场所、软硬件设施等开发环境，以及与所提供服务相关的技术支撑环境；
- 审核即征即退的增值税税款作为不征税收入是否用于研究开发软件产品和扩大再生产；
- 审核获利年度的确认是否正确；
- 审核职工培训费用是否单独核算并按实际发生数据实扣除；
- 审核申报的减免税金额是否正确。

对于申报集成电路设计企业减免税的：

- 审核企业大学专科以上人员、研发人员比例是否符合规定要求；
- 审核集成电路设计销售（营业）收入、研究开发费用总额比例是否符

合规定要求；

- 审核主营业务是否拥有自主知识产权；
- 审核是否具有保证设计产品质量的手段和能力，并建立符合集成电路工程要求的质量管理体系并提供有效运行的过程文档记录；
- 审核是否具有与集成电路设计相适应的生产经营场所、软硬件设施等开发环境，以及与所提供服务相关的技术支撑环境；
- 审核即征即退的增值税税款作为不征税收入是否用于研究开发软件产品和扩大再生产；
- 审核获利年度的确认是否正确；
- 审核职工培训费用是否单独核算并按实际发生数据实扣除；
- 审核申报的减免税金额是否正确。

对于申报动漫企业减免税的：

- 审核动漫产品收入、研究开发费用比例是否符合规定要求；
- 审核企业大学专科以上人员、专业人员、研发人员比例是否符合规定要求；
- 审核是否具备从事动漫产品开发或相应服务等业务所需的技术装备和工作场所；
- 审核重点动漫企业是否符合规定要求；
- 审核申报的减免税金额是否正确。

对于申报集成电路生产企业减免税的：

- 审核线宽标准、投资额与申报享受的优惠类别是否符合规定要求；
- 审核获利年度的确认是否正确；
- 审核制造销售（营业）收入、研究开发费用总额比例是否符合规定要求；
- 审核企业大学专科以上人员、研发人员比例是否符合规定要求；
- 审核是否拥有核心关键技术，并以此为基础开展经营活动；
- 审核是否具有保证产品生产的手段和能力，并获得有关资质认证，是否具有与集成电路生产相适应的经营场所、软硬件设施等基本条件；
- 审核申报的减免税金额是否正确。

⑪国家重点扶持的高新技术企业减免税优惠

- 审核企业取得高新技术企业证书是否在有效期内；
- 审核企业高新技术产品（服务）收入、研究开发费用是否按规定单独核算；

- 审核企业大学专科以上人员、研发人员比例是否属实；
- 审核申报的减免税金额是否正确。

⑫技术先进型服务企业减免税优惠

- 审核企业是否从事属于《技术先进型服务业务认定范围（试行)》规定的范围内的一种或多种技术先进型服务业务；
- 审核企业的注册地及生产经营地是否在规定的中国服务外包示范城市［含所辖区、县（县级市）等全部行政区划］内；
- 审核企业是否具有法人资格，近两年在进出口业务管理、财务管理、税收管理、外汇管理、海关管理等方面有无违法行为；
- 审核企业大学专科以上人员比例是否符合规定要求；
- 审核企业从事规定范围内的技术先进型服务业务收入的比例是否符合规定要求；
- 审核企业是否与境外客户签订服务外包合同，且其向境外客户提供的国际（离岸）外包服务业务收入是否符合规定要求；
- 审核企业优惠期限是否超出规定期限；
- 审核申报的减免税金额是否正确。

⑬经营性文化事业单位转制为企业免征企业所得税优惠

- 审核转制时间是否符合规定要求；
- 审核是否属于转制的经营性文化事业单位范围；
- 审核企业申报的减免税金额是否正确。

⑭小型微利企业低税率优惠

- 审核企业所从事行业是否属于国家非限制和禁止行业；
- 审核企业年度应纳税所得额、资产总额和从业人数是否符合规定要求；
- 审核申报的减免税金额是否正确。

⑮开发新技术、新产品、新工艺发生的研究开发费用加计扣除优惠

- 审核企业是否为能准确核算应纳税所得额的居民企业；
- 审核企业是否从事《国家重点支持的高新技术领域》和国家发展改革委员会等部门公布的《当前优先发展的高技术产业化重点领域指南（2007年度)》规定项目的研究开发活动，研发活动是否真实发生，是否经过公司管理机构批准；
- 审核研究开发费用的归集是否正确；

- 审核申报的研究开发费用加计扣除额是否正确。

⑯安置残疾人员及国家鼓励安置的其他就业人员所支付工资加计扣除优惠

- 审核残疾人员是否符合《中华人民共和国残疾人保障法》规定范围；
- 审核是否依法与安置的每位残疾人签订了1年以上（含1年）的劳动合同或服务协议，并且安置的每位残疾人实际上岗工作；
- 审核是否为安置的每位残疾人按月足额缴纳了企业所在区县人民政府根据国家政策规定的基本养老、基本医疗保险、失业保险和工伤保险等社会保险；
- 审核是否定期通过银行等金融机构向安置的每位残疾人实际支付了不低于企业所在区县适用的经省级人民政府批准的最低工资标准的工资；
- 审核加计扣除工资的范围是否符合规定；
- 审核申报的工资加计扣除额是否计算正确。

⑰创业投资企业投资抵免所得优惠

- 审核创投企业的经营范围是否符合《暂行办法》规定，工商登记为"创业投资有限责任公司""创业投资股份有限公司"等专业性法人创业投资企业；
- 审核创投企业是否经备案管理部门年度检查合格；
- 审核创投企业投资的中小高新技术企业资格证书是否合法有效，职工人数、年销售（营业）额和资产总额是否符合规定条件；
- 审核股权投资持有时间是否满2年（24个月）；
- 审核申报抵扣的创投企业股权投资额和抵扣额是否正确。

⑱固定资产、无形资产加速折旧或摊销优惠

- 审核采用加速折旧或摊销的固定资产、无形资产是否属于税法规定范围内允许加速折旧或摊销的固定资产、无形资产；
- 审核企业报送的资产明细表，对采取缩短折旧年限方法的固定资产，应逐项计算分析其最低折旧年限是否不低于企业所得税法实施条例第六十条规定的折旧年限的60%；
- 若为购置已使用过的固定资产，应分析已使用年限，其最低折旧年限不得低于企业所得税法实施条例规定的最低折旧年限减去已使用年限后剩余年限的60%；
- 审核固定资产、无形资产折旧、摊销年限是否进行过变更；

- 企业采取加速折旧方法的，除特殊规定外，是否采用双倍余额递减法或者年数总和法；
- 审核申报的折旧、摊销额是否正确。

⑲企业购置专用设备投资抵免税优惠

- 审核企业购置的设备是否属于《目录》范围内环境保护、节能节水和安全生产专用设备；
- 审核企业专用设备是否投入使用；
- 审核申请抵免的起始年度与购入并实际投入使用年度是否一致；
- 审核专用设备的投资额是否为自筹资金和银行贷款，审核利用财政拨款购置专用设备是否申请了享受优惠；
- 审核专用设备的投资额是否含增值税，是否按规定减除有关退还的增值税税款以及设备运输、安装、调试等的费用；
- 承租方企业以融资租赁方式租入的专用设备，审核是否在融资租赁合同约定租赁期届满时发生所有权转移；
- 审核当年应纳税额的计算是否按企业当年的应纳税所得额乘以适用税率，扣除依照企业所得税法和国务院有关税收优惠规定以及税收过渡优惠规定减征、免征税额后的余额口径计算；
- 审核申报抵免的金额计算是否正确。

4. 审核中注意事项

(1) 审核结果处理

经审核，确认纳税人实际经营情况不符合优惠政策规定条件，采用欺骗手段获取优惠的，以及享受优惠条件发生变化未及时报告的，应立即停止纳税人享受相关的税收优惠政策，并按照《税收征管法》等有关规定予以处理。

审核中，发现有关专业技术或经济鉴证部门认定失误的，应立即停止有关纳税人享受相关的税收优惠政策，并逐级反映。有关部门非法提供证明，导致未缴、少缴税款的，按《税收征管法实施细则》第九十三条等有关规定予以处理。

(2) 建立管理台账，加强后续管理

税务机关对列入备案管理的优惠项目，应在相关性审核的基础上，对跨年度优惠项目建立管理台账进行动态跟踪监控，如创业投资抵扣应纳税所得额，专用设备投资抵免应纳税额等。鉴于跨年度事项的递延性质，需要通过台账管理等方法准确记录该类事项对以后年度的税收影响，便于跟踪管理。

三、纳税人报送资料完整性审核分析

纳税人按期申报纳税是纳税人的主要义务之一，在申报环节必须按照法律和法规的要求，提交涉税资料，归纳起来有两方面的资料：申报表资料和财务报表资料。

（一）企业申报表的申报审核

1. 增值税申报表的申报审核

（1）小规模纳税人

小规模纳税人的每期增值税申报表应当包括《增值税纳税申报表（小规模纳税人适用）》《增值税纳税申报表（小规模纳税人适用）附列资料》和《增值税减免申报明细表》。

（2）一般纳税人

增值税一般纳税人纳税申报表及其附列资料包括：《增值税纳税申报表（适用于增值税一般纳税人）》《增值税纳税申报表附列资料（一）》（本期销售情况明细）、《增值税纳税申报表附列资料（二）》（本期进项税额明细）、《增值税纳税申报表附列资料（三）》（应税服务扣除项目明细）《固定资产进项税额抵扣情况表》《增值税减免申报明细表》《部分产品销售统计表》。

2. 消费税申报表的申报审核

（1）成品油企业应当申报《成品油消费税纳税申报表》，其有三张附表：附表1《本期准予扣除税额计算表》，附表2《本期减（免）税额计算表》，附表3《代收代缴税款报告表》，符合消费税减免税政策规定的纳税人，还应当申报《本期减（免）税额明细表》。

（2）酒类企业应当申报《酒类应税消费品消费税纳税申报表》，其有三张附表：附表1《本期准予抵减税额计算表》，附表2《本期代收代缴税额计算表》，附表3《生产经营情况表》，符合消费税减免税政策规定的纳税人，还应当申报《本期减（免）税额明细表》。

（3）烟类企业根据其所处生产或者批发环节，分别申报《烟类应税消费品消费税纳税申报表》《卷烟批发环节消费税纳税申报表》和《各牌号规格

卷烟消费税计税价格》表；《烟类应税消费品消费税纳税申报表》还应当有三张附表：附表1《本期准予扣除税额计算表》，附表2《本期代收代缴税额计算表》，附表3《卷烟销售明细表》；符合消费税减免税政策规定的纳税人，还应当申报《本期减（免）税额明细表》。

（4）小汽车企业应当申报《小汽车消费税纳税申报表》，其有两张附表：附表1《本期代收代缴税额计算表》和附表2《生产经营情况表》，符合消费税减免税政策规定的纳税人，还应当申报《本期减（免）税额明细表》。

（5）电池企业应当申报《电池消费税纳税申报表》，其有两张附表：附表1《本期减（免）税额计算表》和附表2《本期代收代缴税额计算表》，符合消费税减免税政策规定的纳税人，还应当申报《本期减（免）税额明细表》。

（6）涂料企业应当申报《涂料消费税纳税申报表》，其有两张附表：附表1《本期减（免）税额计算表》和附表2《本期代收代缴税额计算表》，符合消费税减免税政策规定的纳税人，还应当申报《本期减（免）税额明细表》。

（7）其他企业，应当申报《其他应税消费品消费税纳税申报表》，其有四张附表，分别为附表1《本期准予扣除税额计算表》，附表2《准予扣除消费税凭证明细表》，附表3《本期代收代缴税额计算表》，附表4《生产经营情况表》，符合消费税减免税政策规定的纳税人，还应当申报《本期减（免）税额明细表》。

3. 营业税申报表的申报审核

营业税纳税人在进行纳税申报时，应当申报《营业税纳税申报表》，并根据纳税人发生营业税应税行为所属的税目，分别填报相应税目的营业税纳税申报表附表；同时发生两种或两种以上税目应税行为的，应同时填报相应的纳税申报表附表，涉及的附表有《营业税计税营业额扣除项目申报表》和《减免税申报表》，享受营业税减免税优惠政策的纳税人还应当报送《营业税减免税明细申报表》。

4. 个人所得税申报表的申报审核

（1）从中国境内两处或者两处以上取得工资、薪金所得的个人

从中国境内两处或者两处以上取得工资、薪金所得的个人在办理申报时，

应申报《个人所得税自行纳税申报表（A 表）》，须同时附报《个人所得税基础信息表（B 表）》，以及个人有效身份证件原件及复印件。

（2）从中国境外取得所得的纳税人

从中国境外取得所得的纳税人在办理申报时，应申报《个人所得税自行纳税申报表（B 表）》，同时附报《个人所得税基础信息表（B 表）》，以及个人有效身份证件原件及复印件，纳税义务人依照规定申请扣除已在境外缴纳的个人所得税税额时，应提供境外税务机关填发的税款缴纳凭证原件。

（3）年所得 12 万元以上的个人

年所得 12 万元以上的个人在年度申报时，应报送《个人所得税纳税申报表（适用于年所得 12 万元以上的纳税人申报）》，同时附报《个人所得税基础信息表（B 表）》（初次申报或在信息发生变化时填报），以及个人有效身份证件原件及复印件。

（4）个体工商户、企事业单位承包承租经营者、个人独资企业投资者和合伙企业合伙人

个体工商户、承包承租企事业单位、个人独资企业、合伙企业投资者在中国境内两处或者两处以上取得"个体工商户的生产、经营所得"和"对企事业单位的承包经营、承租经营所得"的纳税人，同项所得合并计算纳税的个人所得税年度汇总纳税申报时，应当申报《个人所得税生产经营所得纳税申报表（C 表）》，同时附报《个人所得税基础信息表（B 表）》。

（5）个体工商户、承包承租企事业单位、个人独资企业、合伙企业投资者在中国境内两处或者两处以上取得"个体工商户的生产、经营所得"和"对企事业单位的承包经营、承租经营所得"的纳税人

个体工商户、承包承租企事业单位、个人独资企业、合伙企业投资者在中国境内两处或者两处以上取得"个体工商户的生产、经营所得"和"对企事业单位的承包经营、承租经营所得"的纳税人，同项所得合并计算纳税的个人所得税年度汇总纳税申报时，应当申报《生产、经营所得投资者个人所得税汇总申报表》，同时附报《个人所得税基础信息表（B 表）》。

5. 企业所得税申报表的申报审核

根据 2014 年版所得税申报表体系，共有 41 张表单，包括企业基础信息表、主表和 39 张附表，纳税人根据所处行业和自身的经营特点，可以选择申

报，但是基础信息表和主表为必填表格，其他的申报表按照纳税人在表单中的勾对情况，分析进行审核。

（二）扣缴义务人申报表的申报审核

1. 增值税代扣代缴申报审核

（1）基本规定

境外的单位或者个人在试点地区提供应税劳务，在境内未设有经营机构的，以其代理人为增值税扣缴义务人；在境内没有代理人的，以接受方为增值税扣缴义务人。

（2）应申报的报表

《增值税代扣、代缴税款报告表》。

2. 消费税代收代缴申报审核

（1）基本规定

委托加工的应税消费品，除受托方为个人外，由受托方在向委托方交货时代收代缴税款。

（2）应申报的报表

受托方代收代缴消费税的，在纳税申报时以申报表附表的形式进行申报，如酒类企业在申报《酒类应税消费品消费税纳税申报表》的同时申报附表2《本期代收代缴税额计算表》。

3. 营业税代扣代缴申报审核

（1）基本规定

中华人民共和国境外的单位或者个人在境内提供应税劳务、转让无形资产或者销售不动产，在境内未设有经营机构的，以其境内代理人为扣缴义务人；在境内没有代理人的，以受让方或者购买方为扣缴义务人。

（2）应申报的报表

扣缴义务人申报时应报送《代扣代缴营业税及附加报告表》，并附报《委托代征（代扣代缴）税款明细报告表》。

4. 个人所得税的代扣代缴申报审核

（1）基本规定

个人所得税，以所得人为纳税义务人，以支付所得的单位或者个人为扣缴义务人。扣缴义务人应当按照规定办理全员全额扣缴申报。

（2）应申报的报表

扣缴义务人办理全员全额扣缴申报、特定行业职工工资薪金所得月份申报，应当报送《扣缴个人所得税报告表》，扣缴义务人在初次申报时还应当申报《个人所得税基础信息表（A表）》。采掘业、远洋运输业、远洋捕捞业等特定行业，应当申报《特定行业个人所得税年度申报表》。

5. 企业所得税的代扣代缴申报审核

（1）基本规定

对非居民企业取得《中华人民共和国企业所得税法》第三条第三款规定的所得应缴纳的所得税，实行源泉扣缴，以支付人为扣缴义务人。

（2）应申报的报表

《中华人民共和国扣缴企业所得税报告表》。

（三）财务报表的申报审核

1. 执行《企业会计准则》企业

执行《企业会计准则》的企业应当提供的报表包括四表一注：《资产负债表》《利润表》《现金流量表》《所有者权益（股东权益）变动表》和《附注》。

2. 执行《小企业会计准则》企业

执行《小企业会计准则》的企业，应当提供的报表至少包括三表一注：《资产负债表》《利润表》《现金流量表》和《附注》。

四、纳税申报义务履行情况分析与审核

对纳税人各项报送资料的审核除了完整性审核外，还要围绕申报的及时性进行审核。

（一）是否办理纳税申报的审核

根据税务机关核定的纳税申报期限，审核纳税人是否按照规定进行申报，主要通过申报系统中的申报记录进行审核，系统中有纳税人的周期性的申报记录，说明纳税人已经履行了申报义务，如果缺少某一个周期的申报，则表明纳税人未能完全履行申报义务。

（二）纳税申报的及时性审核

1. 审核方法

及时性的审核是在纳税人已经申报的前提下，每期的申报是否按时申报，是否有延迟申报纳税的情况出现。审核的方法主要是审核其每期的申报时间，是否超过规定的申报期。如果存在过期申报，又没有《延期申报申请核准表》，则说明纳税人申报义务履行不到位。

2. 纳税人纳税申报期限的规定

（1）增值税纳税申报的期限规定

增值税纳税人以 1 个月或者 1 个季度为 1 个纳税期的，自期满之日起 15 日内申报纳税；以 1 日、3 日、5 日、10 日或者 15 日为 1 个纳税期的，自期满之日起 5 日内预缴税款，于次月 1 日起 15 日内申报纳税并结清上月应纳税款。

（2）消费税纳税申报期限规定

消费税纳税人以 1 个月或者 1 个季度为 1 个纳税期的，自期满之日起 15 日内申报纳税；以 1 日、3 日、5 日、10 日或者 15 日为 1 个纳税期的，自期满之日起 5 日内预缴税款，于次月 1 日起 15 日内申报纳税并结清上月应纳税款。

（3）营业税纳税申报期限规定

营业税纳税人以 1 个月或者 1 个季度为一个纳税期的，自期满之日起 15 日内申报纳税；以 5 日、10 日或者 15 日为一个纳税期的，自期满之日起 5 日内预缴税款，于次月 1 日起 15 日内申报纳税并结清上月应纳税款。

（4）个人所得税纳税申报期限规定

个体工商户的生产、经营所得应纳的税款，按年计算，分月预缴，由纳税义务人在次月 15 日内预缴，年度终了后 3 个月内汇算清缴，多退少补。

对企事业单位的承包经营、承租经营所得应纳的税款，按年计算，由纳税义务人在年度终了后 30 日内缴入国库，并向税务机关报送纳税申报表。纳税义务人在一年内分次取得承包经营、承租经营所得的，应当在取得每次所得后的 15 日内预缴，年度终了后 3 个月内汇算清缴，多退少补。

从中国境外取得所得的纳税义务人，应当在年度终了后 30 日内，将应纳的税款缴入国库，并向税务机关报送纳税申报表。

（5）企业所得税纳税申报期限规定

企业所得税分月或者分季预缴。企业应当自月份或者季度终了之日起15日内，向税务机关报送预缴企业所得税纳税申报表，预缴税款。

企业应当自年度终了之日起5个月内，向税务机关报送年度企业所得税纳税申报表，并汇算清缴，结清应缴应退税款。

企业在年度中间终止经营活动的，应当自实际经营终止之日起60日内，向税务机关办理当期企业所得税汇算清缴。

3. 扣缴义务人纳税申报期限规定

（1）增值税的扣缴义务人申报期限规定按照增值税纳税人申报的时间规定执行。

（2）消费税的扣缴义务人申报期限规定同消费税纳税人的申报同时进行。

（3）营业税的扣缴义务人申报期限规定依照营业税的申报规定执行。

（4）个人所得税的扣缴义务人申报期限规定。

扣缴义务人每月所扣的税款，自行申报纳税人每月应纳的税款，都应当在次月15日内缴入国库，并向税务机关报送纳税申报表。

（5）企业所得税扣缴义务人。

对非居民企业取得《企业所得税法》第三条第三款规定的所得应缴纳的所得税税款由扣缴义务人在每次支付或者到期应支付时，从支付或者到期应支付的款项中扣缴。扣缴义务人每次代扣的税款，应当自代扣之日起7日内缴入国库，并向所在地的税务机关报送扣缴企业所得税报告表。

第二节　纳税申报表的逻辑关系分析与审核

一、增值税纳税申报表逻辑关系分析与审核

（一）增值税纳税申报资料

增值税纳税申报资料包括纳税申报表及其附列资料和纳税申报其他资料两类。

1. 增值税一般纳税人纳税申报表及其附列资料

(1)《增值税纳税申报表（适用于增值税一般纳税人）》；

(2)《增值税纳税申报表附列资料（一）》（本期销售情况明细）；

(3)《增值税纳税申报表附列资料（二）》（本期进项税额明细）；

(4)《增值税纳税申报表附列资料（三）》（应税服务扣除项目明细）；

一般纳税人提供营业税改征增值税的应税服务，按照国家有关营业税政策规定差额征收营业税的，需填报《增值税纳税申报表附列资料（三）》。其他一般纳税人不填写该附列资料。

(5)《增值税纳税申报表附列资料（四）》《固定资产进项税额抵扣情况表》；

(6)《增值税减免申报明细表》；

(7)《部分产品销售统计表》。

2. 增值税小规模纳税人纳税申报表及其附列资料

(1)《增值税纳税申报表（适用于增值税小规模纳税人）》；

(2)《增值税纳税申报表（适用于增值税小规模纳税人）附列资料》；

(3)《增值税减免申报明细表》。

小规模纳税人提供营业税改征增值税的应税服务，按照国家有关营业税政策规定差额征收营业税的，需填报《增值税纳税申报表（适用于增值税小规模纳税人）附列资料》。其他小规模纳税人不填写该附列资料。

3. 增值税纳税申报的其他资料

(1) 已开具的税控《机动车销售统一发票》和普通发票的存根联；

(2) 符合抵扣条件且在本期申报抵扣的防伪税控《增值税专用发票》《货物运输业增值税专用发票》、税控《机动车销售统一发票》的抵扣联；

(3) 符合抵扣条件且在本期申报抵扣的海关进口增值税专用缴款书、购进农产品取得的普通发票的复印件；

(4) 符合抵扣条件且在本期申报抵扣的代扣代缴增值税的税收通用缴款书及其清单，书面合同、付款证明和境外单位的对账单或者发票；

(5) 已开具的农产品收购凭证的存根联或报查联；

(6) 应税服务扣除项目的合法凭证及其清单；

(7) 主管税务机关规定的其他资料。

（二）增值税一般纳税人纳税申报表逻辑关系审核（以某企业申报表为例，见表 5-2~表 5-8）

表 5-2　　　　　　　　　　　　增值税一般纳税人纳税申报表　　　　　　　　　单位：元

项目		栏次	一般货物及劳务和应税服务		即征即退货物及劳务和应税服务	
			本月数	本年累计	本月数	本年累计
销售额	（一）按适用税率征税销售额	1	1 312 435 295.94	1 344 113 945.12	0	0
	其中：应税货物销售额	2	1 312 301 522.30	1 343 404 548.79	0	0
	应税劳务销售额	3	0	0	0	0
	纳税检查调整的销售额	4	0	0	0	0
	（二）按简易征收办法征税货物销售额	5	491 542.18	928 704.59	0	0
	其中：纳税检查调整的销售额	6	0	0	0	0
	（三）免、抵、退办法出口货物销售额	7	394 365 956.16	2 975 516 499.62	—	—
	（四）免税销售额	8	0	0	0	0
	其中：免税货物销售额	9	0	0	0	0
	免税劳务销售额	10	0	0	0	0
税款计算	销项税额	11	223 099 285.20	228 421 337.06	0	0
	进项税额	12	73 375 759.57	215 836 990.99	0	0
	上期留抵税额	13	102 711 164.59	—	0	0
	进项税额转出	14	64 976.03	184 862.90	0	0
	免、抵、退货物应退税额	15	102 711 164.59	164 814 530.82	—	—
	按适用税率计算的纳税检查应补缴税额	16	0	0	0	0
	应抵扣税额合计（12+13-14-15+16）	17	73 310 783.54	0	0	0
	实际抵扣税额（如 17<11，则为 17，否则为 11）	18	73 310 783.54	0	0	0
	应纳税额（19=11-18）	19	149 788 501.66	149 788 501.66	0	0

项目		栏次	一般货物及劳务和应税服务		即征即退货物及劳务和应税服务	
			本月数	本年累计	本月数	本年累计
税款计算	期末留抵税额（20＝17-18）	20	0	—	0	—
	简易征收办法计算的应纳税额	21	14 746.26	32 232.74	0	0
	按简易征收办法计算的纳税检查应补缴税额	22	0	0	0	0
	应纳税额减征额	23	4 915.42	14 028.64	0	0
	应纳税额合计（24＝19+21+23）	24	149 798 332.50	149 806 705.76	0	0
税款缴纳	期初未缴税额（多缴为负数）	25	0	0	0	0
	实收出口开具专用缴款书退税额	26	0	0	—	—
	本期已缴税额（27＝28+29+30+31）	27	0	6 981.26	0	0
	①分次预缴税额	28	0	0	0	0
	②出口开具专用缴款书预缴税额	29	0	—	0	0
	③本期缴纳上期应纳税额	30	0	6 981.26	0	0
	④本期缴纳欠缴税额	31	0	0	0	0
	期末未缴税额（多缴为负数）（32＝24+25+26-27）	32	149 798 332.50	149 798 332.50	0	0
	其中：欠缴税额（≥0）（33＝25+26-27）	33	0	—	0	—
	本期应补（退）税额（34＝24-28-29）	34	149 798 332.50	—	0	—
	即征即退实际退税额	35	—	—	0	0
	期初未缴查补税额	36	0	0	—	—
	本期入库查补税额	37	0	0	—	—
	期末未缴查补税额 38＝16+22+36-37	38	0	0	—	—

表5-3　增值税纳税申报表附列资料（一）本期销售情况明细

单位：元

项目及栏次		栏次	开具税控增值税专用发票		开具其他发票		未开具发票		纳税检查调整		合计		价税合计	应税服务扣除项目本期实际扣除金额	扣除后	
			销售额	销项(应纳)税额	销售额	销项(应纳)税额	销售额	销项(应纳)税额	销售额	销项(应纳)税额	销售额	销项(应纳)税额			含税(免税)销售额	销项(应纳)税额
			1	2	3	4	5	6	7	8	9=1+3+5+7	10=2+4+6+8	11=9+10	12	13=11-12	14=13÷(100%+税率或征收率)×税率或征收率
一、一般计税方法计税 · 全部征税项目	17%税率的货物及加工修理修配劳务	1	1 312 281 515.36	223 087 857.60			20 006.94	3 401.18			1 312 301 522.30	223 0 1 258.7	—		—	—
	17%税率的有形动产租赁服务	2	0.00	0.00			0.00	0.00			0.00	0.00	—		—	—
	13%税率	3	0.00	0.00			0.00	0.00			0.00	0.00	—		—	—
	11%税率	4	0.00	0.00			0.00	0.00			0.00	0.00	—		—	—
	6%税率	5	129 245.28	7 754.72	2 830.19	169.81	1 698.17	101.89			133 773.64	8 026.42	142 800.06	0.00	141 800.06	8 026.42
其中：即征即退项目	即征即退货物及加工修理修配劳务	6	—				—	—			0.00	0.00	—		—	—
	即征即退应税服务	7	—				—	—			0.00	0.00	—		—	—
二、简易计税方法计税 · 全部征税项目	6%征收率	8									0.00	0.00	—		—	—
	5%征收率	9									0.00	0.00	—		—	—
	4%征收率	10									0.00	0.00	—		—	—
	3%征收率的货物及加工修理修配劳务	11			491 542.18	14 746.26					491 542.18	14 746.26				
	3%征收率的应税服务	12								—						

续表

项目及栏次			开具税控增值税专用发票 销售额	开具税控增值税专用发票 销项（应纳）税额	开具其他发票 销售额	开具其他发票 销项（应纳）税额	未开具发票 销售额	未开具发票 销项（应纳）税额	纳税检查调整 销售额	纳税检查调整 销项（应纳）税额	合计 销售额	合计 销项（应纳）税额	合计 价税合计	应税服务扣除项目本期实际扣除金额	扣除后 含税（免税）销售额	扣除后 销项（应纳）税额
		栏次	1	2	3	4	5	6	7	8	$9=1+3+5+7$	$10=2+4+6+8$	$11=9+10$	12	$13=11-12$	$14=13\div(100\%+税率或征收率)\times税率或征收率$
二、简易计税方法计税	全部征税项目	预征率　%　13a	—	—					—	—					—	—
		预征率　%　13b	—						—	—					—	—
		预征率　%　13c	—	—	—	—		—	—	—					—	—
	其中：即征即退项目	即征即退货物及加工修理修配劳务　14	—	—	—				—	—					—	—
		即征即退应税服务　15	—	—	—				—	—					—	—
三、免抵退税	货物及加工修理修配劳务　16		—	—	39 239 260.50	—	355 126 695.66	—	—	—	394 365 956.16	—	—		—	—
	应税服务　17		—	—	—	—	—	—	—	—		—	—		—	—
四、免税	货物及加工修理修配劳务　18		—	—	—		—		—	—		—	—		—	—
	应税服务　19		—	—	—	—	—	—	—	—		—	—		—	—

表 5-4　　　　　　　　增值税纳税申报表附列资料（表二）

一、申报抵扣的进项税额				
项目	栏次	份数	金额	税额
（一）认证相符的税控增值税专用发票 1＝2+3	1	505	42 251 747.57	6 460 917.90
其中：本期认证相符且本期申报抵扣	2	505	42 251 747.57	6 460 917.90
前期认证相符且本期申报抵扣	3	0	0	0
（二）非税控增值税专用发票及其他抵扣凭证 4＝5+6+7+8	4	32	386 703 425.82	66 914 841.67
其中：海关进口增值税专用缴款	5	18	386 703 425.82	65 739 582.39
农产品收购发票或者销售发票	6	0	0	0
代扣代缴税收通用缴款	7	14	0	1 175 259.28
运输费用结算单据	8	0	0	0
	9	—	—	—
	10	—	—	—
（三）外贸企业进项税额抵扣证	11	—	—	0
当期申报抵扣进项税额合计 12＝1+4+11	12	537	428 955 173.39	73 375 759.57
二、进项税额转出				
项目	栏次	税额		
本期进项税转出额 13＝14+…+23	13	64 976.03		
其中：免税项目	14	0		
非应税项目、集体福利、个人消费	15	61 790.23		
非正常损失	16	0		
简易计税方法征税项目	17	0		
免抵退税办法不得抵扣进项税额	18	0		
纳税检查调减进项税额	19	0		
红字专用发票通知单注明的进项税额	20	3 185.80		
上期留底税额抵减欠额	21	0		
上期留底税额	22	0		
其他应做进项税额转出的情况	23	0		
三、待抵扣进项税额				
项目	栏次	份数	金额	税额
（一）认证相符的税控增值税专用发票	24	0	0	0
期初已认证但未申报抵扣额	25	30	1 519 070.55	256 000.46
本期认证相符且本期未申报抵扣额	26	0	0	0
期末已认证相符但未申报抵扣	27	30	1 519 070.55	256 000.46
其中：按照税法规定不允许抵扣额	28	30	1 519 070.55	256 000.46

续表

项目	栏次	份数	金额	税额
（二）非税控增值税专用发票及其他扣税凭证 29=30+…+33	29	0	0	0
其中：海关进口增值税专用缴款	30	0	0	0
农产品收购发票或者销售发票	31	0	0	0
代扣代缴税收通用缴款书	32	0	0	0
运输费用结算单据	33	0	0	0
	34	0	0	0
四、其他				
本期认证相符的全部税控增值税专用发票	35	505	42 251 747.57	6 460 917.90
代扣代缴税额	36	0	0	1 175 259.28

表 5-5　　　　　　　　　　**增值税纳税申报表附列资料（三）**

项目及栏次	应税服务价税合计额（免税销售额）	应税服务扣除项目				
		期初余额	本期发生额	本期可扣除金额	本期实际扣除金额	期末余额
	1	2	3	4=2+3	5（5≤1且5≤4）	6=4-5
17%税率的有形动产租赁服务	0	0	0	0	0	0
11%税率的应税服务	0	0	0	0	0	0
6%税率的应税服务	141 800.06	0	0	0	0	0
3%征收率的应税服务	0	0	0	0	0	0
免抵退税的应税服务	0	0	0	0	0	0
免税的应税服务	0	0	0	0	0	0

表 5-6　　　　**增值税纳税申报表附列资料（四）（税额抵减情况表）**

税款所属时间：　年　月　日至　年　月　日

纳税人名称：（公章）　　　　　　　　　　　　　　金额单位：元（列至角分）

序号	抵减项目	期初余额	本期发生额	本期应抵减税额	本期实际抵减税额	期末余额
		1	2	3=1+2	4≤3	5=3-4
1	增值税税控系统专用设备费及技术维护费					
2	分支机构预征缴纳税款					
3						
4						
5						
6						

表 5-7　　　　　　　　　增值税减免税申报明细表

税款所属时间：自　年　月　日至　年　月　日

纳税人名称（公章）：　　　　　　　　　　　　　　　金额单位：元（列至角分）

一、减税项目					
减税性质代码及名称	栏次	期初余额	本期发生额	本期应抵减税额	本期实际抵减税额	期末余额
		1	2	3=1+2	4≤3	5=3-4
合计	1		4 915.42	4 915.42	4 915.42	
01010501 低税率	2		4 915.42	4 915.42	4 915.42	
××××减税性质代码及名称	3					
××××减税性质代码及名称	4					
	5					
	6					

二、免税项目					
免税性质代码及名称	栏次	免征增值税项目销售额	免税销售额扣除项目本期实际扣除金额	扣除后免税销售额	免税销售额对应的进项税额	免税额
		1	2	3=1-2	4	5
合计	7					
出口免税	8	—	—	—	—	—
××××免税性质代码及名称	9					
××××免税性质代码及名称	10					
××××免税性质代码及名称	11					
	12					
	13					

表 5-8　　　**增值税一般纳税人纳税申报表逻辑关系审核表**

序号	主表	逻辑关系	附列资料（一）本期销售情况明细
1	第 1 行的"一般货物劳务和应税服务"本月数 1 312 435 295.94	=	第 9 列第 1 至 5 行"销售额"之和-第 9 列第 6、7 行之和 1 312 301 522.3+133 773.64

序号	主表	逻辑关系	附列资料（一）本期销售情况明细
1	第1行的"即征即退货物及劳务"本月数	=	第9列第6、7行"销售额"之和
2	第4行的"一般货物、劳务和应税服务"本月数	=	第7列第1至5行"销售额"之和
3	第5行的"一般货物、劳务和应税服务"列本月数 491 542.18	≥	第9列第8至13行之和-第9列第14、15行之和 491 542.18
4	第5行的"即征即退货物、劳务和应税服务"列本月数	≥	第9列第14、15行之和
5	第7行的"一般货物、劳务和应税服务"列本月数	=	第9列16、17行之和
6	第8行的"一般货物、劳务和应税服务"列本月数	=	第9列第18、19行之和
7	第11行的"一般货物、劳务和应税服务"列"本月数"223 099 285.2	=	（第10列第1、3行之和-第10列第6行）+（第14列第2、4、5行之和-第14列第7行）223 091 258.78+8 026.42
8	第21行的"一般货物、劳务和应税服务"列本月数 14 746.26	=	第10列第8至11行之和-第10列第14行+（第14列第12行至13行之和-第14列第15行）14 746.26
9	第21行的"即征即退货物、劳务和应税服务"列本月数	=	第10列第14行+第14列第15行
	主表	逻辑关系	附列资料（二）本期进项税额明细
10	第12行的"一般货物、劳务和应税服务"列本月数+"即征即退货物、劳务和应税服务"列本月数 73 375 759.57	=	第12栏"税额"73 375 759.57
11	第14行的"一般货物、劳务和应税服务"列本月数+"即征即退货物、劳务和应税服务"列本月数 64 976.03	=	第13栏"税额"64 976.03
	第16行的"一般货物、劳务和应税服务"列本月数	≤	《附列资料（一）》第8列第1至5行之和+《附列资料（二）》第19栏
	主表	逻辑关系	增值税减免税申报明细表
12	主表第23行的"一般货物、劳务和应税服务"列本月数 4 915.42	=	第1行本期实际抵减税额"合计"4 915.42
13	第8行的"一般货物、劳务和应税服务"列本月数	=	"免征增值税项目销售额""合计"
	附列资料（一）本期销售情况明细	逻辑关系	附列资料（三）应税服务扣除项目明细
14	第12列"应税服务扣除项目本期实际扣除金额"	=	按第5列对应各行次数据填写（"营改增"纳税人）
15	第11列"价税合计"	=	第1列对应各行次

（三）增值税小规模纳税人申报表逻辑关系审核（以某企业申报表为例，见表 5-9~表 5-10）

表 5-9　　　　　　　　　　增值税纳税申报表（小规模纳税人适用）

纳税人识别号：

纳税人名称（公章）：　　　　　　　　　　　　　　金额单位：元（列至角分）

税款所属期：2015 年 1 月 1 日至 2015 年 1 月 31 日　　　　填表日期：2015 年 2 月 10 日

	项目	栏次	本期数		本年累计	
			应税货物及劳务	应税服务	应税货物及劳务	应税服务
一、计税依据	（一）应征增值税不含税销售额	1	53 855.50	3 195.15	53 855.50	3195.15
	税务机关代开的增值税专用发票不含税销售额	2	20 875.5	3 195.15	20 875.5	3 195.15
	税控器具开具的普通发票不含税销售额	3	32 980		32 980	
	（二）销售使用过的应税固定资产不含税销售额	4（4≥5）	8 750	—	8 750	
	其中：税控器具开具的普通发票不含税销售额	5	8 750	—	8 750	—
	（三）免税销售额	6＝7+8+9				
	其中：小微企业免税销售额	7				
	未达起征点销售额	8				
	其他免税销售额	9				
	（四）出口免税销售额	10（10≥11）	20 350		20 350	
	其中：税控器具开具的普通发票销售额	11	20 350		20 350	
二、税款计算	本期应纳税额	12	1 878.17	95.85	1 878.17	95.85
	本期应纳税额减征额	13	87.5		87.5	
	本期免税额	14				
	其中：小微企业免税额	15				
	未达起征点免税额	16				
	应纳税额合计	17＝12-13	1790.67	95.85	1790.67	95.85
	本期预缴税额	18		—		—
	本期应补（退）税额	19＝17-18	1790.67	95.85		—

纳税人或代理人声明： 本纳税申报表是根据国家税收法律法规及相关规定填报的，我确定它是真实的、可靠的、完整的。	如纳税人填报，由纳税人填写以下各栏：	
	办税人员： 财务负责人：	
	法定代表人： 联系电话：	
	如委托代理人填报，由代理人填写以下各栏：	
	代理人名称（公章）： 经办人：	
	联系电话：	

主管税务机关：   接收人：   接收日期：

表 5-10   增值税纳税申报表（小规模纳税人适用）附列资料

税款所属期：2015 年 1 月 1 日至 2015 年 1 月 31 日   填表日期：2015 年 2 月 10 日

纳税人名称（公章）：   金额单位：元（列至角分）

应税服务扣除额计算			
期初余额	本期发生额	本期扣除额	期末余额
1	2	3(3≤1+2 之和,且 3≤5)	4＝1+2-3
	3251	3251	0
应税服务计税销售额计算			
全部含税收入	本期扣除额	含税销售额	不含税销售额
5	6＝3	7＝5-6	8＝7÷1.03
6 542	3 251	3 291	3 195.15

1. 主表第 1 栏"应征增值税不含税销售额"：填写应税货物及劳务、应税服务的不含税销售额，不包括销售使用过的应税固定资产和销售旧货的不含税销售额、免税销售额、出口免税销售额、查补销售额。

应税服务有扣除项目的纳税人，本栏填写扣除后的不含税销售额，与当期《增值税纳税申报表（小规模纳税人适用）附列资料》第8栏"不含税销售额"数据一致。

2. 主表第6栏"免税销售额"：填写销售免征增值税的应税货物及劳务、应税服务的销售额，不包括出口免税销售额。

应税服务有扣除项目的纳税人，填写扣除之前的销售额。

3. 主表第13栏"本期应纳税额减征额"：填写纳税人本期按照税法规定减征的增值税应纳税额。包含可在增值税应纳税额中全额抵减的增值税税控系统专用设备费用以及技术维护费，可在增值税应纳税额中抵免的购置税控收款机的增值税税额。其抵减、抵免增值税应纳税额情况，需填报《增值税纳税申报表附列资料（四）》（税额抵减情况表）予以反映。无抵减、抵免情况的纳税人，不填报此表。

当本期减征额小于或等于第12栏"本期应纳税额"时，按本期减征额实际填写；当本期减征额大于第12栏"本期应纳税额"时，按本期第12栏填写，本期减征额不足抵减部分结转下期继续抵减。

4. 附列资料第3栏"本期扣除额"≤第1栏"期初余额"+第2栏"本期发生额"之和，且第3栏"本期扣除额"≤5栏"全部含税收入"。

5. 附列资料第6栏"本期扣除额"=第3栏"本期扣除额"。

二、消费税纳税申报表逻辑关系分析与审核

（一）酒类消费税纳税人

1. 报送资料

（1）《酒类应税消费品消费税纳税申报表》；

（2）《本期准予抵减税额计算表》；

（3）《本期代收代缴税额计算表》；

（4）《生产经营情况表》（本表为年报）；

（5）《本期减（免）税额明细表》（适用于成品油、电池、涂料、小汽车、烟类、酒类、其他应税消费品消费税纳税申报）。

2. 逻辑关系审核（以某啤酒厂申报表为例，见表5-11~表5-13）

表5-11 　　　　　　　　　　**酒类应税消费品消费税纳税申报表**

税款所属期：2015年1月1日至2015年1月31日

纳税人名称（公章）：　　　　　纳税人识别号：□□□□□□□□□□□□□□□□□

填表日期：2015年2月10日　　　　　　　　　　　金额单位：元（列至角分）

项目　　　　　应税消费品名称	适用税率		销售数量	销售额	应纳税额
	定额税率	比例税率			
粮食白酒	0.5元/斤	20%			
薯类白酒	0.5元/斤	20%			
啤酒	250元/吨	—			
啤酒	220元/吨	—	1050	3 832 500	262 500
黄酒	240元/吨	—			
其他酒	—	10%			
合计	—				262 500

本期准予抵减税额：132 000	**声明** **此纳税申报表是根据国家税收法律的规定填报的，我确定它是真实的、可靠的、完整的。**
本期减（免）税额：	经办人（签章）： 　　财务负责人（签章）： 　　联系电话：
期初未缴税额：	
本期缴纳前期应纳税额：	（如果你已委托代理人申报，请填写） **授权声明** 　为代理一切税务事宜，现授权＿＿＿＿（地址）为本纳税人的代理申报人，
本期预缴税额：	
本期应补（退）税额：130 500	任何与本申报表有关的往来文件，都可寄予此人。
期末未缴税额：130 500	授权人签章：

表 5-12　　　　　　　　　　　本期准予抵减税额计算表

税款所属期：2015 年 1 月 1 日至 2015 年 1 月 31 日

纳税人名称（公章）：　　　纳税人识别号：☐☐☐☐☐☐☐☐☐☐☐☐☐☐☐

填表日期：2015 年 2 月 10 日　　　　　　　　　　　　单位：吨、元（列至角分）

一、当期准予抵减的外购啤酒液已纳税款计算
1. 期初库存外购啤酒液数量：500
2. 当期购进啤酒液数量：300
3. 期末库存外购啤酒液数量：200
4. 当期准予抵减的外购啤酒液已纳税款：132 000
二、当期准予抵减的进口葡萄酒已纳税款：
三、本期准予抵减税款合计：132 000

附：准予抵减消费税凭证明细

准予抵减消费税凭证明细

	号码	开票日期	数量	单价	定额税率（元/吨）
啤酒 （增值税专用发票）	×××	2015.1.12	300	2 785	66 000
	合计	—	300	—	—
	号码	开票日期	数量	完税价格	税款金额
葡萄酒（海关进口消费税专用缴款书）					
	合计	—			

表 5-13 　　　　　　　　　　　本期代收代缴税额计算表

税款所属期：2015 年 1 月 1 日至 2015 年 1 月 31 日

纳税人名称（公章）：　　　纳税人识别号：☐☐☐☐☐☐☐☐☐☐☐☐☐☐☐☐☐☐☐☐

填表日期：2015 年 2 月 10 日 　　　　　　　　　　　　金额单位：元（列至角分）

项目 \ 应税消费品名称		粮食白酒	薯类白酒	啤酒	啤酒	黄酒	其他酒	合计
适用税率	定额税率	0.5 元/斤	0.5 元/斤	250 元/吨	220 元/吨	240 元/吨	—	—
	比例税率	20%	20%	—	—	—	10%	—
受托加工数量				100				—
同类产品销售价格				3 650		—		—
材料成本						—		—
加工费						—		—
组成计税价格						—		—
本期代收代缴税款				25 000				25 000

（1）《酒类应税消费品消费税纳税申报表》"应纳税额"计算公式如下：

粮食白酒、薯类白酒应纳税额＝销售数量×定额税率＋销售额×比例税率

啤酒、黄酒应纳税额＝销售数量×定额税率

其他酒应纳税额＝销售额×比例税率

该企业申报中啤酒适用税率错误：根据财税〔2001〕84 号文件规定，每吨啤酒出厂价格（含包装物及包装物押金）在 3 000 元（含 3 000 元，不含增值税）以上的，单位税额 250 元/吨。

（2）《酒类应税消费品消费税纳税申报表》"本期准予抵减税额"栏数值＝《本期准予抵减税额计算表》"本期准予抵减税款合计"栏数值。

（3）《酒类应税消费品消费税纳税申报表》本期应补（退）税额＝应纳税额（合计栏金额）－本期准予抵减税额－本期减（免）税额－本期预缴税额。

（4）《本期准予抵减税额计算表》当期准予抵减的外购啤酒液已纳税款＝（期初库存外购啤酒液数量＋当期购进啤酒液数量－期末库存外购啤酒液数量）×外购啤酒液适用定额税率。

其中，外购啤酒液适用定额税率由购入方取得的销售方销售啤酒液所开

具的增值税专用发票上记载的单价确定。适用定额税率不同的，应分别核算外购啤酒液数量和当期准予抵减的外购啤酒液已纳税款，并在表中填写合计数。

（5）《本期代收代缴税额计算表》当受托方有同类产品销售价格时，本期代收代缴税款=同类产品销售价格×受托加工数量×适用税率+受托加工数量×适用税率。

当受托方没有同类产品销售价格时，本期代收代缴税款=组成计税价格×适用税率+受托加工数量×适用税率。

（6）《本期减（免）税额明细表》"减（免）税额合计"为本期减征、免征消费税额的合计数。该栏数值应与当期消费税纳税申报表"本期减（免）税额"栏数值一致。

（二）成品油消费税纳税人

1. 报送资料
（1）《成品油消费税纳税申报表》；
（2）《本期准予扣除税额计算表》；
（3）《本期减（免）税额计算表》；
（4）《代扣代缴税款报告表》；
（5）《抵扣税款台账》（从量定额征收应税消费品）；
（6）《本期减（免）税额明细表》。
2. 逻辑关系审核（以一成品油生产企业申报表为例，见表5-14~表5-16）

表5-14　　　　　　　　　　成品油消费税纳税申报表

税款所属期：2015年1月1日至2015年1月31日

纳税人名称（公章）：　　　　　纳税人识别号：☐☐☐☐☐☐☐☐☐☐☐☐☐☐☐

填表日期：2015年6月10日　　　计量单位：升；　　　金额单位：元（列至角分）

应税消费品名称 \ 项目	适用税率（元/升）	销售数量	应纳税额
汽油	1.12		
	1.40		
	1.52	800 000	1 216 000

项目 应税 消费品名称	适用税率 （元/升）	销售数量	应纳税额
柴油	0.94		
	1.10		
	1.20		
石脑油	1.12		
	1.40		
	1.52		
溶剂油	1.12		
	1.40		
	1.52		
润滑油	1.12		
	1.40		
	1.52		
燃料油	0.94		
	1.10		
	1.20		
航空煤油	0.94		—
	1.10		—
	1.20		—
合计	—	—	1 216 000

本期减（免）税额：	
期初留抵税额：	**声明**
本期准予扣除税额：1 064 000	此纳税申报表是根据国家税收法
本期应抵扣税额：1 064 000	律、法规规定填报的，我确定它是真实
期初未缴税额：2 535 000	的、可靠的、完整的。
期末留抵税额：	**声明人签字：**
本期实际抵扣税额：1 064 000	
本期缴纳前期应纳税额：2 535 000	（如果你已委托代理人申报，请填写）
	授权声明
本期预缴税额：	为代理一切税务事宜，现授权____
	____（地址）为本纳税人的代理申
本期应补（退）税额：152 000	报人，任何与本申报表有关的往来文
	件，都可寄予此人。
期末未缴税额：152 000	**授权人签字：**

表 5-15　　　　　　　　　　　　**本期准予扣除税额计算表**

税款所属期：2015 年 5 月 1 日至 2015 年 5 月 31 日

纳税人名称（公章）：　　　　纳税人识别号：☐☐☐☐☐☐☐☐☐☐☐☐☐☐☐☐☐☐

填表日期：2015 年 6 月 10 日　　　　　　　　　　　　金额单位：元（列至角分）

名称　项目 ＼ 应税消费品	汽油	柴油	石脑油	润滑油	燃料油	合计
	1	2	3	4	5	6＝1+2+3+4+5
1. 当期准予扣除的委托加工收回应税消费品已纳税款						
2. 当期准予扣除的外购应税消费品已纳税款	1 064 000					1 064 000
3. 当期准予扣除的进口应税消费品已纳税款						
本期准予扣除税款合计						896 000

表 5-16　　　　　　　　**抵扣税款台账（从量定额征收应税消费品）**

应税消费品名称：汽油　　　　　　　　　　　　所属月份：2015 年 5 月

购进方式：外购数量　　　　　　　　　　　　单位：升；金额单位：元

日期 一月	摘要	抵扣凭证种类	抵扣凭证号码	抵扣凭证开具日期	数量 购进	连续生产领用	其他领用	余额	消费税率	已纳税额 购进	连续生产领用	其他领用	余额
1	2	3	4	5	6	7	8	9	10	11＝6×10	12＝7×10	13＝8×10	14
一日	期初库存	—			—			100 000	—				152 000
2015.5.10	外购	增值税专用发票	×××	2015.4.10	1 000 000	700 000		400 000	1.52	1 520 000	1 064 000		608 000
	本月购进合计	—	—	—	1 000 000	—	—	—	—	11 200 000	—	—	—
	本月领用合计	—	—	—	—	800 000	—	—	—	—	8 960 000	—	—
	期末库存	—	—	—	—	—	—	300 000	—	—	—	—	336 000

（1）《成品油消费税纳税申报表》"本期减（免）税额"栏数值=《本期减（免）税额计算表》"本期减（免）税额"合计栏数值。

（2）《成品油消费税纳税申报表》"本期准予扣除税额"栏数值=《本期准予扣除税额计算表》"本期准予扣除税款"合计栏数值。

（3）《成品油消费税纳税申报表》本期应抵扣税额=期初留抵税额+本期准予抵扣税额；

期末留抵税额=本期应抵扣税额-应纳税额（合计栏金额）+本期减（免）税额（小于等于零时填写零）；

本期实际抵扣税额=本期应抵扣税额-期末留抵税额；

本期应补（退）税额=应纳税额（合计栏金额）-本期减（免）税额-本期实际抵扣税额-本期预缴税额；

期末未缴税额=期初未缴税额+本期应补（退）税额-本期缴纳前期应纳税额。

（4）《本期准予扣除税额计算表》"当期准予扣除的委托加工收回应税消费品已纳税款"=购进方式为"委托加工收回"的应税油品抵扣税款台账第12栏"连续生产领用已纳税额本月合计"数值；

"当期准予扣除的外购应税消费品已纳税款"=购进方式为"外购"的应税油品抵扣税款台账第12栏"连续生产领用已纳税额本月合计"数值；

"当期准予扣除的进口应税消费品已纳税款"=购进方式为"进口"的应税油品抵扣税款台账第12栏"连续生产领用已纳税额本月合计"数值；

"本期准予扣除税款合计"=第6栏的项目1+项目2+项目3=《成品油消费税纳税申报表》"本期准予扣除税额"栏数值。

（5）《代收代缴税款报告表》"本期代收代缴税款"=受托加工数量×适用税率。

（6）《抵扣税款台账》（从量定额征收应税消费品）第9栏=期初库存数量+本月购进合计数量-本月连续生产领用合计数量-本月其他领用合计数量；

第14栏=期初库存税额+本月购进合计税额-本月连续生产领用合计税额-本月其他领用合计税额。

（三）小汽车消费税纳税人

1. 报送资料

（1）《小汽车消费税纳税申报表》；

（2）《本期代收代缴税额计算表》；

（3）《生产经营情况表》（每年年度终了后填报）；

（4）《本期减（免）税额明细表》。

2. 逻辑关系审核（以一个汽车厂申报表为例，见表5-17、表5-18）

表 5-17　　　　　　　　小汽车消费税纳税申报表

税款所属期：2015 年 1 月 1 日至 2015 年 1 月 31 日

纳税人名称（公章）：　　　　纳税人识别号：□□□□□□□□□□□□□□□

填表日期：2015 年 2 月 10 日　　　　　　　　　单位：辆、元（列至角分）

应税消费品名称	项目	适用税率	销售数量	销售额	应纳税额
乘用车	气缸容量≤1.0升	1%			
	1.0升<气缸容量≤1.5升	3%		284 739 061.6	8 542 171.85
	1.5升<气缸容量≤2.0升	5%		110 116 274.6	5 505 813.73
	2.0升<气缸容量≤2.5升	9%			
	2.5升<气缸容量≤3.0升	12%			
	3.0升<气缸容量≤4.0升	25%			
	气缸容量>4.0升	40%			
中轻型商用客车		5%			
合计		—	—	—	14 047 985.58

本期准予扣除税额：

本期减（免）税额：

期初未缴税额：12 330 463.83

本期缴纳前期应纳税额：12 330 463.83

本期预缴税额：162 179.48

本期应补（退）税额：13 885 806.1

期末未缴税额：13 885 806.1

声明

此纳税申报表是根据国家税收法律的规定填报的，我确定它是真实的、可靠的、完整的。

经办人（签章）：

财务负责人（签章）：

联系电话：

（如果你已委托代理人申报，请填写）

授权声明

为代理一切税务事宜，现授权_____（地址）为本纳税人的代理申报人，任何与本申报表有关的往来文件，都可寄予此人。

授权人签章：

表 5-18　　　　　　　　**本期代收代缴税额计算表**

税款所属期：2015 年 1 月 1 日至 2015 年 1 月 31 日

纳税人名称（公章）：　　　　纳税人识别号：☐☐☐☐☐☐☐☐☐☐☐☐☐☐☐

填表日期：2015 年 2 月 10 日　　　　　　　　　　金额单位：元（列至角分）

应税消费品名称＼项目	乘用车：气缸容量≤1.0升	乘用车：1.0升<气缸容量≤1.5升	乘用车：1.5升<气缸容量≤2.0升	乘用车：2.0升<气缸容量≤2.5升	乘用车：2.5升<气缸容量≤3.0升	乘用车：3.0升<气缸容量≤4.0升	乘用车：气缸容量>4.0升	中轻型商用客车	合计
适用税率	1%	3%	5%	9%	12%	25%	40%	5%	
受托加工数量		200							—
同类产品销售价格		85 000							—
材料成本									—
加工费									—
组成计税价格									—
本期代收代缴税款		510 000							

（1）《小汽车消费税纳税申报表》"本期应补（退）税额" ＝应纳税额（合计栏金额）-本期减（免）税额-本期预缴税额；

期末未缴税额＝期初未缴税额+本期应补（退）税额-本期缴纳前期应纳税额。

（2）《本期代收代缴税额计算表》"本期代收代缴税款"的计算公式如下：

当受托方有同类产品销售价格时，本期代收代缴税款＝同类产品销售价格×受托加工数量×适用税率；

当受托方没有同类产品销售价格时，本期代收代缴税款＝组成计税价格×适用税率。

（3）《本期减（免）税额明细表》"减（免）税额合计"为本期减征、免征消费税额的合计数。该栏数值应与当期消费税纳税申报表"本期减（免）税额"栏数值一致。

（四）烟类消费税纳税人

1. 报送资料

（1）《烟类应税消费品消费税纳税申报表》；

（2）《本期准予扣除税额计算表》；

（3）《本期代收代缴税额计算表》；

（4）《卷烟销售明细表》（本表为年报）；

（5）《各牌号规格卷烟消费税计税价格》（本表为年报）；

（6）《烟类应税消费品消费税纳税申报表（批发）》。

2. 逻辑关系审核（以一卷烟厂申报表为例，见表5-19~表5-21）

表5-19   烟类应税消费品消费税纳税申报表

税款所属期：2015年1月1日至2015年1月31日

纳税人名称（公章）：   纳税人识别号：☐☐☐☐☐☐☐☐☐☐☐☐☐☐☐☐☐☐

填表日期：2015年2月10日

单位：卷烟万支、雪茄烟支、烟丝千克；   金额单位：元（列至角分）

项目 应税 消费品名称	适用税率		销售数量	销售额	应纳税额
	定额税率	比例税率			
卷烟	30元/万支	56%	25 000	100 000 000	56 750 000
卷烟	30元/万支	36%			
雪茄烟	—	36%			
烟丝	—	30%			
合计	—	—			56 750 000

本期准予扣除税额：20 400 000

本期减（免）税额：

期初未缴税额：12 130 000

本期缴纳前期应纳税额：12 130 000

本期预缴税额：25 350 000

本期应补（退）税额：11 000 000

期末未缴税额：11 000 000

声明

此纳税申报表是根据国家税收法律的规定填报的，我确定它是真实的、可靠的、完整的。

经办人（签章）：

财务负责人（签章）：

联系电话：

（如果你已委托代理人申报，请填写）

授权声明

为代理一切税务事宜，现授权（地址）为   本纳税人的代理申报人，任何与本申报表有关的往来文件，都可寄予此人。

授权人签章：

表5-20 　　　　　　　　　　　**本期准予扣除税额计算表**

税款所属期：年 月 日至 年 月 日

纳税人名称（公章）：　　　纳税人识别号：☐☐☐☐☐☐☐☐☐☐☐☐☐☐☐☐☐

填表日期：年 月 日　　　　　　　　　　　　金额单位：元（列至角分）

一、当期准予扣除的委托加工烟丝已纳税款计算
1. 期初库存委托加工烟丝已纳税款：
2. 当期收回委托加工烟丝已纳税款：
3. 期末库存委托加工烟丝已纳税款：
4. 当期准予扣除的委托加工烟丝已纳税款：
二、当期准予扣除的外购烟丝已纳税款计算
1. 期初库存外购烟丝买价：30 000 000
2. 当期购进烟丝买价：52 000 000
3. 期末库存外购烟丝买价：14 000 000
4. 当期准予扣除的外购烟丝已纳税款：20 400 000
三、本期准予扣除税款合计：20 400 000

表5-21 　　　　　　　　　　　**本期代收代缴税额计算表**

税款所属期：　年 月 日至 年 月 日

纳税人名称（公章）：　　　纳税人识别号：☐☐☐☐☐☐☐☐☐☐☐☐☐☐☐☐☐

填表日期：年 月 日　　　　　　　　　　　　金额单位：元（列至角分）

项目 ＼ 应税消费品名称		卷烟	卷烟	雪茄烟	烟丝	合计
适用税率	定额税率	30元/万支	30元/万支	—	—	—
	比例税率	56%	36%	36%	30%	—
受托加工数量		500				—
同类产品销售价格		4 000				—
材料成本						—
加工费						—
组成计税价格						—
本期代收代缴税款		1 135 000				

（1）《烟类应税消费品消费税纳税申报表》"本期准予扣除税额" =《本期准予扣除税额计算表》的本期准予扣除税款合计金额。

（2）《烟类应税消费品消费税纳税申报表》"本期应补（退）税额" =应纳税额（合计栏金额）–本期准予扣除税额–本期减（免）税额–本期预缴税额；

期末未缴税额=期初未缴税额+本期应补（退）税额–本期缴纳前期应纳税额。

（3）《本期准予扣除税额计算表》当期准予扣除的委托加工烟丝已纳税款=期初库存委托加工烟丝已纳税款+当期收回委托加工烟丝已纳税款–期末库存委托加工烟丝已纳税款；

当期准予扣除的外购烟丝已纳税款=（期初库存外购烟丝买价+当期购进烟丝买价–期末库存外购烟丝买价)×外购烟丝适用税率（30%）。

（4）《本期代收代缴税额计算表》"本期代收代缴税款" 的计算公式如下：

当受托方有同类产品销售价格时，本期代收代缴税款=同类产品销售价格×受托加工数量×适用税率+受托加工数量×适用税率；

当受托方没有同类产品销售价格时，本期代收代缴税款=组成计税价格×适用税率+受托加工数量×适用税率。

（五）其他应税消费品消费税纳税人

1. 报送资料

（1）《其他应税消费品消费税纳税申报表》；

（2）《本期准予扣除税额计算表》；

（3）《准予扣除消费税凭证明细表》；

（4）《本期代收代缴税额计算表》；

（5）《生产经营情况表》（本表为年报）；

（6）《本期减（免）税额明细表》。

2. 逻辑关系审核（以某实木地板厂为例，见表5–22~表–24）

表 5-22 　　　　　　　　　其他应税消费品消费税纳税申报表

税款所属期：2015 年 3 月 1 日至 2015 年 3 月 31 日

纳税人名称（公章）：　　　　纳税人识别号：□□□□□□□□□□□□□□□

填表日期：2015 年 4 月 10 日　　　　　　　　　　金额单位：元（列至角分）

项目 应税消费品名称	适用税率	销售数量	销售额	应纳税额
实木地板	5%	300 000	4 680 000	234 000
合计	—	—	—	234 000

本期准予抵减税额：127 500	**声明** 此纳税申报表是根据国家税收法律的规定填报的，我确定它是真实的、可靠的、完整的。
本期减（免）税额：	
期初未缴税额：113 500	经办人（签章）： 财务负责人（签章）： 联系电话：
本期缴纳前期应纳税额：113 500	（如果你已委托代理人申报，请填写） **授权声明** 为代理一切税务事宜，现授权 （地址）为　　本纳税人的代理申报人，任何与本申报表有关的往来文件，都可寄于此人。
本期预缴税额：	
本期应补（退）税额：106 500	
期末未缴税额：106 500	授权人签章：

表 5-23 　　　　　　　　　本期准予扣除税额计算表

税款所属期：2015 年 3 月 1 日至 2015 年 3 月 31 日

纳税人名称（公章）：　　　　纳税人识别号：□□□□□□□□□□□□□□□

填表日期：　年　月　日　　　　　　　　　　金额单位：元（列至角分）

项目	应税消费品名称	实木地板	合计
当期准予扣除的委托加工应税消费品已纳税款计算	期初库存委托加工应税消费品已纳税款	58 000	—
	当期收回委托加工应税消费品已纳税款	156 000	—
	期末库存委托加工应税消费品已纳税款	86 500	—
	当期准予扣除委托加工应税消费品已纳税款	127 500	

续表

项目	应税消费品名称	实木地板		合计
当期准予扣除的外购应税消费品已纳税款计算	期初库存外购应税消费品买价	—		
	当期购进应税消费品买价	—		
	期末库存外购应税消费品买价	—		
	外购应税消费品适用税率	—		
	当期准予扣除外购应税消费品已纳税款			
本期准予扣除税款合计		127 500		127 500

表5-24　　　　　　　　准予扣除消费税凭证明细表

税款所属期：2015年3月1日至2015年3月31日

纳税人名称（公章）：　　　　纳税人识别号：☐☐☐☐☐☐☐☐☐☐☐☐☐☐☐

填表日期：　　年　月　日　　　　　　　　　　金额单位：元（列至角分）

应税消费品名称	凭证类别	凭证号码	开票日期	数量	金额	适用税率	消费税税额
实木地板	代扣代收税款凭证	×××	2015.3.10	24 000	3 120 000	5%	156 000
合计	—	—	—	—	—	—	156 000

（1）《其他应税消费品消费税纳税申报表》"本期准予扣除税额" =《本期准予扣除税额计算表》"本期准予扣除税款合计"栏数值。

（2）《其他应税消费品消费税纳税申报表》"本期应补（退）税额" =应纳税额（合计栏金额）-本期准予扣除税额-本期减（免）税额-本期预缴税额；

"期末未缴税额" =期初未缴税额+本期应补（退）税额-本期缴纳前期应纳税额。

（3）《本期准予扣除税额计算表》"当期准予扣除的委托加工应税消费品已纳税款" =期初库存委托加工应税消费品已纳税款+当期收回委托加工应税消费品已纳税款-期末库存委托加工应税消费品已纳税款；

"当期准予扣除的外购应税消费品已纳税款" =（期初库存外购应税消费

品买价+当期购进应税消费品买价-期末库存外购应税消费品买价）×外购应税消费品适用税率。

（4）《本期代收代缴税额计算表》"本期代收代缴税款"的计算公式如下：

当受托方有同类产品销售价格时，本期代收代缴税款=同类产品销售价格×受托加工数量×适用税率；

当受托方没有同类产品销售价格时，本期代收代缴税款=组成计税价格×适用税率。

三、企业所得税申报表逻辑关系分析与审核

（一）查账征收企业所得税月（季）度申报报送资料

1. 《中华人民共和国企业所得税月（季）度预缴纳税申报表》；
2. 《不征税收入和税基类减免应纳税所得额明细表（附表1）》；
3. 《固定资产加速折旧（扣除）明细表（附表2）》；
4. 《减免所得税额明细表（附表3）》；
5. 《企业所得税汇总纳税分支机构所得税分配表》。

（二）查账征收企业所得税年度申报报送资料

1. 《中华人民共和国企业所得税年度纳税申报表（A类）》及其附表；
2. 企业会计报表（资产负债表、利润表、现金流量表及相关附表）、会计报表附注和财务情况说明书；
3. 备案事项的相关资料；
4. 主管税务机关要求报送的其他资料。

（三）《中华人民共和国企业所得税年度纳税申报表（A类）》填报表单

企业所得税年度纳税申报表（A类）共41张，包括1张基础信息表，1张主表，6张收入费用明细表，15张纳税调整表，1张亏损弥补表，11张税收优惠表，4张境外所得抵免表，2张汇总纳税表，见表5-25。

表 5-25　　　　　企业所得税年度纳税申报表填报表单

表单编号	表单名称	填报	不填报
A000000	企业基础信息表	√	×
A100000	中华人民共和国企业所得税年度纳税申报表（A类）	√	×
A101010	一般企业收入明细表	□	□
A101020	金融企业收入明细表	□	□
A102010	一般企业成本支出明细表	□	□
A102020	金融企业支出明细表	□	□
A103000	事业单位、民间非营利组织收入、支出明细表	□	□
A104000	期间费用明细表	□	□
A105000	纳税调整项目明细表	□	□
A105010	视同销售和房地产开发企业特定业务纳税调整明细表	□	□
A105020	未按权责发生制确认收入纳税调整明细表	□	□
A105030	投资收益纳税调整明细表	□	□
A105040	专项用途财政性资金纳税调整明细表	□	□
A105050	职工薪酬纳税调整明细表	□	□
A105060	广告费和业务宣传费跨年度纳税调整明细表	□	□
A105070	捐赠支出纳税调整明细表	□	□
A105080	资产折旧、摊销情况及纳税调整明细表	□	□
A105081	固定资产加速折旧、扣除明细表	□	□
A105090	资产损失税前扣除及纳税调整明细表	□	□
A105091	资产损失（专项申报）税前扣除及纳税调整明细表	□	□
A105100	企业重组纳税调整明细表	□	□
A105110	政策性搬迁纳税调整明细表	□	□
A105120	特殊行业准备金纳税调整明细表	□	□
A106000	企业所得税弥补亏损明细表	□	□
A107010	免税、减计收入及加计扣除优惠明细表	□	□
A107011	符合条件的居民企业之间的股息、红利等权益性投资收益优惠明细表	□	□
A107012	综合利用资源生产产品取得的收入优惠明细表	□	□
A107013	金融、保险等机构取得的涉农利息、保费收入优惠明细表	□	□
A107014	研发费用加计扣除优惠明细表	□	□
A107020	所得减免优惠明细表	□	□
A107030	抵扣应纳税所得额明细表	□	□

续表

表单编号	表单名称	选择填报情况	
		填报	不填报
A107040	减免所得税优惠明细表	☐	☐
A107041	高新技术企业优惠情况及明细表	☐	☐
A107042	软件、集成电路企业优惠情况及明细表	☐	☑
A107050	税额抵免优惠明细表	☐	☐
A108000	境外所得税收抵免明细表	☐	☐
A108010	境外所得纳税调整后所得明细表	☐	☐
A108020	境外分支机构弥补亏损明细表	☐	☐
A108030	跨年度结转抵免境外所得税明细表	☐	☐
A109000	跨地区经营汇总纳税企业年度分摊企业所得税明细表	☐	☐
A109010	企业所得税汇总纳税分支机构所得税分配表	☐	☐
说明：企业应当根据实际情况选择需要填表的表单。			

（四）企业所得税年度纳税申报表逻辑关系审核（以某化工企业为例）

W 化工有限责任公司于 2010 年 1 月注册成立，从事化工产品（非化妆品）生产经营，系增值税一般纳税人，增值税率 17%，该企业根据企业会计准则进行会计核算，企业所得税按季据实预缴。2013 年 1 月，企业被认定为高新技术企业，并在省外成立了甲、乙两个跨地区分公司。由于公司业务扩张过快，企业 2013 年各项成本费用支出迅速上升，导致 2013 年效益滑坡，出现亏损，企业所得税年度纳税申报表反映纳税调整后所得为 -100 万元。2014 年申报情况见表 5-26 ~ 表 5-53。

表 5-26 　　　　　　　　 企业基础信息表（A000000）

正常申报☑		更正申报☐		补充申报☐	
100 基本信息					
101 汇总纳税企业	是（总机构）☑　按比例缴纳总机构☐）否☐				
102 注册资本（万元）	3 648	106 境外中资控股居民企业		是☐ 否☑	
103 所属行业明细代码	2 662 专项化学用品制造	107 从事国家非限制和禁止行业		是☑ 否☐	

正常申报☑	更正申报☐	补充申报☐

100 基本信息			
104 从业人数	230	108 存在境外关联交易	是☐ 否☑
105 资产总额（万元）	7371.63	109 上市公司	是（境内☐ 境外☐）否☑

200 主要会计政策和估计	
201 适用的会计准则或 会计制度	企业会计准则（一般企业☑ 银行☐ 证券☐ 保险☐ 担保☐） 小企业会计准则☐ 企业会计制度☐ 事业单位会计准则（事业单位会计制度☐ 科学事业单位会计制度☐） 医院会计制度☐ 高等学校会计制度☐ 科学事业单位会计制度☐ 彩票机构会计制度☐ 民间非营利组织会计制度☐ 村集体经济组织会计制度☐ 农民专业合作社财务会计制度（试行）☐ 其他☐

202 会计档案的存放地	××市××区 ××经济开发区	203 会计核算软件	用友
204 记账本位币	人民币☑ 其他☐	205 会计政策和估计 是否发生变化	是☐ 否☑
206 固定资产折旧方法	年限平均法☑ 工作量法☐ 双倍余额递减法☐ 年数总和法☐ 其他☐		
207 存货成本计价方法	先进先出法☐ 移动加权平均法☐ 月末一次加权平均法☑ 个别计价法☐ 毛利率法☐ 零售价法☐ 计划成本法☐ 其他☐		
208 坏账损失核算方法	备抵法☑ 直接核销法☐		
209 所得税计算方法	应付税款法☐ 资产负债表债务法☑ 其他☐		

300 企业主要股东及对外投资情况						
301 企业主要股东（前5位）						
序号	股东名称	证件种类	证件号码	经济性质	投资比例	国籍（注册地址）
1	A 投资有限公司		718662003	私营有限责任公司	0.4769	中华人民共和国
2	B 投资有限公司	其他证件	321000000078953	私营有限责任公司	0.2881	中华人民共和国
3	C 创业投资有限公司		666398537	私营有限责任公司	0.1297	中华人民共和国
4	吴××	身份证	32100919671229401	个人	0.1053	中华人民共和国

续表

正常申报☑		更正申报☐		补充申报☐	
300 企业主要股东及对外投资情况					
302 对外投资（前5位）					
序号	被投资者名称	纳税人识别号	经济性质	投资比例	投资金额（元）	注册地址
1	×化工有限公司	321001689176902	私营有限责任公司	0.98	16 540 000	××省××市
2	Y 化工有限公司	321027591115087	私营有限责任公司	0.875	17 500 000	××省××市
3	Z 投资有限公司	321027398338092X	私营有限责任公司	0.7	3 500 000	××省××市

表 5-27　中华人民共和国企业所得税年度纳税申报表（A 类）（A100000）

单位：万元

行次	类别	项目	金额
1	利润总额计算	一、营业收入（填写 A101010\101020\103000）	6 509
2		减：营业成本（填写 A102010\102020\103000）	3 979.5
3		营业税金及附加	300
4		销售费用（填写 A104000）	450
5		管理费用（填写 A104000）	600
6		财务费用（填写 A104000）	280
7		资产减值损失	
8		加：公允价值变动收益	
9		投资收益	349.5
10		二、营业利润（1-2-3-4-5-6-7+8+9）	1 249
11		加：营业外收入（填写 A101010\101020\103000）	682.5
12		减：营业外支出（填写 A102010\102020\103000）	240
13		三、利润总额（10+11-12）	1 691.5
14	应纳税所得额计算	减：境外所得（填写 A108010）	
15		加：纳税调整增加额（填写 A105000）	1 312.45
16		减：纳税调整减少额（填写 A105000）	1 449.86
17		减：免税、减计收入及加计扣除（填写 A107010）	316
18		加：境外应税所得抵减境内亏损（填写 A108000）	
19		四、纳税调整后所得（13-14+15-16-17+18）	1 238.09

续表

行次	类别	项目	金额
20	应纳税所得额计算	减：所得减免（填写 A107020）	579.8
21		减：抵扣应纳税所得额（填写 A107030）	
22		减：弥补以前年度亏损（填写 A106000）	100
23		五、应纳税所得额（19-20-21-22）	558.29
24	应纳税额计算	税率（25%）	
25		六、应纳所得税额（23×24）	139.572 5
26		减：减免所得税额（填写 A107040）	50.829
27		减：抵免所得税额（填写 A107050）	1.17
28		七、应纳税额（25-26-27）	87.573 5
29		加：境外所得应纳所得税额（填写 A108000）	27.5
30		减：境外所得抵免所得税额（填写 A108000）	22.5
31		八、实际应纳所得税额（28+29-30）	92.573 5
32		减：本年累计实际已预缴的所得税额	40
33		九、本年应补（退）所得税额（31-32）	52.5 735
34		其中：总机构分摊本年应补（退）所得税额（填写 A109000）	11.893 375
35		财政集中分配本年应补（退）所得税额（填写 A109000）	11.893 375
36		总机构主体生产经营部门分摊本年应补（退）所得税额（填写 A109000）	
37	附列资料	以前年度多缴的所得税额在本年抵减额	
38		以前年度应缴未缴在本年入库所得税额	

表 5-28　　　　　一般企业收入明细表（A101010）

行次	项目	金额
1	一、营业收入（2+9）	6 509
2	（一）主营业务收入（3+5+6+7+8）	6 425
3	1. 销售商品收入	6 404
4	其中：非货币性资产交换收入	
5	2. 提供劳务收入	21
6	3. 建造合同收入	
7	4. 让渡资产使用权收入	
8	5. 其他	
9	（二）其他业务收入（10+12+13+14+15）	84
10	1. 销售材料收入	

行次	项　　目	金额
11	其中：非货币性资产交换收入	
12	2. 出租固定资产收入	
13	3. 出租无形资产收入	84
14	4. 出租包装物和商品收入	
15	5. 其他	
16	二、营业外收入（17+18+19+20+21+22+23+24+25+26）	682.5
17	（一）非流动资产处置利得	600
18	（二）非货币性资产交换利得	
19	（三）债务重组利得	30
20	（四）政府补助利得	
21	（五）盘盈利得	
22	（六）捐赠利得	
23	（七）罚没利得	
24	（八）确实无法偿付的应付款项	
25	（九）汇兑收益	
26	（十）其他	52.5

表 5-29　　　　　　　　　　一般企业成本支出明细表（A102010）

行次	项　　目	金额
1	一、营业成本（2+9）	3 979.5
2	（一）主营业务成本（3+5+6+7+8）	3 955.5
3	1. 销售商品成本	3 941.5
4	其中：非货币性资产交换成本	
5	2. 提供劳务成本	14
6	3. 建造合同成本	
7	4. 让渡资产使用权成本	
8	5. 其他	
9	（二）其他业务成本（10+12+13+14+15）	
10	1. 材料销售成本	
11	其中：非货币性资产交换成本	
12	2. 出租固定资产成本	
13	3. 出租无形资产成本	24

续表

行次	项 目	金额
14	4. 包装物出租成本	
15	5. 其他	
16	二、营业外支出（17+18+19+20+21+22+23+24+25+26）	240
17	（一）非流动资产处置损失	
18	（二）非货币性资产交换损失	
19	（三）债务重组损失	
20	（四）非常损失	25.1
21	（五）捐赠支出	80
22	（六）赞助支出	6
23	（七）罚没支出	5
24	（八）坏账损失	
25	（九）无法收回的债券股权投资损失	
26	（十）其他	123.9

表 5-30　　　　　　　　期间费用明细表（A104000）

行次	项 目	销售费用	其中：境外支付	管理费用	其中：境外支付	财务费用	其中：境外支付
		1	2	3	4	5	6
1	一、职工薪酬		*		*	*	*
2	二、劳务费					*	*
3	三、咨询顾问费					*	*
4	四、业务招待费		*	90	*	*	*
5	五、广告费和业务宣传费	320	*		*	*	*
6	六、佣金和手续费						
7	七、资产折旧摊销费		*		*	*	*
8	八、财产损耗、盘亏及毁损损失		*		*	*	*
9	九、办公费		*		*	*	*
10	十、董事会费		*		*	*	*
11	十一、租赁费						*
12	十二、诉讼费		*		*	*	*
13	十三、差旅费		*		*	*	*

行次	项 目	销售费用	其中：境外支付	管理费用	其中：境外支付	财务费用	其中：境外支付
		1	2	3	4	5	6
14	十四、保险费		*		*	*	*
15	十五、运输、仓储费					*	*
16	十六、修理费					*	*
17	十七、包装费		*		*	*	*
18	十八、技术转让费					*	*
19	十九、研究费用			280		*	*
20	二十、各项税费		*		*	*	*
21	二十一、利息收支	*	*	*	*	166.40	
22	二十二、汇兑差额	*	*	*	*		
23	二十三、现金折扣	*	*	*	*		
24	二十四、其他	130		230		113.60	
25	合计（1+2+3+…+24）	450		600		280	

表 5-31 　　　　　　　　　纳税调整项目明细表（A105000）

行次	项 目	账载金额	税收金额	调增金额	调减金额
		1	2	3	4
1	一、收入类调整项目（2+3+4+5+6+7+8+10+11）	*	*	100	1 198.5
2	（一）视同销售收入（填写 A105010）	*		100	*
3	（二）未按权责发生制原则确认的收入（填写 A105020）				1 136.5
4	（三）投资收益（填写 A105030）				12
5	（四）按权益法核算长期股权投资对初始投资成本调整确认收益	*	*	*	50
6	（五）交易性金融资产初始投资调整	*	*		*
7	（六）公允价值变动净损益		*		
8	（七）不征税收入	*	*		
9	其中：专项用途财政性资金（填写 A105040）	*	*		
10	（八）销售折扣、折让和退回				
11	（九）其他				

续表

行次	项　目	账载金额	税收金额	调增金额	调减金额
		1	2	3	4
12	二、扣除类调整项目（13+14+15+16+17+18+19+20+21+22+23+24+26+27+28+29）	*	*	1 210.45	251
13	（一）视同销售成本（填写A105010）	*		*	75
14	（二）职工薪酬（填写A105050）	1 194	1 184.5	9.5	
15	（三）业务招待费支出	90	33.05	56.95	*
16	（四）广告费和业务宣传费支出（填写A105060）	*	*		50
17	（五）捐赠支出（填写A105070）				*
18	（六）利息支出			62	
19	（七）罚金、罚款和被没收财物的损失		*	5	*
20	（八）税收滞纳金、加收利息		*	1	*
21	（九）赞助支出		*	6	*
22	（十）与未实现融资收益相关在当期确认的财务费用				126
23	（十一）佣金和手续费支出				*
24	（十二）不征税收入用于支出所形成的费用	*	*		*
25	其中：专项用途财政性资金用于支出所形成的费用（填写A105040）	*	*		*
26	（十三）跨期扣除项目				
27	（十四）与取得收入无关的支出			*	*
28	（十五）境外所得分摊的共同支出	*			*
29	（十六）其他			1 070	
30	三、资产类调整项目（31+32+33+34）	*	*	2	0.36
31	（一）资产折旧、摊销（填写A105080）	262.24	262.6		0.36
32	（二）资产减值准备金	2	*	2	
33	（三）资产损失（填写A105090）	25.1	25.1		
34	（四）其他				
35	四、特殊事项调整项目（36+37+38+39+40）	*	*		
36	（一）企业重组（填写A105100）				
37	（二）政策性搬迁（填写A105110）	*	*		
38	（三）特殊行业准备金（填写A105120）				
39	（四）房地产开发企业特定业务计算的纳税调整额（填写A105010）	*			

续表

行次	项　目	账载金额	税收金额	调增金额	调减金额
		1	2	3	4
40	（五）其他	*	*		
41	五、特别纳税调整应税所得	*	*		
42	六、其他	*	*		
43	合计（1+12+30+35+41+42）	*	*	1 312.45	1 449.86

表5-32　视同销售和房地产开发企业特定业务纳税调整明细表（A105010）

行次	项　目	税收金额	纳税调整金额
		1	2
1	一、视同销售（营业）收入（2+3+4+5+6+7+8+9+10）	100	100
2	（一）非货币性资产交换视同销售收入	100	100
3	（二）用于市场推广或销售视同销售收入		
4	（三）用于交际应酬视同销售收入		
5	（四）用于职工奖励或福利视同销售收入		
6	（五）用于股息分配视同销售收入		
7	（六）用于对外捐赠视同销售收入		
8	（七）用于对外投资项目视同销售收入		
9	（八）提供劳务视同销售收入		
10	（九）其他		
11	二、视同销售（营业）成本（12+13+14+15+16+17+18+19+20）	75	-75
12	（一）非货币性资产交换视同销售成本	75	-75
13	（二）用于市场推广或销售视同销售成本		
14	（三）用于交际应酬视同销售成本		
15	（四）用于职工奖励或福利视同销售成本		
16	（五）用于股息分配视同销售成本		
17	（六）用于对外捐赠视同销售成本		
18	（七）用于对外投资项目视同销售成本		
19	（八）提供劳务视同销售成本		
20	（九）其他		
21	三、房地产开发企业特定业务计算的纳税调整额（22-26）		

续表

行次	项　　目	税收金额	纳税调整金额
		1	2
22	（一）房地产企业销售未完工开发产品特定业务计算的纳税调整额（24-25）		
23	1. 销售未完工产品的收入		*
24	2. 销售未完工产品预计毛利额		
25	3. 实际发生的营业税金及附加、土地增值税		
26	（二）房地产企业销售的未完工产品转完工产品特定业务计算的纳税调整额（28-29）		
27	1. 销售未完工产品转完工产品确认的销售收入		*
28	2. 转回的销售未完工产品预计毛利额		
29	3. 转回实际发生的营业税金及附加、土地增值税		

表5-33　　　　未按权责发生制确认收入纳税调整明细表（A105020）

行次	项　　目	合同金额（交易金额）	账载金额		税收金额		纳税调整金额
			本年	累计	本年	累计	
		1	2	3	4	5	6（4-2）
1	一、跨期收取的租金、利息、特许权使用费收入（2+3+4）	420	84	84	0		-84
2	（一）租金	420	84	84	0		-84
3	（二）利息						
4	（三）特许权使用费						
5	二、分期确认收入（6+7+8）	2 000	1 600	1 600	400	400	-1 200
6	（一）分期收款方式销售货物收入	2 000	1 600	1 600	400	400	-1 200
7	（二）持续时间超过12个月的建造合同收入						
8	（三）其他分期确认收入						
9	三、政府补助递延收入（10+11+12）	150	2.5	2.5	150	150	147.5
10	（一）与收益相关的政府补助	150	2.5	2.5	150	150	147.5
11	（二）与资产相关的政府补助						
12	（三）其他						
13	四、其他未按权责发生制确认收入						
14	合计（1+5+9+13）						-1 136.5

表 5-34　　　　　　　　投资收益纳税调整明细表（A105030）

行次	项　　目	持有收益			处置收益							纳税调整金额
		账载金额	税收金额	纳税调整金额	会计确认的处置收入	税收计算的处置收入	处置投资的账面价值	处置投资的计税基础	会计确认的处置所得或损失	税收计算的处置所得	纳税调整金额	
		1	2	3 (2-1)	4	5	6	7	8 (4-6)	9 (5-7)	10 (9-8)	11 (3+10)
1	一、交易性金融资产											
2	二、可供出售金融资产											
3	三、持有至到期投资											
4	四、衍生工具											
5	五、交易性金融负债											
6	六、长期股权投资	12	0	-12								-12
7	七、短期投资											
8	八、长期债券投资											
9	九、其他											
10	合计（1+2+3+4+5+6+7+8+9）	12	0	-12								-12

表 5-35　　　　　　　　职工薪酬纳税调整明细表（A105050）

行次	项　　目	账载金额	税收规定扣除率	以前年度累计结转扣除额	税收金额	纳税调整金额	累计结转以后年度扣除额
		1	2	3	4	5 (1-4)	6 (1+3-4)
1	一、工资薪金支出	825	*	*	820	5	*
2	其中：股权激励		*	*			*
3	二、职工福利费支出	85	0.14	*	85		*
4	三、职工教育经费支出	25	0.025		20.5	4.5	
5	其中：按税收规定比例扣除的职工教育经费	25	0.025		20.5	4.5	
6	按税收规定全额扣除的职工培训费用			*			*
7	四、工会经费支出	15	0.02	*	15		*

续表

行次	项　目	账载金额	税收规定扣除率	以前年度累计结转扣除额	税收金额	纳税调整金额	累计结转以后年度扣除额
		1	2	3	4	5 (1-4)	6 (1+3-4)
8	五、各类基本社会保障性缴款	164	*	*	164		*
9	六、住房公积金	80	*	*	80		*
10	七、补充养老保险		*	*			*
11	八、补充医疗保险		*	*			*
12	九、其他		*				
13	合计（1+3+4+7+8+9+10+11+12）	1 194	*		1 184.5	9.5	

表 5-36　　　　广告费和业务宣传费跨年度纳税调整明细表（A105060）

行次	项　目	金额
1	一、本年广告费和业务宣传费支出	320
2	减：不允许扣除的广告费和业务宣传费支出	0
3	二、本年符合条件的广告费和业务宣传费支出（1-2）	320
4	三、本年计算广告费和业务宣传费扣除限额的销售（营业）收入	6 609
5	税收规定扣除率	15%
6	四、本企业计算的广告费和业务宣传费扣除限额（4×5）	991.35
7	五、本年结转以后年度扣除额（3>6，本行=3-6；3≤6，本行=0）	0
8	加：以前年度累计结转扣除额	50
9	减：本年扣除的以前年度结转额 [3>6，本行=0；3≤6，本行=8 或（6-3）孰小值]	
10	六、按照分摊协议归集至其他关联方的广告费和业务宣传费（10≤3 或 6 孰小值）	
11	按照分摊协议从其他关联方归集至本企业的广告费和业务宣传费	
12	七、本年广告费和业务宣传费支出纳税调整金额（3>6，本行=2+3-6+10-11；3≤6，本行=2+10-11-9）	-50
13	八、累计结转以后年度扣除额（7+8-9）	

表 5-37　捐赠支出纳税调整明细表（A105070）

行次	受赠单位名称	公益性捐赠				非公益性捐赠	纳税调整金额
		账载金额	按税收规定计算的扣除限额	税收金额	纳税调整金额	账载金额	
1	1	2	3	4	5 (2-4)	6	7 (5+6)
1	××市红十字会	80	*	*	0	*	
20	合计	80	148.98	80			

表 5-38　资产折旧、摊销情况及纳税调整明细表（A105080）

行次	项　目	账载金额			税收金额					纳税调整	
		资产账载金额	本年折旧、摊销额	累计折旧、摊销额	资产计税基础	按税收一般规定计算的本年折旧、摊销额	本年加速折旧额	其中：2014年及以后年度新增固定资产加速折旧额（填写A105081）	累计折旧、摊销额	金额	调整原因
1	1	2	3	4	5	6	7	8	9 (2-5-6)	10
1	一、固定资产（2+3+4+5+6+7）	2 345.05	234.26	609.65	2 345.05	234.22					
2	（一）房屋、建筑物	988.72	42.85	83.19	988.72	42.85					
3	（二）飞机、火车、轮船、机器、机械和其他生产设备	664.58	62.28	181.25	664.58	62.24	0.4	0.4		-0.36	折旧方法

续表

行次	项目	账载金额			税收金额				累计折旧、摊销额	纳税调整	
		资产账载金额	本年折旧、摊销额	累计折旧、摊销额	资产计税基础	按税收一般规定计算的本年折旧、摊销额	本年加速折旧额	其中：2014年及以后年度新增固定资产加速折旧额（填写A105081）	累计折旧、摊销额	金额	调整原因
		1	2	3	4	5	6	7	8	9 (2-5-6)	10
4	（三）与生产经营活动有关的工具、器具等	245.45	29.61	104.82	245.45	29.61					
5	（四）飞机、火车、轮船以外的运输工具	39.85	7.51	24.25	39.85	7.51					
6	（五）电子设备	406.45	92.01	216.14	406.45	92.01					
7	（六）其他										
11	三、无形资产(12+13+14+15+16+17+18)	192.23	8.26	27.04	192.23	8.26	*	*			
12	（一）专利权						*	*			
13	（二）商标权						*	*			
14	（三）著作权						*	*			
15	（四）土地使用权	177.17	3.93	17.22	177.17	3.93	*	*			
16	（五）非专利技术						*	*			

续表

行次	项目	账载金额			税收金额					纳税调整	
		资产账载金额	本年折旧、摊销额	累计折旧、摊销额	资产计税基础	按税收一般规定计算的本年折旧、摊销额	本年加速折旧额	其中：2014年及以后年度新增固定资产加速折旧额（填写A105081）	累计折旧、摊销额	金额	调整原因
		1	2	3	4	5	6	7	8	9 (2-5-6)	10
17	（六）特许权使用费						*	*			
18	（七）其他	15.06	4.33	9.82	15.06	4.33	*	*			
19	四、长期待摊费用（20+21+22+23+24）	113.17	19.72	51.29	113.17	19.72	*	*			
20	（一）已足额提取折旧的固定资产的改建支出						*	*			
23	（四）开办费						*	*			
24	（五）其他	113.17	19.72	51.29	113.17	19.72	*	*			
27	合计（1+8+11+19+25+26）	2 650.45	262.24	687.98	2 650.45	262.2	0.4			-0.36	*

表 5-39

固定资产加速折旧、扣除明细表（A105081）

项目	行次	房屋、建筑物			飞机、火车、轮船、机器、机械和其他生产设备			与生产经营活动有关的器具、工具、家具			飞机、火车、轮船以外的运输工具			电子设备			合计					
		原值	本期折旧（扣除）额	累计折旧（扣除）额	原值	本期折旧（扣除）额	累计折旧（扣除）额	原值	本期折旧（扣除）额	累计折旧（扣除）额	原值	本期折旧（扣除）额	累计折旧（扣除）额	原值	本期折旧（扣除）额	累计折旧（扣除）额	原值	本期折旧（扣除）额		累计折旧（扣除）额	
																		正常折旧额	加速折旧额	正常折旧额	加速折旧额
		1	2	3	4	5	6	7	8	9	10	11	12	13	14	15	16	17	18	19	20
一、六大行业固定资产	1																				
二、允许一次性扣除的固定资产	9				0.4	0.4	0.4										0.4	0.04	0.4	0.04	0.4
（一）单位价值不超过100万元的研发仪器、设备	10																				
其中：六大行业小型微利企业研发和生产经营共用的仪器、设备	11																				
（二）单位价值不超过5 000元的固定资产	12				0.4	0.4	0.4										0.4	0.04	0.4	0.04	0.4
总计	13				0.4	0.4	0.4										0.4	0.04	0.4	0.04	0.4

表5-40　　　　　　资产损失税前扣除及纳税调整明细表（A105090）

行次	项 目	账载金额	税收金额	纳税调整金额
		1	2	3（1-2）
1	一、清单申报资产损失（2+3+4+5+6+7+8）			
2	（一）正常经营管理活动中，按照公允价格销售、转让、变卖非货币资产的损失			
3	（二）存货发生的正常损耗			
4	（三）固定资产达到或超过使用年限而正常报废清理的损失			
5	（四）生产性生物资产达到或超过使用年限而正常死亡发生的资产损失			
6	（五）按照市场公平交易原则，通过各种交易场所、市场等买卖债券、股票、期货、基金以及金融衍生产品等发生的损失			
7	（六）分支机构上报的资产损失			
8	（七）其他			
9	二、专项申报资产损失（填写 A105091）	25.1	25.1	
10	（一）货币资产损失（填写 A105091）			
11	（二）非货币资产损失（填写 A105091）	25.1	25.1	
12	（三）投资损失（填写 A105091）			
13	（四）其他（填写 A105091）			
14	合计（1+9）	25.1	25.1	

表5-41　　资产损失（专项申报）税前扣除及纳税调整明细表（A105091）

行次	项 目	账载金额	处置收入	赔偿收入	计税基础	税收金额	纳税调整金额
		1	2	3	4	5	6（5-3-4）	7（2-6）
1	一、货币资产损失（2+3+4+5）						
2							
3							
4							
5							
6	二、非货币资产损失（7+8+9+10）	25.1	0	0	25.1	25.1	0
7	原材料	25.1			25.1	25.1	

行次	项　　目	账载金额	处置收入	赔偿收入	计税基础	税收金额	纳税调整金额
	1	2	3	4	5	6（5-3-4）	7（2-6）
8							
9							
10							
11	三、投资损失（12+13+14+15）						
12							
13							
14							
15							
16	四、其他（17+18+19）						
17							
18							
19							
20	合计（1+6+11+16）	25.1	0	0	25.1	25.1	0

表 5-42　　　　　企业所得税弥补亏损明细表（A106000）

行次	项目	年度	纳税调整后所得	合并、分立转入(转出)可弥补的亏损额	当年可弥补的亏损额	以前年度亏损已弥补额					本年度实际弥补的以前年度亏损额	可结转以后年度弥补的亏损额
						前四年度	前三年度	前二年度	前一年度	合计		
		1	2	3	4	5	6	7	8	9	10	11
1	前五年度											*
2	前四年度					*						
3	前三年度					*	*					
4	前二年度					*	*	*				
5	前一年度	2013	-100			*	*	*	*	*		
6	本年度	2014	508.65			*	*	*	*	*	100	
7	可结转以后年度弥补的亏损额合计											

表 5-43　　　免税、减计收入及加计扣除优惠明细表 （A107010）

行次	项　　目	金额
1	一、免税收入 （2+3+4+5）	155
2	（一） 国债利息收入	130
3	（二） 符合条件的居民企业之间的股息、红利等权益性投资收益 （填写 A107011）	25
4	（三） 符合条件的非营利组织的收入	
5	（四） 其他专项优惠 （6+7+8+9+10+11+12+13+14）	
6	1. 中国清洁发展机制基金取得的收入	
7	2. 证券投资基金从证券市场取得的收入	
8	3. 证券投资基金投资者获得的分配收入	
9	4. 证券投资基金管理人运用基金买卖股票、债券的差价收入	
10	5. 取得的地方政府债券利息所得或收入	
11	6. 受灾地区企业取得的救灾和灾后恢复重建款项等收入	
12	7. 中国期货保证金监控中心有限责任公司取得的银行存款利息等收入	
13	8. 中国保险保障基金有限责任公司取得的保险保障基金等收入	
14	9. 其他	
15	二、减计收入 （16+17）	1
16	（一） 综合利用资源生产产品取得的收入 （填写 A107012）	1
17	（二） 其他专项优惠 （18+19+20）	
18	1. 金融、保险等机构取得的涉农利息、保费收入 （填写 A107013）	
19	2. 取得的中国铁路建设债券利息收入	
20	3. 其他	
21	三、加计扣除 （22+23+26）	160
22	（一） 开发新技术、新产品、新工艺发生的研究开发费用加计扣除 （填写 A107014）	140
23	（二） 安置残疾人员及国家鼓励安置的其他就业人员所支付的工资加计扣除 （24+25）	20
24	1. 支付残疾人员工资加计扣除	
25	2. 国家鼓励的其他就业人员工资加计扣除	
26	（三） 其他专项优惠	
27	合计 （1+15+21）	316

表 5-44　　　　符合条件的居民企业之间的股息、红利等权益性投资

收益优惠明细表（A107011）

行次	被投资企业	投资性质	投资成本	投资比例	被投资企业利润分配确认金额		被投资企业清算确认金额			撤回或减少投资确认金额						合计
					被投资企业做出利润分配或转股决定时间	依决定归属于本公司的股息、红利等权益性投资收益金额	分得的被投资企业清算剩余资产	被清算企业累计未分配利润和累计盈余公积应享有部分	应确认的股息所得	从被投资企业撤回或减少投资取得的资产	减少投资比例	收回初始投资成本	取得资产中超过收回初始投资成本部分	撤回或减少投资应享有被投资企业累计未分配利润和累计盈余公积	应确认的股息所得	
	1	2	3	4	5	6	7	8	9（7与8孰小）	10	11	12（3×11）	13（10-12）	14	15（13与14孰小）	16（6+9+15）
1	×化工有限公司	直接投资	16540.98		3月10日	25										25
2	合计	*	*	*	*	25	*	*		*	*	*	*	*		25

1. 基础信息表审核

（1）将"基础信息"和"主要会计政策和估计"各项目与企业登记信息比对，如果不一致视不同情况处理。

（2）重点审核"从业人数""资产总额"项目。该项目直接关系到企业能否享受小型微利企业优惠，填报口径应按财税〔2015〕34 号文件规定的全年季度平均值确定。

具体计算公式如下：

季度平均值=（季初值+季末值）÷2

全年季度平均值=全年各季度平均值之和÷4

年度中间开业或者终止经营活动的，以其实际经营期作为一个纳税年度确定上述相关指标。

（3）如果企业股东小于等于 4 位，则所有股东的投资比例之和应等于 1。

表 5-45　综合利用资源生产产品取得的收入优惠明细表（A107012）

行次	生产的产品名称	资源综合利用认定证书基本情况				属于《资源综合利用企业所得税优惠目录》类别	综合利用的资源	综合利用的资源占生产产品材料的比例	《资源综合利用企业所得税优惠目录》规定的标准	符合条件的综合利用资源生产产品取得的收入总额	综合利用资源减计收入
		《资源综合利用认定证书》取得时间	《资源综合利用认定证书》有效期	《资源综合利用认定证书》编号						
	1	2	3	4	5	6	7	8	9	10（9×10%）
1	聚乙烯醇	2013.5	5 年	123456	废水（液）、废气、废渣	化工废液	75%	70%	10	1
2										
3										
4										
5										
6										
7										
8										
9										
10	合计	*	*	*	*	*	*	*	*	1

表5-46

研发费用加计扣除优惠明细表（A107014）

研发项目	行次	本年研发费用明细									减：作为不征税收入处理的财政性资金用于研发的部分	可加计扣除的研发费用合计	费用化部分		资本化部分				本年研发费用加计扣除额合计
		研发活动直接消耗的材料、燃料和动力费用	直接从事研发活动的本企业在职人员费用	专门用于研发活动的有关折旧费、租赁费、运行维护费	专门用于研发活动的有关无形资产摊销费	中间试验和产品试制相关的样机及一般测试手段购置费	研发成果的有关费用，论证、评审、验收、鉴定费用	勘探开发技术的现场试验费、新药研制的临床试验费	设计、制定、资料和翻译费用	年度研发费用合计			计入本年损益的金额	计入本年研发费用加计扣除额	本年形成无形资产的金额	本年形成无形资产加计摊销额	以前年度形成无形资产本年加计摊销额	无形资产本年加计摊销额合计	
	1	2	3	4	5	6	7	8	9	10 (2+3+4+5+6+7+8+9)	11	12 (10-11)	13	14 (13×50%)	15	16	17	18 (16+17)	19 (14+18)
A项目	1	120	90	20	20	13	5	7	5	280		280	280	140					140
合计	10	120	90	20	20	13	5	7	5	280		280	280	140					140

表5-47 　　　　　　　　　　　　**所得减免优惠明细表（A107020）**

行次	项　　　目	项目收入	项目成本	相关税费	应分摊期间费用	纳税调整额	项目所得额	减免所得额
		1	2	3	4	5	6(1-2-3-4+5)	7
1	一、农、林、牧、渔业项目（2+13）							
17	二、国家重点扶持的公共基础设施项目（18+19+20+21+22+23+24+25）							
26	三、符合条件的环境保护、节能节水项目（27+28+29+30+31+32）	1 000	655	50	220.2		74.8	74.8
27	（一）公共污水处理项目							
28	（二）公共垃圾处理项目							
29	（三）沼气综合开发利用项目							
30	（四）节能减排技术改造项目							
31	（五）海水淡化项目							
32	（六）其他项目	1 000	655	50	220.2		74.8	74.8
33	四、符合条件的技术转让项目（34+35）					*		505
34	（一）技术转让所得不超过500万元部分	*	*	*	*	*	*	500
35	（二）技术转让所得超过500万元部分	*	*	*	*	*	*	5
36	五、其他专项优惠项目（37+38+39）							
37	（一）实施清洁发展机制项目							
38	（二）符合条件的节能服务公司实施合同能源管理项目							
39	（三）其他							
40	合计（1+17+26+33+36）							579.8

表 5-48　　　　　　　　　　减免所得税优惠明细表（A107040）

行次	项　　　目	金额
1	一、符合条件的小型微利企业	
2	二、国家需要重点扶持的高新技术企业（填写 A107041）	55.829
3	三、减免地方分享所得税的民族自治地方企业	
4	四、其他专项优惠（5+6+7+8+9+10+11+12+13+14+15+16+17+18+19+20+21+22+23+24+25+26+27）	
5	（一）经济特区和上海浦东新区新设立的高新技术企业	
6	（二）经营性文化事业单位转制企业	
7	（三）动漫企业	
8	（四）受灾地区损失严重的企业	
9	（五）受灾地区农村信用社	
10	（六）受灾地区的促进就业企业	
11	（七）技术先进型服务企业	
12	（八）新疆困难地区新办企业	
13	（九）新疆喀什、霍尔果斯特殊经济开发区新办企业	
14	（十）支持和促进重点群体创业就业企业	
15	（十一）集成电路线宽小于 0.8 微米（含）的集成电路生产企业	
16	（十二）集成电路线宽小于 0.25 微米的集成电路生产企业	
17	（十三）投资额超过 80 亿元人民币的集成电路生产企业	
18	（十四）新办集成电路设计企业（填写 A107042）	
19	（十五）国家规划布局内重点集成电路设计企业	
20	（十六）符合条件的软件企业（填写 A107042）	
21	（十七）国家规划布局内重点软件企业	
22	（十八）设在西部地区的鼓励类产业企业	
23	（十九）符合条件的生产和装配伤残人员专门用品企业	
24	（二十）中关村国家自主创新示范区从事文化产业支撑技术等领域的高新技术企业	
25	（二十一）享受过渡期税收优惠企业	
26	（二十二）横琴新区、平潭综合实验区和前海深港现代服务业合作区企业	
27	（二十三）其他	
28	五、减：项目所得额按法定税率减半征收企业所得税叠加享受减免税优惠	5
29	合计（1+2+3+4-28）	50.829

表 5-49 税额抵免优惠明细表（A107050）

行次	项目	年度	本年抵免前应纳税额	本年允许抵免的专用设备投资额	本年可抵免税额	以前年度已抵免额						本年实际抵免的各年度税额	可结转以后年度抵免的税额
						前五年度	前四年度	前三年度	前二年度	前一年度	小计		
		1	2	3	4 = 3×10%	5	6	7	8	9	10 (5+6+7+8+9)	11	12 (4-10-11)
1	前五年度												*
2	前四年度					*							
3	前三年度					*	*						
4	前二年度					*	*	*					
5	前一年度					*	*	*	*				
6	本年度	2014	88.7435	11.7	1.17	*	*	*	*	*	*	1.17	0
7	本年实际抵免税额合计											1.17	*
8	可结转以后年度抵免的税额合计												
9	专用设备投资情况	本年允许抵免的环境保护专用设备投资额									11.7		
10		本年允许抵免的节能节水专用设备投资额											
11		本年允许抵免的安全生产专用设备投资额											

（4）审核企业适用的会计准则，该企业执行的是企业会计准则，则 A101010 表第 25 行"汇兑收益"、A102010 表第 28 行"坏账损失"、第 29 行"无法收回的债权股权投资损失"不能填列，这几个栏次由执行小企业准则的企业填报。

2. 主表逻辑关系审核

（1）第 1 行 = 表 A101010 第 1 行或表 A101020 第 1 行或表 A103000 第 2+3+4+5+6 行或表 A103000 第 11+12+13+14+15 行。

（2）第 2 行 = 表 A102010 第 1 行或表 A102020 第 1 行或表 A103000 第 19+20+21+22 行或表 A103000 第 25+26+27 行。

（3）第 4 行 = 表 A104000 第 25 行第 1 列。

（4）第 5 行 = 表 A104000 第 25 行第 3 列。

（5）第 6 行 = 表 A104000 第 25 行第 5 列。

（6）第 11 行 = 表 A101010 第 16 行或表 A101020 第 35 行或表 A103000 第 9 行或第 17 行。

表 5-50

境外所得税收抵免明细表（A108000）

国家（地区）	行次	境外税前所得	境外所得纳税调整后所得	弥补以前年度亏损	境外应纳税所得额	抵减境内亏损	抵减境内亏损后的境外应纳税所得额	税率	境外所得应纳税额	境外所得可抵免税额	境外所得抵免限额	本年可抵免境外所得税额	未超过境外所得税抵免限额的余额	本年可抵免以前年度未抵免境外所得税额	按简易办法计算 — 按低于12.5%实际税率计算的抵免额	按简易办法计算 — 按12.5%计算的抵免额	按简易办法计算 — 按25%计算的抵免额	小计	境外所得抵免所得税额合计
列次		1	2	3	4	5 (3−4)	6	7 (5−6)	8	9 (7×8)	10	11	12	13 (11−12)	14	15	16	17	18 (15+16+17)	19 (12+14+18)
B	1	50	50		50		50	25%	12.5	7.5	12.5	7.5	5						
C	2	60	60		60		60	25%	15	18	15	15							
合计	3	110	110		110		110	25%	27.5	25.5	27.5	22.5	5						

表 5-51

境外所得纳税调整后所得明细表（A108010）

国家（地区）	行次	境外税后所得 — 分支机构营业利润所得	境外税后所得 — 股息红利等权益性投资所得	境外税后所得 — 利息所得	境外税后所得 — 租金所得	境外税后所得 — 特许权使用费所得	境外税后所得 — 财产转让所得	境外税后所得 — 其他所得	境外税后所得 — 小计	境外税后所得可抵免的所得税额 — 直接缴纳的所得税额	境外税后所得可抵免的所得税额 — 间接负担的所得税额	境外税后所得可抵免的所得税额 — 享受税收饶让抵免税额	境外税后所得可抵免的所得税额 — 小计	境外税前所得	境外分支机构收入与支出纳税调整额	境外分支机构分摊的有关费用	境外分支机构调整对应相关的本费用支出	境外所得纳税调整后所得
列次		2	3	4	5	6	7	8	9 (2+3+4+5+6+7+8)	10	11	12	13 (10+11+12)	14 (9+10+11+12)	15	16	17	18 (14+15−16−17)
B	1		42.5						42.5	7.5			7.5	50				50
C	2		42						42	18			18	60				60
合计	10		84.5						84.5	25.5			25.5	110				110

表 5-52　跨地区经营汇总纳税企业年度分摊企业所得税明细表（A109000）

单位：万元

行次	项目	金额
1	一、总机构实际应纳所得税额	92.573 5
2	减：境外所得应纳所得税额	27.5
3	加：境外所得抵免所得税额	22.5
4	二、总机构用于分摊的本年实际应纳所得税（1-2+3）	87.573 5
5	三、本年累计已预分、已分摊所得税（6+7+8+9）	40
6	（一）总机构向其直接管理的建筑项目部所在地预分的所得税额	
7	（二）总机构已分摊所得税额	10
8	（三）财政集中已分配所得税额	10
9	（四）总机构所属分支机构已分摊所得税额	20
10	其中：总机构主体生产经营部门已分摊所得税额	
11	四、总机构本年度应分摊的应补（退）的所得税（4-5）	47.573 5
12	（一）总机构分摊本年应补（退）的所得税额（11×25%）	11.893 375
13	（二）财政集中分配本年应补（退）的所得税额（11×25%）	11.893 375
14	（三）总机构所属分支机构分摊本年应补（退）的所得税额（11×50%）	23.786 75
15	其中：总机构主体生产经营部门分摊本年应补（退）的所得税额	
16	五、总机构境外所得抵免后的应纳所得税（2-3）	5
17	六、总机构本年应补（退）的所得税额（12+13+15+16）	28.786 75

表 5-53　　　企业所得税汇总纳税分支机构所得税分配表（A109010）

税款所属期间：2014 年 1 月 1 日至 2014 年 12 月 31 日

总机构名称（盖章）：

金额单位：万元

总机构纳税人识别号		应纳所得税额	总机构分摊所得税额		总机构财政集中分配所得税额		分支机构分摊所得税额
×××		47.573 5	11.893 375		11.893 475		23.786 75
分支机构情况	分支机构纳税人识别号	分支机构名称	三项因素			分配比例	分配所得税额
			营业收入	职工薪酬	资产总额		
	×××	甲	1 000	120	5 600	0.46 62	11.089 4
	×××	乙	1 200	135	6 200	0.533 8	12.697 735
	合计	—	2 200	255	11 800	1.0000	23.786 75

（7）第 12 行＝表 A102010 第 16 行或表 A102020 第 33 行或表 A103000 第 23 行或第 28 行。

（8）第 14 行＝表 A108010 第 10 行第 14 列－第 11 列。

（9）第 15 行＝表 A105000 第 43 行第 3 列。

（10）第 16 行＝表 A105000 第 43 行第 4 列。

（11）第 17 行＝表 A107010 第 27 行。

（12）第 18 行＝表 A108000 第 10 行第 6 列。（当本表第 13－14+15－16－17 行≥0 时，本行＝0）。

（13）第 20 行＝表 A107020 第 40 行第 7 列。

（14）第 21 行＝表 A107030 第 7 行。

（15）第 22 行＝表 A106000 第 6 行第 10 列。

（16）第 26 行＝表 A107040 第 29 行。

（17）第 27 行＝表 A107050 第 7 行第 11 列。

（18）本期实际应入库税额＝第 33 行－第 37 行+第 38 行。

3. 一般企业收入、成本、费用表逻辑关系审核

（1）这几张表完全按会计口径填列，所有数据均来源于会计账簿。

（2）相关行次与主表保持一致

A101010 表第 1 行＝表 A100000 第 1 行；

A101010 第 16 行＝表 A100000 第 11 行；

A102010 第 1 行＝表 A100000 第 2 行；

A102010 第 16 行＝表 A100000 第 12 行；

A104000 第 25 行第 1 列＝表 A100000 第 4 行；

A104000 第 25 行第 3 列＝表 A100000 第 5 行；

A104000 第 25 行第 5 列＝表 A100000 第 6 行。

（3）A104000 表相关行次与其他表单的逻辑关系

第 4 行业务招待费之和＝A105000 表第 15 行"业务招待费"的账载金额；

第 5 行广告费和业务宣传费之和＝A105060 表第 1 行"本年广告费和业务宣传费支出"；

第 6 行佣金和手续费之和＝A105000 表第 23 行"佣金和手续费支出"的账载金额；

第 19 行研究费用之和＝A107014 第 10 列合计数。

（4）如果基础信息表（A000000）中"201 适用的会计准则或会计制度"

未选择"小企业会计准则"，则以下几行不能填列数字：

A101010 表第 25 行"汇兑收益"；

A102010 表第 24 行"坏账损失"；

A102010 表第 25 行"无法收回的债券股权投资损失"。

（5）如果 A104000 表相关栏目填列了境外支付，关注是否按规定代扣代缴有关非居民税收。

4. 纳税调整系列表逻辑关系审核

纳税调整表完整展示会计与税法的差异，一共 15 张，其中一级纳税调整明细表 1 张，二级纳税调整明细表 12 张，三级纳税调整明细表 2 张。

纳税调整项目分为收入类、扣除类、资产类、特殊事项、特别纳税调整、其他六大类 36 小类。

（1）A105000 表与其他表单的逻辑关系（见表 5-54）

表 5-54　　　　　　　　　　A105000 表与其他表单逻辑关系表

表 A105000		逻辑关系	关联表单
项目	列名		
第 2 行视同销售收入	第 2 列税收金额	=	表 A105010 第 1 行第 1 列
	第 3 列调增金额	=	表 A105010 第 1 行第 2 列
第 3 行未按权责发生制原则确认的收入	第 1 列账载金额	=	表 A105020 第 14 行第 2 列
	第 2 列税收金额	=	表 A105020 第 14 行第 4 列
	第 3 列调增金额	=	表 A105020 第 14 行第 6 列（若≥0）
	第 4 列调减金额	=	表 A105020 第 14 行第 6 列的绝对值（若<0）
第 9 行专项用途财政性资金	第 3 列调增金额	=	表 A105040 第 7 行第 14 列
	第 4 列调减金额	=	表 A105040 第 7 行第 4 列
第 13 行视同销售成本	第 2 列税收金额	=	表 A105010 第 11 行第 1 列
	第 4 列调减金额	=	表 A105010 第 11 行第 2 列的绝对值
第 14 行职工薪酬	第 1 列账载金额	=	表 A105050 第 13 行第 1 列
	第 2 列税收金额	=	表 A105050 第 13 行第 4 列
	第 3 列调增金额	=	表 A105050 第 13 行第 5 列（若≥0）
	第 4 列调减金额	=	表 A105050 第 13 行第 5 列的绝对值（若<0）
第 16 行广告费和业务宣传费支出	第 3 列调增金额	=	表 A105060 第 12 行（若≥0）
	第 4 列调减金额	=	表 A105060 第 12 行的绝对值（若<0）

表 A105000		逻辑关系	关联表单
项目	列名		
第17行捐赠支出	第1列账载金额	=	表 A105070 第20行第2+6列
	第2列税收金额	=	表 A105070 第20行第4列
	第3列调增金额	=	表 A105070 第20行第7列
第25行专项用途财政性资金用于支出所形成的费用	第3列调增金额	=	表 A105040 第7行第11列
第31行资产折旧、摊销	第1列账载金额	=	表 A105080 第27行第2列
	第2列税收金额	=	表 A105080 第27行第5+6列
	第3列调增金额	=	表 A105080 第27行第9列（若≥0）
	第4列调减金额	=	表 A105080 第27行第9列的绝对值（若<0）
第33行资产损失	第1列账载金额	=	表 A105090 第14行第1列
	第2列税收金额	=	表 A105090 第14行第2列
	第3列调增金额	=	表 A105090 第14行第3列（若≥0）
	第4列调减金额	=	表 A105090 第14行第3列的绝对值（若<0）
第36行企业重组	第1列账载金额	=	表 A105100 第14行第1+4列
	第2列税收金额	=	表 A105100 第14行第2+5列
	第3列调增金额	=	表 A105100 第14行第7列（若≥0）
	第4列调减金额	=	表 A105100 第14行第7列的绝对值（若<0）
第37行政策性搬迁	第3列调增金额	=	表 A105110 第24行（若≥0）
	第4列调减金额	=	表 A105110 第24行的绝对值（若<0）
第38行特殊行业准备金	第1列账载金额	=	表 A105120 第30行第1列
	第2列税收金额	=	表 A105120 第30行第2列
	第3列调增金额	=	表 A105120 第30行第3列（若≥0）
	第4列调减金额	=	表 A105120 第30行第3列的绝对值（若<0）
第39行房地产开发企业特定业务计算的纳税调整额	第2列税收金额	=	表 A105010 第21行第1列
	第3列调增金额	=	表 A105010 第21行第2列（若≥0）
	第4列调减金额	=	表 A105010 第21行第2列的绝对值（若<0）
第43行合计	第3列	=	表 A100000 第15行
	第4列	=	表 A100000 第16行
第28行境外所得分摊的共同支出	第3列	=	表 A108010 第10行第16+17列

（2）审核 A105000 表第 15 行 "业务招待费" 税收金额是否超过限额，A105060 表《广告费和业务宣传费跨年度纳税调整明细表》第 4 行本年计算广告费和业务宣传费扣除限额的销售（营业）收入是否正确。计算限额的销售收入包括：

一般企业：A100000 表第 1 行营业收入+A105010 表第 1 行视同销售（营业）收入。

房地产企业：A100000 表第 1 行营业收入+A105010 表第 1 行视同销售（营业）收入+A105010 表第 23 行销售未完工产品的收入−A105010 表第 27 行销售未完工产品转完工产品确认的销售收入。

从事股权投资业务的企业：A100000 表第 1 行营业收入+A105010 表第 1 行视同销售（营业）收入+投资收益。

（3）将相关年度的申报表对比分析，关注时间性差异项目调增数和调减数是否作了对应调整，尤其是先纳税调减，以后纳税调增的项目是否完整进行了纳税调增，例如，企业重组中的特殊性税务处理。

（4）审核捐赠支出纳税调整明细表（A105070）第 3 列 "公益性捐赠——按税收规定计算的扣除限额" 是否等于 A100000 表第 13 行年度利润总额×12%。

5. 企业所得税弥补亏损明细表逻辑关系审核

（1）审核第 2 列 "纳税调整后所得"，其第 6 行是否按以下情形填写：

①表 A100000 第 19 行 "纳税调整后所得" >0，第 20 行 "所得减免" >0，则本表第 2 列第 6 行=本年度表 A100000 第 19−20−21 行，且减至 0 止。

②表 A100000 第 19 行 "纳税调整后所得" <0，则本表第 2 列第 6 行=本年度表 A100000 第 19 行。

第 1 行至第 5 行填报以前年度主表第 23 行（2013 纳税年度前）或以前年度表 A106000 第 2 列第 6 行（2014 纳税年度后）对应年度 "纳税调整后所得" 的金额（亏损额以 "−" 号表示）。发生查补以前年度应纳税所得额的、追补以前年度未能税前扣除的实际资产损失等情况，该行需按修改后的 "纳税调整后所得" 金额进行填报。

（2）审核第 4 列 "当年可弥补的亏损额"：当第 2 列小于零时金额等于第 2+3 列，否则等于第 3 列（亏损以 "−" 号表示）。

（3）审核 "以前年度亏损已弥补额"：前四年度、前三年度、前二年度、前一年度与"项目"列中的前四年度、前三年度、前二年度、前一年度应相对应。

（4）审核第 10 列"本年度实际弥补的以前年度亏损额"第 6 行：金额应等于第 10 列第 1 至 5 行的合计数，且该数据应等于本年度表 A100000 第 22 行。

（5）第 6 行第 2 列 = 表 A100000 第 19-20-21 行，且减至 0 止（当表 A100000 第 19 行 > 0），或者第 6 行第 2 列 = 表 A100000 第 19 行（当表 A100000 第 19 行 < 0）。

6. 税收优惠系列表逻辑关系审核

税收优惠一共 11 张表单，其中 5 张二级表，6 张三级表，除加速折旧外，其他税收优惠均在这 11 张表单中反映。

（1）审核 A107010 表

第 3 行 = 表 A107011 第 10 行第 16 列；

第 16 行 = 表 107012 第 10 行第 10 列；

第 18 行 = 表 A107013 第 13 行；

第 22 行 = 表 A107014 第 10 行第 19 列。

（2）审核 A107020 表第 6 列和第 7 列，尤其第二、三、五项优惠，免税期和减半期的填列是否准确，有否将免税和减半混淆。

（3）审核 A107030 表第 6 行"本年可用于抵扣的应纳税所得额"，是否等于表 A100000 第 19 行-20 行的金额，若金额小于 0，则应填报 0。

（4）审核 A107020 表和 A107040 表，若 A107040 表 1+2+3+4 行大于 0，并且 A107020 表第 14 至 39 行（34 行除外）各行非 0 或空时，存在项目所得额按法定税率减半征收企业所得税与低税率优惠同时享受的情形，应填报 A107040 表第 28 行"项目所得额按法定税率减半征收企业所得税叠加享受减免税优惠"。

《国务院关于实施企业所得税过渡优惠政策的通知》（国发〔2007〕39 号）规定的过渡优惠政策及西部大开发优惠政策的企业，在定期减免税的减半期内，可以按照企业适用税率计算的应纳税额减半征税。其他各类情形的定期减免税，均应按照企业所得税 25% 的法定税率计算的应纳税额减半征税。

纳税人从事农林牧渔业项目、国家重点扶持的公共基础设施项目、符合条件的环境保护、节能节水项目、符合条件的技术转让、其他专项优惠等所得额应按法定税率 25% 减半征收，且同时为符合条件的小型微利企业、国家需要重点扶持的高新技术企业、技术先进型服务企业、集成电路线宽小于 0.25 微米或投资额超过 80 亿元人民币的集成电路生产企业、国家规划布局内重点软件企业和集成电路设计企业、中关村国家自主创新示范区从事文化产业支撑技术等领域的高新技术企业等可享受税率优惠的企业，由于申报表填报顺序，按优惠税率减半叠加享受减免税优惠部分，应在 A107040 表第 28 行对该部分金额进行调整。

（5）审核 A107040 表时，第 1 行"符合条件的小型微利企业"与第 2 至 27 行（第 4 行除外）其他优惠只能享受其中一项优惠，不得叠加享受。

《财政部 国家税务总局关于执行企业所得税优惠政策若干问题的通知》（财税〔2009〕69 号）；《国务院关于实施企业所得税过渡优惠政策的通知》（国发〔2007〕39 号）第三条所称不得叠加享受，且一经选择，不得改变的税收优惠情形，限于企业所得税过渡优惠政策与企业所得税法及其实施条例中规定的定期减免税和减低税率类的税收优惠。

（6）根据基础信息表和主表 23 行"应纳税所得额"判断符合小型微利条件的企业，是否按要求进行了填报，是否存在该填没填、错填或者不该填的填了。如果是涉及政策原因不享受小微优惠的个案，应另行处理。

（7）审核 A107040 表相关行次的减免税优惠是否根据表 A100000 第 23 行应纳税所得额计算免征、减征企业所得税金额。

（8）审核 A107041 表年度研发费用合计是否与 A104000 表第 19 行研究费用合计相等。

7. 汇总纳税系列表及逻辑关系审核

（1）审核 A109000 表与主表 A100000 表的逻辑关系

第 1 行 = 表 A10000 第 31 行；

第 2 行 = 表 A10000 第 29 行；

第 3 行 = 表 A10000 第 30 行；

第 5 行 = 表 A10000 第 32 行；

第 12+16 行 = 表 A10000 第 34 行；

第 13 行 = 表 A100000 第 35 行；

第 15 行 = 表 A10000 第 36 行。

（2）审核 A109010 表数据逻辑关系

应纳所得税额＝表 A109000 第 11 行；

总机构分摊所得税额＝应纳所得税额×25%；

总机构财政集中分配所得税额＝应纳所得税额×25%；

分支机构分摊所得税额＝应纳所得税额×50%；

分支机构分配比例＝（该分支机构营业收入÷分支机构营业收入合计）×35%＋（该分支机构职工薪酬÷分支机构职工薪酬合计）×35%＋（该分支机构资产总额÷分支机构资产总额）×30%；

分支机构分配所得税额＝该分支机构分配比例×分支机构分摊所得税额。

8. 境外所得税收抵免系列表及逻辑关系审核

（1）A108000 表审核

第 2 列"境外税前所得"各行＝表 A108010 第 14 列"境外税前所得"相应行次；

第 3 列"境外所得纳税调整后所得"各行＝表 A108010 第 18 列"境外所得纳税调整后所得"相应行次；

第 4 列"弥补境外以前年度亏损"各行＝表 A108020 第 4 列"本年弥补的以前年度非实际亏损额"相应行次＋表 A108020 第 13 列"本年弥补的以前年度实际亏损额"相应行次；

第 6 列"抵减境内亏损"合计＝表 A100000 第 18 行"境外应税所得抵减境内亏损"；

第 9 列"境外所得应纳税额"合计＝表 A100000 第 29 行"境外所得应纳所得税额"；

第 10 列"境外所得可抵免税额"各行＝表 A108010 第 13 列"境外所得可抵免的所得税额小计"相应行次；

第 14 列"本年可抵免以前年度未抵免境外所得税额"各行＝表 A108030 第 13 列"本年实际抵免以前年度未抵免的境外已缴所得税额小计"相应行次；

第 19 列"境外所得抵免所得税额合计"合计＝表 A100000 第 30 行境外所得抵免所得税额。

（2）A108010 表审核

第 14 列"境外税前所得"－第 11 列"间接负担的所得税额"＝主表

A100000 第 14 行"减：境外所得"；

第 16 列"境外分支机构调整分摊扣除的有关成本费用"合计+第 17 列"境外所得对应调整的相关成本费用支出"合计=表 A105000 第 28 行"境外所得分摊的共同支出"第 3 列。

（3）A108020 表审核

重点审核企业非实际亏损额和实际亏损额是否混淆。

如果企业当期境内外所得盈利额与亏损额加总后和为零或正数，则其当年度境外分支机构的非实际亏损额可无限期向后结转弥补。

如果企业当期境内外所得盈利额与亏损额加总后和为负数，则以境外分支机构的亏损额超过企业盈利额部分的实际亏损额，按企业所得税法第十八条规定的期限进行亏损弥补，未超过企业盈利额部分的非实际亏损额仍可无限期向后结转弥补。

企业应对境外分支机构的实际亏损额与非实际亏损额不同的结转弥补情况做好记录。

第 4 列"本年弥补的以前年度非实际亏损额"相应行次+表 A108020 第 13 列"本年弥补的以前年度实际亏损额"相应行次=表 A108000 第 4 列"弥补境外以前年度亏损"相应行次。

（4）A108030 表审核

第 13 列"本年实际抵免以前年度未抵免的境外已缴所得税额小计"各行=表 A108000 第 14 列"本年可抵免以前年度未抵免境外所得税额"相应行次；

第 18 列"结转以后年度抵免的境外所得已缴所得税额本年"各行=表 A108000 第 10 列"境外所得可抵免税额"相应行次−表 A108000 第 12 列"本年可抵免境外所得税额"相应行次（当表 A108000 第 10 列"境外所得可抵免税额"相应行次大于表 A108000 第 12 列"本年可抵免境外所得税额"相应行次时填报）。

四、个人所得税申报表逻辑关系分析与审核

（一）个人所得税纳税申报资料

个人所得税纳税申报资料包括纳税申报表及其附列资料以及减免税事项

报告表。纳税申报表包括基础信息类、扣缴申报类、自行申报类三类共12张。

1. 基础信息登记类申报表

（1）《个人所得税基础信息表（A表）》，适用于扣缴义务人办理全员全额扣缴明细申报时，其支付所得纳税人基础信息的填报。初次申报后，以后月份只需报送基础信息发生变化的纳税人的信息。

（2）《个人所得税基础信息表（B表）》，适用于自然人纳税人基础信息的填报。

2. 扣缴申报类申报表

（1）《扣缴个人所得税报告表》，适用于扣缴义务人办理全员全额扣缴个人所得税申报（包括向个人支付应税所得，但低于减除费用、不需扣缴税款情形的申报），以及特定行业职工工资、薪金所得个人所得税的月份申报。

（2）《特定行业个人所得税年度申报表》，适用于特定行业工资、薪金所得个人所得税的年度申报。

（3）《限售股转让所得扣缴个人所得税报告表》，适用于证券机构预扣预缴，或者直接代扣代缴限售股转让所得个人所得税的申报。

3. 自行申报类申报表

（1）《个人所得税自行纳税申报表（A表）》，适用于"从中国境内两处或者两处以上取得工资、薪金所得的""取得应纳税所得，没有扣缴义务人的"，以及"国务院规定的其他情形"纳税人的纳税申报。

（2）《个人所得税纳税申报表（B表）》，适用于"从中国境外取得所得的"纳税人的纳税申报。

（3）《个人所得税纳税申报表（适用于年所得12万元以上的纳税人申报）》，适用于年所得12万元以上的纳税人申报。

（4）《限售股转让所得个人所得税清算申报表》，适用于纳税人取得限售股转让所得已预扣预缴个人所得税款的清算申报。

（5）《生产、经营所得个人所得税纳税申报表（A表）》，适用于个体工商户、企事业单位承包承租经营者、个人独资企业投资者和合伙企业合伙人在中国境内取得"个体工商户的生产、经营所得"或"对企事业单位的承包经营、承租经营所得"的个人所得税月度（季度）纳税申报。

（6）《生产、经营所得个人所得税纳税申报表（B表）》，适用于查账征收"个体工商户的生产、经营所得"和"对企事业单位的承包经营、承租经营所得"个人所得税的个体工商户、承包承租经营者、个人独资企业投资者和合伙企业合伙人的个人所得税年度汇算清缴。

（7）《个人所得税生产经营所得纳税申报表（C表）》，适用于个体工商户、企事业单位承包承租经营者、个人独资企业投资者和合伙企业合伙人在中国境内两处或者两处以上取得"个体工商户的生产、经营所得"或"对企事业单位的承包经营、承租经营所得"的，同项所得合并计算纳税的个人所得税年度汇总纳税申报。

4. 减免税事项报告表

《个人所得税减免税事项报告表》，纳税人、扣缴义务人纳税申报时存在减免个人所得税情形的，应填报本表。

（二）扣缴个人所得税报告表逻辑关系审核

1. 报送资料

（1）《扣缴个人所得税报告表》；

（2）《个人所得税基础信息表（A表）》（初次申报或在信息发生变化时填报）；

（3）《个人所得税减免税事项报告表》。

2. 申报期限

次月15日内。扣缴义务人应于次月15日内将所扣税款缴入国库，并向税务机关报送本表。扣缴义务人不能按规定期限报送本表时，应当按照《中华人民共和国税收征收管理法》及其实施细则有关规定办理延期申报。

3. 逻辑关系审核（以一不锈钢企业为例，见表5-55）

（1）基础信息审核

①将扣缴申报信息与企业报送的《个人所得税基础信息表（A表）》进行比对，将申报人数与企业缴纳社保人数、企业所得税年度申报表从业人数进行比对，出现差异的，视不同情况处理。

②比对分析多次使用一次性奖金计税方法、两处以上取得工薪所得人员等信息，根据需要开展后续管理。

表 5-55

扣缴个人所得税报告表

税款所属期：2015 年 1 月 1 日　至　2015 年 1 月 31 日
扣缴义务人名称：××不锈钢有限公司
扣缴义务人编码：□□□□□□□□□□□□□

扣缴义务人所属行业：☑一般行业　□特定行业月份申报
金额单位：人民币元（列至角分）

序号	姓名	身份证件类型	身份证件号码	所得项目	所得期间	收入额	免税所得	税前扣除项目								减除费用	准予扣除的捐赠额	应纳税所得额	税率%	速算扣除数	应纳税额	减免税额	应扣缴税额	已扣缴税额	应补（退）税额	备注
								基本养老保险费	基本医疗保险费	失业保险费	住房公积金	财产原值	允许扣除的税费	其他	合计											
1	2	3	4	5	6	7	8	9	10	11	12	13	14	15	16	17	18	19	20	21	22	23	24	25	26	27
1	赵甲		320203…	工资薪金所得	201501	5 000.00	0.00	200.00	50.00	25.00	300.00	0.00	0.00	0.00	575.00	3 500.00	0.00	925.00	0.03	0.00	27.75	0.00	27.75	0.00	27.75	
2	钱乙		320203…	工资薪金所得	201501	9 500.00	0.00	200.00	50.00	25.00	300.00	0.00	0.00	0.00	575.00	3 500.00	0.00	5 425.00	0.20	555.00	530.00	0.00	530.00	0.00	530.00	
3	钱乙		320203…	利息股息红利所得	201501	23 392.00	0.00	0.00	0.00	0.00	0.00	0.00	0.00	0.00	0.00	0.00	0.00	23 392.00	0.20	0.00	4 678.40	0.00	4 678.40	0.00	4 678.40	
4	孙丙		320203…	工资薪金所得	201501	4 800.00	0.00	200.00	50.00	25.00	300.00	0.00	0.00	0.00	575.00	3 500.00	0.00	725.00	0.03	0.00	21.75	0.00	21.75	0.00	21.75	
5	李丁		320203…	工资薪金所得	201501	6 800.00	0.00	200.00	50.00	25.00	300.00	0.00	0.00	0.00	575.00	3 500.00	0.00	2 725.00	0.10	105.00	167.50	0.00	167.50	0.00	167.50	
6	李丁		320203…	利息股息红利所得	201501	22 475.00	0.00	0.00	0.00	0.00	0.00	0.00	0.00	0.00	0.00	0.00	0.00	22 475.00	0.20	0.00	4 495.00	0.00	4 495.00	0.00	4 495.00	
合　计																										

谨声明：此扣缴报告表是根据《中华人民共和国个人所得税法》及其实施条例和国家有关税收法律法规规定填写的，是真实的、完整的、可靠的。
法定代表人（负责人）签字：

扣缴义务人公章：
扣缴义务人：
经办人：
填表日期：　年　月　日

代理机构（人）签章：
经办人：
经办人执业证件号码：
代理申报日期：　年　月　日

主管税务机关受理专用章：
受理人：
受理日期：　年　月　日

③重点审核各所得项目申报收入额与企业会计报表应付职工薪酬、利润分配、所有者权益变动等的逻辑关系，审核税前扣除项目的合理性，审核扣缴申报工薪所得与企业所得税列支工薪费用差异。

④申报减免税的与企业报送的《个人所得税减免税事项报告表》进行比对分析。

（2）申报表逻辑关系审核

①第 19 列＝第 7 列－第 8 列－第 16 列－第 17 列－第 18 列

②第 22 列＝第 19 列×第 20 列－第 21 列

③第 24 列＝第 22 列－第 23 列

④第 26 列＝第 24 列－第 25 列

⑤对不是按月发放的工资薪金所得，其适用"工资、薪金所得"个人所得税的填报，则不完全按照上述逻辑关系填写。

（三）生产经营所得纳税申报表逻辑关系审核

1. 查账征收企业年度申报报送资料

（1）《生产、经营所得个人所得税纳税申报表（B 表）》（合伙企业有两个或两个以上自然人合伙人的，应分别填报本表）；

（2）企业会计报表（资产负债表、利润表）；

（3）《个人所得税减免税事项报告表》；

（4）主管税务机关要求报送的其他资料。

2. 申报期限

个体工商户、个人独资企业投资者、合伙企业合伙人的生产、经营所得应纳个人所得税的年度纳税申报，应在年度终了后三个月内办理。

对企事业单位承包经营、承租经营者应纳个人所得税的年度纳税申报，应在年度终了后三十日内办理；纳税人一年内分次取得承包、承租经营所得的，应在年度终了后三个月内办理汇算清缴。

纳税人不能按规定期限办理纳税申报的，应当按照《中华人民共和国税收征收管理法》（以下简称税收征管法）及其实施细则的规定办理延期申报。

3. 逻辑关系审核（以一电动车厂投资者为例，见表 5-56）

×电动车厂为私营独资企业，成立于 2005 年，从事电动摩托车生产。采用查账征收方式征收生产经营所得个人所得税。

表 5-56　　　　　　生产、经营所得个人所得税纳税申报表（B 表）

税款所属期：2014 年 1 月 1 日至 2014 年 12 月 31 日　金额单位：人民币元（列至角分）

投资者信息	姓名	吴××	身份证件类型	身份证	身份证件号码	3	2	0	×	×	×	1	9	7	3	1	1	1	5	×	×	×	×
	国籍（地区）	中国			纳税人识别号	3	2	0	×	×	×	×	×	×	×	×	×	×	×	×	×	2	8	2

被投资单位信息	名称	×电动车厂	纳税人识别号	320×××××××××952
	类型	□个体工商户　　□承包、承租经营者　　☑个人独资企业　　□合伙企业		

项　目	行次	金额	补充资料
一、收入总额	1	36 331 513.00	1. 年平均职工人数：169
减：成本	2	34 481 004.22	2. 工资总额：7 605 760.00
营业费用	3	155 960.31	3. 投资者人数：1
管理费用	4	931 617.08	
财务费用	5	631 899.49	
营业税金及附加	6	46 739.75	
营业外支出	7	21 574.67	
二、利润总额	8	62 717.48	
三、纳税调整增加额	9	51 217.11	
1. 超过规定标准扣除的项目	10	51 217.11	
（1）职工福利费	11	0.00	
（2）职工教育经费	12	0.00	
（3）工会经费	13	0.00	
（4）利息支出	14	0.00	
（5）业务招待费	15	21 494.00	
（6）广告费和业务宣传费	16	0.00	
（7）教育和公益事业捐赠	17	0.00	
（8）住房公积金	18	0.00	
（9）社会保险费	19	0.00	
（10）折旧费用	20	17 254.41	
（11）无形资产摊销	21	0.00	
（12）资产损失	22	0.00	
（13）其他	23	12 468.70	
2. 不允许扣除的项目	24	0.00	

续表

项　目	行次	金额	补充资料
（1）资本性支出	25	0.00	
（2）无形资产受让、开发支出	26	0.00	
（3）税收滞纳金、罚金、罚款	27	0.00	
（4）赞助支出、非教育和公益事业捐赠	28	0.00	
（5）灾害事故损失赔偿	29	0.00	
（6）计提的各种准备金	30	0.00	
（7）投资者工资薪金	31	0.00	
（8）与收入无关的支出	32	0.00	
其中：投资者家庭费用	33	0.00	
四、纳税调整减少额	34	0.00	
1. 国债利息收入	35	0.00	
2. 其他	36	0.00	
五、以前年度损益调整	37	0.00	
六、经纳税调整后的生产经营所得	38	113 934.59	
减：弥补以前年度亏损	39	0.00	
乘：分配比例（%）	40	1.00	
七、允许扣除的其他费用	41	0.00	
八、投资者减除费用	42	42 000.00	
九、应纳税所得额	43	71 934.59	
十、税率（%）	44	0.30	
十一、速算扣除数	45	9 750.00	
十二、应纳税额	46	11 830.38	
减：减免税额	47	0.00	
十三、全年应缴税额	48	11 830.38	
加：期初未缴税额	49	0.00	
减：全年已预缴税额	50	9 815.00	
十四、应补（退）税额	51	2 015.38	

谨声明：此表是根据《中华人民共和国个人所得税法》及其实施条例和国家相关法律法规规定填写的，是真实的、完整的、可靠的。

纳税人签字：　　　　　年　月　日

代理申报机构（人）公章： 经办人： 经办人执业证件号码：	主管税务机关受理专用章： 受理人：
代理申报日期：　年　月　日	受理日期：　年　月　日

（1）基础信息审核

①将申报信息与企业登记信息、企业会计报表相关信息比对，出现差异的，视不同情况处理。

②将申报收入额与流转税征缴情况进行比对；审核税前扣除项目有无扩大范围、税前扣除费用有无超过标准。

③比对兴办或投资两个或两个以上个人独资企业和合伙企业的投资者是否进行汇总申报。

（2）申报表逻辑关系审核

①第 8 行＝第 1 行－第 2 行－第 3 行－第 4 行－第 5 行－第 6 行－第 7 行

②第 38 行＝第 8 行＋第 9 行－第 34 行－第 37 行

③第 40 行分配比例按照合伙企业分配方案中规定的该合伙人的比例填写；没有，则按人平均分配

④纳税人为非合伙企业合伙人的，第 43 行＝第 38 行－第 39 行－第 41 行－第 42 行

纳税人为合伙企业合伙人的，第 43 行＝（第 38 行－第 39 行）×第 40 行－第 41 行－第 42 行

⑤第 46 行＝第 43 行×第 44 行－第 45 行

⑥第 48 行＝第 46 行－第 47 行

⑦第 51 行＝第 48 行＋第 49 行－第 50 行

（四）年所得 12 万元以上自行纳税申报表逻辑关系审核

1. 报送资料

（1）《个人所得税纳税申报表（适用于年所得 12 万元以上的纳税人申报）》；

（2）《个人所得税基础信息表（B 表）》（初次申报或在信息发生变化时填报）；

（3）个人有效身份证件原件及复印件；

（4）主管税务机关要求报送的其他有关资料。

2. 申报期限

负有纳税义务的个人，可以由本人或者委托他人于纳税年度终了后 3 个月以内向主管税务机关报送本表。不能按照规定期限报送本表时，应当在规定的报送期限内提出申请，经当地税务机关批准，可以适当延期。

3. 逻辑关系审核（以贾××为例，见表 5-57）

表5-57

个人所得税申报表
（适用于年所得12万元以上的纳税人申报）

所得年份：　　年　　　　　　　填表日期：　　年　　月　　日　　　　　　　　　金额单位：人民币元（列至角分）

纳税人姓名	贾××	国籍（地区）	中国	身份证照类型	身份证	身份证照号码	3 2 0 × × × 1 9 6 8 0 6 2 7 × × × ×
任职、受雇单位	××商贸有限公司	任职受雇单位税务代码	320×××	身份证照类型	批发和零售业	职务	职业
在华天数		境内有效联系地址		境内有效联系地址邮编		联系电话	
此行由取得经营所得的纳税人填写	经营单位纳税人识别号			经营单位纳税人名称		经营单位名称	

所得项目	年所得额			应纳税所得额	应纳税额	已缴（扣）税额	抵扣税额	减免税额	应补税额	应退税额	备注
	合计	境内	境外								
1. 工资、薪金所得	130 052.00	130 052.00		81 152.00	9 570.00	9 570.00	0.00	0.00	0.00	0.00	
2. 个体工商户的生产、经营所得											
3. 对企事业单位的承包经营、承租经营所得											
4. 劳务报酬所得											
5. 稿酬所得											

续表

所得项目	年所得额 境内	年所得额 境外	年所得额 合计	应纳税所得额	应纳税额	已缴（扣）税额	抵扣税额	减免税额	应补税额	应退税额	备注
6. 特许权使用费所得											
7. 利息、股息、红利所得	32 000.00		32 000.00	32 000.00	6 400.00	6 400.00	0.00	0.00	0.00	0.00	
8. 财产租赁所得											
9. 财产转让所得											
其中：股票转让所得				—	—	—	—	—			
个人房屋转让所得											
10. 偶然所得											
11. 其他所得											
合计	162 052.00		162 052.00	113 152.00	15 970.00	15 970.00	—	0.00	0.00	0.00	

我声明，此纳税申报表是根据《中华人民共和国个人所得税法》及有关法律、法规的规定填报的，我保证它是真实的、可靠的、完整的。

纳税人（签字）：　　　　联系电话：

代理人签章：

（1）基础信息审核

将申报信息与企业报送的《扣缴个人所得税报告表》、税务机关征管信息进行比对。出现差异的核实纳税人申报信息的真实性、准确性；核实扣缴义务人申报信息的真实性、完整性。

（2）申报表逻辑关系审核

①审核年所得额是否按《个人所得税自行纳税申报办法》的规定计算。

②审核应纳税所得额是否按照个人所得税有关规定计算。

③审核已缴（扣）税额是否与扣缴义务人报送信息、税务机关征管信息相符合。

④审核抵扣税额是否符合个人所得税法的规定、有无纳税凭证。

⑤审核减免税额是否符合个人所得税法允许的减征或免征。

第三节　企业财务报表的分析与审核

一、财务报表体系

财务报表是会计要素确认、计量的结果和综合性描述，一套完整的财务报表至少应当包括"四表一注"（小企业会计准则下为"三表一注"），即资产负债表、利润表、现金流量表和股东权益变动表（小企业会计准则下可以不填报）以及附注。

财务报表一般分为表首、正表两部分，其中，在表首部分企业应当概括地说明下列基本信息：①编报企业的名称，如企业名称在所属当期发生了变更的，还应明确标明；②资产负债表应当列示资产负债表日，利润表、现金流量表、所有者权益变动表应当列示涵盖的会计期间；③企业应当以人民币列报，并标明金额单位，如人民币元、人民币万元等；④财务报表是合并财务报表的，应当予以标明。

二、资产负债表逻辑关系分析与审核

（一）资产负债表的定义和作用

资产负债表是反映企业在某一特定日期的财务状况的会计报表。其作用包括：第一，可以提供某一日期资产的总额及其结构，表明企业拥有或控制的资源及其分布情况，使用者可以一目了然地从资产负债表上了解企业在某一特定日期所拥有的资产总量及其结构；第二，可以提供某一日期的负债总额及其结构，表明企业未来需要用多少资产或劳务清偿债务以及清偿时间；第三，可以反映所有者所拥有的权益，据以判断资本保值、增值的情况以及对负债的保障程度。

（二）资产负债表的格式

资产负债表正表的列报格式一般有两种：报告式和账户式。报告式资产负债表是上下结构，上半部列示资产，下半部列示负债和所有者权益。账户式资产负债表是左右结构，左边列示资产，右边列示负债和所有者权益。根据财务报表列报准则和小企业会计准则的规定，我国的资产负债表采用账户式的格式。

资产和负债应当按照流动性分别分为流动资产和非流动资产、流动负债和非流动负债进行列示。资产负债表应先列报流动性强的资产或负债，再列报流动性弱的资产或负债。流动性，通常按资产的变现或耗用时间长短或者负债的偿还时间长短来确定。

企业会计准则下资产负债表格式如本节综合案例中的表5-63、表5-66所示。小企业会计准则下资产负债表格式略。

（三）资产负债表的编制

资产负债表有两栏金额，即"期末余额"和"年初余额"栏。

1. 资产负债表"期末余额"栏的填列方法

本表"期末余额"栏一般应根据资产、负债和所有者权益类科目的期末余额填列。具体填列方法归纳见表5-58。

表 5-58　　　　　　　　资产负债表"期末余额"栏各项目的填列方法

<table>
<tr><td rowspan="12">资产负债表的填列方法</td><td>1. 根据总账账户期末余额直接填列</td><td>短期投资（小准则）、交易性金融资产、应收票据、应收股利、应收利息、其他应收款、长期股权投资（小准则）、固定资产原价（小准则）、累计折旧（小准则）、在建工程、固定资产清理、工程物资、开发支出；短期借款、应付票据、应付职工薪酬、应交税费、应付利息、应付利润、其他应付款；实收资本（或股本）、资本公积、盈余公积。</td></tr>
<tr><td rowspan="2">2. 根据总账账户期末余额加计填列</td><td>货币资金：根据"库存现金""银行存款"和"其他货币资金"科目的期末余额合计填列。</td></tr>
<tr><td>存货：根据"材料采购""在途物资""原材料""材料成本差异""生产成本""库存商品""商品进销差价""委托加工物资""周转材料""消耗性生物资产"（小准则）等科目的期末余额（企业会计准则下再减去存货跌价准备）分析填列。</td></tr>
<tr><td rowspan="5">3. 根据总账所属明细账余额计算填列</td><td>未分配利润：根据"利润分配"和"本年利润"科目的期末余额加计填列。</td></tr>
<tr><td>应收账款项目：根据"应收账款"和"预收账款"科目所属的各明细科目的期末借方余额合计数（企业会计准则下再减去坏账准备）填列。</td></tr>
<tr><td>预付账款项目：根据"预付账款"和"应付账款"科目所属的各明细科目的期末借方余额合计数（企业会计准则下再减去坏账准备）填列。</td></tr>
<tr><td>应付账款项目：根据"应付账款"和"预付账款"科目所属的各明细科目的期末贷方余额合计数填列。</td></tr>
<tr><td>预收账款项目：根据"应收账款"和"预收账款"科目所属的各明细科目的期末贷方余额合计数填列。</td></tr>
<tr><td rowspan="3">4. 根据总账和明细账余额分析填列</td><td>"长期债券投资""长期待摊费用"和"一年内到期的长期债券投资"和"一年内分摊完毕的长期待摊费用"。</td></tr>
<tr><td>"长期借款""长期应付款""递延收益"和"一年内到期的长期借款、长期应付款和一年内分摊完毕的递延收益"。</td></tr>
<tr><td>超过一年以上的预付账款的借方余额和超过一年以上的预收账款的贷方余额，在小准则下分别反映在"其他非流动资产"和"其他非流动负债"项目中。</td></tr>
<tr><td>5. 根据有关账户余额减去其备抵账户余额后的净额填列</td><td>小准则下"固定资产账面价值""生产性生物资产""无形资产"项目以及企业会计准则下计提跌价和减值准备的资产项目。</td></tr>
</table>

2. 资产负债表"年初余额"栏的填列方法

本表中的"年初余额"栏通常根据上年末有关项目的期末余额填列，且与上年末资产负债表"期末余额"栏相一致。企业在首次执行企业会计准则当年的"年初余额"栏及相关项目需进行调整；以后期间，如果企业发生了会计政策变更、前期差错更正，应当对"年初余额"栏中的有关项目进行相应调整。此外，如果企业上年度资产负债表规定的项目名称和内容与本年度不一致，应当对上年年末资产负债表相关项目的名称和数字按照本年度的规定进行调整，填入"年初余额"栏。

3. 资产负债表可以生成的经济指标

本表所反映的期初、期末数据，通过计算可以生成反映企业财务状况的重要指标，这些指标对于了解掌握企业的发展状况具有重要意义，有助于报表使用者做出相关决策。主要指标有：

（1）资产负债率＝负债总额÷资产总额×100%；

（2）总资产报酬率＝（利润总额+利息支出）÷年初年末平均总资产×100%；

（3）净资产收益率＝净利润÷年初年末平均所有者权益×100%；

（4）投资利润率＝利润÷年初年末平均实收资本×100%；

（5）应收账款周转率＝营业收入÷年初年末平均应收账款金额

（6）应收账款周转天数＝360÷应收账款周转率

（7）存货周转率＝营业成本÷年初年末平均存货金额

（8）存货周转天数＝360÷存货周转率

（9）营业周期＝应收账款周转天数+存货周转天数

（10）总资产周转率＝营业收入÷年初年末平均总资产

（11）流动比率＝流动资产÷流动负债

（12）速动比率＝（流动资产–存货）÷流动负债

（四）资产负债表逻辑关系分析与审核

1. 期初期末数的逻辑关系分析与审核

资产负债表相关项目的期初期末数与利润表、现金流量表和所有者权益（股东权益）变动表相关项目之间存在一定的逻辑关系，主要有：

（1）资产负债表中未分配利润的期末数减去期初数，在企业未对内计提盈余公积和对外向投资者分配现金股利的情况下，应该等于利润表的净利润项目；在企业对内计提盈余公积和对外向投资者分配现金股利的情况下，应该等于利润表的净利润项目减去盈余公积和分配股利数额；

（2）资产负债表的货币资金项目的期末数减去期初数，在不考虑现金等价物的情况下应该等于现金流量表最后的现金及现金等价物净增加额；

（3）资产负债表中"未分配利润"年初数、年末数分别与所有者（或股东）权益变动表中"年初未分配利润""年末未分配利润"相等；

（4）资产负债表中"实收资本""资本公积""盈余公积"项目的年初数、年末数分别与所有者（或股东）权益变动表中"实收资本""资本公积""盈余公积"项目的上年年末余额、本年年年末相等。

2. 资产负债表内部项目间的逻辑关系分析与审核

（1）流动资产的分析。流动资产的分析重点是货币资金、存货和应收款项等项目。

①货币资金的分析。货币资金的分析首先是量的分析，其次是真实性的分析。企业的货币资金一般量不多，在有负债的情况下尤其如此。如果量过大，就要检查货币资金账户余额的真实性。对于银行存款，要结合银行存款余额调节表，分析未达账项的具体内容。

②存货的分析。销售成本与存货成本、在产品成本与产成品成本是互补的，在量上是此增彼减的关系，如果存货成本不准确，就会影响到财务成果的正确性。进行存货的分析，首先要了解是否建立完善的材料物资收发领退制度，实际工作中是否严格执行了这些制度；其次是存货真实性的审核。

③应收款项的分析。应收款项容易隐藏的问题主要有以下几种：一是变相分配股东红利，为规避个人所得税，把分出去的红利长期挂记往来；二是隐瞒收入，把已实现了的收入不作收入处理，货款作预收账款入账。如果怀疑应收账款有问题，就应该审查其构成的具体情况。

（2）固定资产的分析。分析固定资产原值有无增减变化，以及增减变化的原因及形式；分析固定资产折旧年限和实际计提的折旧额是否与税法规定相符。

（3）其他资产的分析。重点分析无形资产、长期待摊费用是否按规定的期限计算摊销额；无形资产中的土地使用权是否按税法规定并入其房产计算房产税；此外，还需分析长期股权投资等长期资产，如果资产负债表中"长期股权投资"期末数增加，"无形资产"期末数减少，说明企业很可能发生了用土地使用权进行股权投资的业务，企业是否确认了土地使用权的视同转让损益。

【案例5-1】　某集团公司2014年年末资产负债表上"长期股权投资"期末数比期初数增加4 000万元，"无形资产"期末数比期初数减少3 500万元。

涉税分析：企业的资产状况发生了改变，一项资产明显增加，另一项资产明显减少。从对应关系看，企业很可能用无形资产进行了股权投资。

核实结果：企业用账面价值3 500万元的土地，连同500万元现金，投资于某房地产开发企业，取得80%股权。双方约定土地按评估值作价4 800.39万元。某房地产开发企业按4 800.39万元入账，其中3 500万元连同现金计入"实收资本"，1 300.39万元计入"资本公积"是正确的，但某集团公司对评估增值部分没有确认为收入，没有按财务制度的规定进行账务处理是错误的。按有关税收政策的规定，某集团公司应补缴印花税、土地增值税合计391.8万元，应调增企业所得税应纳税所得额908.59（1 300.39－391.8）万元。

（4）流动负债的分析。流动负债分析的重点是应付账款、应付职工薪酬、其他应付款、预计负债等项目。

①应付账款、其他应付款的分析，着重分析金额较大的明细科目，了解其形成的原因，是否有偿占用，支付给个人的占用费是否按规定扣缴个人所得税。

②应付职工薪酬的分析。按现行税制，企业工资费用没有明确的标准，有的企业钻政策的空子，通过多造工资表来调节利润，即使通过"工资薪金"税目缴纳个人所得税，其税负也远低于形成利润后的企业所得税和个人所得税。判断工资费用的真实性最有效的办法是实地核查。

③预计负债的分析。预计负债项目也和工资一样，往往成为利润的调节器，对预计负债的分析，主要看其内容的真实性。

如果一项负债（"短期借款"）期末数增加，另一项资产（"无形资产——土地使用权"）期末数也增加，说明企业发生了借款业务，有可能用借款购买了土地使用权，需要关注企业借款费用利息是否资本化；另外，从企业"存货"项目与"预收账款"项目的期末期初的变化可能会发现企业收入确认或成本结转中存在的问题。

【案例5-2】 某房地产开发企业2014年度资产负债表中的"存货"项目期初余额5 437.8万元，本期投入999.89万元，期末余额159.6万元，"预收账款"项目期初余额3 784万元，期末余额为零；《土地增值税清算报告》中反映，该项目已完工，已售面积占可售面积（3.31万平方米）的87%，开发成本每平方米为1 945元。

涉税分析："存货"项目期末余额比期初余额大量减少说明企业成本已基本结转；"预收账款"项目期末余额为零，说明企业将上年预售收入全部转入当年主营业务收入。单从资产负债表中的数据变化无法判断企业销售成本的结转情况，结合《土地增值税清算报告》分析，如果未售面积为13%，经测算未售商品房的开发成本应为836.9万元左右，即资产负债表中"存货"项目的期末余额应在836.9万元左右，而不是159.6万元，因此，该公司可能存在多转商品房销售成本的问题。

核实结果：该公司2014年年终进行已销商品房成本结转时，多结转成本677.3万元，因此，应调增2014年度应纳税所得额677.3万元，补缴企业所得税169.3万元。

（5）所有者权益的分析。重点关注留存收益，有的企业为了规避个人所得税，将分配出去的税后利润以"其他应收款"入账，或者不作账务处理，仍然留在"现金"或"银行存款"账上。

如果资产类的"固定资产"和"无形资产"大量增加，同时权益类的"实收资本""资本公积"也大量增加，说明企业很可能发生了增资扩股或者资产评估业务；如果一项权益（"实收资本"）期末数增，另几项权益（"资本公积""未分配利润"）期末数减少，说明企业很可能发生了用"资本公积""未分配利润"转增股本的业务。

【案例5-3】 某非上市股份制企业2014年年度资产负债表中"所有者权益"类的几项数据发生了较大变化，其中，"实收资本"从1 000万元增加到3 692.5万元，而"资本公积"从1 457.3万元减少到136.6万元，"盈余公积"从1 033.6万元减少到9.8万元；"未分配利润"从538.4万元减少到155.8万元。

涉税分析：企业权益类项目金额发生较大变化，而且一项权益增加，三项权益减少，对应关系非常明显，说明企业用"资本公积""盈余公积"和"未分配利润"派发红股而转增了股本的可能性很大。

核实结果：该企业于当年 12 月用"资本公积""盈余公积"和"未分配利润"向 23 名登记备案的自然人股东派发红股而转增股本 2692.5 万元，因"资本公积"中没有因资本溢价产生的部分，所以按政策规定该企业在转股时应代扣代缴股息红利项目个人所得税 538.5 万元。

如果一项所有者权益（"资本公积"）增加，另一项负债（"应付账款""其他应付款"）减少，很可能是企业发生了无法偿还的负债，应计入企业所得税应纳税所得额。

【案例 5-4】　某公司 2014 年度资产负债表中的"资本公积"项目期末数比期初数增加了 4 991 万元，而"其他应付款"项目期末数比期初数减少近 4 000 万元。

涉税分析：虽然企业"资本公积"增加的原因与"其他应付款"减少的原因多种多样，二者也没有必然的联系。但在不考虑资产变动的情况下，一项权益增加，一项负债减少的对应关系非常明显，说明该企业很可能存在将"其他应付款"转入"资本公积"的情况。

核实结果：该公司于当年 12 月底将应付给控股股东、政府以及 5 家往来企业的款项转入"资本公积"，进行了借记"其他应付款"、贷记"资本公积"的账务处理。根据有关税收政策，除控股股东将个人往来转入资本公积可以认定为股东增加投资不需确认为公司利得外，其他应确认为公司利得计入营业外收入。因此，该公司应调增应纳税所得额 694.43 万元（明细略），应补缴"资本公积"项目相应的印花税。

【案例 5-5】　某执行小企业会计准则的企业 2014 年度资产负债表中的"实收资本"项目期末、期初余额均为 1 500 万元，"资本公积"项目期末余额 109.6 万元，期初余额为 36.3 万元。

涉税分析：小企业会计准则下"资本公积"账户只有"资本溢价"明细科目，反映小企业收到的投资者出资额超过其在注册资本或股本中所占份额的部分。该公司在实收资本不变的情况下，资本公积增加 73.3 万元，需查清原因，是否为应计未计的收入或收益。

【案例 5-6】　某执行小企业会计准则的企业 2014 年度资产负债表中的"应付职工薪酬"项目期末余额为 63.58 万元、期初余额为 38.63 万元。2015 年 5 月的资产负债表"应付职工薪酬"项目为 87.89 万元。

涉税分析：该企业年末存在尚未支付的工资薪金支出，从表中显现数据看，到 2014 年汇算清缴前很可能仍未支付，应关注企业是否需作纳税调增。

三、利润表逻辑关系分析与审核

（一）利润表的定义和作用

利润表是指反映企业在一定会计期间的经营成果的会计报表。

利润表的列报必须充分反映企业经营业绩的主要来源和构成，有助于使用者判断净利润的质量及其风险，有助于使用者预测净利润的持续性，从而做出正确的决策。通过利润表，可以反映企业一定会计期间收入的实现情况，如实现的营业收入、投资收益、营业外收入为多少；可以反映一定会计期间的费用耗费情况，如耗费的营业成本、发生的营业税金及附加、销售费用、管理费用、财务费用、营业外支出各为多少；可以反映企业生产经营活动的成果，即营业利润、利润总额及净利润的实现情况，据以判断资本保值、增值等情况。

（二）利润表的格式

利润表正表的格式一般有两种：单步式利润表和多步式利润表。单步式利润表是将当期所有的收入列在一起，然后将所有的费用列在一起，两者相减得出当期净损益。多步式利润表是通过对当期的收入、费用、支出项目按性质加以归类，按利润形成的主要环节列示一些中间性利润指标，分步计算当期净损益。

企业会计准则和小企业会计准则规定，企业应当采用多步式列报利润表，将不同性质的收入和费用进行对比，从而可以得出一些中间性的利润数据，便于使用者理解企业经营成果的不同来源。企业可以分如下三个步骤编制利润表：

第一步，以营业收入为基础，减去营业成本、营业税金及附加、销售费用、管理费用、财务费用、资产减值损失，加上公允价值变动收益（减去公允价值变动损失）和投资收益（减去投资损失），计算出营业利润。其中，资产减值损失，公允价值变动收益为企业会计准则下利润表的项目。

第二步，以营业利润为基础，加上营业外收入，减去营业外支出，计算出利润总额；

第三步，以利润总额为基础，减去所得税费用，计算出净利润（或净亏损）。

企业会计准则下的利润表格式如本节综合案例中的表 5-64、表 5-67 所示。小企业会计准则下利润表的格式略。

（三）利润表的编制

1. 企业会计准则下，利润表"本期金额"栏和"上期金额"栏的填列

企业会计准则下，利润表的栏目分为"本期金额"栏和"上期金额"栏。"本期金额"栏根据"营业收入""营业成本""营业税金及附加""销售费用""管理费用""财务费用""资产减值损失""公允价值变动损益""营业外收入""营业外支出""所得税费用"等损益类科目的发生额分析填列，"营业利润""利润总额""净利润"项目根据本表中相关项目计算填列；"上期金额"栏应根据上年该期利润表"本期金额"栏内所列数字填列。如果上年该期利润表规定的各个项目的名称和内容同本期不相一致，应对上年该期利润表各个项目的名称和数字按本期的规定进行调整，填入"上期金额"栏。

2. 小企业会计准则下，"本月金额"栏、"本年累计金额"栏的填列

小企业会计准则下，利润表"本月金额"栏反映各项目的本月实际发生额；在编报年度财务报表时，应将"本月金额"栏改为"上年金额"栏，填列上年全年实际发生额；"本年累计金额"栏反映各项目自年初起至报告期末止的累计实际发生额。

小企业会计准则下对"营业税金及附加""销售费用""管理费用"和"营业外支出"等项目需要单独列示有关明细项目，但不需要单独列示每股收益和综合收益等指标。

利润表各项目具体填列方法归纳见表 5-59。

表 5-59　　　　　　　　　　利润表各项目的填列方法

项　　目	填列方法
一、营业收入	="主营业务收入"+"其他业务收入"
减：营业成本	="主营业务成本"+"其他业务成本"
营业税金及附加	="营业税金及附加"
销售费用	="销售费用"

项　目	填列方法
管理费用	＝"管理费用"
财务费用（收益以"－"号填列）	＝"财务费用"
资产减值损失	＝"资产减值损失"（企业会计准则下）
加：公允价值变动净收益（净损失以"－"号填列）	＝"公允价值变动损益"（企业会计准则下）
投资收益（损失以"－"号填列）	＝"投资收益"
二、营业利润（亏损以"－"号填列）	推算认定
加：营业外收入	＝"营业外收入"
减：营业外支出	＝"营业外支出"
三、利润总额（亏损总额以"－"号填列）	推算认定
减：所得税费用	＝"所得税费用"
四、净利润（净亏损以"－"号填列）	推算认定
五、每股收益：	
（一）基本每股收益	＝"归属于普通股股东的当期净利润"÷"当期发行在外普通股的加权平均数"
（二）稀释每股收益	＝"归属于普通股股东的当期净利润"÷"假定稀释性潜在普通股转换为已发行普通股的前提下普通股股数的加权平均数"
六、其他综合收益	＝"资本公积——其他资本公积"科目的本期发生额
七、综合收益总额	＝推算认定

3. 利润表可以生成的经济指标

利用本表本期和上期净利润可以计算生成净利润增长率，反映企业获利能力的增长情况和长期的盈利能力趋势；利用净利润、营业成本、销售费用、管理费用和财务费用可以计算生成成本费用利润率，反映企业投入产出情况。

利用本表数据与其他报表或有关资料，可以生成反映企业投资回报等有关情况的指标。例如，利用净利润和净资产可以计算净资产收益率，利用普通股每股市价与每股收益可以计算出市盈率等。

（四）利润表逻辑关系分析与审核

1. 企业会计准则下，利润表内部项目的主要逻辑关系

（1）营业利润＝营业收入－营业成本－营业税金及附加－销售费用－管理费

用–财务费用–资产减值损失+公允价值变动收益（或减损失）+投资收益（或减损失）

（2）利润总额=营业利润+营业外收入–营业外支出

（3）净利润=利润总额–所得税费用

2. 利润表重点项目的分析与审核

对利润表项目的审核分析，主要是审核分析利润形成的各指标的真实性和合理性，多用相对数指标，与同期比，与同行业比，与预警值比。

（1）营业收入的审核分析。首先从制度设计上着手，分析有无明显的漏洞，然后有针对性地开展核查。开展营业收入的分析，不能忽略对发票的检查，发票是纳税评估的重要资料，在销售环节不使用发票的企业，隐瞒收入的可能性要比使用发票的企业大。对于少使用或不使用发票的企业，可以通过进、销、存平衡关系来进行分析。

（2）营业成本的审核分析。重点分析营业成本的真实性，一个重要的指标是毛利率或成本率，这两个比率异常，就有以下几种可能：或是虚增成本，或是隐瞒收入，或是两者兼而有之。

（3）期间费用的审核分析。企业为了调节利润，可能会任意变动期间费用。期间费用有许多明细项目，有的项目有开支标准，超过部分要调增应纳税所得额，如业务招待费，这些项目调节利润的弹性不大。有的项目没有统一开支标准，如差旅费、工资等。纳税评估的重点应放在后者，要对其内容的真实性进行仔细甄别。

3. 资产负债表与利润表间逻辑关系分析与审核

资产负债表有关项目与利润表项目相比较，大致可以判断企业收入的实现、成本的结转和费用的列支等情况，从而分析企业是否存在涉税事项。

①通过资产负债表的资产总额变化与利润表的销售总额变化之比，可以大致判断企业的经营状况。对于资产总额增加而销售总额减少的，应进一步分析资产总额的组成及变化，所有者权益中实收资本增加和负债中短期借款、预收账款、其他应付款增加从而对应存货大幅增加的，应注意其账外销售、延期确认销售的问题。

②资产负债表中货币资金、应收账款、预收账款的增减幅度变化与利润表中营业收入的增减变化之比，可发现营业收入中的误差。分析时结合现金流量表进行，根据企业一段时间的现金流量的变化，分析企业税收的变化趋势。将房地产企业资产负债表中的"预收账款""存货"与利润表中的"营

业收入""营业成本"进行比较，可以大致判断企业的销售收入与销售成本的结转情况等。这些可能会涉及个人所得税、企业所得税等问题。

③通过资产负债表中的存货、预付账款、应付账款的增减变化与利润表中的营业成本的增减变化之比，可以大致判断营业成本结转的准确性。存货应是纳税评估分析的重点，但资产负债表中的存货由原材料、在产品、半成品、周转材料、库存商品等组成，因此分析时最好结合总账进行。在生产正常，市场价格变化不大的情况下，各期外购原材料数量、总价应该变化不大，即原材料借方发生额变化应该不会太大。因此，如果发现某期原材料借方发生额变化太大，在实地查核时应作为重点。原材料借方发生额变化不大，本期增值税进项税额变化应该也不大。在生产正常的情况下，如果发现某期原材料的贷方发生额变化太大，在考虑生产周期的情况下，如产出没有大的变化，在实地查核时应作为重点，防止企业改变原材料用途。在投入正常的情况下，产出应该没有大的变化，如果库存商品期初、期末数量余额变化不大，则本期销售产品的数量变化也不大，在产品销售价格基本稳定的情况下，销售收入及增值税销项税额不应有大的变化。如果发现某期销售数量增加，在产品销售价格变化不大的情况下，销售收入却不增反降，应重点分析。在销售产品的数量变化不大的情况下，本期结转产品销售成本也不应有大的变化。如果发现某期销售产品的数量变化不大而结转产品销售成本增加，应重点分析。

④通过资产负债表中的固定资产、累计折旧、在建工程的增幅变化与利润表中的营业收入、营业成本及资产负债表中的存货增幅变化之比，可以审核利润表中"管理费用——折旧费"的合理性，结合生产设备的增减情况和开工率、能耗消耗，分析主营业务收入的变动是否存在产能和能源消耗支撑。因为企业的固定资产增加，相应的生产能力应该是直接或者间接地增加，如果没有，则应防止成本核算不准确或存在人为调节利润的可能。

⑤通过资产负债表中的其他应收款和其他应付款的增减幅度变化与利润表中的投资收益、财务费用增减幅度变化之比，可能发现账外投资和账外资金拆借的情况。

⑥将企业年末利润表中的"净利润"与资产负债表中的"未分配利润"进行比较分析，可以大致判断企业当年税后净利润的分配情况；将企业资产负债表中"短期借款"应产生的利息与利润表中的财务费用进行比较，可以大致判断企业是否支付了集资利息或者股东债权性投资是否计提了利息。

⑦根据资产负债表中交易性金融资产（小企业会计准则下为短期投资）、长期股权投资、持有至到期投资（小企业会计准则下为长期债券投资）以及可供出售金融资产项目，审核利润表中"投资收益"的合理性。关注是否存在资产负债表投资项目的金额巨大或不断增大而利润表的投资收益很小甚至为零或不断下降；反之，资产负债表中没有投资项目而利润表中却列有投资收益，甚至投资收益大大超过投资项目的本金等异常情况。

四、现金流量表逻辑关系分析与审核

（一）现金流量表的定义和作用

1. 现金流量表的定义

现金流量表是反映企业在一定会计期间的现金和现金等价物的流入和流出的会计报表。

现金流量表以现金及现金等价物（小企业会计准则下只包括现金，不包括现金等价物）为基础编制，划分为经营活动、投资活动和筹资活动，按照收付实现制原则编制。这里的现金是相对广义的现金，包括：

（1）库存现金；

（2）银行存款；

（3）其他货币资金；

（4）现金等价物。

现金等价物，是指企业持有的期限短、流动性强、易于转换为已知金额现金、价值变动风险很小的投资。其中，"期限短"一般是指从购买日起3个月内到期。例如，可在证券市场上流通的3个月内到期的短期债券等。

2. 现金流量表的作用

编制现金流量表，主要是为企业会计报表使用者提供企业一定会计期间内现金和现金等价物流入和流出的信息，以便于报表使用者了解和评价企业获取现金和现金等价物的能力，并据以预测企业未来现金流量。通过编报现金流量表，能够说明企业一定期间内现金流入和流出的原因，说明企业的偿债能力和支付股利的能力；也能够用以分析企业未来获取现金的能力，分析企业投资和理财活动对经营成果和财务状况的影响，有助于对企业的整体财务状况作出客观评价。

（二）现金流量表的格式

企业会计准则规定的一般企业现金流量表基本格式如本节综合案例中的表 5-65、表 5-68 所示，小企业会计准则下的现金流量表格式略。

小企业会计准则下，不需要单独提供各项活动现金流入及流出小计，仅提供产生的现金流量净额即可，投资和筹资活动也不单独设置其他现金流入或流出，只需提供主表，没有附表。企业会计准则下均需提供。

（三）现金流量表编制

无论是执行企业会计准则还是小企业会计准则的企业，现金流量表的编制均可采用工作底稿法或 T 形账户法，也可以根据有关科目记录分析填列。在实务中，大多数企业已经采用财务软件进行日常会计核算，在财务软件中已经固化好现金流量表的编制程序，企业只需根据自身的实际情况进行适当调整即可，因此，企业现金流量表的编制实际上是由计算机完成的，并不会增加企业和会计人员过多的工作量。借助财务信息系统编制现金流量表，既快捷又准确，还减轻了会计人员的工作负担。

企业会计准则下编制现金流量表时，经营活动现金流量的编制方法通常有直接法和间接法两种。直接法是通过现金收入和支出的主要类别反映来自企业经营活动的现金流量；而间接法是指以净利润为起点，调整不涉及现金的收入、费用、营业外收支等有关项目，剔除投资活动、筹资活动对现金流量的影响，据此计算出经营活动产生的现金流量。直接法能显示经营活动现金流量的各项流入流出的内容，比间接法更能体现现金流量表的目的，提供的信息有助于评价企业未来的现金流量；间接法确定的经营活动现金流量，则有助于分析影响现金流量的原因以及从现金流量角度分析企业净利润的质量。我国企业会计准则要求企业按直接法编制现金流量表，进一步在附注中提供按间接法将净利润调节为经营活动现金流量的信息。小企业会计准则下，现金流量表相对比较简单，只有主表，并且按直接法填列。

企业会计准则下，现金流量表分"本期金额"和"上期金额"两栏，其含义同上利润表所述。小企业会计准则下，现金流量表分"本年累计金额"和"本月金额"两栏。"本年累计金额"栏反映各项目自年初起至报告期末止的累计实际发生额。"本月金额"栏反映各项目的本月实际发生额；在编报年度财务报表时，应将"本月金额"栏改为"上年金额"栏，填列上年全年实际发生额。

现金流量表中的现金流入和流出各项目，其编制方法归纳说明见表 5-60。

表 5-60　　　　　　　　　现金流量表各项指标编制方法

项目			内容及填列方法
1. 经营活动产生的现金流量	（1）销售商品、提供劳务收到的现金	内容	①本期销售商品、提供劳务收到的现金（企业会计准则包括增值税销项税额，小企业会计准则下销项税额属于"收到其他与经营活动有关的现金"项目。）②前期销售商品、提供劳务本期收到的现金③本期预收的款项④企业销售材料和代购代销业务收到的现金⑤本期销售本期退回的商品和前期销售本期退回的商品支付的现金（从本项目中扣除）⑥本期收到以前核销的坏账损失
		计算	该项目=营业收入+增值税（销项税额）+（应收账款的年初余额−期末余额）+（应收票据年初余额−期末余额）+（预收账款期末余额−年初余额）−当期计提的坏账准备（企业会计准则下）−票据贴现的利息
	（2）收到的税费返还（小企业会计准则无此项目）		反映企业收到返还的增值税、营业税、所得税、消费税、关税和教育费附加等各种税费返还款。本项目可以根据有关科目的记录分析填列。小企业会计准则下该项目金额反映在"收到其他与经营活动有关的现金"项目中
	（3）收到其他与经营活动有关的现金		反映罚款收入、经营租赁固定资产收到的现金、投资性房地产收到的租金收入、流动资产损失中由个人赔偿的现金收入、除税费返还外的其他政府补助收入等。如果价值较大的，根据"库存现金""银行存款""管理费用""销售费用"等科目的记录分析填列
	（4）购买商品、接受劳务支付的现金	内容	①本期购买商品、接受劳务实际支付的现金（企业会计准则包括增值税进项税额，小企业会计准则下进项税额属于"支付的税费"项目。）②本期支付前期购买商品、接受劳务的未付款项③本期预付款项④本期发生的购货退回收到的现金（从本项目中扣除）
		计算	该项目=营业成本+增值税（进项税额）+（应付账款的年初余额−期末余额）+（应付票据年初余额−期末余额）+（预付账款期末余额−年初余额）+（存货期末余额−年初余额）−当期列入生产成本、制造费用的职工薪酬−当期列入生产成本、制造费用的折旧费等

项目		内容及填列方法
1. 经营活动产生的现金流量	（5）支付给职工以及为职工支付的现金（小企业会计准则为"支付的职工薪酬"）	反映企业本期实际支付给职工的工资、奖金、各种津贴和补贴等职工薪酬，但是应由在建工程、无形资产负担的职工薪酬以及支付的离退休人员的职工薪酬除外。小企业会计准则下包含应由在建工程、无形资产负担的职工薪酬
	（6）支付的各项税费（小企业会计准则无此项目）	本项目反映企业按规定支付的各项税费，包括①本期发生并支付的税费，②本期支付以前各期发生的税费，③预交的税金。如支付的营业税、增值税、消费税、所得税、教育费附加、印花税、房产税、土地增值税、车船税等。本期退回的增值税、所得税等除外。本项目可以根据"应交税费""库存现金""银行存款"等科目分析填列
	（7）支付的其他与经营活动有关的现金	反映企业支付的其他与经营活动有关的现金，如罚款支出、支付的差旅费、业务招待费、保险费、经营租赁支付的现金等。如果金额较大的，应单列项目反映。本项目可以根据有关科目的记录分析填列
2. 投资活动产生的现金流量	（1）收回投资收到的现金	反映企业出售、转让或到期收回除现金等价物以外的交易性金融资产、长期股权投资而收到的现金，以及收回长期债权投资本金而收到的现金，但长期债权投资收回的利息除外。本项目可以根据"交易性金融资产"（短期投资）"持有至到期投资""可供出售金融资产"（长期债券投资）"长期股权投资""库存现金""银行存款"等科目的记录分析填列
	（2）取得投资收益收到的现金	反映企业因股权性投资而分得的现金股利，从子公司、联营企业或合营企业分回利润而收到的现金，以及因债权性投资而取得的现金利息收入，但股票股利除外。本项目可以根据"应收股利""应收利息""投资收益""库存现金""银行存款"等科目的记录分析填列
	（3）处置固定资产、无形资产和其他长期资产收回的现金净额	反映企业出售、报废固定资产、无形资产和其他长期资产所取得的现金（包括因资产毁损而收到的保险赔偿收入），减去为处置这些资产而支付的有关费用后的净额，但现金净额为负数的除外（在"支付的其他与投资活动有关的现金"项目中反映）。本项目可以根据"固定资产清理""库存现金""银行存款"等科目的记录分析填列
	（4）处置子公司及其他营业单位收到的现金净额（企业会计准则）	反映企业处置子公司及其他营业单位所取得的现金减去相关处置费用后的净额。本项目可以根据有关科目的记录分析填列
	（5）购建固定资产、无形资产和其他长期资产支付的现金	反映企业购买、建造固定资产、取得无形资产和其他长期资产所支付的现金及增值税款、支付的应由在建工程和无形资产负担的职工薪酬现金支出，但为购建固定资产而发生的借款利息资本化部分、融资租入固定资产所支付的租赁费除外

续表

项目		内容及填列方法
2. 投资活动产生的现金流量	(6) 投资支付的现金	反映企业取得的除现金等价物以外的权益性投资和债权性投资所支付的现金以及支付的佣金、手续费等附加费用。本项目可以根据"交易性金融资产（短期投资）""持有至到期投资（长期债券投资）""可供出售金融资产""长期股权投资""库存现金""银行存款"等科目的记录分析填列
	(7) 取得子公司及其他营业单位支付的现金净额（小企业会计准则无此项目）	反映企业购买子公司及其他营业单位购买出价中以现金支付的部分，减去子公司或其他营业单位持有的现金和现金等价物后的净额
	(8) 收到其他与投资活动有关的现金、支付其他与投资活动有关的现金（小企业会计准则无此项目）	反映企业除上述（1）至（7）各项目外，收到或支付的其他与投资活动有关的现金流入或流出，金额较大的应当单独列示。小企业会计准则下并入"收到其他与经营活动有关的现金、支付其他与经营活动有关的现金"项目
3. 筹资活动产生的现金流量	(1) 吸收投资收到的现金	反映企业以发行股票、债券等方式筹集资金实际收到的款项，减去直接支付给金融企业的佣金、手续费、宣传费、咨询费、印刷费等发行费用后的净额。小企业会计准则只反映小企业收到的投资者作为资本投入的现金
	(2) 取得借款收到的现金	反映企业举借各种短期、长期借款而收到的现金
	(3) 偿还债务支付的现金	反映企业以现金偿还债务的本金
	(4) 分配股利、利润或偿付利息支付的现金	反映企业实际支付的现金股利、支付给其他投资单位的利润或用现金支付的借款利息、债券利息
	(5) 收到其他与筹资活动有关的现金、支付其他与筹资活动有关的现金（小企业会计准则无此项目）	反映企业除上述1至4项目外，收到或支付的其他与筹资活动有关的现金流入或流出，包括以发行股票、债券等方式筹集资金而由企业直接支付的审计和咨询等费用，为购建固定资产而发生的借款利息资本化部分、融资租入固定资产所支付的租赁费，以分期付款方式购建固定资产以后各期支付的现金等。小企业会计准则下并入"收到其他与经营活动有关的现金、支付其他与经营活动有关的现金"项目

【案例5-7】　甲公司为执行企业会计准则的企业，2014年有关资料如下：

（1）"应收账款"项目年初数 1 000 万元，年末数 1 200 万元；

（2）"应收票据"项目年初数 400 万元，年末数 200 万元；

（3）"预收账款"项目年初数 800 万元，年末数 900 万元；

（4）"营业收入"项目本年数 50 000 万元；

（5）"应交税费——应交增值税（销项税额）" 8 670 万元；

（6）其他相关资料：本期计提坏账准备 50 万元，工程项目领用本企业产品产生的增值税销项税额 170 万元，收到客户用 117 万元的商品（其中货款 100 万元，增值税 17 万元）来抵偿前欠的货款 120 万元。

甲公司 2014 年现金流量表中"销售商品、提供劳务收到的现金"项目的金额应为 58 030 万元。

销售商品、提供劳务收到的现金＝营业收入＋增值税（销项税额）＋（应收账款的年初余额－期末余额）＋（应收票据年初余额－期末余额）＋（预收账款期末余额－年初余额）－当期计提的坏账准备－因客户用产品抵偿债务而减少应收账款－票据贴现利息＝（50 000＋8 670－170）＋（1 000－1 200）＋（400－200）＋（900－800）－50－120－0＝58 430（万元）

该公司现金流量表反映的"销售商品、提供劳务收到的现金"为 58030 万元，则可能说明公司存在应计未计的收入，需进一步核查。

【案例 5-8】 甲公司为执行企业会计准则的企业，2014 年有关资料如下：

（1）"应付账款"项目年初数 1 000 万元，年末数 1 200 万元；

（2）"应付票据"项目年初数 400 万元，年末数 200 万元；

（3）"预付账款"项目年初数 800 万元，年末数 900 万元；

（4）"存货"项目年初数 1 000 万元，年末数 800 万元；

（5）"营业成本"项目本年数 40 000 万元；

（6）"应交税费——应交增值税（进项税额）"科目本期发生额为 6 000 万元；

（7）其他相关资料：用固定资产偿还应付账款 100 万元，生产成本中直接工资项目含有本期发生的生产工人的工资费用 1 000 万元，本期制造费用发生额 600 万元（其中消耗性的物料为 50 万元），工程项目领用本企业产品 100 万元。

甲公司 2014 年现金流量表中"购买商品、接受劳务支付的现金"项目的金额为 44 350 万元。

购买商品、接受劳务支付的现金＝营业成本＋增值税（进项税额）＋（应付账款的年初余额－期末余额）＋（应付票据年初余额－期末余额）＋（预付账款期末余额-年初余额) + (存货期末余额-年初余额) -当期列入生产成本、制造费用的职工薪酬-用固定资产偿还应付账款-当期列入生产成本、制造费用折旧费用+工程项目领用本企业产品 = 40 000+6 000+ (1 000-1 200) + (400-200) + (900-800) + (800-1000) -1000-100- (600-50) +100 = 44 350 (万元)。

【案例5-9】　甲企业本期实际支付工资500 000元,其中经营人员工资350 000元,在建工程人员工资150 000元。

企业会计准则下,本期"支付给职工以及为职工支付的现金"为350 000元,150 000元计入"购建固定资产、无形资产和其他长期资产支付的现金"项目;小企业会计准则下,本期"支付的职工薪酬"为500 000元。

【案例5-10】　甲企业本期向税务机关缴纳增值税34 000元;本期发生的所得税3 000 000元已全部缴纳;企业期初未交所得税280 000元;期末未交所得税150 000元。

本期支付的各项税费 = 34 000+3 000 000+ (280 000-150 000) = 3 164 000 (元)。

【案例5-11】　甲企业出售某项长期股权投资,收回的全部投资金额为450 000元;出售某项长期债权性投资,收回的全部投资金额为460 000元,其中,60 000元是债券利息。

本期收回投资所收到的现金=450 000+ (460 000-60 000) = 850 000 (元)。

【案例5-12】　甲企业执行企业会计准则,期初长期股权投资余额2 000 000元,其中1500 000万元投资于联营企业A企业,占其股本的25%,采用权益法核算,另外200 000元和300 000元分别投资于B企业和C企业,各占接受投资企业总股本的5%和10%,采用成本法核算;当年A企业盈利2 000 000元,分配现金股利800 000元,B企业亏损没有分配股利,C企业盈利600 000元,分配现金股利300 000元。企业已如数收到现金股利。

本期取得投资收益收到的现金 = 800 000×25%+300 000×10% = 200 000+30 000= 230 000 (元)。

【案例5-13】　乙公司出售一台不用设备,收到价款30 000元,该设备原价40 000元,已提折旧15 000元。支付该项设备拆卸费用200元,运输费用80元,设备已由购入单位运走。

本期处置固定资产、无形资产和其他长期资产所收回的现金净额=30 000- (200+80) = 30 000-280 = 29 720 (元)。

【案例 5-14】 乙公司购入房屋一幢，价款 1 850 000 元，通过银行转账 1 800 000 元，其他价款用公司产品抵偿。为在建厂房购进建筑材料一批，价值为 160 000 元，价款已通过银行转账支付。

本期购建固定资产、无形资产和其他长期资产支付的现金＝1 800 000＋160 000＝1 960 000（元）。

【案例 5-15】 甲企业以银行存款 2 000 000 元投资于 A 企业的股票。此外，购买某银行发行的金融债券，面值总额 200 000 元，票面利率 8%，实际支付金额为 205 000 元。

本期投资所支付的现金＝2 000 000＋205 000＝2 205 000（元）。

【案例 5-16】 甲企业对外公开募集股份 1 000 000 股，每股 1 元，发行价每股 1.1 元，代理发行的证券公司为其支付的各种费用，共计 15 000 元。甲企业已收到全部发行价款。

本期吸收投资收到的现金＝1 000 000×1.1－15 000＝1 085 000（元）。

【案例 5-17】 甲企业期初应付现金股利为 21 000 元，本期宣布并发放现金股利 50 000 元，期末应付现金股利 12 000 元。

本期分配股利、利润或偿付利息所支付的现金＝50 000＋（21 000－12 000）＝50 000＋9 000＝59 000（元）。

（四）企业会计准则下现金流量表的补充资料

企业应当采用间接法在现金流量附注中披露将净利润调节为经营活动现金流量的信息。现金流量表补充资料包括将净利润调节为经营活动现金流量、不涉及现金收支的重大投资和筹资活动、现金及现金等价物净变动情况等项目。其中，"将净利润调节为经营活动现金流量"的填列方法见表 5-61。

表 5-61　　　　　　　　　补充资料中的相关项目的填列方法一览表

项目	填列方法
1. 净利润	根据利润表净利润数填列
2. 资产减值准备	本期计提的各项资产减值准备发生额累计数（注：直接核销的坏账损失不计入）
3. 固定资产折旧、油气资产折耗、生产性生物资产折旧	累计折旧期末数－累计折旧期初数（注：未考虑因固定资产对外投资等减少的折旧额）

项目	填列方法
4. 无形资产摊销和长期待摊费用摊销	累计摊销期末数-累计摊销期初数（注：未考虑因无形资产对外投资等减少的摊销额）
5. 处置固定资产、无形资产和其他长期资产的损失（减：收益）	根据固定资产清理及营业外支出（或收入）明细账分析填列
6. 固定资产报废损失	根据固定资产清理及营业外支出明细账分析填列
7. 公允价值变动损失	根据公允价值变动损益本期借贷方发生额分析填列
8. 财务费用	利息支出-应收票据的贴现利息
9. 投资损失（减：收益）	投资收益（借方余额正号填列，贷方余额负号填列）
10. 递延所得税资产减少（减：增加）	递延所得税资产（期末数-期初数）<0以正号填列，>0以负号填列
11. 递延所得税负债增加（减：减少）	递延所得税负债（期末数-期初数）>0以正号填列，<0以负号填列
12. 存货的减少（减：增加）	存货期初数-存货期末数（注：未考虑存货对外投资等原因的减少）
13. 经营性应收项目的减少（减：增加）	应收账款（期初数-期末数）+应收票据（期初数-期末数）+预付账款（期初数-期末数）+其他应收款（期初数-期末数）+待摊费用（期初数-期末数）-坏账准备期末余额
14. 经营性应付项目的增加（减：减少）	应付账款（期末数-期初数）+预收账款（期末数-期初数）+应付票据（期末数-期初数）+应付职工薪酬（期末数-期初数）+应交税费（期末数-期初数）

【案例5-18】　2014年度，甲企业处置设备一台，原价180 000元，累计已提折旧110 000元，收到现金80 000元，产生处置收益10 000 [80 000-（180 000-110 000）] 元。处置固定资产的收益10 000元，在将净利润调节为经营活动现金流量时应当扣除。

【案例5-19】　2014年12月31日，甲企业持有交易性金融资产的公允价值为800万元，2014年度未发生投资性房地产的增减变动，2015年12月31日，该企业持有交易性金融资产的公允价值为805万元，公允价值变动损益为5万元。这5万元的资产持有利得，在将净利润调节为经营活动现金流量时应当扣除。

【案例5-20】　2014年度，甲企业共发生财务费用350 000元，其中属于经营活动的为 50 000 元，属于筹资活动的为 300 000 元。属于筹资活动的财务费用 300 000 元，在将净利润调节为经营活动现金流量时应当加回。

【案例 5-21】 2014 年度，甲企业共发生财务费用 350 000 元，其中属于经营活动的为 50 000 元，属于筹资活动的为 300 000 元。属于筹资活动的财务费用 300 000 元，在将净利润调节为经营活动现金流量时应当加回。

【案例 5-22】 2014 年 1 月 1 日，甲企业递延所得税资产借方余额为 5 000 元；2014 年 12 月 31 日，递延所得税资产借方余额为 125 000 元，增加了 7 500 元，经分析，为该企业计提了固定资产减值准备 30 000 元，使资产和负债的账面价值与计税基础不一致。递延所得税资产增加的 7 500 元，在将净利润调节为经营活动现金流量时应当扣减。

【案例 5-23】 2014 年 1 月 1 日，甲企业存货余额为 200 000 元；2014 年 12 月 31 日，存货余额为 360 000 元；2014 年度，存货增加了 160 000（360 000-200 000）元。存货的增加金额 160 000 元，在将净利润调节为经营活动现金流量时应当扣除。

【案例 5-24】 2014 年 1 月 1 日，甲企业应收账款为 750 000 元，应收票据为 230 000 元；2014 年 12 月 31 日，甲企业资料为：应收账款 950 000 元，应收票据为 200 000 元；2014 年度内，该企业经营性应收项目年末比年初增加了 170 000 ［（950 000-750 000）＋（200 000-230 000）］元。经营性应收项目增加金额 170 000 元，在将净利润调节为经营活动现金流量时应当扣除。

【案例 5-25】 2014 年 1 月 1 日，甲企业资料为：应付账款为 600 000 元，应付票据为 390 000 元，应付职工薪酬为 10 000 元，应交税费为 60 000 元；2014 年 12 月 31 日，甲企业资料为：应付账款为 850 000 元，应付票据为 300 000 元，应付职工薪酬为 15 000 元，应交税费为 40 000 元；2014 年度内，经营性应付项目年末比年初增加了 145 000 ［（850 000-600 000）＋（300 000-390 000）＋（15 000-10 000）＋（40 000-60 000）］元。经营性应付项目增加金额 145 000 元，在将净利润调节为经营活动现金流量时应当加回。

（五）现金流量表逻辑关系分析与审核

1. 现金流量表内部项目的平衡关系

（1）经营活动产生的净现金流量＝经营活动产生的现金流入量-经营活动产生的现金流出量

（2）投资活动产生的净现金流量＝投资活动产生的现金流入量-投资活动

产生的现金流出量

（3）筹资活动产生的净现金流量＝筹资活动产生的现金流入量−筹资活动产生的现金流出量

（4）现金及现金等价物净增加额＝经营活动产生的净现金流量＋投资活动产生的净现金流量＋筹资活动产生的净现金流量

（5）现金及现金等价物净增加额＝（现金的期末余额−现金的期初余额）＋（现金等价物的期末余额−现金等价物的期初余额）

（6）正表第一项"经营活动产生的现金流量净额"与补充资料第一项"将净利润调节为经营活动产生的现金流量"应相符。前者采用直接法，后者采用间接法，但两者所列报内容是完全一致的。

（7）正表中的第五项"现金及现金等价物净增加额"与补充资料中第三项"现金及现金等价物净变动情况"存在钩稽关系。正表是流入与流出的差额，是对现金净流量进行的动态计算的结果；补充资料是期末与期初差额，是对现金净流量静态计算的结果。两者计算方法不同，但结果应当一致。

2. 对经营活动产生的现金流量的分析与审核

（1）与增值税销项税额和进项税额有着直接对应关系的是"销售商品、提供劳务收到的现金"和"购买商品、接受劳务支付的现金"。在检查时可结合应收账款、预付账款、应付账款、预收账款以及有关备抵科目进行。通过存在于各项目之间的逻辑关系，如销售商品、提供劳务收到的现金在数值上＝营业收入（含销售材料等其他业务收入）−本期销售商品、提供劳务尚未收到的款项扣除退回的本期及前期销售商品、提供劳务支付的现金余额＋前期销售商品、提供劳务而在本期收到的现金＋本期预收的账款。在运用会计科目余额进行计算时还应考虑有关备抵科目的影响。如果该逻辑关系不成立就有低估营业收入的可能，主要情况有某些视同销售业务发生时直接结转库存商品、分期收款发出商品未按期确认营业收入等。由于我国增值税实行的是在购买商品、接受劳务时取得增值税专用发票进行税款抵扣的办法，因而"购买商品、接受劳务支付的现金"在考虑应付账款、预收账款的影响的基础上就可以确定增值税进项税额的是否真实合法。在进行企业所得税检查时，对主营业务成本的审查可以结合"购买商品、接受劳务支付的现金"与存货及应付往来账款进行。对经计算发现的没有支付现金的但已列入成本的存货应向前延伸检查其购货合同协议、购货发票、装运及入库凭证来证实其真实性。

（2）对"支付给职工以及为职工支付的现金"项目的检查主要对企业所

得税和个人所得税提供直接的数据资料。该项目反映的是实际支付给职工以及为职工支付的现金。不包括离退休人员的各项费用和支付的在建工程人员的工资费用（小企业会计准则下含此两项费用）。目前我国《企业所得税暂行条例》规定准予在税前列入生产成本的人工费用是企业当年实际发生的在职人员的工资及相关费用但不超过计税工资标准的部分，即税法规定是以收付实现制为基础的，只要将"支付给职工以及为职工支付的现金"的金额与企业所得税申报资料中的职工工资及相关费用明细表的金额进行对应比较分析，就能确定其工资及相关费用的列支是否符合税法规定的标准。对于会计科目"应付职工薪酬"反映的金额在现金流量表中分别在"支付给职工以及为职工支付的现金"和"购建固定资产、无形资产和其他长期资产所支付的现金"项目中列示，在检查中要注意区分其各自内容及会计科目核算的内容。结合职工花名册、工资发放表也可以顺利审查个人所得税的申报及缴纳情况。

（3）对税金的检查可直接与"收到的税费返还"和"支付的各项税费"相结合，与应交税费各明细科目的借方发生额进行核对。

3. 对投资活动产生的现金流量的分析与审核

现金流量表中的投资比通常所说的短期投资和长期投资的范围要广，不仅包括非现金等价物的短期投资、长期投资的购买和处置，还包括固定资产及无形资产等长期资产的购买和处置。本项目涉及增值税的是固定资产的购买和处置，对购买的固定资产检查其增值税是否列入了进项税额（税法规定的可以抵扣的情况除外）。对固定资产的处置是否计提增值税，免税的是否符合规定的条件。对企业所得税则要关注其投资收益的核算是否准确，税法与会计所采用的方法是否一致，投资所支付的佣金、手续费等列支是否与投资所支付本金相匹配，根据现金流量表该大类提供的各项目的数据进行分析，同时可与上期的报表进行比较，发现差异并找出原因。

4. 对筹资活动产生的现金流量的分析与审核

该大类主要与企业所得税有较大的关系。筹资包括吸收投资和借款，要检查筹资费用的支付是否合理，利息的列支是否符合税法的规定。特别对"分配股利、利润和偿付利息所支付的现金"项目的检查要结合有关明细账进行分析检查并要审阅相关的股东大会的文件、借款协议，更加可靠地确定费用列支的合理性。

5. 对现金流量表中的补充资料项目数据的分析与审核

补充资料项目中一些项目可直接与企业所得税中的成本相对应，如"固定资产折旧""无形资产摊销""长期待摊费用摊销"，而对"计提的资产减值准备"等要注意税法与会计上存在着较大的差异，要认真加以分析研究，而且这些项目的估计金额具有较大的主观性，纳税人往往利用该类科目进行人为的调节利润，而通过填报反映具有真实现金流入、流出使该类问题很容易暴露无遗。对"存货的减少（减：增加）""经营性应收项目的减少（减：增加）""经营性应付项目的增加（减：减少）"等此类项目结合前面的分析可更加全面地反映出纳税人的真实经营状况，同时也能从现金流量表直接入手进行实质性检查，有效地发现其中存在的税收上问题。

从现金流量表的结构上来看，许多项目与税收有关，故也可以将现金流量表列示的会计数据与税收征管系统采集的内部征收信息比对，见表5-62。

表 5-62　　　　　　　　　会计数据与税收征管系统采集比对

	项目	涉及税收事项
经营活动产生的现金流量	销售商品、提供劳务收到的现金（营业收入）	与系统中申报开具发票金额比对，同时结合企业平均赊销率，与企业营业收入比对，找出企业收入确认的差距
	收到的税费返还	与系统中返还的各种税费金额比对
	购买商品、接受劳务支付的现金（营业成本）	与系统中认证抵扣发票金额比对
	支付给职工以及为职工支付的现金	与系统中工资相关税费计税依据比对
	支付的各项税费	与系统中实际征收各项税费金额比对
投资活动产生的现金流量	收回投资收到的现金	与系统中备案投资合同金额比对
	取得投资收益收到的现金	与系统中备案投资合同收益比对
	处置固定（无形）资产等长期资产收回的现金净额	与系统中备案的处置资产金额比对
	处置子公司及其他营业单位收到的现金净额	用于合并报表事项（处置子公司流入）
	购建固定（无形）资产等长期资产支付的现金	与账簿中记载非流动资产金额比对
	投资支付的现金	与系统中备案的投资合同金额比对
	取得子公司及其他营业单位支付的现金净额	用于合并报表事项（购买子公司支出）
筹资活动产生的现金流量	吸收投资收到的现金	与系统中工商信息的注册资本比对
	取得借款收到的现金	与系统中备案借款合同金额比对
	偿还债务支付的现金	与系统中备案借款合同金额比对
	分配股利、利润或偿付利息支付的现金	与系统中备案合同约定利息比对

五、"三大报表"的逻辑关系分析与审核

（一）会计报表项目之间基本逻辑关系分析与审核

1. 资产＝负债+所有者权益；

2. 收入−费用＝利润；

3. 现金流入−现金流出＝现金净流量；

4. 资产负债表、利润表及现金流量表分别与其附表、附注、补充资料等相互钩稽等。

在会计报表基本钩稽关系中，前三项钩稽关系，分别是资产负债表、利润表及现金流量表的基本平衡关系，一般没有问题。但是从审核程序上还是应予以必要的关注。

（二）资产负债表、利润表和现金流量表三者之间的逻辑关系分析与审核

1. 一般情况下，资产负债表与现金流量表中存在如下逻辑关系：

（1）现金的期末余额＝资产负债表"货币资金"期末余额；

（2）现金的期初余额＝资产负债表"货币资金"期初余额；

（3）现金及现金等价物的净增加额＝现金的期末余额−现金的期初余额。若企业有现金等价物，则现金及现金等价物的净增加额＝（现金的期末余额−现金的期初余额）＋（现金等价物期末余额−现金等价物期初余额）。

2. 补充资料中净利润是否与利润表中的净利润相等，由净利润调整得到的经营活动产生的现金流量净额是否与主表中的经营活动产生的现金流量净额相等。

3. 利润及利润分配表中的有关数据与资产负债表中的有关数据相对照，利润及利润分配表中最后的未分配利润额是否与资产负债表中的未分配利润额相一致；本年提取的公积金数额是否与资产负债表中的盈余公积增加数额相一致，如此等等。

4. 若发现这些数据之间无法核对，就说明财务报表中的许多资料都有错误或是失实了，需要进一步核实。

要把握报表之间的关系在于把握综合关系，资产可以分为现金和其他资产，期末现金额是由期初额通过现金的变动，即本期现金流量表中来自经营活动、

投资活动和筹资活动产生的现金流量而得来，这就联系了资产负债表和现金流量表。而期初所有者通过股东权益变动表的净收益和其他收益以及利润表中的净收益而影响期末所有者权益，也表示资产负债表、利润表、股东权益变动表之间有很大的逻辑关系。财务报表之间的逻辑关系如图5-1、图5-2所示。

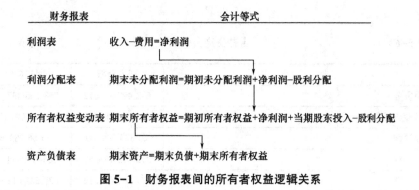

图5-1　财务报表间的所有者权益逻辑关系

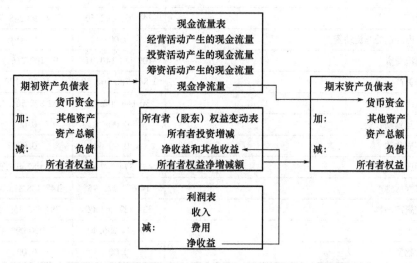

图5-2　财务报表间的现金资产、所有者权益逻辑关系

【综合案例】　××股份有限公司于1994年6月取得企业法人营业执照，1997年9月公司经批准向社会公开发行人民币普通股3 500万股（每股面值1元），发行后总股本为11 648.75万股。后经配售、公积金转增以及非公开发行方式发行普通股等，总股本达24 676.75万股。

公司经营范围：承包国外工程项目，对外派遣实施境外工程所需的劳务人员，煤炭批发经营，危险化学品批发（按许可证所列经营范围经营）。预包装食品、乳制品（含婴幼儿配方乳粉）的批发与零售；Ⅱ类、Ⅲ类医疗器械（不含植入类产品、体外诊断试剂及塑型角膜接触镜）的销售；实业投资，国内贸易，自营和代理木材等各类商品及技术的进出口业务。2014 年合并报表与母公司报表见表 5-63～表 5-68。

表 5-63　　　　　　　　　合并资产负债表　　　　　　　　单位：元

资　　产	期末金额	期初金额
货币资金	622 497 226.72	568 166 437.45
交易性金融资产	21 120 000.00	0.00
应收票据	20 375 399.00	155 66 783.60
应收账款	272 213 173.57	22 042 9874.07
预付账款	477 003 014.14	437 522 011.14
其他应收款	87 404 205.26	117 735 107.25
存货	241 023 642.50	284 698 248.73
一年内到期的非流动资产	0.00	0.00
其他流动资产	100 144 140.91	97 103 716.96
流动资产合计	1 841 780 802.10	1 741 222 179.20
可供出售金融资产	30 146 702.43	32 892 581.43
持有至到期投资	0.00	0.00
长期应收款	0.00	0.00
长期股权投资	431 374 247.65	375 082 401.52
投资性房地产	14 677 271.95	147 488 815.48
固定资产净额	334 227 863.00	284 673 459.49
在建工程	33 344 006.40	32 990 097.47
工程物资	0.00	0.00
固定资产清理	0.00	0.00
生产性生物资产	0.00	0.00
油气资产	0.00	0.00
无形资产	92 778 961.23	86 860 855.25
开发支出	0.00	0.00
商誉	3 444 180.85	0.00
长期待摊费用	1 690 982.91	1 52 359.00
递延所得税资产	3 146 048.56	2 545 702.58

资　产	期末金额	期初金额
其他长期资产	0.00	0.00
非流动资产合计	944 830 264.98	962 686 272.22
资产总计	2 786 611 067.08	2 703 908 451.42
负债和所有者（或股东权益）	期末金额	期初金额
短期借款	386 816 726.06	273 350 329.55
交易性金融负债	66 208 800.00	86 879 000.00
应付票据	86 053 939.47	206 733 100.00
应付账款	237 993 565.35	180 561 941.66
预收账款	331 431 201.84	347 156 045.52
应付职工薪酬	22 894 798.02	17 235 157.18
应交税金	19 512 822.50	26 159 247.58
应付利息	869 238.05	653 503.30
应付股利	81 000.00	1 520 752.67
其他应付款	90 699 769.19	77 480 504.78
一年内到期的长期负债	0.00	0.00
其他流动负债	109 074.54	0.00
流动负债合计	1 242 670 935.02	1 217 729 582.24
长期借款	0.00	0.00
应付债券	0.00	0.00
长期应付款	18 318 639.07	15 732 639.07
预计负债	0.00	0.00
长期负债合计	18 318 639.07	15 732 639.07
负债合计	1 260 989 574.09	1 233 462 221.31
股本	246 767 500.00	246 767 500.00
资本公积	697 978 367.60	697 274 681.99
库存股	0.00	0.00
盈余公积	123 170 949.11	117 283 632.85
未分配利润	349 102 048.48	305 955 465.32
外币报表折算差额	−34 961.40	0.00
归属于母公司所有者权益合计	1 416 983 903.79	1 367 281 280.16
少数股东权益	108 637 589.20	103 164 949.95
股东权益合计	1 525 621 492.99	1 470 446 230.11
负债和股东权益合计	2 786 611 067.08	2 703 908 451.42

表 5-64　　　　　　　　　　合并利润表　　　　　　　　　　单位：元

项　目	2014 年	2013 年
一、营业总收入	3 760 723 797. 04	3 299 986 970. 16
营业收入	3 760 723 797. 04	3 299 986 970. 16
二、营业总成本	3 724 794 704. 15	3 265 265 305. 67
营业成本	3 479 318 193. 99	3 050 592 200. 17
营业税金及附加	26 876 097. 34	15 790 631. 95
销售费用	126 033 741. 10	122 664 047. 79
管理费用	77 239 533. 71	73 767 581. 65
财务费用	8 918 290. 73	5 847 298. 85
资产减值损失	6 408 847. 28	− 3 396 454. 74
加：公允价值变动收益	1 120 000. 00	0. 00
投资收益	42 888 215. 89	49 991 308. 35
其中：对联营企业和合营企业的投资收益	18 240 678. 00	19 003 482. 36
三、营业利润	79 937 308. 78	84 712 972. 84
加：营业外收入	12 781 330. 14	16 257 981. 20
减：营业外支出	1 857 864. 24	885 916. 93
其中：非流动资产处置净损失	56 201. 33	118 970. 02
四、利润总额	90 860 774. 68	100 085 037. 11
所得税费用	15 954 794. 40	26 359 494. 52
五、净利润	74 905 980. 28	73 725 542. 59
归属于母公司所有者的净利润	68 775 299. 42	65 332 863. 43
少数股东损益	6 130 680. 86	8 392 679. 16
六、每股收益		
（一）基本每股收益	0. 28	0. 26
（二）稀释每股收益		
七、其他综合收益	928 853. 22	1 294 601. 16
八、综合收益总额	75 834 833. 50	75 020 143. 75
归属于母公司所有者的综合收益总额	69 444 023. 63	66 504 287. 30
归属于少数股东的综合收益总额	6 390 809. 87	8 515 856. 45

表 5-65 合并现金流量表 单位：元

项 目	2014 年	2013 年
一、经营活动产生的现金流量		
销售商品提供劳务收到的现金	3 793 904 647.55	3 470 964 420.51
收到的税费返还	304 732 192.23	281 709 204.10
收到的其他与经营活动有关的现金	44 365 748.86	131 038 090.28
经营活动现金流入小计	414 3002 588.64	3 883 711 714.89
购买商品接受劳务支付的现金	3 805 937 062.07	3 384 553 343.53
支付给职工以及为职工支付的现金	174 129 619.09	159 545 960.72
支付的各项税费	63 366 866.88	59 315 830.15
支付的其他与经营活动有关的现金	82 056 184.34	199 817 869.00
经营活动现金流出小计	4 125 489 732.38	3 803 233 003.40
经营活动现金流量净额	17 512 856.26	80 478 711.49
二、投资活动产生的现金流量		
收回投资所收到的现金	5 020 528.64	97 624 486.02
取得投资收益所收到的现金	11 036 981.41	79 482 019.46
处置固定资产、无形资产和其他长期资产而收回的现金	28 637 121.47	18 904 249.35
出售子公司及其他营业单位收到的现金	81 119 017.68	−6 012 153.41
收到的其他与投资活动有关的现金	0.00	0.00
投资活动现金流入小计	125 813 649.20	189 998 601.42
购建固定资产、无形资产和其他长期资产所支付的现金	20 022 196.10	16 915 940.57
投资所支付的现金	63 896 000.00	40 109 910.69
取得子公司及其他营业单位支付的现金净额	13 702 834.57	
支付的其他与投资活动有关的现金	21 761 827.20	0.00
投资活动现金流出小计	119 382 857.87	57 025 851.26
投资活动产生的现金流量净额	6 430 791.33	132 972 750.16
三、筹资活动产生的现金流量		
吸收投资所收到的现金	3 280 000.00	1 960 000.00
其中子公司吸收少数股东权益性投资收到的现金	3 280 000.00	1 960 000.00
借款所收到的现金	1 038 477 261.65	840 282 549.18
发行债券所收到的现金	0.00	0.00
收到其他与筹资活动有关的现金	0.00	0.00
筹资活动现金流入小计	1 041 757 261.65	842 242 549.18
偿还债务所支付的现金	925 978 373.14	989 273 093.72

项　　目	2014 年	2013 年
分配股利利润或偿付利息所支付的现金	45 735 982.98	51 417 957.53
其中支付少数股东的股利	6 203 173.00	2 633 000.00
支付的其他与筹资活动有关的现金	11 970 000.00	0.00
筹资活动现金流出小计	983 684 356.12	1 040 691 051.25
筹资活动产生的现金流量净额	58 072 905.53	-198 448 502.07
汇率变动对现金的影响	0.00	0.00
现金及现金等价物净增加额	82 016 553.12	15 002 959.58
加：期初现金及现金等价物	495 618 877.45	480 615 917.87
现金及现金等价物余额	577 635 430.57	495 618 877.45

表 5-66　　　　　　　　　母公司资产负债表　　　　　　　单位：元

资　　产	期末金额	期初金额
货币资金	305 047 858.72	270 817 173.87
交易性金融资产	21 120 000.00	
应收票据	18 675 399.00	15 566 783.60
应收账款	106 882 484.59	403 433 266.01
预付账款	112 128 313.49	248 715 678.30
其他应收款	189 846 671.00	214 858 572.02
存货	33 537 444.81	40 380 278.10
一年内到期的非流动资产		
其他流动资产	7 011 454.20	
流动资产合计	794 738 625.81	840 599 851.90
可供出售金融资产	22 246 197.83	26 179 954.63
持有至到期投资		
长期应收款		
长期股权投资	1 078 056 575.55	1 061 722 832.38
投资性房地产	14 677 271.95	14 275 747.39
固定资产净额	93 815 272.49	100 097 874.24
在建工程	2 935 695.37	23 645 799.85
工程物资		
固定资产清理		
生产性生物资产		

续表

资　　产	期末金额	期初金额
油气资产		
无形资产	5 549 074.90	6 116 855.93
开发支出		
商誉		
长期待摊费用		
递延所得税资产	756 835.89	6 980 559.98
其他长期资产		
非流动资产合计	124 4758 213.98	1 239 019 624.40
资产总计	2 039 496 839.79	2 079 619 476.30
负债和所有者（或股东权益）	期末金额	期初金额
短期借款	268 046 528.27	218 983 393.01
交易性金融负债	23 646 000.00	40 098 000.00
应付票据	81 033 939.47	197 223 100.00
应付账款	63 170 152.98	44 648 181.71
预收账款	60 304 185.47	118 064 040.16
应付职工薪酬	14 017 238.79	11 930 127.49
应交税费	2 359 432.07	5 051 412.40
应付利息	780 957.05	638 425.52
应付股利		
其他应付款	102 745 351.16	56 270 488.81
一年内到期的长期负债		
其他流动负债		
流动负债合计	616 103 785.26	692 917 169.10
长期借款		
应付债券		
长期应付款		
预计负债		
长期负债合计		
负债合计	616 103 785.26	692 917 169.10
股本	246 767 500.00	246 767 500.00
资本公积	673 814 162.92	676 255 178.22
库存股		
盈余公积	123 170 949.11	117 283 632.85

续表

资　　产	期末金额	期初金额
未分配利润	379 640 442.50	346 395 996.13
外币报表折算差额		
归属于母公司所有者权益合计		
少数股东权益		
股东权益合计	1 423 393 054.53	1 386 702 307.20
负债和股东权益合计	2 039 496 839.79	2 079 619 476.30

公司法定代表人：×××　　主管会计工作负责人：×××　　会计机构负责人：×××

表 5-67　　　　　　　　　　　母公司利润表　　　　　　　　　　单位：元

指标/年份	2014 年	2013 年
一、营业收入	820 663 482.65	875 740 667.10
减：营业成本	759 639 718.96	804 582 583.78
营业税金及附加	5 354 737.03	5 345 179.26
销售费用	22 365 736.92	24 802 852.51
管理费用	22 809 611.05	25 618 963.48
财务费用	5 769 009.18	884 391.87
资产减值损失	−20 249 524.11	891 3087.39
加：公允价值变动收益（损失以"−"号填列）	1 120 000.00	
投资收益（损失以"−"号填列）	38 948 456.70	75 014 501.57
其中：对联营企业和合营企业的投资收益	17 632 575.04	19 228 124.79
二、营业利润	65 042 650.32	80 608 110.38
加：营业外收入	5 134 550.67	2 823 826.30
减：营业外支出	211 789.40	184 904.48
其中：非流动资产处置净损失	13 666.68	106 492.99
三、利润总额	69 965 411.59	83 247 032.20
减：所得税费用	11 092 248.96	13 658 968.99
四、净利润（净亏损以"−"号填列）	58 873 162.63	69 588 063.21
五、每股收益		
（一）基本每股收益		
（二）稀释每股收益		
六、其他综合收益	−2 441 015.30	1 067 460.59
七、综合收益总额	56 432 147.33	70 655 523.80

公司法定代表人：×××　　主管会计工作负责人：×××　　会计机构负责人：×××

表 5-68　　　　　　　　　　母公司现金流量表　　　　　　　　　单位：元

项　　目	2014 年	2013 年
一、经营活动产生的现金流量		
销售商品提供劳务收到的现金	742 463 066.22	952 545 925.78
收到的税费返还	42 566 624.19	37 424 671.68
收到的其他与经营活动有关的现金	172 832 864.56	192 730 514.80
经营活动现金流入小计	957 862 554.97	1 182 701 112.26
购买商品接受劳务支付的现金	785 811 721.64	923 053 209.81
支付给职工以及为职工支付的现金	29 920 482.72	31 582 069.30
支付的各项税费	20 914 383.99	23 214 119.37
支付的其他与经营活动有关的现金	94 627 501.76	153 869 420.70
经营活动现金流出小计	931 274 090.11	1 131 718 819.18
经营活动现金流量净额	26 588 464.86	50 982 293.08
二、投资活动产生的现金流量		
收回投资所收到的现金	5 520 542.11	93 595 860.77
取得投资收益所收到的现金	31 821 033.58	84 199 942.40
处置固定资产、无形资产和其他长期资产而收回的现金	28 610 983.09	18 814 792.31
处置子公司及其他营业单位收到的现金净额		
收到的其他与投资活动有关的现金		
投资活动现金流入小计	65 952 558.78	196 610 595.48
购建固定资产、无形资产和其他长期资产所支付的现金	13 107 907.33	7 830 371.52
投资所支付的现金	25 046 000.00	40 549 910.70
取得子公司及其他营业单位支付的现金净额		
支付的其他与投资活动有关的现金		350 000.00
投资活动现金流出小计	38 153 907.33	48 730 282.22
投资活动产生的现金流量净额	27 798 651.45	147 880 313.26
三、筹资活动产生的现金流量		
吸收投资所收到的现金		
借款所收到的现金	596 626 458.17	654 481 139.48
发行债券所收到的现金		
收到其他与筹资活动有关的现金		
筹资活动现金流入小计	596 626 458.17	654 481 139.48
偿还债务所支付的现金	547 563 322.91	847 312 174.28
分配股利利润或偿付利息所支付的现金	33 019 002.87	46 548 107.99

续表

项　目	2014 年	2013 年
支付的其他与筹资活动有关的现金		
筹资活动现金流出小计	580 582 325.78	893 860 282.27
筹资活动产生的现金流量净额	16 044 132.39	−239 379 142.79
汇率变动对现金及现金等价物的影响	16 044 132.39	−239 379 142.79
现金及现金等价物净增加额	70 431 248.70	−40 516 536.45
加：期初现金及现金等价物余额	208 819 613.87	249 336 150.32
现金及现金等价物余额	279 250 862.57	208 819 613.87

公司法定代表人：×××　　主管会计工作负责人：×××　　会计机构负责人：×××

分析：

（1）合并资产负债表中"货币资金"项目的期末与期初数之差为54 330 789.27元，合并现金流量表中本期"现金及现金等价物净增加额"为82 016 553.12元，差额27 685 763.85元；母公司资产负债表中"货币资金"项目的期末与期初数之差为34 230 684.85元，母公司现金流量表中本期"现金及现金等价物净增加额"为70 431 248.70元，差额36 200 563.85元，本期交易性金融资产净增加2 112 000元为基金投资，说明公司不存在现金等价物，需进一步核实形成差额的原因。

（2）合并资产负债表中"未分配利润"项目期末数与期初数之差为43 146 583.16元，合并利润表中本期净利润为74 905 980.28元，差额31 579 397.12元；母公司资产负债表中"未分配利润"项目期末与期初数之差为33 244 446.37元，母公司利润表中本期净利润为58 873 162.63元，差额分别为31 579 397.12元和25 628 716.26，是否均为本期分配利润？

（3）盈余公积期末与期初数之差为5 887 316.26元，正好与母公司报表金额相同，也等于母公司本年实现净利润的10%。

（4）合并利润表中本年"营业收入"为376 072.38万元，现金流量表中"销售商品、提供劳务收到的现金"为379 390.46万元；母公司利润表中本年"营业收入"为82 066.35万元，现金流量表中"销售商品、提供劳务收到的现金"为74 246.31万元，利润表与现金流量表两项目数据差距不大。

（5）本期"交易性金融资产"净增2 112万元，"长期股权投资"净增5 629.18万元，"可供出售金融资产"净减274.59万元。利润表上反映本年取得投资收益 4 288.82 万元，包括"可供出售金融资产"的转让收益和"交易性金融资产"及"长期股权投资"的持有收益。

（6）"其他应收款"项目期末 8 740 420.53 元，期初 11 773 510.73 元，"其他应付款"期末 7 194 964.80 元，期初 7 748 050.48 元，二者均虽有所下降，但仍偏大，需查清两项目的核算内容，了解其业务实质。

（7）"存货"项目期末数-期初数=-4 367.46 万元，而"应付账款"项目期末数-期初数=5 743.16 万元，需查明企业是否多转销售成本。

合并资产负债表、利润表及现金流量表相关项目的变动分析见表 5-69。

表 5-69　　　　　　合并利润表及现金流量表相关项目变动分析表

项目	本期数	上年同期数	变动额	变动率（%）
应收票据	20 375 399.00	15 566 783.60	4 808 615.40	30.89
变易性金融资产	21 120 000.00	0.00	21 120 000.00	100.00
长期股权投资	431 374 247.65	375 082 401.52	56 291 846.13	15.01
投资性房地产	14 677 271.95	147 488 815.48	-132 811 543.53	-90.05
短期借款	386 816 726.06	273 350 329.55	113 466 396.51	41.51
应付票据	86 053 939.47	206 733 100.00	-120 679 160.53	-58.37
应付账款	237 993 565.35	180 561 941.66	57 431 623.69	31.81
应付职工薪酬	22 894 798.02	17 235 157.18	5 659 640.84	32.84
营业收入	3 760 723 797.04	3 299 986 970.16	460 736 826.88	13.96
营业成本	3 479 318 193.99	3 050 592 200.17	428 725 993.82	14.05
营业税金及附加	26 876 097.34	15 790 631.95	11 085 465.39	70.20
销售费用	126 033 741.10	122 664 047.79	3 369 693.31	2.75
管理费用	77 239 533.71	73 767 581.65	3 471 952.06	4.71
财务费用	8 918 290.73	5 847 298.85	3 070 991.88	52.52
资产减值损失	6 408 847.28	-3 396 454.74	9 805 302.02	-288.69
经营活动产生的现金流量净额	17 512 856.26	80 478 711.49	-62 965 855.23	-78.24
投资活动产生的现金流量净额	6 430 791.33	132 972 750.16	-126 541 958.83	-95.16
筹资活动产生的现金流量净额	58 072 905.53	-198 448 502.07	256 521 407.60	-129.26

从表 5-69 列示数据可以看出，该公司 2014 年营业收入较上年同期增长了 13.96%，营业成本较上年也增长了 14.05%，二者之比小于 1，是否隐匿收入或多计成本。销售费用较上年增长了 2.75%，管理费用较上年增长了

4.71%，财务费用较上年增长了52.52%，需进一步核实其原因。

针对公司财务报表分析报告中主要会计报表项目的异常情况及原因分析如下：

（1）应收票据本期期末余额较期初增加30.89%，主要原因系本期以银行承兑汇票为结算方式的贸易业务规模较期初增加。

（2）交易性金融资产本期期末余额较期初增加100%，主要原因系公司本期进行了基金投资。

（3）投资性房地产本期期末余额较期初减少1 3281.15万元，下降幅度达90.05%，主要原因系本期公司的健娱中心的房产由出租转为自用，由于该房产用途发生改变，将投资性房地产转换为固定资产。但公司本年增加的固定资产为4 955.44万元，只占减少的投资性房地产的37.31%，是否有投资性房地产转让出售而不确认损益？

（4）合并报表中短期借款本期较期初增长了41.51%，公司解释的主要原因系本期公司随着贸易规模的扩大，融资规模较期初扩大。但母公司本期短期借款较上年增长了22.4%，又不存在长期借款，但财务费用急剧增长了552.31%，是否虚列或多列财务费用？

（5）应付票据本期期末余额较期初余额减少58.37%，主要原因系本期以银行承兑汇票为结算方式的贸易业务部分结算完成。

（6）应付账款本期期末余额较期初余额增加30.92%，主要原因系本期公司随着贸易规模的扩大，应付账款较期初增加。但公司"存货"项目期末较期初下降了15.34%，是否多转了销售成本？

（7）应付职工薪酬本期期末余额较期初余额增加32.84%，主要原因系期末部分奖金尚未支付。

（8）营业税金及附加本期发生额较上期增加70.20%，主要原因系本期公司开发的房地产项目实现销售相应确认的营业税、土地增值税等增加，同时公司处置投资性房地产，相应税金增加。

（9）资产减值损失本期发生额较上期增加288.69%，主要原因系：①上年同期公司收回某公司欠款，相应计提坏账准备减少，本期无；②本期可供出售金融资产计提减值准备。需要关注公司计提的资产减值是否足额进行了纳税调增。

（10）所得税费用本期发生额较上期减少39.47%，主要原因系：①利润总额下降；②子公司取得的利润弥补以前年度亏损。需进一步核实子公司弥补亏损的真实性。

综上所述，该公司无论是资产、负债、现金流量的增减变动，还是收入与成本费用的匹配关系上，均存在一些涉税疑点，有待我们进一步核实查证。

【本章小结】

本章主要介绍纳税评估的基本分析，包括对纳税人基本资料的审核分析、各税种申报表的审核分析和企业财务报表的分析审核，重点是对纳税人登记信息、认定信息等基本资料和各税种申报表进行审核分析。通过对纳税人的基本分析为编制评估预案提供资料，为整个评估工作做好准备。

参考文献

［1］马海涛，白彦峰．纳税评估［M］．北京：经济科学出版社，2014.

［2］白彦峰，吴哲方，李昊然．纳税评估教程［M］．北京：对外经济贸易大学出版社，2013.

［3］国家税务总局教材编写组．管理评估［M］．北京：中国税务出版社，2015.

［4］尚可文．纳税评估教程［M］．北京：清华大学出版社，北京交通大学出版社，2011.

［5］饶立新．德国的税务审计［J］．涉外税务，2002（8）.

［6］高小萍．意大利、法国、德国的税收检查审计［J］．税务，2001（8）.

调查问卷

感谢您抽出宝贵时间，协助我们完成本次问卷调查。本次问卷旨在了解该教材在培训教学和实践工作中的使用情况，为后续修改完善教材内容，提高教材编写质量提供参考。请认真填写，谢谢合作！

填写人姓名：　　　　　　　　联系电话：

单位及所从事岗位：

教材名称：

一、请对本教材作出整体评价（请在相应选项后打"√"）。

A. 非常满意　　　　B. 满意　　　　C. 一般　　　　D. 不满意

二、请列出具体错漏及需要修订的部分（可另附页）。

序号	页码	原文	修改建议	依据

三、对本教材内容、结构方面有何建议或意见?

四、对本教材的文字、编排、设计风格方面有何建议或意见?

五、请列出本教材修订时需要注意的问题。

六、请列出其他有助于教材改进提高的意见或建议。

全国税务系统干部教育培训系列教材

初任培训

会计基础知识	法律基础知识
会计基础知识习题集	法律基础知识习题集
小企业会计	职业道德修养读本
小企业会计习题集	反腐倡廉基础知识
税收基础知识	应用文写作基础知识
税收基础知识习题集	

领导能力

领导能力（科级）

领导能力（处级）

领导能力（司级）

业务能力

通用知识和能力（上册、中册、下册）	征管评估（初级）
企业会计（上册、下册）	征管评估（中级）
企业会计习题集（上册、下册）	征管评估（高级）
行政管理（初级）	税务稽查（初级）
行政管理（中级）	税务稽查（中级）
行政管理（高级）	税务稽查（高级）
纳税服务（初级）	信息技术（初级）
纳税服务（中级）	信息技术（中级）
纳税服务（高级）